IEFI 国际财经中心
International Economics and Finance Institute

全球财经视野

——2017国际财经周记

周强武/主编

中国财经出版传媒集团
中国财政经济出版社

图书在版编目（CIP）数据

全球财经视野.2017 国际财经周记／周强武主编.—北京：中国财政经济出版社，2018.4

ISBN 978－7－5095－8145－2

Ⅰ.①全… Ⅱ.①周… Ⅲ.①国际经济－研究 Ⅳ.①F113

中国版本图书馆 CIP 数据核字（2018）第 052290 号

责任编辑：罗亚洪　　　　责任校对：刘　靖
封面设计：汪俊宇

中国财政经济出版社 出版

URL：http：//www.cfeph.cn

E－mail：cfeph@cfeph.cn

社址：北京市海淀区阜成路甲 28 号　邮政编码：100142

营销中心电话：010－88191537

北京富生印刷厂印刷　各地新华书店经销

787×1092 毫米　16 开　19 印张　368 000 字

2018 年 4 月第 1 版　2018 年 4 月北京第 1 次印刷

定价：53.00 元

ISBN 978－7－5095－8145－2

（图书出现印装问题，本社负责调换）

本社质量投诉电话：010－88190744

打击盗版举报热线：010－88191661、QQ：2242791300

序　言

2017年，世界经济迎来“共同增长”，全球约三分之二的国家增速高于上年。这是近10年来最大范围的提速。全球投资、贸易、大宗商品价格均现回升，通胀总体温和，经济广泛复苏。

2017年，全球货币政策转向趋势明显。美国等部分经济体相继开启货币政策正常化进程，流动性收紧拐点来临。美国领跑加息并启动缩表，加拿大、英国、韩国、墨西哥宣布加息，欧元区缩减购债规模，日本央行超量宽立场现松动迹象。

各主要经济体灵活实施财政政策，相继出台更为增长友好型的税收和公共支出政策。美国通过了30年来最大规模的减税法案，酝酿推出万亿美元基建计划；英国、法国、日本相继宣布将下调企业税；印度全国统一新税制GST正式执行；中国的财政政策更加积极有效，继续实施减税降费政策，适度扩大支出规模。

2017年，发达经济体增长势头良好。美国经济增长强劲，全年增速预期2.5%左右，有望创近10年来新高；欧元区经济开启加速模式，各经济体普遍增长，失业率创近10年来新低；英国经济总体稳定，日本、韩国经济持续复苏。

新兴经济体发展动能稳定。中国经济稳中有进，2017年对全球经济增长贡献率超过三分之一，是世界经济增长的动力源和稳定器；印度经济受“废钞令”等因素影响，增速有所放缓；俄罗斯、巴西经济企稳回升。其他发展中国家经济现回暖趋势。根据世行数据，亚洲经济增速继续上行，预计2017年达6.5%；拉美有望结束衰退，实现恢复性增长，增速接近1.2%。

2017年，世界格局仍处于进一步酝酿和调整之中。“美国优先”政策驱动美国“退群”，民粹主义冲击欧洲政治版图，逆全球化思潮影响全球贸易格局；中国“人类命运共同体”写进联合国决议，“一带一路”搭建国际合作新平台；金砖合作开启第二个“金色十年”，东盟“10+3”合作进入下一个更具活力的20年。总体看，南南合作进一步拓展，南北合作进一步推进。

“一周国际财经”跟踪了2017年全球经济的重大政策发布和财经热点事件，记录了2017年北美、拉美、欧洲、亚洲、非洲等区域主要经济体的经济政策、主要多边国际机构发布的重要报告及最新动向、大宗商品市场的价格走势，以及全球宏观经济形势。“一周国际财经”相关信息因“找点准、信息全、质量高”，得到了有关领导和专家的充分肯定，为广大经济研究工作者提供了有益借鉴。

本书收录了财政部国际财经中心 2017 年编译整理的“一周国际财经”的主要内容，将为广大的经济工作者和关注全球财经热点问题的同志提供有益帮助。由于水平有限，本书编辑过程中难免有疏漏和不妥之处，敬请广大读者提出宝贵意见。

编者

2018 年 1 月 8 日

目　录

第1周　（2016/12/31—2017/01/06）

2016年12月31日—2017年1月6日，国际财经要情有：美联储公布2016年12月份FOMC货币政策会议纪要；欧元区12月份通胀年率升至1.1%；尼日利亚2016年前三季度GDP负增长；亚投行项目准备特别基金已开放申请；中国正式接任金砖国家主席国；OECD国家11月份年化通胀率微增至1.4%。

一、区域观察

1. 北美地区

美联储公布2016年12月份FOMC货币政策会议纪要。1月4日，美联储发布2016年12月份FOMC货币政策会议纪要显示，基于当前合适货币政策，美国2017年GDP增速或有所提高。美联储应逐步加息以实现充分就业和2%通胀目标。预计联邦基金利率将在2019年接近长期正常水平，但是，经济前景不确定性或导致预期结果出现改变。预计2016—2019年，美国实际GDP增速将分别为1.9%、2.1%、2%和1.9%；通胀率将分别为1.7%、1.8%、2%和2%。此外，预计2017—2019年，各年年底联邦基金利率将分别为1.4%、2.1%和2.9%。

美国12月份ISM制造业PMI为54.7%。1月3日，美国供应管理协会发布数据显示，美国2016年12月份ISM制造业PMI为54.7%，环比上升1.5个百分点。其中，新订单指数为60.2%，环比上升7.2%；产出指数为60.3%，环比上升4.3个百分点；就业指数为53.1%，环比上升0.8个百分点；原材料库存指数为47%，环比下降2个百分点。

美国对俄罗斯采取制裁措施。2016年12月29日，美国白宫发布消息称，鉴于俄罗斯针对美国大选的网络攻击等行动，美国政府宣布对俄采取一系列制裁措施：一是批准修订第13964条行政指令以应对网络威胁；二是令35名俄罗斯驻美国使馆官员及家属于72小时内离境；三是发布分析报告以更好应对俄罗斯恶意网络攻击。

2. 拉美地区

巴西 2016 年 11 月份失业率为 11.9%。1 月 3 日，巴西地理统计局公布数据显示，巴西 2016 年 11 月份失业率为 11.9%，为 2012 年以来新高；巴全国正规就业岗位数量减少 11.7 万个，为连续第 20 个月出现下降。2016 年 9—11 月，巴全国就业人口为 9020 万人，同比下降 2.1%；失业人口达 1210 万人，同比增长 33.1%。

3. 欧洲

欧盟税务裁决新规生效。1 月 3 日，欧委会发布消息称，欧盟税务裁决新规生效，新规将提高透明度，使欧盟成员国通过中央存管处自动交换最新跨境税务裁决信息，确保各成员国需对欧盟其他国家跨国公司进行税务裁决时获得所有必要信息。

欧洲央行 12 月份资产购买规模为 607.6 亿欧元。1 月 4 日，欧洲央行发布数据显示，欧洲央行 2016 年 12 月份资产购买规模为 607.6 亿欧元。其中，净买入资产担保债券 13.69 亿欧元；资产支持债券 3.17 亿欧元；企业部门债券 40.42 亿欧元；公共部门债券 550.32 亿欧元。截至 2016 年 12 月底，欧洲央行资产购买规模为 1.53 万亿欧元。

欧元区 12 月份通胀年率升至 1.1%。1 月 4 日，欧盟统计局发布数据显示，欧元区 12 月份通胀年率初值为 1.1%，环比上升 0.5 个百分点。其中，能源价格同比上升 2.5%；服务价格同比上升 1.2%；食品、烟酒价格同比上升 1.2%；非能源工业品价格同比上升 0.3%。剔除能源，欧元区 12 月份通胀年率为 1%。

欧元区 12 月份制造业 PMI 升至 54.9。1 月 2 日，市场调查机构 Markit 发布数据显示，经季调，欧元区 12 月份制造业 PMI 终值为 54.9，环比上升 1.2 个点，为 2011 年 4 月份以来最高水平。欧元区各成员国制造业 PMI 均有所上升。其中，荷兰 PMI 为 57.3，为 68 个月以来新高；德国 PMI 为 55.6，为 35 个月以来新高；西班牙 PMI 为 55.3，为 11 个月以来新高；法国 PMI 为 53.5，为 67 个月以来新高。

德国 12 月份 CPI 同比增长 1.7%。1 月 3 日，德国联邦统计局发布数据显示，德国 2016 年 12 月份 CPI 同比增长 1.7%，环比增长 0.7%。其中，食品价格同比增长 2.5%；能源价格同比增长 2.5%；服务价格同比增长 1.5%。数据还显示，德国 12 月份调和 CPI 同比增长 1.7%，环比增长 1%。

德国 11 月份失业率为 4.1%。1 月 3 日，德国联邦统计局发布数据显示，经季调，德国 2016 年 11 月份失业率为 4.1%，环比持平，同比下降 0.4 个百分点；就业人口 4165 万人，环比增长 0.2%，同比增长 3.3%；就业率为 66.7%，环比增长 0.3 个百分点，同比增长 1.4 个百分点。

德国 12 月份制造业 PMI 升至 55.6。1 月 2 日，市场调查机构 Markit 发布数据显示，经季调，德国 2016 年 12 月份制造业 PMI 终值为 55.6，环比上升 1.3 个点，为 35 个月以来最高点；四季度 PMI 均值为 55，为近 3 年以来最高水平。德国制造业产出和新增就业大幅扩张是 PMI 上升的主要原因。

法国 12 月份 CPI 同比增长 0.6%。1 月 3 日，法国国家统计局发布数据显示，法国 2016 年 12 月份 CPI 同比增长 0.6%，环比增长 0.3%。其中，食品价格同比增长 0.7%；烟草价格同比增长 0.1%；能源价格同比增长 4.3%；服务价格同比增长 0.9%。

意大利 12 月份 CPI 同比增长 0.5%。1 月 4 日，意大利国家统计局发布数据显示，意大利 12 月份 CPI 同比增长 0.5%，环比增长 0.4%。其中，运输服务价格环比增长 1.9%，同比增长 2.6%；非管制能源品价格同比增长 2.4%，环比增长 1.1%；未加工食品价格同比增长 1.8%，环比增长 1%。

俄罗斯 2017 年通胀率或为 5.4%。12 月 30 日，俄罗斯联邦国家统计局公布数据显示，根据每周登记的 64 种重要商品的消费者价格指数和俄 276 个城市的服务业数据，俄 2017 年通胀率或为 5.4%。此外，俄 2016 年 12 月份食品价格环比增长 0.6%，非食品价格环比增长 0.3%。

4. 亚洲

日本基础货币量达 437 万亿日元。1 月 5 日，日本银行公布数据显示，截至 2016 年年末，日本基础货币量达 437.43 万亿日元，为连续第 10 年增加，再创历史新高。日本基础货币量包含金融机构在央行的存款准备金以及在社会流通的货币。数据显示，截至 2016 年年末，金融机构在日本央行的存款准备金为 330.23 万亿日元，同比增长约 30.5%；社会流通的货币总计 107.2 万亿日元，同比增长约 4%。

日本 2016 年 12 月份制造业 PMI 为 52.4。1 月 4 日，市场调查机构 Markit 公布数据显示，经季调，日本 2016 年 12 月份制造业 PMI 终值为 52.4，显示活动扩张速度为 2015 年 12 月份以来最快。其中，12 月份产出分项指数升至 53.8，为一年来最高水平；新订单分项指数终值为 53.2，环比上升 2.1 个点。

韩国 2016 年贸易顺差为 898 亿美元。1 月 1 日，韩国产业通商资源部公布数据显示，韩国 2016 年出口额为 4955 亿美元，同比下降 5.9%，为连续两年下滑；进口额为 4057 亿美元，同比减少 7.1%；实现贸易顺差 898 亿美元。从主要出口商品看，除计算机增长 8.3% 外，石油产品、船舶、汽车、家电、无线通讯器材、钢铁等大部分产品出口均大幅减少；但化妆品、医药品等 5 大消费品出口大幅增长。从出口地区看，除对越南出口增长 17.6% 外，对中南美地区、中东地区、中国、美国、日本、印度等主要市场出口均大幅下滑。

2016 年外国对韩国直接投资同比增长 1.9%。1 月 3 日，韩国产业通商资源部发布数据显示，2016 年外国对韩直接投资达 213 亿美元，同比增长 1.9%，规模再创历史新高。从投资行业看，服务业吸引外资 155.1 亿美元，同比增长 5.3%，连续 6 年保持增长；制造业吸引外资 51.3 亿美元，同比增长 12.4%。从投资方式看，绿地投资 150.2 亿美元，同比增长 6.5%，表明外资加大在韩建设生产基地的趋势；并购类投资 62.7 亿美元，同比下降 7.8%。从外资来源地看，欧盟对韩投资达 74 亿美元，同比增长 3 倍，创历史新高；中国投资达 20.5 亿美元，同比增长 3.6%，连续 3 年保持增长态势；美国投资为 38.8 亿美元，同比下降 29.3%；日本投资为 12.5 亿美元，连续 4 年下降。

东盟 12 月份制造业 PMI 下降至 49.1。1 月 2 日，市场调查机构 Markit 发布数据显示，经季调，东盟 12 月份制造业 PMI 为 49.1，环比下降 0.3 个点，为 13 个月以来最低水平，产出和出口均快速下滑。其中，菲律宾 PMI 为 55.7，为 4 个月以来新低；越南 PMI 为 52.4，为 2 个月以来新低；泰国 PMI 为 50.6，为 12 个月以来新低。

印度 12 月份制造业 PMI 下降至 49.6。1 月 2 日，市场调查机构 Markit 发布数据显示，印度 2016 年 12 月份制造业 PMI 为 49.6，环比下降 2.7 个点，为 2016 年首次低于荣枯线 50。其中，产出和新订单均为 2016 年首次下降；企业购买水平和就业均有所降低；投入成本快速增长。

5. 非洲

尼日利亚 2016 年前三季度 GDP 呈负增长。尼日利亚国家统计局公布数据显示，尼 2016 年前三季度实际 GDP 实际增长率分别为 -0.4%、-2.1% 和 -2.2%，为数十年以来首次出现负增长。

二、国际组织

亚投行项目准备特别基金已开放申请。亚投行宣布其项目准备特别基金首笔款项到位。该特别基金以中国出资的 5000 万美元为基础，同时接受其他成员捐资，用于支持欠发达成员国基础设施项目准备。该基金将主要用于支持有主权担保的基础设施项目。在特殊情况下，也可用于部分区域性的有利于区域发展的创新/复合型项目或有特殊需求的非主权担保项目。符合条件的资金申请国可向亚投行提出书面申请，由亚投行相关项目负责人参照 2016 年 6 月出台的《亚投行特别基金管理办法》进行审批。

古特雷斯正式就任联合国秘书长。1 月 3 日，联合国第九任秘书长安东尼奥·古特雷斯正式履新。古特雷斯现年 67 岁，1995—2002 年任葡萄牙总理，2005—2015 年担任联合国难民署负责人。在经过联大组织的“公开面试”、联合国安理会多轮意向性投票后，古特雷斯 2016 年 10 月被正式任命为联合国第九任秘书长，任期 5 年。古特雷斯表示，很多全球性问题无法在国家层面得到解决，必须坚持多边主义的价值取向，用全球性的解决方案解决全球性问题，而联合国正是多边方式的基石。

美洲开发银行集团 2016 年融资总额达 117 亿美元。美洲开发银行集团宣布，

2016 年美洲开发银行与美洲投资公司共审批通过了来自拉丁美洲和加勒比地区 241 项融资业务，总额达 117 亿美元。美洲开发银行集团表示，2016 年度各项支出均符合 48 个成员国优先事项的规定，并确保至少 35% 的新资金用于该区域规模最小和最不发达的经济体。而美洲投资公司现负责集团内的非主权担保业务，2016 年共批准总额达 22.6 亿美元的 153 笔交易。其中，基础设施项目占 41%，金融机构和企业融资交易分别占 40% 和 19%；而在美洲开发银行主导的主权担保业务中，国家现代化建设、基础设施和能源、社会项目、气候变化及贸易一体化项目分别占 33%、30%、24%、12% 和 1%。

国际清算银行称巴塞尔协议Ⅲ修订工作进入尾声。1 月 3 日，国际清算银行宣布巴塞尔协议Ⅲ修订进入最后收尾工作。目前，巴塞尔银行监管委员会正在敲定协议的最后框架和部分细节，旨在弥补金融危机中暴露的不足，提升银行业安全性和稳健性。此次修订是巴塞尔银行监管委员会进行后金融危机监管改革的重要一步，对银行业在风险加权资本充足率方面重建信心具有重要意义。

三、国际大宗商品

本周纽约原油期货价格与上周基本持平。截至周四，本周纽约原油期货价格与上周基本持平。周一纽交所因元旦假期休市；周二纽约原油期货下跌 1.39 美元，收于每桶 52.33 美元；周三纽约原油期货上涨 0.93 美元，收于每桶 53.26 美元；周四纽约原油期货下跌 0.5 美元，收于每桶 53.76 美元。

本周纽约黄金期货累计上涨 2.6%。截至周四，本周纽约黄金期货累计上涨 2.6%。周一纽交所因元旦假期休市；周二纽约黄金期货上涨 0.9%，收于每盎司 1162 美元；周三纽约黄金期货上涨 0.3%，收于每盎司 1165.3 美元；周四纽约黄金期货上涨 1.4%，收于每盎司 1181 美元，创 2016 年 12 月 5 日以来最高收盘价。

四、区域合作

中国正式接任金砖国家主席国。1 月 1 日，国家主席习近平就中国正式接任金砖国家主席国致信俄罗斯总统普京、南非总统祖马、巴西总统特梅尔、印度总理莫迪，向四国领导人介绍中方担任主席国期间推进金砖国家合作进程的设想。习近平指出，中国将于 2017 年 9 月在福建省厦门市举办金砖国家领导人第九次会晤。在各成员国共同努力下，金砖国家合作成功走过了第一个十年，在政治、经济、人文等诸多领域结出丰富成果。领导人会晤进程不断迈出新步伐，为金砖国家合作注入新动力。金砖国家堪称新兴市场国家和发展中国家合作的典范，为各成员国人民带来福祉，为促进世界经济增长、完善全球治理、推动国际关系民主化作出重要贡献。

习近平强调，2017 年，金砖国家合作将开启第二个十年。展望未来，金砖国家合作将取得更大发展，也将在国际事务中发挥更大作用。当前，全球挑战突出，国际形势中不确定、不稳定因素增加，金砖国家要加强团结合作，维护共同利益。作为 2017 年金砖国家主席国，中方期待同各成员国一道，围绕“深化金砖伙伴关系，开辟更加光明未来”的主题，凝聚合作共识，规划合作蓝图。为此，希望厦门会晤重点在以下方面取得进展：一是深化务实合作，促进共同发展；二是加强全球治理，共同应对挑战；三是开展人文交流，夯实民意基础；四是推进机制建设，构建更广泛伙伴关系。中方将秉持开放包容、合作共赢的金砖精神，同各成员国携手并肩，推动厦门会晤取得成功，推动金砖国家合作迈上新的台阶。

金砖国家合作机制成立于 2006 年。自 2009 年首次领导人会晤以来，迄今已举行八次领导人会晤。习近平在新年伊始致信其他金砖国家领导人，正式拉开 2017 年金砖国家“中国年”的大幕，标志着中国作为金砖国家主席国的工作已经全面启动。

五、全球宏观经济形势

OECD 国家 11 月份年化通胀率微增至 1.4%。1 月 5 日，OECD 发布最新数据显示，OECD 国家 2016 年 11 月份年化通胀率从上月的 1.3% 小幅上升至 1.4%。剔除食品和能源因素影响，2016 年 11 月份年化通胀率为 1.7%，与上月持平。G20 国家 2016 年 11 月份年化通胀率从 2016 年 10 月份的 2.3% 小幅下降至 2.2%。

国别方面，日本、英国、意大利、法国和美国 2016 年 11 月份的通胀率分别从 2016 年 10 月份的 0.1%、0.9%、-0.2%、0.4% 和 1.6% 上升至 0.5%、1.2%、0.1%、0.5% 和 1.7%；德国的通胀率为 0.8%，与 2016 年 10 月份持平；加拿大的通胀率从 2016 年 10 月份的 1.5% 下降至 1.2%；欧元区通胀率从 2016 年 10 月份的 0.5% 小幅增长至 2016 年 11 月份的 0.6%。剔除食品和能源因素影响，欧元区通胀率连续第四个月维持在 0.8%。欧元区统计局的最新数据预计欧元区 2016 年 12 月份年化通胀率将增长至 1.1%。新兴经济体中，俄罗斯、印度、巴西和沙特的通胀率分别从 2016 年 10 月份的 6.1%、3.3%、7.9%、2.6% 下降至 5.8%、2.6%、7.0%、2.3%；而印尼、中国和南非的通胀率分别从 2016 年 10 月份的 3.3%、2.1%、6.7% 上升至 3.6%、2.3%、6.9%。

国际金融协会称全球债务总额创历史新高。1 月 4 日，国际金融协会发布数据显示，截至 2016 年三季度末，全球债务总额创 217 万亿美元的历史新高，占全球 GDP 的比例达到 325%。其中，新兴市场债务显著增加，而随着美国大选结果出炉和美联储加息，债务人可能面临更高的债务成本。此外，保护主义政策和英国退欧也可能给全球债券市场带来流动性风险，并提高借贷成本。

第 2 周 （2017/01/07—2017/01/13）

1 月 7—13 日，国际财经要情有：美国 2016 年 12 月份失业率为 4.7%；欧盟和欧元区 2016 年 11 月份失业率分别为 8.3% 和 9.8%；德国 2016 年 GDP 增长率为 1.9%；韩国 2016 年失业率为 3.7%；IMF：大宗商品出口国仍将面临持久困境；中日韩自贸区第十一轮谈判在北京举行；世行发布《2017 年全球经济展望》报告。

一、区域观察

1. 北美地区

美国 2016 年 12 月份失业率为 4.7%。1 月 6 日，美国劳工统计局发布数据显示，经季调，美国 2016 年 12 月份失业率为 4.7%，环比上升 0.1 个百分点；失业人口约为 750 万人，非农就业人口增加 15.6 万人；劳动参与率为 62.7%。其中，医疗保健、社会救助、餐饮、运输和仓储、建筑业、金融业、专业和商业服务岗位均有所增加。

美国 2016 年 12 月份 ISM 非制造业指数为 57.2%。1 月 5 日，美国供应管理协会发布数据显示，美国 2016 年 12 月份 ISM 非制造业指数为 57.2%，非制造业部门经济活动连续 83 个月增长。其中，商业活动指数为 61.4%，环比下降 0.3 个百分点；新订单指数为 61.6%，环比上升 4.6 个百分点；就业指数为 53.8%，环比下降 4.4 个百分点；价格指数为 57%，环比上升 0.7 个百分点。

加拿大 2016 年 12 月份失业率为 6.9%。1 月 6 日，加拿大国家统计局发布数据显示，加拿大 2016 年 12 月份失业率为 6.9%；就业人口环比增长 0.3%。其中，专业服务、科学技术、医疗保健行业就业人口有所增加，农业就业人口下降。此外，数据还显示，加拿大 2016 年四季度就业率环比增长 0.6%，为 2010 年二季度以来最大增幅。

2. 拉美地区

中国再度成为巴西农产品第一大出口目的地国。1 月 11 日，巴西外贸部公布数据显示，巴西 2016 年对中国出口农产品 208.3 亿美元，同比略降 2.1%，中国仍是巴西农产品第一大出口目的地国。其中，巴西对华出口农产品量占巴西农产品总出口量比例增长了 0.4%，达 24.5%。巴对华主要出口农产品为大豆、纸浆、鸡肉、蔗糖和牛肉。

3. 欧洲

欧盟和欧元区 2016 年 11 月份失业率分别为 8.3%和 9.8%。1 月 9 日，欧盟统计局发布数据显示，经季调，欧盟 2016 年 11 月份失业率为 8.3%，环比下降 0.1 个百分点，同比下降 0.7 个百分点，为 2009 年 2 月份以来最低。欧元区 2016 年 11 月份失业率为 9.8%，环比维持不变，同比下降 0.7 个百分点，为 2009 年 7 月份以来最低。数据还显示，失业率最低的国家依次为捷克共和国（3.7%）和德国（4.1%）；失业率最高的国家依次为希腊（23.1%）和西班牙（19.2%）。

欧盟和欧元区 2016 年 11 月份零售额分别下降 0.1%和 0.4%。1 月 6 日，欧盟统计局发布数据显示，经季调，欧盟 2016 年 11 月份零售额环比下降 0.1%，同比上升 3.4%。其中，非食品部门零售额环比下降 0.3%，同比上升 4.7%；食品、饮料及烟草零售额环比下降 0.3%，同比上升 2.1%；汽车燃料零售额环比上升 0.5%，同比上升 2.3%。欧元区 2016 年 11 月份零售额环比下降 0.4%，同比上升 2.3%。其中，非食品部门零售额环比下降 0.9%，同比上升 2.9%；食品、饮料及烟草零售额环比下降 0.4%，同比上升 1.8%；汽车燃料零售额环比上升 1%，同比上升 1.9%。

欧盟和欧元区 2016 年 11 月份工业产出环比分别上升 1.6%和 1.5%。1 月 12 日，欧盟统计局发布数据显示，经季调，欧盟 2016 年 11 月份工业产出环比上升 1.6%，同比上升 3.1%。其中，非耐用品环比上升 2.8%；中间品环比上升 1.7%；能源品环比上升 1.7%；资本品环比上升 0.3%；耐用消费品环比上升 0.1%。欧元区 2016 年 11 月份工业产出环比上升 1.5%，同比上升 3.2%。其中，非耐用消费品环比上升 2.9%；中间品环比上升 1.6%；能源品环比上升 1.2%；资本品环比上升 0.1%；耐用消费品环比下降 0.1%。

德国 2016 年 GDP 增长率为 1.9%。1 月 12 日，德国联邦统计局公布数据显示，由于家庭消费上升以及安置难民相关支出增加，德国 2016 年 GDP 增长率初值为 1.9%，为 5 年来最大增幅。数据显示，德国 2016 年消费支出同比增长 2%，公共支出同比增长 4.2%，投资同比增长 1.7%，出口增长 2.5%，进口增长 3.4%。预计德 2016 年四季度 GDP 增长率环比增长 0.5%。

英国 2016 年 11 月份贸易赤字为 42 亿英镑。1 月 11 日，英国国家统计局发布数据显示，英国 2016 年 11 月份商品与服务贸易赤字为 42 亿英镑，环比上升 26 亿英镑。其中，商品与服务贸易进口额增加 33 亿英镑，贸易出口额增加 7 亿英镑；对欧盟和非欧盟国家进出口额均有所增加。

法国 2016 年 CPI 同比上升 0.2%。1 月 12 日，法国国家统计局发布数据显示，法国 2016 年 CPI 同比上升 0.2%。其中，食品价格同比上升 0.6%；制造产品价格同比下降 0.5%；服务业产品价格同比上升 1%；能源产品价格同比下降 2.8%。此外，法国 2016 年 12 月份 CPI 为 100.65，环比上升 0.3%，同比上升 0.6%。其中，制造产品价格环比不变，同比下降 1%；服务业产品价格环比上升 0.4%，同比上升 0.9%；能源产品价格环比上升 0.9%，同比上升 4.3%；食品价格环比上升 0.1%，同比上升 0.7%。

意大利 2016 年 11 月份失业率为 11.9%。1 月 9 日，意大利国家统计局发布数据显示，意大利 2016 年 11 月份失业率为 11.9%，环比上升 0.2 个百分点；就业率为 57.3%，环比上升 0.1 个百分点；非经济活动率为 34.8%，环比下降 0.2 个百分点。意大利 2016 年 11 月份就业人口 2277.5 万人，环比上升 0.1%；失业人口 308.9 万人，环比上升 1.9%。

俄罗斯 2017 年 GDP 或增长 0.6%—1.1%。1 月 10 日，俄罗斯总理梅德韦杰夫召开会议，讨论俄罗斯 2016 年社会经济发展计划的落实成果。俄罗斯 2016 年 GDP 萎缩 0.5%；通胀率为 5.4%。会议预计，俄 2017 年 GDP 或增长 0.6%—1.1%，原油价格是影响 GDP 增速的主要原因；预计 2017 年下半年 GDP 增长率将达到 2%。

4. 亚洲

日本 2016 年 11 月份经常项目顺差同比增长 28%。1 月 12 日，日本财务省公布数据显示，日本 2016 年 11 月份国际收支经常项目顺差达 1.4155 万亿日元，同比增长 28%，为连续第 6 个月增长，连续第 29 个月实现顺差。其中贸易收支顺差为 3134 亿日元，服务收支顺差 738 亿日元，同比增长 22.4%。另外，由于日元升值导致从海外子公司收获的红利等下降明显，包括海外投资分红和利息在内的所得收支为 1.2032 万亿日元，同比下降 21.6%。

安倍晋三称将加快推行“安倍经济学”。1 月 4 日，日本首相安倍晋三举行 2017 年首场记者会，表示日本政府 2017 年仍以经济为最优先事务，将争取国会尽快通过年度财政预算案。安倍表示，加快推行“安倍经济学”并促进经济稳定增长，是 2017 年的首要任务，他将致力于对抗通缩，继续射出金融政策、财政政策和增长战略这“三支箭”。同时，日本政府将推动多项社会改革，以增加女性、老人及残疾人士的就业机会。

韩国 2016 年失业率为 3.7%。1 月 11 日，韩国统计局公布数据显示，受制造业表现不佳等因素影响，韩国 2016 年失业人口达 101.2 万人，为政府统计该数据以来首次突破 100 万人。其中，韩 2016 年就业人口为 2623.5 万人，较上年增加 29.9 万人，就业率为 60.4%；失业人口为 101.2 万人，失业率为 3.7%。此外，韩国青年人失业率达 9.8%，再创新高。

印度 2016—2017 财年 GDP 或增长 7.1%。印度中央统计办公室预计，印度 2016—2017 财年（2016 年 4 月—2017 年 3 月）GDP 增速将为 7.1%，较前一财年下降 0.5 个百分点。市场分析人士认为，2016 年 11 月份印度总理莫迪决定废除 500 卢比和 1000 卢比面值货币，可能对印度经济增长产生较大影响。

澳大利亚 2016 年 11 月份零售额环比上升 0.2%。1 月 10 日，澳大利亚国家统计局发布数据显示，经季调，澳大利亚 2016 年 11 月份零售额环比上升 0.2%。其中，食品零售额环比上升 0.4%，服装、鞋和配饰零售额环比上升 1.7%，日用品零售额环比上升 0.2%；咖啡厅、餐饮零售额环比下降 0.8%，百货公司零售额环比下降 0.3%，其他零售额环比下降 0.1%。

5. 非洲

埃及新财年 GDP 增长率目标为 5%。埃及财政部长阿姆鲁·贾拉哈发表讲话称，埃及 2017—2018 财年的主要预期目标有三：一是 GDP 增长率 5%，失业率降至 11%；二是降低财政赤字至 9.5%，降低债务水平至 94%；三是改善医疗、教育、基础设施、道路和电力等生活和服务质量，提高劳动者素质。为实现上述目标，埃及政府将继续实施结构性改革，鼓励出口，吸引外国投资，继续实行增值税并完成在关税和产权税等领域有利于投资环境改善的税法制定；埃及政府支出将进一步合理化，更加注重保障低收入群体的基本生活。

二、国际组织

IMF 称大宗商品出口国仍将面临持久困境。1 月 12 日，IMF 发布研究报告称，由于全球大宗商品价格持续低迷，大宗商品出口国，尤其是依赖能源出口的低收入国家，面临着经济活动显著放缓、财政收入严重不足、财政赤字增加、外汇储备减少、汇率压力等诸多挑战。报告显示，依赖能源出口的低收入国家平均经济增速从 2014 年的 5.7% 大幅降至 2016 年的 -1.6%；非能源类大宗商品出口国平均增速也从 2014 年的 5.3% 降至 2016 年的 3.8%；而出口多元化的低收入国家仍保持了 6% 以上的增速。

IMF 称移民对接收国经济发展利大于弊。IMF 第一副总裁大卫·利普顿表示，从经济层面看，移民对于接收国利大于弊。对发达接收国来说，移民有助于弥补劳动力缺口，提高劳动生产率，提振 GDP 增长。接收国的不平等现象并没有因为移民的到来而恶化，各收入阶层均能分享移民带来的经济利益，且移民并不会对接收国的中产阶级和低收入群体造成负面影响。

联合国称全球移民劳动力市场规模达 1.5 亿人。联合国发布最新数据显示，在全球的 2.32 亿移民中，2.07 亿移民处于劳动年龄以上，其中，1.5 亿人参加工作，占劳动年龄人口的 72.7%；其中，男性移民劳动力 0.83 亿人，女性移民劳动力 0.67 亿人。近半数移民劳动者集中在北美和欧洲北部、西部和南部地区。服务业、制造业和建筑业为劳动移民者的主要就业行业。

三、国际大宗商品

本周纽约原油期货价格累计下跌 1.8%。截至周四，本周纽约原油期货价格累计下跌 1.8%。周一纽约原油期货下跌 2.03 美元，收于每桶 51.96 美元；周二纽约原油期货下跌 1.14 美元，收于每桶 50.82 美元；周三纽约原油期货上涨 1.43 美元，收于每桶 52.25 美元；周四纽约原油期货上涨 0.76 美元，收于每桶 53.01 美元。

本周纽约黄金期货累计上涨 2.2%。截至周四，本周纽约黄金期货累计上涨 2.2%。周一纽约黄金期货上涨 1%，收于每盎司 1184.9 美元；周二纽约黄金期货上涨 0.1%，收于每盎司 1185.5 美元；周三纽约黄金期货上涨 0.9%，收于每盎司 1196.6 美元；周四纽约黄金期货上涨 0.3%，收于每盎司 1199.8 美元。

四、区域合作

博鳌亚洲论坛 2017 年年会主题定为“直面全球化与自由贸易的未来”。1 月 9 日，博鳌亚洲论坛秘书处宣布，博鳌亚洲论坛 2017 年年会将于 3 月 23—26 日在海南博鳌召开，主题为“直面全球化与自由贸易的未来”。年会将拟定全球化、增长、改革、新经济四大板块进行对话讨论，将设置 42 场分论坛、12 场闭门对话，涉及宏观经济、区域合作、产业转型、技术创新、政治安全、社会民生等领域。年会还将涵盖“一带一路”建设、分享经济、工匠精神等时下热点话题。

中日韩自贸区第十一轮谈判在北京举行。1 月 11 日，中日韩自贸区第十一轮谈判在北京举行。在本轮谈判中，三方将就货物贸易、服务贸易、投资等重要议题深入交换意见。中日韩自贸区谈判于 2012 年 11 月启动，目前已进行至第十一轮。三方均认为，建立中日韩自贸区有助于充分发挥三国间的产业互补性，挖掘提升三国贸易投资水平的潜力，促进区域价值链进一步融合，符合三国整体利益，有利于本地区的繁荣与发展。2015 年 11 月，三国领导人发表联合宣言，重申将进一步努力加速三国自贸区谈判，最终缔结全面、高水平和互惠的自贸协定。2016 年 10 月召开的中日韩经贸部长会议也承诺要加紧推进谈判，寻求三国自贸区的独特价值。

《亚太贸易协定》第 50 次常委会在泰国曼谷举行。1 月 11—12 日，《亚太贸易协定》第 50 次常委会在泰国曼谷举行。包括中国、孟加拉国、印度、老挝、韩国和斯里兰卡在内的 6 个成员国以及即将加入《亚太贸易协定》的蒙古均派代表团出席会议。各方代表就《亚太贸易协定第二修正案》、《部长宣言》、成立《亚太贸易协定》工商协会和启动《亚太贸易协定》项下贸易便利化、投资和服务贸易领域实质性谈判以及第五轮关税减让谈判等议题充分交换意见，为第四届部长级理事会的顺利召开奠定了坚实基础。

五、全球宏观经济形势

世行发布《2017 年全球经济展望》报告。1 月 10 日，世界银行发布《2017 年全球经济展望》称，2017 年全球经济将继续稳步增长，经济增长率预期为 2.7%。报告预计，发达国家经济增长率有望升至 1.8%，美国经济增速预计为 2.2%，这主要得益于制造业的复苏和投资规模的扩大。尽管贸易保护政策对世界经济增长产生不利影响，但一些主要经济体，特别是美国的财政刺激措施，仍会推动全球经济以超预期的增速增长。新兴市场和发展中经济体 2017 年经济增速有望提高到 4.2%，但仍将受到国际贸易和投资疲软、生产率增长迟缓等不利因素影响。2017 年中国经济增长预期为 6.5%。

报告指出，近年来新兴市场和发展中国家投资增长率由 2010 年的 10% 降至 2015 年的 3.4%，2016 年或继续下跌 0.5 个百分点。投资增长缓慢，部分是对经济危机前高投资水平的修正，但也反映出新兴市场和发展中国家经济增长所面临的一些挑战：油价低位徘徊，海外直接投资疲软，私人部门债务压力加大和地缘政治风险等。

OECD 国家综合领先指数显示稳定增长势头。1 月 11 日，OECD 发布最新数据显示，OECD 国家综合领先指数（CLIs）保持稳定增长势头。11 月份 OECD 成员国领先指数继续企稳于 99.8。德国预期增长势头明显，领先指数为 100.4；美国、加拿大、法国、日本、意大利和欧元区增长势头保持稳定；英国领先指数由 10 月份的 99.2 小幅升至 99.4。主要新兴经济体中，中国增长势头加强，领先指数由 10 月份的 99.3 升至 99.6；巴西和俄罗斯增长势头明显，领先指数分别为 101.5 和 100.6；印度则降至 99.9。

第 3 周　（2017/01/14—2017/01/20）

1 月 14—20 日，国际财经要情有：加拿大央行维持隔夜利率 0.5% 不变；巴西央行降低基准利率 75 个基点至 13%；欧央行宣布维持零利率政策不变；英国首相宣布英国“脱欧路线图”；韩国央行维持基准利率 1.25% 不变；亚投行发布 2017 年战略发展规划；《亚太贸易协定》第四届部长级理事会在泰国举行；世界经济论坛 2017 年年会在瑞士达沃斯举行。

一、区域观察

1. 北美地区

美联储称货币政策将根据经济现状调整。1 月 17 日，美联储理事布雷纳德称，未来宏观经济形势面临大量不确定性，导致对失业率和通胀率预估难度加大。未来财政政策难以预期，货币政策将根据各州经济现状、经济活动、通胀形式、自然生长率和宏观风险平衡作出调整。

美国国会预算办公室发布美 2016 财年联邦政府预算执行情况报告。美国国会预算办公室发布美 2016 财年（2015 年 10 月 1 日—2016 年 9 月 30 日）联邦政府预算执行情况报告显示，2016 财年美联邦政府赤字 5870 亿美元，同比增加 1480 亿美元，其中，约 410 亿美元用于 2017 财年；赤字占 GDP 总额的 3.2%，比 2015 财年增加 0.7 个百分点；扣除用于 2017 财年的支出后，2016 财年赤字约 5460 亿美元，占 GDP 总额的 3%。2016 财年税收收入 3.3 万亿美元，同比增加 180 亿美元，税收 GDP 占比从 2015 财年的 18.1% 降至 17.8%，仍高于 50 年来 17.4% 的平均水平。2016 财年政府支出 3.9 万亿美元，同比增加 1660 亿美元，支出 GDP 占比 20.9%，较 2015 财年增加 0.3 个百分点。此外，美 2016 财年税收收入增幅不到 1%，财政支出总额增长约 5%。

美国 2016 年 12 月份 CPI 上涨 0.3%。1 月 18 日，美国劳工统计局发布数据显示，经季调后，美国 2016 年 12 月份 CPI 上涨 0.3%，住房和汽油指数上涨是

CPI 上涨的主要原因。其中，住房指数环比上涨 0.3%；汽油指数环比上涨 3%；能源指数环比增长 1.5%。

加拿大央行维持隔夜利率 0.5%不变。1 月 18 日，加拿大央行发布消息称，加拿大央行隔夜利率、银行利率及存款利率将分别维持在 0.5%、0.75% 和 0.25%不变。加央行预计 2017 年及 2018 年加拿大 GDP 增速均为 2.1%。由于食品价格下跌，通胀自 10 月份以来持续下跌，核心通胀率低于 2%。未来几月受能源价格上涨影响，通胀将维持在 2%左右。

2. 拉美地区

巴西央行降低基准利率 75 个基点至 13%。1 月 11 日，巴西中央银行宣布，降低基准利率 75 个基点至 13%，这是自 2016 年 10 月份以来第三次降息。巴西央行指出，由于 2016 年通胀率为 6.29%，达到目标范围，从而具备了较大幅度降息的条件。

3. 欧洲

欧盟和欧元区 2016 年 11 月份国际货物贸易盈余分别为 69 亿和 259 亿欧元。1 月 16 日，欧盟统计局发布数据显示，欧盟 2016 年 11 月份国际货物贸易盈余 69 亿欧元，同比上升 12 亿欧元。其中，出口额为 1568 亿欧元，同比上升 5%；进口额为 1499 亿欧元，同比上升 5%。欧元区 2016 年 11 月份国际货物贸易盈余 259 亿欧元，同比上升 30 亿欧元。其中，出口额为 1842 亿欧元，同比上升 6%；进口额为 1583 亿欧元，同比上升 5%。

欧盟和欧元区 2016 年 12 月份通胀年率分别为 1.2%和 1.1%。1 月 18 日，欧盟统计局发布数据显示，欧盟 2016 年 12 月份通胀年率为 1.2%，环比上升 0.6 个百分点；欧元区 2016 年 12 月份通胀年率为 1.1%，环比上升 0.5 个百分点。

欧洲央行宣布维持零利率政策不变。1 月 19 日，欧洲央行宣布，尽管欧元区通胀率呈上升趋势，仍维持欧元区现行零利率政策不变。欧洲央行的主要任务是维持欧元区物价稳定，致力于将欧元区通胀率控制在 2%以内。2016 年 12 月份欧元区通货膨胀率明显上升，但仍低于欧洲央行控制通胀的中期目标。市场分析人士认为，目前欧元区通胀率走高主要是由于原油价格上涨。若剔除能源和食品价格因素，欧元区通货膨胀率仍维持在较低水平。

德国 2016 年 12 月份 CPI 环比上升 0.7%。1 月 18 日，德国联邦统计局发布数据显示，德国 2016 年 12 月份 CPI 环比上升 0.7%，同比上升 1.7%。其中，食品与非酒精类饮料价格环比上升 0.7%，同比上升 2.3%；非耐用品价格环比上升 0.9%，同比上升 2.1%；能源价格环比上升 2.3%，同比上升 2.5%；运输价格环比上升 1%，同比价格上升 2.6%；服务价格环比上升 1.1%，同比上升 1.5%。此外，数据还显示，德国 2016 年 CPI 上升 0.5%。

英国首相宣布英国"脱欧路线图"。1 月 17 日，英国首相特蕾莎·梅宣布英国“脱欧路线图”，路线图指出12条优先举措：一是保证“脱欧”进程中的确定性和透明度；二是脱离欧盟司法体系，收回司法权；三是加强英联邦主要主权国间联系，共同制定“脱欧”决策；四是掌控边境，但保留与爱尔兰共和国间共同旅游区；五是控制移民，结束与欧盟成员国间人员自由流动；六是保护英国地区欧盟公民及欧盟地区英国公民的合法权益；七是保障工人权利；八是退出欧盟单一市场，与欧盟建立全新自由贸易关系；九是加强与非欧盟国家贸易；十是推动科技创新；十一是在打击犯罪、反恐措施、国际事务等方面继续与欧盟深入合作；十二是推进平稳、有序、共赢的“脱欧”进程。

英国2016年12月份CPI环比上升0.5%。1月17日，英国国家统计局发布数据显示，英国2016年12月份CPI环比上升0.5%，同比上升1.6%，为2014年7月份来最大增幅。其中，运输价格环比上升2.9%；食品及非酒精饮料价格环比上升0.8%。

意大利2016年11月份工业产出环比上升0.7%。1月12日，意大利国家统计局发布数据显示，经季调，意大利2016年11月份工业产出环比上升0.7%。

4. 亚洲

日本2018财年基础财政收支赤字或达11.2万亿日元。1月19日，日本财务省预计，日本2018财年（始于同年4月1日）基础财政收支赤字将达11.2万亿日元，比2016年2月份预计的7.7万亿日元有大幅增加。同期基础财政收支赤字占GDP比重将超过2%，而日本政府的目标是2018财年将这一比例降至1%左右。市场分析人士认为，这意味着日本政府到2020财年中央和地方整体实现财政盈余的目标将难以实现。

日本2016年12月份M2供给同比上升4%。1月13日，日本央行发布数据显示，日本2016年12月份M2供给同比上升4%，M3供给同比上升3.4%，M1供给同比上升9.2%。此外，数据还显示，日本2016年12月份广义货币流动性同比上升2.1%。

韩国央行维持基准利率1.25%不变。1月13日，韩国央行发布消息称，韩国央行维持基准利率1.25%不变。当前，全球经济复苏趋势增大；主要国家政府债券利率上升趋势减缓，股票价格上升，全球金融市场波动减缓。国内方面，韩国出口下降情况有所缓解，但因内需疲软，经济增速略微放缓；就业市场疲弱，制造业就业人口减少，服务业就业人口增加趋势放缓。预计韩国经济将温和增长，2017年GDP增速约2%；内需复苏仍将受到限制，但出口将有所改善；预计2017年中期，韩CPI将升至2%，核心CPI仍保持在1%的水平。

印度GST法案实施达成新共识。1月17日，印度商品与服务税改革委员会（GST Council）召开会议，就GST有关的中央与地方征税管理权问题达成初步共识：营业额1500万卢比以下企业所缴纳税款，90%归地方邦，剩余归属中央政府；营业额超过 1500 万卢比企业所缴纳税款，中央地方五五分成。古吉拉特邦、安得拉邦等沿海省邦拥有印度领海内海洋贸易征税权等。会议同意，推迟 GST 法案推行时间至 7 月 1 日。印度财长杰特利表示，印中央政府坚决反对对企业实施“中央地方双重管理”，并承诺企业仅需对口一个税务机构进行纳税申报。但是部分地方财政高官认为，此次会议实际上并未解决印中央和地方的征税管理权问题，如何破解“双重征收”难题仍是该法案推进的最大挑战。

澳大利亚 2015—2016 财年货物与服务贸易额为 6610 亿澳元。1 月 16 日，澳大利亚外交和贸易部发布数据显示，澳大利亚 2015—2016 财年货物与服务贸易额为 6610 亿澳元。其中，出口额增长约 7%，服务贸易额增长 8%。澳大利亚 2015—2016 财年 GDP 增速为 2.7%。数据还显示，中国是澳大利亚最大贸易伙伴，2015—2016 财年双边贸易额达 1500 亿澳元，占澳大利亚总贸易额比为 23%。

5. 非洲

南非 2017 年经济或增长 0.8%。1 月 16 日，国际货币基金组织发布报告显示，预计 2017 年南非经济增长率为 0.8%，较 2016 年提高 0.5 个百分点。此外，南非央行预计，2017 年南经济增长 1.1%，较 2016 年提高 0.7 个百分点。

二、国际组织

亚投行发布 2017 年战略发展规划。1 月 16 日，亚投行发布 2017 年战略发展规划，重点是可持续基础设施建设、跨境互联互通和动员私人资本。亚投行行长金立群表示，2017 年亚投行将逐步扩大贷款投资规模，改善借款国的城市设施、交通、能源供给能力和使用效率，推进国际产能合作，促进区域互联互通。通过项目投资将人、服务和市场连接起来，满足亚洲各国日益增长的基础设施需求，从而促进亚洲经济与社会稳定发展。自 2016 年成立以来，亚投行成绩斐然，发放贷款总额约 17.3 亿美元，共支持巴基斯坦、孟加拉国、塔吉克斯坦、印度尼西亚、缅甸、阿塞拜疆和阿曼 7 个国家 9 个基础设施项目的建设。

亚行 2016 年业务规模创新高。亚行发布数据显示，2016 年亚行业务规模达 315 亿美元，较 2015 年的 269 亿美元增长了 17%，创历史新高。其中，主权和非主权贷款及赠款规模达到了破纪录的 175 亿美元，较 2015 年的 160 亿美元增长了 9%。亚行普通资金源的非优惠贷款规模达 144 亿美元，亚洲发展基金的优惠贷款和赠款达 31 亿美元。2016 年，亚行贷款和赠款实际支出总额达 125 亿美元，创历史新高，这得益于亚行加快了对采购和执行过程的改革。技术援助从 2015 年的 1.41 亿美元增至 1.7 亿美元，同比增长约 20%。联合融资规模进一步扩大，从 2015 年的 107 亿美元上升至 2016 年的 139 亿美元，同比增长 29%。

亚行将在日本横滨召开第 50 届年会。亚行宣布将于 5 月 4—7 日在日本横滨召开第50届年会，并庆祝亚行成立50周年。本届年会主题为“共建繁荣亚洲”，将关注亚太地区经济发展所面临的挑战与机遇，深入探讨亚行如何与其他发展伙伴一起，共同促进亚太经济包容性和可持续性增长。年会还将审视过去50年来亚洲在贸易、投资、金融等领域实行改革的成果与经验，并就亚行的未来发展方向展开讨论。预计将有超过3000名来自各国政府、央行、私人部门、学界和国际机构的代表参会。

世界黄金协会称六大趋势支撑2017年全球黄金需求。世界黄金协会报告指出，2016年，以美元计价的黄金价格上涨近10%，且自2016年12月美联储加息之后，金价已上涨5%。2017年全球黄金需求将继续增强，政治和地缘政治风险加剧、货币贬值、通胀预期上扬、股市估值走高、亚洲经济增长和开拓新市场等六大趋势将有效支撑全球黄金需求。从国别上看，中国从2013年升至全球第一黄金消费国后，黄金需求逐年攀升，2016年高达1066吨，占全球市场26%，预计2017年仍将继续增长。而从官方储备上看，美国、德国、IMF、意大利、法国和中国分居全球官方黄金储备的前六位。

三、国际大宗商品

本周纽约原油期货价格累计下跌1.9%。截至周四，本周纽约原油期货价格累计下跌1.9%。周一纽交所因马丁路德金纪念日休市；周二纽约原油期货上涨0.11美元，收于每桶52.48美元；周三纽约原油期货下跌1.4美元，收于每桶51.08美元；周四纽约原油期货上涨0.29美元，收于每桶51.37美元。

本周纽约黄金期货累计上涨0.4%。截至周四，本周纽约黄金期货累计上涨0.4%。周一纽交所因马丁路德金纪念日休市；周二纽约黄金期货上涨1.4%，收于每盎司1212.9美元；周三纽约黄金期货下跌0.1%，收于每盎司1212.1美元；周四纽约黄金期货下跌0.9%，收于每盎司1201.5美元。

四、区域合作

《亚太贸易协定》第四届部长级理事会在泰国举行。1月13日，《亚太贸易协定》第四届部长级理事会在泰国曼谷举行。包括中国、印度、韩国、斯里兰卡、孟加拉国、老挝在内的6个成员国以及准备加入《亚太贸易协定》的蒙古均派高级别代表团与会。在此次会议上，6个成员国代表共同签署了第四轮关税减让谈判成果文件《亚太贸易协定第二修正案》，并同意力争于今年7月1日正式实施。会议发布了《部长宣言》，宣布启动《亚太贸易协定》项下贸易便利化、投资和服务贸易领域实质性谈判，并力争于年内启动第五轮关税减让谈判。会议还决定成立《亚太贸易协定》工商协会，推动进一步提高区内贸易投资自由化和便利化水平。

《亚太贸易协定》前身为签订于 1975 年的《曼谷协定》，是在联合国亚太经济社会委员会主持下，为促进南南合作，在发展中国家之间达成的一项优惠贸易安排。中国于 2001 年正式加入《亚太贸易协定》，《亚太贸易协定》是我国参与的第一个优惠贸易协定，也是我国目前唯一正在实施的连接东亚和南亚的区域贸易安排。

中国与欧亚经济联盟经贸合作协议第二轮谈判在北京举行。1 月 11—13 日，中国与欧亚经济联盟经贸合作协议第二轮谈判在北京举行。双方就海关程序和贸易便利化、技术性贸易壁垒、卫生与植物卫生措施、贸易救济、竞争、知识产权、政府采购、法律与机制条款以及部门合作议题进行了深入磋商，取得实质性进展。

中缅经贸联委会第四次会议在北京举行。1 月 12 日，中缅经贸联委会第四次会议在北京举行，双方就落实两国领导人共识、加强在对接两国发展战略、边境贸易、基础设施建设、能源、跨境经济合作区、金融、农牧业、替代种植、对缅援助、区域经济一体化等各领域务实合作深入交换意见，达成广泛共识。

五、全球宏观经济形势

世界经济论坛 2017 年年会在瑞士达沃斯举行。1 月 17—20 日，世界经济论坛（达沃斯论坛）2017 年年会在瑞士达沃斯举行。本次年会主题为“领导力：应势而为、勇于担当”。近 50 位国家元首或政府首脑及来自政治、工商、学术、媒体等各界人士约 1700 人出席开幕式。中国国家主席习近平出席开幕式，并发表题为《共担时代责任　共促全球发展》的主旨演讲，强调要坚定不移推进经济全球化，引导好经济全球化走向，打造富有活力的增长模式、开放共赢的合作模式、公正合理的治理模式、平衡普惠的发展模式，牢固树立人类命运共同体意识，共同担当，同舟共济，共促全球发展。

习近平指出，经济全球化是社会生产力发展的客观要求和科技进步的必然结果。经济全球化确实带来了新问题，但把困扰世界的问题简单归咎于经济全球化，既不符合事实，也无助于问题解决。我们要主动作为、适度管理，让经济全球化正面效应更多释放出来，实现经济全球化进程再平衡；我们要顺应大势、结合国情，正确选择融入经济全球化的路径和节奏；我们要讲求效率、注重公平，让不同国家、不同阶层、不同人群共享经济全球化的好处。当前，世界经济领域三大突出矛盾没有得到有效解决：全球增长动能不足、全球经济治理滞后和全球发展失衡。为此，我们一要坚持创新驱动，打造富有活力的增长模式。二要坚持协同联动，打造开放共赢的合作模式。三要坚持与时俱进，打造公正合理的治理模式。

四要坚持公平包容，打造平衡普惠的发展模式。

习近平宣布，2017 年 5 月，中国将在北京主办“一带一路”国际合作高峰论坛，共商合作大计，共建合作平台，共享合作成果，为解决当前世界和区域经济面临的问题寻找方案，为实现联动式发展注入新能量，让“一带一路”建设更好造福各国人民。

国际劳工组织发布《全球就业展望》报告。1 月 13 日，国际劳工组织发布报告称，2017 年全球失业率将从 2016 年的 5.7% 上升到 5.8%，失业人数预计上升 340 万人，总规模超过 2 亿人，再创历史新高。2018 年失业人数将继续增长 270 万人。2017 年，拉丁美洲发展中国家的失业人数将出现最大增幅，尽管欧洲、美国和加拿大的失业率可能会下降，但下降幅度缓慢且不均匀，长期失业问题相对突出。国际劳工组织表示，失业人口不断上升的主要原因包括：一是全球经济增长乏力。2016 年全球 GDP 增长率仅为 3.1%，低于预期水平，创 6 年来新低。预计 2017 年和 2018 年全球经济增长率为 3.4% 和 3.6%。二是全球“减贫”进程缓慢，对实现可持续发展目标中的“减贫”预期造成威胁。三是男女就业机会不平等，不满情绪蔓延。四是全球不确定性因素增加。全球几乎所有地区都充斥着社会动乱或不满的风险，对就业市场产生负面影响。

发达经济体就业情况好转，失业率将从 6.3% 降至 6.2%。欧洲地区就业岗位增加，失业情况将得到改善。美国 2017 年和 2018 年失业率预计分别为 4.9% 和 5.0%，与 2016 年基本持平。新兴经济体就业市场或将出现困难，2017 年失业率将从 2016 年的 5.6% 升至 5.7%，其中，以新兴经济体和发展中国家为主的拉美和加勒比地区 2017 年失业率或达 8.4%。亚太地区经济增长强劲，2016 年经济增长率达 5.1%，新增就业人口超 2000 万人，预计 2017 年将维持这一增速。其中，中国失业率预计为 4.6%，与 2016 年持平。

第 4 周 （2017/01/21—2017/01/27）

1 月 21—27 日，国际财经要情有：白宫公布特朗普施政纲领；韩国 2016 年四季度实际 GDP 环比上升 0.4%；印度尼西亚将投资 3000 亿美元兴建基础设施；联合国发布《2017 全球经济形势与展望》报告。

一、区域观察

1. 北美地区

白宫公布特朗普施政纲领。1 月 20 日，美国总统特朗普公布未来经济目标，即未来 10 年新增 2500 万个就业岗位，使美国经济增速重回 4%；同时，推出新政府施政纲领与优先事项，包括改革能源计划、调整外交政策、重振就业与增长、重新谈判贸易协定等。

费城联储称美国经济整体强劲。1 月 20 日，费城联储主席帕克发表讲话称，美国经济表现强劲，2016 年三季度 GDP 增速快于二季度；劳动力市场进一步改善，失业率维持在 4.7% 低水平，消费者信心和零售销售稳定。不过，劳动参与率低于预期，且预计在未来五年将持续下滑 2%。若保持现有经济状况，美联储或在 2017 年三次加息。

加拿大 2016 年 12 月份 CPI 同比上涨 1.5%。1 月 20 日，加拿大国家统计局发布数据显示，经季调后，加拿大 2016 年 12 月份 CPI 同比上涨 1.5%，运输和住房价格上涨是 CPI 上涨的主要原因。其中，运输同比上涨 3. %；服饰价格同比增长 0.2%；餐饮价格同比上涨 2.3%；能源价格同比上升 4%。

2. 拉美地区

巴西 2016 年公共债务总额达 3.11 万亿雷亚尔。1 月 25 日，巴西国库局公布数据显示，2016 年巴西公共债务总额达 3.11 万亿雷亚尔，较上年增长 11.42%，公共债务规模创 2004 年以来最高纪录。巴西 2016 年增加的公共债务主要用于偿还价值 3300 亿雷亚尔的利息。过去 10 年来，巴公共债务大幅增长，2006 年仅为 1.23 万亿雷亚尔。

3. 欧洲

欧盟和欧元区2016年三季度政府赤字占GDP 1.9%和1.7%。1月23日，欧盟统计局发布数据显示，经季调后，欧盟2016年三季度政府赤字占GDP 1.9%，环比上升0.1个百分点；政府支出占GDP 46.9%，环比上升0.1个百分点；政府收入占GDP 45.1%，环比上升0.1个百分点。欧元区2016年三季度政府赤字占GDP 1.7%，环比上升0.2个百分点；政府支出占GDP 48.2%，环比上升0.1个百分点；政府收入占GDP 46.5%，环比保持不变。

欧洲央行称货币政策仍有效，但滞后性上升。1月25日，欧洲央行发布研究报告显示，在目前经济环境下，欧洲央行货币政策产生效果的时滞要比平时更长，但仍是对抗低通胀有效的政策手段。报告指出，欧洲低通胀主要由周期性因素所致，并非部分经济学家所认为的，全球化、人口迅速老龄化以及科技进步已改变了人们储蓄和支出方式，导致通胀水平较低。报告认为，失业和通胀之间的负相关性依然有效。一旦利率触及实际底部，通胀水平将更加难以提升，反映出非常规货币政策的负面冲击，以及企业和家庭针对这一新现实的长期适应调整，从而导致传导机制变缓。

德国1月份制造业PMI初值为56.5。1月24日，市场调查机构Markit发布数据显示，德国1月份制造业PMI初值为56.5，环比上升0.9个点，为36个月以来最高。其中，制造业产出指数初值为57.6，环比上升0.6个点，为33个月以来最高。德国1月份综合产出指数初值为54.7，环比下降0.5个点，为4个月以来最低；服务业活动指数初值为53.2，环比下降1.1个点，为4个月以来最低。德国私营部门增速放缓，但制造部门稳固增长。

英国2016年12月份零售销售环比下降1.9%。1月20日，英国国家统计局发布数据显示，英国2016年12月份零售销售环比下降1.9%，同比上升4.3%。剔除燃料，零售销售环比下降2%，同比上升4.9%。数据还显示，英国四季度零售销售环比上升1.2%，同比上升5.6%。

法国1月份制造业PMI初值为53.4。1月24日，市场调查机构Markit发布数据显示，法国1月份制造业PMI初值为53.4，环比下降0.1个点。其中，制造业产出指数初值为53.5，环比下降0.4个点。法国1月份综合产出指数初值为53.8，环比上升0.7个点，为67个月以来最高；服务业活动指数初值为53.9，环比上升1个点，为19个月以来最高。法国私营部门发展迅速，扩张速度为五年半以来最高水平。

4. 亚洲

日本2016年12月份出口额同比上升5.4%。1月25日，日本财务省发布数据显示，日本2016年12月份出口额为6.68万亿日元，同比上升5.4%；进口额为6.04万亿日元，同比下降2.6%；贸易顺差6413亿日元，同比上升361.6%。其中，对中国出口同比上升 12.5%，进口同比下降 5%；对美国出口同比上升 1.3%，进口同比上升 9.6%。

日本 1 月份制造业 PMI 初值为 52.8。1 月 24 日，市场调查机构 Markit 发布数据显示，日本 1 月份制造业 PMI 初值为 52.8，环比上升 0.4 个点，为 2014 年 3 月份以来最大值。其中，制造业产出指数初值为 53.3，环比下降 0.5 个点。新订单和产出扩张使日本制造业环境改善速度达 3 年以来最快。其中，海外需求扩大是出口订单增长的主要原因。

韩国 2016 年四季度实际 GDP 环比上升 0.4%。1 月 25 日，韩国央行发布数据显示，韩国 2016 年四季度实际 GDP 环比上升 0.4%。其中，私人最终消费支出环比上升 0.2%，基础设施投资环比上升 6.3%，建筑投资环比下降 1.7%，出口环比下降 0.1%，进口环比上升 0.2%。

印度尼西亚将投资 3000 亿美元兴建基础设施。印尼国家发展规划部发布消息称，该国计划在 2019 年印尼总统佐科任期结束前投资 3000 亿美元，用于发展基础设施，重点是强化地区协调发展。其中，公共支出占三分之一，私营部门投资占三分之二，印尼高速公路、机场、港口、电站等涉及收费的项目对私营部门具有吸引力。佐科表示，发展基础设施、实现互联互通仍将是政府工作的重中之重，基建发展要注重城市和农村地区的协调，要服务于缩小城乡发展差距这一目标，只有统筹协调公路、港口和产业园、物流中心两类基础设施建设，才能有效解决城市与农村发展不平衡的问题。

澳大利亚 2016 年 12 月份失业率为 5.8%。1 月 19 日，澳大利亚国家统计局发布数据显示，经季调后，澳大利亚 2016 年 12 月份失业率为 5.8%，环比上升 0.1 个百分点，同比上升 0.1 个百分点。就业人口环比增长 13500 人，其中，全职就业人口增长 9300 人，兼职就业人口增长 4200 人。此外，澳大利亚 2016 年 12 月份劳动参与率为 64.7%，环比上升 0.1 个百分点，同比下降 0.4 个百分点。

澳大利亚 2016 年四季度 CPI 环比上升 0.5%。1 月 25 日，澳大利亚国家统计局发布数据显示，经季调后，澳大利亚 2016 年四季度 CPI 环比上升 0.5%，同比上升 1.5%。其中，食品及非酒精饮料价格环比上升 0.6%，同比上升 1.8%；酒精及烟草价格环比上升 2.8%，同比上升 5.9%；服饰价格环比下降 0.5%，同比下降 0.9%；住房价格环比上升 0.3%，同比上升 1.9%；运输价格环比上升 1.7%，同比下降 0.3%。

5. 非洲

尼日利亚央行和南非央行均维持利率不变。1 月 24 日，尼日利亚央行宣布，维持尼基准利率 14% 不变；南非央行宣布，维持南回购利率 7% 不变。预测显示，尼日利亚 2016 经济可能出现负增长，南非经济增速将创 2009 年以来新低。

二、国际组织

联合国称可持续发展对促进持久和平意义重大。1月24日，联合国举行以“共建和平：2030可持续发展议程与持久和平的协同效应”为主题的高级别对话会，联合国秘书长古特雷斯发表讲话表示，当前世界发展面临气候变化、分配不均、冲突加剧等诸多挑战，实现可持续发展对促进持久和平具有重要意义。联合国的首要工作是预防，预防冲突、自然灾害及其他危害社会福祉的行为。联合国未来将重点提高教育质量和帮助青年人就业，以促进经济发展和世界和平。各国政府也应进一步加强合作，实现世界经济可持续增长。

OECD国家2016年11月份失业率稳定在6.2%。OECD发布数据显示，OECD国家2016年11月份失业率为6.2%，与上月持平。失业人数为3850万人，比2013年1月份峰值减少1050万人，较2008年金融危机前水平仍高出590万人。欧元区2016年11月份失业率稳定在9.8%。其中，法国、爱尔兰和斯洛伐克失业率降幅最大，分别降低0.2%至9.5%、7.3%和9.0%；芬兰和意大利失业率分别升至8.8%和11.9%。美国和加拿大11月份失业率分别降低0.2%至4.6%和6.8%；日本和墨西哥11月份失业率则分别上升0.1%至3.1%和3.7%。

三、国际大宗商品

本周纽约原油期货价格累计下跌0.1%。截至周五，本周纽约原油期货价格累计下跌0.1%。周一纽约原油期货下跌0.47美元，收于每桶52.75美元；周二纽约原油期货上涨0.43美元，收于每桶53.18美元；周三纽约原油期货下跌0.43美元，收于每桶52.75美元；周四纽约原油期货上涨1.03美元，收于每桶53.78美元；周五纽约原油期货下跌0.61美元，收于每桶53.17美元。

本周纽约黄金期货累计下跌1.2%。截至周五，本周纽约黄金期货累计下跌1.2%。周一纽约黄金期货上涨0.9%，收于每盎司1215.6美元；周二纽约黄金期货下跌0.4%，收于每盎司1210.8美元；周三纽约黄金期货下跌1.1%，收于每盎司1197.8美元；周四纽约黄金期货下跌0.7%，收于每盎司1189.8美元；周五纽约黄金期货上涨0.1%，收于每盎司1189.9美元。

四、区域合作

美国正式宣布退出TPP。1月23日，美国总统特朗普签署行政命令，正式宣布美国退出跨太平洋伙伴关系协定（TPP）。白宫发言人斯派塞表示，退出TPP标志着美国贸易政策进入新的时期，特朗普政府未来将与美国盟友和其他国家发掘双边贸易机会。TPP 是奥巴马任内着力推动的区域贸易协定，参与 TPP 谈判的 12 个国家于 2016 年 2 月正式签署协定文本。此前，特朗普还表示将尽快与墨西哥和加拿大领导人讨论重新谈判北美自由贸易协定。

中国—斯里兰卡自贸区举行第五轮谈判。中国—斯里兰卡自贸区第五轮谈判在斯里兰卡首都科伦坡举行。在本轮谈判中，中斯双方就货物贸易、服务贸易、投资、经济技术合作、原产地规则、海关程序和贸易便利化、技术性贸易壁垒和卫生与植物卫生措施、贸易救济等议题充分交换意见，谈判取得积极进展。

五、全球宏观经济形势

联合国发布《2017 全球经济形势与展望》报告。联合国发布《2017 全球经济形势与展望》报告称，全球经济进入缓慢增长期，未来两年全球经济增长预期分别为 2.7% 和 2.9%。发达国家经济增长主要受美国去库存周期结束和日本有关经济政策驱动。此外，由于大宗商品价格趋稳，通货膨胀压力缓解，发展中国家商品出口将增加。得益于强劲的内需和融通性宏观经济政策的实行，东南亚较其他地区或将实现更大幅度的经济增长。

报告指出，投资疲软是世界经济增长放缓的最主要原因。由于全球需求下降和投资风险的提高，主要发达国家和发展中国家普遍出现投资疲软态势。投资低迷或将对中长期的劳动力增长和创新技术发展产生不利影响，导致生产率增长迟缓。而贸易增长放缓是导致全球经济低增长的另一因素，联合国预计，全球贸易增速在 2017 年和 2018 年预计分别为 2.7% 和 3.3%。全球需求结构和不确定性增加，以及全球贸易自由化进展缓慢均限制了全球贸易增长。此外，全球经济仍面临如美国新政府宏观政策和英国“脱欧”等诸多不确定性，或使经济增速进一步放缓。

报告指出，欠发达经济体预计在 2017 年和 2018 年分别实现 5.2% 和 5.5% 的经济增长，低于联合国可持续发展目标设定的 7% 的增长目标。低经济增长将会对医疗、教育和应对气候变化等方面的公共支出产生威胁。未来若不能实现加速增长，2030 年前实现大幅度“减贫”的目标恐难实现。

IMF 发布《世界经济展望》报告。IMF 发布了最新版《世界经济展望》报告称，2017 年全球经济有望在“下坡路上实现刹车”，预计 2017 年和 2018 年全球经济增速为 3.4% 和 3.6%。

报告认为，发达经济体 2017—2018 年经济前景有望得到改善，2017 年和 2018 年的增长率预计分别为 1.9% 和 2.0%，较 2016 年 10 月份的预测提高 0.1 个百分点和 0.2 个百分点。其中，考虑到美国可能会实施财政刺激政策，且货币政策正常化的步伐将加快，预计美国 2017 年和 2018 年经济增长率将分别升至 2.3% 和 2.5%。德国、日本、西班牙和英国等经济体的增长预期也有小幅上调。新兴经济体方面，IMF 预计新兴市场和发展中国家 2017 年经济增速为 4.5%，比 2016 年 10 月份预测值降低 0.1 个百分点；2018 年将上升至 4.8%。其中，中国 2017 年经济增长预期上调至 6.5%，较 2016 年 10 月份预测上升 0.3 个百分点。印度、印尼、泰国、阿根廷、巴西、墨西哥、委内瑞拉等国增长预期较 10 月份有所下调。

报告指出，当前全球经济面临的主要风险：一是贸易保护主义升温；二是部分资产负债表受损的发达经济体仍面临私人需求长期不足，部分改革无明显进展等挑战；三是一些大型新兴经济体依然存在潜在风险，如企业债务高企、利润下降、银行资产负债表薄弱、政策缓冲单薄等；四是地缘政治紧张局势和恐怖主义加剧。

第5周（2017/01/28—2017/02/03）

1月28日—2月3日，国际财经要情有：美联储维持联邦基金利率0.5%—0.75%不变；欧元区2016年GDP增速为1.7%；英国下议院首轮投票支持授权政府启动“脱欧”；英国央行维持关键利率0.25%不变；法国2016年GDP增速为1.1%；韩国计划推进四大产业结构调整；世行发布2017年《世界发展报告》；欧盟和墨西哥宣布加快新自贸协定谈判；世行预测2017年大宗商品价格将全面上涨。

一、区域观察

1. 北美地区

美联储维持联邦基金利率0.5%—0.75%不变。2月1日，美联储宣布，维持联邦基金利率目标区间在0.5%—0.75%水平不变，符合市场预期。美联储表示，自2016年12月底以来，劳动力市场继续改善，经济继续保持温和增长，消费者和企业信心明显改善，通胀也有所回升，但仍低于美联储2%的目标，企业固定资产投资仍较疲软。美联储认为，随着逐步调整货币政策，美国经济将继续温和扩张，就业市场将进一步改善，通胀水平也将在中期内回升至2%。

美国1月份ISM制造业PMI为56%。2月1日，美国供应管理协会发布数据显示，美国1月份ISM制造业PMI为56%，为2014年11月份以来新高，环比上升1.3个百分点。其中，新订单指数为60.4%，环比微升0.2个百分点；产出指数为61.4%，环比上升1.1个百分点；就业指数为56.1%，环比上升3个百分点。

加拿大2016年11月份GDP环比增长0.4%。1月31日，加拿大统计局公布数据显示，经季调，加拿大2016年11月份GDP环比上升0.4%，高于预期。其中，加拿大11月份制造业增长1.4%，采矿、采石以及油气开采行业产出增长1.4%。金融和保险业产出增长了1.5%，创2014年2月份以来最大涨幅。

2. 拉美地区

巴西2017年经济或增长0.5%。1月30日，巴西央行公布数据显示，维持巴西 2017 年 GDP 增长预期 0.5% 不变，下调巴 2017 年通胀预期至 4.7%。

3. 欧洲

欧元区 2016 年 GDP 增速为 1.7%。1 月 31 日，欧盟统计局发布数据显示，尽管面临英国“脱欧”等政治逆风，但欧元区经济稳健复苏，2016 年 GDP 增速达 1.7%。其中，欧盟 GDP 环比增长 0.6%，同比增长 1.9%；欧元区 2016 年四季度 GDP 环比增长 0.5%，同比增长 1.8%。

欧元区 2016 年 12 月份失业率降至 9.6%。1 月 31 日，欧盟统计局发布数据显示，由于经济持续复苏，欧元区 2016 年 12 月份失业率为 9.6%，环比下降 0.1 个百分点，为 2009 年 5 月份以来最低水平；12 月份失业人口 1557.1 万人，环比减少 12.1 万人，同比减少 125.6 万人。但欧元区不同国家间失业率依旧差异巨大，其中，德国失业率仅为 3.9%，西班牙失业率则高达 18.4%。

德国 1 月份 CPI 同比上涨 1.9%。1 月 30 日，德国联邦统计局公布数据显示，德国 1 月份 CPI 同比上涨 1.9%，为 2013 年 7 月份以来最高涨幅。能源价格大幅攀升、食品价格和房租上涨是德国 CPI 上升的主要原因。近两个月来，德国通胀水平持续走高，已接近欧洲央行 2% 的通胀目标。

英国下议院首轮投票支持授权政府启动“脱欧”。2 月 1 日，英国下议院以 498 票赞成、114 票反对通过议案，授权英政府触发欧盟《里斯本条约》第 50 条，启动退欧流程。此次投票结果扫清了退欧的第一道法律障碍。下议院将于 2 月 8 日进行第二轮投票，再将议案递交上议院。

英国央行维持关键利率 0.25% 不变。2 月 2 日，英国央行宣布维持关键利率 0.25% 不变，维持资产购买规模 4350 亿英镑不变，并维持企业债购买规模 100 亿不变，符合市场预期。英国央行预计，英国 2017 年、2018 年、2019 年 GDP 或分别增长 2%、1.6%、1.7%，维持 2017 年通胀预期 2.72% 不变。

法国 2016 年 GDP 增速为 1.1%。1 月 31 日，法国国家统计局公布数据显示，法国 2016 年四季度 GDP 环比增长 0.4%，2016 年 GDP 增长 1.1%，低于预期，较 2015 年下降 0.1 个百分点。其中，2016 年居民消费增长 1.8%；企业和家庭投资显著加速，固定资本形成总额增长 2.8%；进出口增速下滑明显，分别仅增长 3.6% 和 0.9%。

4. 亚洲

日本 2017 年实际 GDP 或增长 1.5%。1 月 31 日，日本央行发布展望报告称，日本国内经济“持续缓慢复苏”，上调日 2017 年、2018 年经济增速预期分别至 1.5% 和 1.1%。日央行表示，上调经济增长预期的主要原因是海外经济复苏，以及日元贬值带来的出口和生产恢复。通胀方面，日央行维持此前对 2017 年、2018 年核心 CPI 为 1.5% 和 1.7% 的预测不变。在此基础上，日央行决定维持现行货币政策不变，即维持短期利率 -0.1% 不变，维持 10 年期国债收益率目标在 0 左右。

日本 2016 年 12 月份家庭消费开支同比下降 0.3%。1 月 31 日，日本总务省公布数据显示，日本 2016 年 12 月份两人以上家庭平均消费支出为 31.84 万日元，同比下降 0.3%，为连续 10 个月出现下滑。总务省分析，由于食品价格上涨，家庭消费更加趋于节俭。考虑到日本就业环境持续改善，未来收入增长或能促进消费复苏。

韩国计划推进四大产业结构调整。1 月 25 日，韩国经济副总理兼企划财政部长官柳一镐发表讲话称，将按照 2016 年确立的原则和构架，全面推进造船、海运、钢铁、石化四大产业结构调整。造船业方面，三大造船企业 2017 年自救计划执行金额将达 4 万亿韩元，执行率将提升至 80%。同时，韩政府将加大对造船业的支持力度。海运方面，将推进规模达 6.5 万亿韩元的金融支持项目，包括韩国船舶会社正式运营，以及由其通过海洋基金收购釜山新港韩进码头等。钢铁方面，年内还将继续挖掘供给过剩品种，并完成 6 个企业重组项目，同时推进超轻量、多功能结合型高性能材料的开发，以及构建智能、环境友好型工程等。石化方面，扩大清查供给过剩范围至全行业，拟促成至少 4 个企业重组项目，并扩大对电动汽车、无人机等未来产业所需的高性能化学材料的研究开发。

5. 非洲

南非 2016 年 12 月份居民实际平均收入连续 7 个月下降。1 月 31 日，南非统计局公布数据显示，南非 2016 年 12 月份居民平均收入为 14102 兰特，剔除通胀因素后同比下降 1.5%，降幅创 2011 年以来新高，为连续第 7 个月下降。

二、国际组织

世行发布 2017 年《世界发展报告》。1 月 30 日，世行发布其年度旗舰报告之一的 2017 年《世界发展报告》。报告以“治理与法律”为主题，探讨社会权力分配不公如何影响政策效力以及如何通过完善制度和法律体系，改善政策效果。报告认为，有效的政策措施需要包含三个要素：坚定的政策承诺，有效的政策协调和鼓励合作的政策取向。世行行长金墉指出，随着公民对有效的公共服务、良好的基础设施和公平的制度环境的需求不断上升，政府应尽可能高效和透明地利用公共权力，合理分配资源。如果没有完善的治理体系，消除极端贫困和促进繁荣共享的目标就无法实现。

三、国际大宗商品

本周纽约原油期货价格累计上涨 0.7%。截至周四，本周纽约原油期货价格累计上涨 0.7%。周一纽约原油期货下跌 0.54 美元，收于每桶 52.63 美元；周二纽约原油期货上涨 0.18 美元，收于每桶 52.81 美元；周三纽约原油期货上涨 1.07 美元，收于每桶 53.88 美元；周四纽约原油期货下跌 0.34 美元，收于每桶 53.54 美元。

本周纽约黄金期货累计上涨 2.4%。截至周四，本周纽约黄金期货累计上涨 2.4%。周一纽约黄金期货上涨 0.4%，收于每盎司 1196 美元；周二纽约黄金期货上涨 1.3%，收于每盎司 1211.4 美元；周三纽约黄金期货下跌 0.3%，收于每盎司 1208.3 美元；周四纽约黄金期货上涨 0.9%，收于每盎司 1219.4 美元。

四、区域合作

欧盟和墨西哥宣布加快新自贸协定谈判。2 月 1 日，欧盟和墨西哥共同宣布，双方将加速新自由贸易协定谈判进程，同意在 2017 年 4 月 3—7 日及 6 月 26—29 日增加两轮谈判，两轮谈判间隙，还将在墨西哥城安排双边会晤以促进合作。欧盟与墨西哥于 2000 年达成自贸协定。2016 年，双方开启新谈判希望“升级”该协定。据欧盟统计数据显示，欧盟为墨西哥第三大贸易伙伴，仅次于美国和中国。从 2005 年至 2015 年，双方贸易额从每年 260 亿欧元增至每年 530 亿欧元。

菲俄宣布设立经贸合作联合委员会。2 月 2 日，菲律宾宣布将于俄罗斯设立经贸合作联合委员会，并计划在 2017 年菲总统杜特尔特访俄前举行首次会议。菲方表示，菲俄两国将建立更紧密的经济合作关系，强化双边贸易投资合作，联委会将包含经贸、农业、工业、能源、制造业、基础设施、交通、核能技术等多项议题。

五、全球宏观经济形势

世行预测 2017 年大宗商品价格将全面上涨。世界银行发布季度《大宗商品市场展望》报告指出，2016 年大宗商品市场价格已见底，2017 年大宗商品价格将实现全面上涨，其中能源和工业类大宗商品价格将大幅上升。根据报告，受石油输出国组织（OPEC）成员国石油减产的影响，原油价格有望升至 55 美元/桶，较 2016 年增长 29%。金属价格预计增长 11%，这主要是由于中国和发达国家需求增强。农产品市场供给充足，价格增长或不足 1%。贵金属价格预计下跌 7%，主要原因是市场利率上升和需求不足。

OECD 国家 12 月份年化通胀率升至 1.8%。2 月 2 日，OECD 发布最新数据显示，受能源和粮食价格上涨影响，OECD 国家 2016 年 12 月份年化通胀率从上月的 1.5% 升至 1.8%。剔除食品和能源因素影响，2016 年 12 月份年化通胀率为 1.8%，较上月上涨 0.1%。国别方面，美国、加拿大、法国、德国、意大利和英国2016 年 12 月份的通胀率分别从 2016 年 11 月份的 1.7%、1.2%、0.5%、0.8%、0.1%和1.2%上升至2.1%、1.5%、0.6%、1.7%、0.5%和1.6%。日本的通胀率从2016 年11 月份的0.5%降至0.3%。欧元区通胀率从2016 年11 月份的0.6%增至2016 年12 月份的1.1%，欧盟统计局最新数据预计欧元区2017 年1 月份年化通胀率将增至1.8%。G20 国家2016 年12 月份年化通胀率从2016 年11 月份的2.2%小幅升至2.3%。新兴经济体中，巴西、印尼、印度、沙特、俄罗斯和中国的通胀率分别从2016 年11 月份的7.0%、3.6%、2.6%、2.3%、5.7%和2.3%降至6.3%、3.0%、2.2%、1.7%、5.4%和2.1%。南非的通胀率从2016 年11 月份的6.9%小幅上涨至7.0%。

IMF 发布拉丁美洲和加勒比海地区 2017 经济展望。IMF 发布经济展望报告称，拉丁美洲和加勒比海地区2017 年经济增长率有望达到1.2%，2018 年将升至2.1%。报告预计，由于私人消费疲弱，复苏进程缓慢，预计巴西 2017 年实际 GDP 增长率仅为0.2%；墨西哥经济将继续适度增长，但预计会进入一个困难时期；智利2017 年经济增长率或达2.1%，较2016 年增长0.5%；秘鲁经济增长弹性较大，2017 年增长率或达4.3%；委内瑞拉仍处于严重的经济危机中，预计2017 年经济活动将急剧收缩，通胀进一步加速。加勒比海地区的前景正在改善，预计2017 年将实现温和增长。

第 6 周 （2017/02/04—2017/02/10）

2 月 4—10 日，国际财经要情有：美国 1 月份失业率为 4.8%；欧元区 1 月份通胀年率为 1.8%；俄罗斯央行维持基准利率 10% 不变；印度 2016—2017 财年实际 GDP 增速为 6.5%—6.75%；澳大利亚央行维持现金利率 1.5% 不变；新西兰央行维持基准利率 1.75% 不变；OPEC：2017 年国际油价将继续走低；墨西哥与土耳其宣布将加快双边自贸协定谈判；国际金融协会："特朗普风暴" 或将影响新兴经济体增长前景。

一、区域观察

1. 北美地区

美国 1 月份失业率为 4.8%。2 月 3 日，美国劳工统计局数据显示，美国 1 月份失业率为 4.8%，环比上升 0.1 个百分点，失业人口为 760 万人；非农就业人口环比增长 22.7 万人；劳动参与率为 62.9%，环比上升 0.2 个百分点。

美国参议院民主党提出万亿美元基础设施建设方案。1 月 24 日，美国参议院民主党提出一项为期十年、总额 1 万亿美元的基础设施建设方案"重建美国基础设施计划"（BRAI）。根据 BRAI 计划，将在全美范围开展大规模建设活动，重建道路、桥梁、铁路、供水系统、宽带网、医院、学校和机场等各类基础设施，将创造 1500 万个中产阶级工作岗位。BRAI 将秉承以下原则：一是"买美货"，即在基础设施重建中尽可能购买美国产品；二是加强劳动者薪酬等方面保护；三是鼓励女性或少数族群企业参与；四是在坚持环保原则下加快具体项目执行进度。

美国 2016 年货物和服务贸易赤字上升 0.4%。2 月 7 日，美国商务部数据显示，美国 2016 年 12 月份货物和服务贸易赤字 443 亿美元，环比下降 15 亿美元。其中，出口额为 1907 亿美元，环比上升 50 亿美元；进口额为 2350 亿美元，环比上升 36 亿美元。数据还显示，美国 2016 年货物和服务贸易赤字上升 0.4%。其中，出口额上升 2.3%，进口额下降 1.8%。

美国国会预算办公室发布《美国劳动力市场展望》报告。2 月 2 日，美国国会预算办公室（CBO）发布美国劳动力市场展望报告，认为2016年劳动力市场向好，2017年和2018年继续走强，基本实现充分就业。报告指出，2016年平均每月新增就业岗位18万个，劳动参与率逐渐升至62.8%，失业率从2015年的5.3%降至4.8%，工资总体水平增速加快。报告预测，未来两年由于劳动力需求走强，劳动力市场缺口将进一步缩减，至2018年，缺口完全消失，实现充分就业。未来两年，新增非农就业岗位增速放缓，预计2017年上半年每月新增非农就业岗位16万个，下半年每月11.6万个，2018年每月9.4万个。2017年和2018年劳动参与率将维持在2016年水平，即62.8%，2018年以后将持续走低。

美国1月份ISM非制造业指数为56.5%。2月3日，美国供应管理协会数据显示，经季调后，美国1月份ISM非制造业指数为56.5%，环比下降0.1个百分点，非制造业部门连续85个月扩张。其中，商业活动指数为60.3%，环比下降0.6个百分点；新订单指数为58.6%，环比下降2.1个百分点；就业指数为54.7%，环比上升2个百分点。

2. 拉美地区

巴西2016年财政赤字1558亿雷亚尔。巴西财政部数据显示，巴西2016年12月份财政赤字707亿雷亚尔。其中，中央政府赤字642亿雷亚尔，地方政府赤字61亿雷亚尔，国有企业赤字4.22亿雷亚尔。巴西2016年财政赤字1558亿雷亚尔，占GDP比为2.47%，较2015年上升0.62个百分点。

3. 欧洲

欧盟非正式峰会就应对非法移民措施达成一致。2月3日，欧盟理事会消息称，在马耳他举行的欧盟非正式峰会就应对非法移民相关措施达成一致：一是通过训练、武装等方式支持利比亚海岸警卫队阻止人口贩卖和增强搜索及援救。二是对利比亚提供经济援助以改善环境，保护移民。三是与国际组织合作帮助移民从利比亚返回本国。四是支持欧盟成员国与利比亚开展双边合作。

欧盟和欧元区2016年12月份零售贸易环比分别下降0.8%和0.3%。2月3日，欧盟统计局数据显示，经季调后，欧盟2016年12月份零售贸易环比下降0.8%；欧元区2016年12月份零售贸易环比下降0.3%。经日历因素调整，欧盟2016年12月份零售贸易同比下降2.3%；欧元区2016年12月份零售贸易同比下降1.1%。

欧洲获批78亿欧元新贷款。1月31日，欧洲投资银行（EIB）董事会批准发放总额超过78亿欧元的贷款用于支持欧洲的战略性基础设施建设、技术创新以及提高自然资源利用效率，其中，超过31亿欧元将用于中小企业投资。除欧投行董事会成员外，来自欧洲各地超过105名民间社会组织、商业协会和智库代表也出席了本次会议。欧投行总裁Werner Hoyer称，与民间社会组织的密切合作有助于EIB更好地履行区域性国际金融机构的责任。具体来看，新贷款将用于支持工业技术创新，如研发德国新型半导体；支持教育、医疗卫生和社会住房，如重建意大利城市特雷维索的一家医院；支持战略性基础设施建设，如扩建巴黎奥利机场；支持可再生能源和环境投资，如在瑞典建设风电场和太阳能光伏电站等。此外，欧投行同意为意大利、芬兰、波兰和荷兰的四个公私伙伴关系（PPP）项目提供资金支持。

欧元区 1 月份通胀年率为 1.8%。1 月 31 日，欧盟统计局数据显示，欧元区 1 月份通胀年率为 1.8%，环比上升 0.7 个百分点。其中，能源价格同比上升 8.1%；食品、烟酒价格同比上升 1.7%；服务价格同比上升 1.2%；非能源工业品价格同比上升 0.5%。

德国财长称欧元汇率低估与德国无关。2 月 5 日，德国财政部长朔伊布勒在接受采访时表示，相对于德国竞争力，目前欧元汇率的确太低，德国无法制定汇率政策，欧元对美元走软主要是欧洲央行的扩张性货币政策导致。欧洲央行需着眼整个欧洲，当前货币政策对于德国来说过于宽松，推高了德国贸易顺差。

法国 2016 年 12 月份经常账户赤字 10.72 亿欧元。2 月 7 日，法国国家统计局数据显示，经季调后，法国 2016 年 12 月份经常账户赤字 10.72 亿欧元。其中，货物账户赤字 9.3 亿欧元；服务账户盈余 1.28 亿欧元；初次收入账户盈余 33.07 亿欧元；二次收入账户赤字 35.78 亿欧元。

俄罗斯央行维持基准利率 10%不变。2 月 3 日，俄罗斯央行宣布，维持基准利率 10%不变，2017 年上半年降息的可能性已经降低。俄央行表示，中期通胀风险正在下降，季度 GDP 增长率在 2016 年下半年进入正增长，预计正增长趋势将保持到 2017 年一季度。部分行业及领域的经济复苏进程依旧缓慢。因此，俄央行将维持实际利率在一定水平以确保贷款需求。

4. 亚洲

日本 2016 年 12 月份经常账户盈余 11122 亿日元。2 月 8 日，日本财务省数据显示，日本 2016 年 12 月份经常账户盈余 11122 亿日元。其中，货物与服务账户盈余 5202 亿日元；初次收入账户盈余 6759 亿日元；二次收入账户赤字 839 亿日元。

日本 2016 年 12 月份失业率为 3.1%。1 月 31 日，日本国家统计局数据显示，经季调后，日本 2016 年 12 月份失业率为 3.1%，同比持平；就业率为 58.4%，同比上升 0.8 个百分点；就业人口为 6466 万人，同比上升 1.3%；劳动参与率为 60.1%，同比上升 0.6 个百分点。

印度 2016—2017 财年实际 GDP 增速为 6.5%—6.75%。2 月 1 日，印度财政部发布《经济调查报告》显示，受印度禁止大面值货币流通影响，预计印度 2016—2017 财年实际 GDP 增速为 6.5%—6.75%。中期看，随着印度实施商品服务税，以及加速推动其他结构性改革，印度或恢复其 8%—10% 的潜在 GDP 增速。

预计 2017—2018 财年，印度实际 GDP 增速将为 6.75%—7.5%，成为全球经济增速最快的主要经济体。

澳大利亚央行维持现金利率 1.5%不变。2 月 7 日，澳大利亚央行宣布，将维持现金利率 1.5% 不变。近几个月，全球经济有所改善，商业和消费者信心均有所提高，部分发达国家经济增速有望高于趋势水平。澳大利亚国民收入提高，继矿业投资热潮后，澳大利亚经济继续转型。2016 年三季度经济增速低于预期，央行仍维持澳大利亚未来几年经济增速约 3% 预期不变。资源出口增长及矿业投资下降周期结束将进一步提振经济增长，消费也将温和回升。劳动力市场存在不确定性，失业率上升。此外，通胀仍处于较低水平，预计在 1.5% 左右。

澳大利亚 2016 年 12 月份货物与服务贸易盈余 35.11 亿澳元。2 月 2 日，澳大利亚国家统计局数据显示，经季调后，澳大利亚 2016 年 12 月份货物与服务贸易盈余 35.11 亿澳元，环比增长 72%。其中，出口额为 326.3 亿澳元，环比增长 5%；进口额为 291.2 亿澳元，环比增长 1%。数据还显示，澳大利亚 2016 年货物与服务贸易赤字 136 亿澳元，较 2015 年下降 63%。

新西兰央行维持基准利率 1.75%不变。2 月 9 日，新西兰央行宣布，维持基准利率 1.75% 不变。新西兰央行行长惠勒表示，新西兰目前推行较为宽松的货币政策，人口增长预期强劲，家庭支出和建筑业持续增长，这将支持新西兰经济前景向好。乳制品国际市场价格近期有所反弹，利好新西兰经济，但今后走势仍存在不确定性。

5. 非洲

南非总统祖马称南非经济形势趋于乐观，但尚不足以解决挑战。2 月 7 日，南非总统祖马发表演讲称，2017 年南非经济形势趋于乐观，经济增速有望达到 1.3%，但必须承认目前的经济增长水平尚不足以解决失业、贫困和不平等三重挑战。技术水平较低工人的就业率正在下降，公共部门难以成为就业岗位的主要来源，黑人仍被排除在主流经济之外。祖马表示，南非经济复苏进程不应落下任何一名民众。

二、国际组织

亚行 2016 年共投资 37 亿美元应对气候变化。亚行宣布其 2016 年共投资 37 亿美元应对气候变化，较 2015 年的 26 亿美元增长 42%。其中 27 亿美元用于缓解气候变化，10 亿美元用于提高气候适应能力。亚行表示，亚行一贯坚决支持积极应对气候变化，并将与发展中国家加强合作，共同实现可持续发展目标。预计至 2020 年，亚行气候投资将达 60 亿美元，占总投资的 30%。目前亚行正在草拟《应对气候变化战略框架》。该框架将指导亚行在 2017—2030 年更有效地推动全球气候改善和气候资金分配。

OPEC 称 2017 年国际油价将继续走低。OPEC 秘书长巴尔金都表示，全球石油市场挑战与机遇并存。在未来二十年内，石油和天然气仍将在全球能源市场扮演最重要的角色。预计至 2040 年，石油日均需求将由 2015 年的 9300 万桶上升至 10900 万桶，天然气日均需求将由 2015 年的 3500 亿立方英尺上升至 5900 亿立方英尺，石油和天然气占能源市场的比重将达 53%。价格方面，OPEC 预计 2017 年国际油价将继续走低，2017—2021 年将逐步回升。

IMF 完成 2016 年希腊第四条款磋商。2 月 7 日，IMF 完成 2016 年希腊第四条款磋商，认为希腊应进一步深化改革，通过雄心勃勃的宏观政策与欧洲伙伴的重大债务减免，来促进经济可持续增长。IMF 提出四点建议：第一，希腊目前不需要进一步紧缩财政。考虑到正在进行的改革，预计在中长期内，希腊将实现基础财政盈余占 GDP 比重为 1.5% 的目标，希腊不需要寻求更高比例的财政盈余。第二，如果希腊决定要实现高于 1.5% 的基础盈余目标，则需要进行额外的结构改革，但是这些改革只有在经济复苏以后才能实施。第三，希腊应推行更加公平和增长友好型的宏观政策，扩大个人所得税税基，降低税率，推动税负公平；进一步推动养老金改革，建立更完善且更有针对性的福利体系，保护最脆弱群体。第四，建立新的收入征管机构重组税收债务，解决逃税问题并减轻税收债务负担，加大税收征管力度。

三、国际大宗商品

本周纽约原油期货价格累计下跌 1.5%。截至周四，本周纽约原油期货价格累计下跌 1.5%。周一纽约原油期货下跌 0.82 美元，收于每桶 53.01 美元；周二纽约原油期货下跌 0.84 美元，收于每桶 52.17 美元；周三纽约原油期货上涨 0.17 美元，收于每桶 52.34 美元；周四纽约原油期货上涨 0.66 美元，收于每桶 53 美元。

本周纽约黄金期货累计上涨 1.3%。截至周四，本周纽约黄金期货累计上涨 1.3%。周一纽约黄金期货上涨 0.9%，收于每盎司 1232.1 美元；周二纽约黄金期货上涨 0.3%，收于每盎司 1236.1 美元；周三纽约黄金期货上涨 0.3%，收于每盎司 1239.5 美元，创 2016 年 11 月 10 日以来收盘新高；周四纽约黄金期货下跌 0.2%，收于每盎司 1236.8 美元。

四、区域合作

墨西哥与土耳其宣布将加快双边自贸协定谈判。墨西哥与土耳其共同宣布，将加快双边自贸协定谈判进程。目前，墨西哥和土耳其已进行了 7 轮自贸谈判，未来几周内将继续进行密切对话。随着美国新任总统特朗普宣布退出 TPP 并谋求就北美自贸区重新谈判，墨西哥开始加强同欧盟、土耳其、阿根廷等其他贸易伙伴的经贸联系。此前，墨西哥已宣布将加快同欧盟新自贸协定的谈判进程。

澳大利亚央行与韩国央行签署双边货币互换协议。2 月 8 日，澳大利亚央行宣布，与韩国央行签署双边货币互换协议，双方同意延长 2014 年最初签署的两央行间货币互换协议，新协议允许两国央行之间货币互换额高达 100 亿澳元或 9 万亿韩元。此项协议旨在促进双边贸易和两国经济发展，加强金融稳定等，可确保财政问题出现时，两国贸易事项可以继续通过货币来解决。

五、全球宏观经济形势

OECD 发布 2016 年 12 月份综合领先指数。2 月 8 日，OECD 最新数据显示，12 月份 OECD 成员国领先指数企稳于 99. 9，显示 OECD 国家继续保持稳定增长势头。其中，法国和德国增长势头明显，领先指数分别升至 100. 6 和 100. 5；美国、加拿大、日本、意大利和欧元区均保持稳定增长势头；英国升至 99. 5，自 2016 年 7 月份以来保持着明显的上升趋势，并未受到英国“脱欧”的显著影响。而主要新兴经济体中，中国领先指数由 2016 年 11 月份的 99. 2 升至 99. 4；巴西和俄罗斯增长势头明显，领先指数分别为 101. 6 和 100. 9；印度领先指数则由 2016 年 11 月份的 100. 4 小幅降至 100. 3。

国际金融协会称“特朗普风暴”或将影响新兴经济体增长前景。2 月 9 日，国际金融协会发布报告指出，由于对特朗普推出贸易保护主义措施的预期增强，全球经济不确定性增加，新兴经济体增长前景将受到明显影响。为此，国际金融协会将 2017 年流入新兴市场的海外资金规模预期从 6800 亿美元大幅下调至 900 亿美元。国际金融协会认为，美国宏观经济政策变化将影响新兴经济体出口、国际支付和资金流动，进而影响经济稳定和增长。此前国际金融协会预计，在没有显著外部冲击的情况下，2018 年新兴市场 GDP 增速将达到 4. 5%，较 2016 年的 3. 6%有所增长。预计埃及、阿根廷、中国、智利、乌克兰、印度尼西亚等受美国影响较大，而捷克、俄罗斯、哥伦比亚、菲律宾等经济体受影响较小。

第 7 周 （2017/02/11—2017/02/17）

2 月 11—17 日，国际财经要情有：美国第 77 届财政部长正式上任；欧盟和欧元区 2016 年四季度 GDP 环比分别上升 0.5% 和 0.4%；德国 2016 年四季度 GDP 环比上升 0.4%；俄罗斯一季度 GDP 增长 0.4%；日本 2016 年四季度实际 GDP 年化季率为 1%；印度央行维持基准利率 6.25% 不变；G20 外长会在德国波恩举行；欧洲议会批准欧加自贸协定；世行：2017 年全球经济希望与不确定性并存。

一、区域观察

1. 北美地区

耶伦称美联储将根据美国经济前景调整利率。2 月 14 日，美联储主席耶伦在向美国国会作半年度货币政策报告时指出，美联储在 2016 年大部分时间维持联邦基金利率不变，以支持劳动力市场改善、通胀率上升至 2% 水平，并于 12 月份将联邦基金利率提高 0.25 个百分点至 0.5%—0.75%。耶伦认为，即使联邦基金利率目标有所提高，货币政策仍然保持宽松。美国经济前景仍面临不确定性，美联储将根据美国经济前景变化调整利率。

美国第 77 届财政部长正式上任。2 月 14 日，美国参议院以 53 票对 47 票批准史蒂文·努钦担任美国第 77 届财政部长。作为特朗普核心幕僚，努钦将从推动税制改革、放松金融监管、加强基础设施建设等方面入手，全方位服务于特朗普“美国优先”（America First）的政策目标。

美国 1 月份 CPI 环比上涨 0.6%。2 月 15 日，美国劳工统计局数据显示，经季调后，美国 1 月份 CPI 环比上涨 0.6%，同比上涨 2.5%。汽油、住房、服装和新车辆指数上涨是 CPI 上涨的主要原因。其中，能源价格环比上涨 4%；汽油价格环比上涨 7.8%；食品价格环比上涨 0.1%；住房价格环比上涨 0.1%。

美国 2016 年货物和服务贸易赤字上升 0.4%。2 月 7 日，美国商务部数据显示，美国 2016 年 12 月份货物和服务贸易赤字 443 亿美元，环比下降 15 亿美元。

其中，出口额为 1907 亿美元，环比上升 50 亿美元；进口额为 2350 亿美元，环比上升 36 亿美元。数据还显示，美国 2016 年货物和服务贸易赤字上升 0.4%。其中，出口额上升 2.3%，进口额下降 1.8%。

美国 1 月份零售和食品服务销售额环比上涨 0.4%。2 月 15 日，美国商务部数据显示，经季调，美国 1 月份零售和食品服务销售额为 4721 亿美元，环比上升 0.4%，同比上升 5.6%。其中，零售销售额环比上升 0.2%，同比上升 5.6%。数据还显示，加油站销售额同比上升 14.2%，非实体店销售额同比上升 12%。

加拿大 1 月份失业率降至 6.8%。2 月 10 日，加拿大国家统计局数据显示，经季调后，加拿大 2017 年 1 月份就业人数环比上升 4.8 万人，失业率为 6.8%，环比下降 0.1 个百分点。此外，全职就业人数 1 月份同比增加 8.6 万人，增长 0.6%；兼职就业人数同比增加 19 万人，增长 5.6%。

2. 拉美地区

巴西 2017 年经济或增长 0.48%。2 月 13 日，巴西央行公布数据显示，下调巴西 2017 年 GDP 增长预期至 0.48%，下调巴 2017 年通胀预期至 4.47%。

3. 欧洲

欧盟和欧元区 2016 年四季度 GDP 环比分别上升 0.5% 和 0.4%。2 月 14 日，欧盟统计局数据显示，经季调，欧盟 2016 年四季度 GDP 环比上升 0.5%，同比上升 1.8%；欧元区 2016 年四季度 GDP 环比上升 0.4%，同比上升 1.7%。

欧委会称将加快建立资本市场联盟。2 月 10 日，欧委会副主席东布罗夫斯基斯发表讲话称，欧盟将加快建立资本市场联盟。当前，欧盟理事会和欧洲议会正就重启证券化市场磋商，若达成一致，将给欧洲经济带来最多额外 1500 亿欧元资本。此外，欧委会将推出措施降低企业重组难度，建立泛欧洲私人养老金市场，推动金融技术和可持续金融的发展，并计划在 2019 年前建立运作良好的资本市场联盟。

欧盟 2016 年 12 月份国际货物贸易盈余 209 亿欧元。2 月 15 日，欧盟统计局数据显示，欧盟 2016 年 12 月份国际货物贸易盈余 209 亿欧元，同比上升 3 亿欧元。其中，出口额为 1644 亿欧元，同比上升 5%；进口额为 1435 亿欧元，同比上升 6%；欧元区 2016 年 12 月份国际货物贸易盈余 281 亿欧元，同比上升 37 亿欧元。其中，出口额为 1786 亿欧元，同比上升 6%；进口额为 1505 亿欧元，同比上升 4%。

德国 2016 年四季度 GDP 环比上升 0.4%。2 月 14 日，德国联邦统计局数据显示，经季调，德国 2016 年四季度 GDP 环比上升 0.4%。国内需求增长是 GDP 涨幅主要原因，其中，政府最终消费支出、建筑业固定资产形成总额增长显著，但家庭最终消费支出增长缓慢。

英国 1 月份 CPI 环比下降 0.5%。2 月 14 日，英国国家统计局数据显示，英国 1 月份 CPI 环比下降 0.5%，同比上升 1.8%，为 2014 年 6 月份来最大增幅。其中，运输价格环比下降 0.6%，主要因为汽车燃料价格环比上升 3.4%，食品价格维持不变。

英国 2016 年四季度失业率为 4.8%。2 月 15 日，英国国家统计局数据显示，英国 2016 年四季度失业人口 160 万人，失业率为 4.8%，环比维持不变，同比下降 0.3 个百分点。此外，就业人口平均周薪同比上升 2.6%。

法国 2016 年四季度失业率降至 9.7%。2 月 16 日，法国全国统计和经济研究所数据显示，法国 2016 年四季度失业率为 9.7%，同比下降 0.2 个百分点，为连续第二年下降。数据显示，2016 年四季度法国本土失业人数为 278.3 万人，环比减少 3.1 万人。按年龄段划分，15—24 岁年轻人失业率下降最明显，同比减少 0.7 个百分点。

俄罗斯一季度 GDP 增长 0.4%。2 月 10 日，俄罗斯央行发布报告称，经季调，俄罗斯一季度经济增长 0.4%，预计二季度俄经济增长率为 0.5%—0.6%。俄央行表示，2017 年俄经济将实现增长，但增速不高，为巩固和扩大俄经济积极态势，需持续推进结构改革和一定的时间。

4. 亚洲

日本 2016 年四季度实际 GDP 年化季率为 1%。2 月 13 日，日本内阁府数据显示，季调后，日本 2016 年四季度实际 GDP 年化季率为 1%，实现连续四个季度经济扩张。其中，私人消费支出维持不变，政府消费支出上升 1.6%，货物与服务出口上升 11%，货物与服务进口上升 5.4%。

日本央行将再次启动固定利率操作。2 月 3 日，日本央行宣布，将以固定利率购买部分国债，以抑制日本长期利率不断上升势头。日本央行现行金融政策是将长期利率控制在零利率水平。但是连日来，被视作长期利率指标的新发 10 年期国债收益率却不断攀升。固定利率操作是日本央行为控制长期利率于 2016 年 11 月首次实施的新金融手段。

韩国政府 2017 年拟向新能源技术领域投入 1000 亿韩元。2 月 14 日，韩国产业通商资源部公布韩政府发展新能源技术实证研究方案，拟将 2016 年 240 亿韩元的资金投入提高至 1000 亿韩元，并修改相关评价管理方针政策，以促进新能源技术产业化市场化。主要研究对象为智能电网、新再生能源、能源储藏装置（ESS）等。产业部称，科学和实证研究对于新能源技术产业化来说必不可少；未来除新能源产业之外，还将对智能工厂、无人驾驶、智慧城市等其他产业也进行大规模实证研究。

印度央行维持基准利率 6.25%不变。2 月 8 日，印度央行宣布，将分别维持回购利率、逆回购利率、银行利率 6.25%、5.75% 和 6.75% 不变。此外，印度央行预计印度 2016—2017 财年 GDP 增速为 6.9%，2017—2018 财年 GDP 增速为 7.4%。

澳大利亚 1 月份失业率为 5.7%。2 月 16 日，澳大利亚国家统计局数据显示，季调后，澳大利亚 1 月份失业率为 5.7%，环比下降 0.1 个百分点，同比下降 0.3 个百分点。就业人口环比增长 13500 人，其中，全职就业人口下降 44800 人，兼职就业人口增长 58300 人。此外，澳大利亚 1 月份劳动参与率为 64.6%，环比下降 0.1 个百分点，同比下降 0.6 个百分点。

5. 非洲

南非 2016 年制造业产出增长 0.8%。2 月 9 日，南非国家统计局数据显示，南非 2016 年制造业产出增长 0.8%，制造业销售额增长 6.5%，超过 2 万亿兰特；12 月份制造业产出指数为 98.5，同比下降 2%，低于预期。南非储备银行预计，南非 2016 年经济增速仅为 0.4%。

二、国际组织

G20 外长会在德国波恩举行。2 月 16 日，G20 外长会在德国波恩举行，本次外长会以"塑造全球秩序—超越危机管理的外交政策"为主题，分两阶段重点讨论落实 2030 年可持续发展议程、在复杂世界中维持和平以及对非伙伴关系等问题，为 2017 年 7 月份的 G20 汉堡峰会作准备。中国外交部长王毅、美国国务卿蒂勒森、俄罗斯外长拉夫罗夫等 G20 成员国代表出席了此次会议，荷兰、挪威、新加坡、西班牙等国以及联合国、亚太经合组织和非盟等国际组织的代表也应邀参会。德国副总理兼外长加布里尔表示，外交政策应该而且必须超越危机管理，孤立主义无法解决恐怖主义、水资源匮乏等全球性问题。希望各方通过 G20 外长会议和即将召开的第 53 届慕尼黑安全会议，共同探讨如何应对重大国际挑战。

亚投行与世行签署 ISDA 协定。亚投行与世行集团成员国际金融公司（IFC）签署 ISDA 协定，以提高双方在新兴市场的投资能力，促进亚洲基础设施建设。这是双方签订的首份金融合作协定，也是亚投行通过资本市场渠道扩大基础设施投资规模的一次创新。协定有助于亚投行和 IFC 降低投资利率及汇率风险，提高风险承受能力，扩大投资规模。自 2016 年 1 月 16 日开始运营以来，亚投行已累计投资 7 个国家的 9 个基础设施建设项目，共计 17.3 亿美元。2017 年，亚投行将继续致力于促进亚洲地区互联互通，优先投资跨国境基础设施建设项目，并拉动私人部门投资。

IMF 成立南亚培训和技术援助中心。2 月 13 日，IMF 宣布在印度首都新德里成立南亚培训和技术援助中心（SARTTAC）。作为 IMF 全球网络十四个区域中心的新成员，SARTTAC是一个新型的能力发展机构，IMF将通过SARTTAC满足区域内针对技术援助和培训的需求。SARTTAC的资金主要来源于孟加拉国、不丹、印度、马尔代夫、尼泊尔、斯里兰卡这六个成员国，澳大利亚、韩国、欧盟和英国也提供了额外的资金支持。

WTO预计一季度全球贸易继续适度增长。2月14日，WTO发布最新全球贸易景气指数（WTOI）显示，继2016年四季度全球贸易出现反弹之后，2017年一季度全球贸易或将继续适度增长。2017年一季度全球贸易景气指数为102，较2016年11月上升1.1个点。其中涉及航空货物运输、汽车销售、出口订单以及集装箱吞吐量等方面的数据在过去几个月内出现稳定增长，这些领先指标将支撑2017年前几个月全球货物贸易量的加速增长。但与此同时，涉及电子元器件和农业原料的数据仍保持低迷态势。

三、国际大宗商品

本周纽约原油期货价格累计下跌0.9%。截至周四，本周纽约原油期货价格累计下跌0.9%。周一纽约原油期货下跌0.93美元，收于每桶52.93美元；周二纽约原油期货上涨0.27美元，收于每桶53.2美元；周三纽约原油期货下跌0.09美元，收于每桶53.11美元；周四纽约原油期货上涨0.25美元，收于每桶53.36美元。

本周纽约黄金期货累计上涨0.5%。截至周四，本周纽约黄金期货累计上涨0.5%。周一纽约黄金期货下跌0.8%，收于每盎司1225.8美元；周二纽约黄金期货下跌0.05%，收于每盎司1225.4美元；周三纽约黄金期货上涨0.6%，收于每盎司1233.1美元；周四纽约黄金期货上涨0.7%，收于每盎司1241.6美元，创2016年11月10日以来收盘新高。

四、区域合作

欧洲议会批准欧加自贸协定。2月15日，欧洲议会投票批准欧盟与加拿大签署的《综合经济与贸易协定》，协定将于2017年4月份正式生效。欧盟和加拿大于2009年开始进行自贸协定谈判，2016年10月双方签署自贸协定。根据协定，欧盟与加拿大大部分货物与服务贸易关税将逐步取消。双方还将在服务和投资领域创造大量市场准入机会，并在金融、电信、能源和投资等领域产生广泛影响。同时，该协定也是欧盟与G7国家签署的第一份自贸协定，对欧盟意义重大，并将为欧盟与其他主要经济体开展自贸谈判提供参照。

五、全球宏观经济形势

WTO 称 2016 年全球贸易增速将维持在 1.7%左右。WTO 总干事阿泽维多表示，目前全球经济仍然处于不稳定时期，贸易增长前景显著减弱，全球外国直接投资仍未恢复至危机前水平。WTO 预计，2016 年全球贸易增速将维持在 1.7%左右，将是自金融危机以来贸易增速最慢的一年。由于全球经济表现不佳，预计 2017 年贸易增速将维持在 1.8%—3.1%。贸易保护主义并不能解决全球经济低增长的问题，反而适得其反；设置贸易壁垒将伤害所有人，削弱各地区增长前景。

世行称 2017 年全球经济希望与不确定性并存。2 月 15 日，世界银行发展预测局局长阿伊汗·高斯发文称，与 2016 年相比，2017 年全球经济展望谨慎乐观。主要经济体政策走向的不确定性，给经济复苏带来巨大阴影。世行预计，2017 年全球经济或温和增长，经济增速有望从 2016 年的 2.3%上升到 2.7%，其中发达经济体的增长预期为 1.8%，新兴市场和发展中国家经济增速有望从 2016 年的 3.4%升至 4.2%。随着大宗商品价格特别是油价回升，大宗商品出口国和进口国之间经济增速背离的现象将有所改观。预计中国 2017 年经济增长率为 6.5%。美国经济影响力依旧广泛而深远。但在特朗普政府具体政策颁布之前，很难对其外溢影响的程度和范围进行评估。

世行认为，全球经济另一个需要关注的负面因素，是新兴市场和发展中国家近年来投资明显减少。投资的减少最初仅体现在最大的几个新兴市场和大宗商品出口国及发展中国家，但目前已扩散至其他国家。增长预期脆弱、大宗商品价格跳水、外国直接投资受抑、主要经济体政策和政治上的不确定性以及私人债务高企，都对新兴市场和发展中国家的投资产生了影响。

世行建议，政策制定者应寻求明确的可持续增长路径。有益的政策举措包括增加人力资本和基础设施投资，促进贸易，大力改善国外直接投资和技术交流环境。在这些措施的带动下，2017 年或能成为全球经济强劲增长的起步之年。

第 8 周 （2017/02/18—2017/02/24）

2 月 18—24 日，国际财经要情有：美联储发布 2 月份 FOMC 会议纪要；美国将于 8 月份推出“非常重大的”税改；巴西央行下调基准利率至 12.25%；欧洲央行维持宽松货币政策不变；德国 2016 年四季度 GDP 终值同比上升 1.7%；英国 2016 年四季度 GDP 环比上升 0.7%；韩国央行维持基准利率 1.25% 不变；澳大利亚央行维持 1.5% 现金利率不变；WTO《贸易便利化协定》正式生效；2017 年金砖国家协调人第一次会议在南京开幕；世行：2016 年全球贸易增速低迷。

一、区域观察

1. 北美地区

美联储发布 2 月份 FOMC 会议纪要。2 月 22 日，美联储发布 FOMC 会议纪要显示，美国经济温和扩张，劳动力市场继续走强，通胀率有所上升。委员会普遍认为若美国劳动力市场和通胀形势符合或超出预期、实现最大化就业和通胀目标风险上升，美联储或在短期内加息。

美国 1 月份 CPI 同比上升 2.5%。2 月 17 日，美国劳工统计局发布数据显示，美国 1 月份 CPI 同比上升 2.5%，为 2012 年 3 月份以来的新高。其中，能源价格同比上升 10.8%；食品价格同比下降 0.2%；剔除食品和能源价格，核心 CPI 同比上升 2.3%。

美国将于 8 月份推出“非常重大的”税改。2 月 23 日，美国财长努钦表示，美将于 8 月份推出“非常重大的”税收改革，希望届时能在国会休会前获得通过。改革将关注中产阶级减税、边境税调整等问题。

2. 拉美地区

巴西央行下调基准利率至 12.25%。2 月 23 日，巴西央行宣布，下调基准利率 75 个基点至 12.25%，为巴西 2017 年以来第二次大幅降息。

3. 欧洲

欧盟财长会确认欧盟 2018 年预算重点。2 月 21 日，欧盟召开欧盟财长会，取得以下成果：一是制定欧盟 2018 年预算重点，在财政整固和新投资间达到平衡，旨在支持欧盟经济复苏，应对安全挑战等领域；二是同意制定规则消除与非欧盟国家混合错配，防止公司避税；三是建立非合作关系国家司法管辖区名单，防止税务欺诈。

欧洲央行维持宽松货币政策不变。2 月 16 日，欧洲央行发布货币政策会议纪要称，尽管欧元区通胀率上升，但潜在通胀压力仍然较低，应继续维持宽松货币政策。一是主要再融资利率、边际贷款利率和存款利率将分别维持 0.00%、0.25% 和 -0.40% 不变。二是继续实施资产购买计划直至 2017 年 12 月底。其中，2017 年 3 月份前，月资产购买规模为 800 亿欧元，4 月份以后减至 600 亿欧元。若未来通胀前景不利或财政状况与通胀发展不一致，将调整资产购买规模或期限。

欧盟和欧元区 1 月份通胀年率分别为 1.7% 和 1.8%。2 月 22 日，欧盟统计局发布数据显示，欧盟 1 月份通胀年率为 1.7%，环比上升 0.5 个百分点，同比上升 1.4 个百分点。欧元区 1 月份通胀年率为 1.8%，环比上升 0.7 个百分点，同比上升 1.5 个百分点。其中，食物、酒精及烟草价格同比上升 1.8%，能源价格同比上升 8.1%，非能源工业品价格同比上升 0.5%，服务业价格同比上升 1.2%。

德国 2016 年四季度 GDP 终值同比上升 1.7%。2 月 23 日，德国联邦统计局数据显示，经季调，德国 2016 年四季度 GDP 终值环比上升 0.4%，同比上升 1.7%。其中，政府最终消费支出环比上升 0.8%，家庭最终消费支出环比上升 0.3%，资产形成总额环比上升 2.4%，进口额环比上升 3.1%，出口额环比上升 1.8%。数据还显示，德国 2016 年 GDP 增速为 1.8%。

英国 2016 年四季度 GDP 环比上升 0.7%。2 月 22 日，英国国家统计局数据显示，英国 2016 年四季度 GDP 环比上升 0.7%。其中，农业产出环比维持不变，建筑业产出环比维持不变，服务业产出环比上升 0.6%；家庭支出环比上升 0.4%，政府支出环比维持不变，净贸易环比上升 1.3%，资本形成总额环比下降 1.1%。

法国 1 月份 CPI 环比下降 0.2%。2 月 21 日，法国国家统计局数据显示，法国 1 月份 CPI 环比下降 0.2%，同比上升 1.3%。其中，食品价格环比上升 0.4%，同比上升 1.3%；烟草价格环比维持不变，同比上升 0.1%；制造品价格环比下降 2.4%，同比下降 0.3%；服务业价格环比下降 0.1%，同比上升 0.9%；能源品价格环比上升 4.5%，同比上升 10.3%。

俄罗斯通胀降速超预期。2 月 17 日，俄罗斯经济发展部部长奥列什金表示，俄通胀率降速超预期，且经济向好。俄罗斯国家统计局数据显示，2017 年 1 月份通胀率环比增长 0.6%，同比增长 5%。

4. 亚洲

日本央行行长称不太可能进一步深化负利率政策。2 月 22 日，日本央行行长黑田东彦发表讲话称，目前进一步降低负利率的可能性较低，如有必要将进一步放松政策以达到 2% 的通胀目标。预计日本 2018 财年通胀率将达到 2%，国际油价不太会对通胀构成下行压力。当前日央行购买日债进展顺利，未来可能不会面临干扰。

日本 1 月份贸易逆差 10868.77 亿日元。2 月 20 日，日本财务省数据显示，日本 1 月份贸易逆差 10868.77 亿日元，同比上升 67.8%。其中，出口额为 54219.46 亿日元，同比上升 1.3%；进口额为 65088.23 亿日元，同比上升 8.5%。数据还显示，日本 1 月份对中国出口同比上升 3.1%，进口同比上升 7.2%；对美国出口同比下降 6.6%，进口同比上升 11.9%。

韩国央行维持基准利率 1.25% 不变。2 月 23 日，韩国央行发布消息称，将维持基准利率 1.25% 不变。当前，全球经济复苏势头有所扩张；股票价格上升且波动减弱，国际金融市场形势稳定。但美国新政府经济政策、美联储货币政策、贸易保护政策以及欧元区政治不稳定性将对全球经济复苏造成影响。预计韩国经济将温和增长，出口情况有所改善，但内需和就业市场仍然疲弱。韩国 CPI 已升至目标水平 2%，核心通胀率维持在 1% 左右。韩国央行将根据情况调节货币政策，以确保经济持续增长、CPI 在中期达到目标水平、金融市场稳定。

新加坡 2016 年 GDP 增速为 2%。2 月 17 日，新加坡贸易及工业部数据显示，新加坡 2016 年 GDP 增速为 2%，四季度 GDP 同比增长 2.9%。其中，制造业同比上升 11.5%；建筑业同比下降 2.8%；批发和零售业同比上升 0.4%。预计新加坡 2017 年 GDP 增速为 1%—3%。新加坡正处于经济转型关键期，由于出生率下降和人口快速老龄化，劳动力增长将趋于零。若提高生产率，实现最大化就业，新加坡 GDP 有望实现 2%—3% 的增长。

新加坡公布 2017 财年财政预算案重点。2 月 20 日，新加坡财长王瑞杰就新加坡 2017 财年政府财政预算发表讲话，主要有以下几点：一是推迟海洋和加工部门海外劳工增税计划，提出 700 亿新元基础设施项目，增加企业所得税退税，扩大额外特殊就业信贷规模；二是加强企业数据和网络安全能力，支持中小企业数字化计划；三是引入二氧化碳税以减少温室气体排放，重新编制柴油税，提高水资源价格；四是在住房、育婴及教育奖学金等领域给家庭提供支持，加大对弱势群体、低收入家庭援助；五是支持残疾群体融入社会，加强社会精神卫生建设；六是财政支出将快速增加，尤其在医疗保健和基础设施方面；七是政府将增加税目和税率，为财政支出提供资金。

澳大利亚央行维持 1.5% 现金利率不变。2 月 21 日，澳大利亚央行发布货币政策会议纪要称，将维持现金利率 1.5% 不变，并保持当前货币政策立场以维持经济可持续发展、实现通胀目标。澳大利亚在矿业投资热潮结束后继续实施经济结构转型；在低利率水平状况下，消费增长预期将强于 2016 年中期水平；非矿业企业投资有望增长；劳动力市场仍存在不确定性，2016 年年底失业率略微上升；中期通胀预期良好，预计通胀率将逐步上升。

5. 非洲

税收激励或可拉动南非经济增长。2 月 22 日，世行官员表示，南非正在经历温和且脆弱的复苏，预计 2017 年经济增速为 1.1%，如未发生主权信用评级降级，2018 年经济增速有望达到 1.8%。对农业、制造业、建筑业和商贸业进行税收激励是拉动南经济增长的方法之一，这还有助于鼓励私人投资和创造就业。

二、国际组织

2017APEC 第一次高官会在越南举行。2 月 18 日，2017 APEC 第一次高官会在越南芽庄举行，来自 21 个经济体成员及太平洋经济合作理事会、APEC 工商咨询理事会、国际和地区组织及企业界的 1700 多名代表参会。会议内容涉及贸易与投资自由化、经营便利化、应对气候变化、人力资源发展、教育、渔业、电子贸易和服务等领域。此次会议将持续至 3 月 3 日，其间将举行 56 场会议、研讨会和对话会。APEC 成员代表还将讨论 2017APEC 合作优先议题，贸易投资、经济、技术、预算管理四大委员会的优先议题，以及 2017APEC 合作规划和方向等。2017APEC 峰会将于 11 月在越南中部城市岘港举行。

WTO《贸易便利化协定》正式生效。2 月 22 日，世界贸易组织（WTO）总干事阿泽维多宣布，继卢旺达、阿曼、乍得和约旦核准《贸易便利化协定》议定书后，目前核准成员数已达 112 个，超过 WTO 164 个成员的三分之二，《贸易便利化协定》正式生效。从全球范围看，《贸易便利化协定》的生效和实施意味着在国际贸易程序将更趋简化和协调，货物流动、放行和结关速度将进一步加快，势将推动全球贸易和经济增长。根据 WTO 秘书处的测算，《贸易便利化协定》实施将使全球贸易成本平均降低 14.3%，为全球带来一万亿美元的出口增长。同时，作为世贸组织成立 20 年来达成的首个多边货物贸易协定，《贸易便利化协定》是多哈回合谈判启动以来取得的重要成果，其顺利实施更将增强各方对世贸组织多边谈判功能的信心。对我国而言，实施协定将有助于我国口岸综合治理体系现代化，提高我国产品竞争力和改善吸引外资环境；还将普遍提高我国贸易伙伴的贸易便利化水平，为我国产品出口营造便捷的通关环境，使企业广泛受益。

三、国际大宗商品

本周纽约原油期货价格累计上涨 1.9%。截至周四，本周纽约原油期货价格累计上涨 1.9%。周一纽约原油期货上涨 0.48 美元，收于每桶 53.88 美元；周二纽约原油期货上涨 0.45 美元，收于每桶 54.33 美元；周三纽约原油期货下跌 0.74 美元，收于每桶 53.59 美元；周四纽约原油期货上涨 0.86 美元，收于每桶 54.45 美元。

本周纽约黄金期货累计上涨 1%。截至周四，本周纽约黄金期货累计上涨 1%。周一纽约黄金期货收盘价与前一交易日基本持平；周二纽约黄金期货下跌 0.1%，收于每盎司 1238.9 美元；周三纽约黄金期货下跌 0.5%，收于每盎司 1233.3 美元；周四纽约黄金期货上涨 1.5%，收于每盎司 1251.4 美元，创近三个月以来收盘新高。

四、区域合作

2017 年金砖国家协调人第一次会议在南京开幕。2 月 23 日，2017 年金砖国家协调人第一次会议在南京开幕。此次协调人会议是中方担任 2017 年金砖国家主席国之后举行的首次协调人会议，旨在为金砖国家领导人厦门会晤做好准备。国务委员杨洁篪出席开幕式并讲话。金砖国家协调人、副协调人、驻华使节及新开发银行代表等与会。

杨洁篪指出，中国将于 2017 年 9 月 3—5 日在福建省厦门市主办金砖国家领导人第九次会晤。国家主席习近平高度重视，期待同金砖国家领导人一道，共同推动会晤取得圆满成功。杨洁篪表示，“金砖国家”是促进世界经济增长、完善全球治理、推动国际关系民主化的重要力量。面对复杂多变的国际形势和环境，金砖国家要保持信心，携手应对挑战，抢抓共同发展的机遇。中方期待金砖国家领导人厦门会晤围绕“深化金砖伙伴关系，开辟更加光明未来”的主题，推动各方加强团结协作，完善全球治理；深化务实合作，实现互利共赢；密切人文交流，夯实民意基础；加强机制建设，完善合作平台。

第十一次中欧财金对话在布鲁塞尔举行。2 月 17 日，第十一次中欧财金对话在布鲁塞尔举行。中国财政部副部长史耀斌与欧盟委员会经济与金融事务总司长布提，金融稳定、金融服务与资本市场联盟总司长葛逊共同主持对话。对话中，中欧双方就全球和中欧宏观经济形势与政策，国际经济金融合作，金融发展、稳定和监管合作，中欧审计监管合作等议题进行了深入讨论，达成多项重要共识，有力地促进了中欧在财金领域的交流与合作，对进一步推进中欧全面战略伙伴关系具有重要意义。

中澳自贸协定联合委员会第一次会议在京召开。2 月 21 日，中国—澳大利亚自由贸易协定联合委员会第一次会议在北京举行，双方就《中澳自贸协定》实施情况充分交换了意见，并确定了下一步工作安排。双方重申将根据习近平主席在世界经济论坛关于坚定不移发展开放型世界经济的论述，继续坚定支持经济全球化和贸易自由化，并高度评价了自 2015 年 12 月 20 日生效以来《中澳自贸协定》所取得的显著成效，充分肯定协定对加深两国经贸关系的积极作用。根据协定安排，双方将每年召开协定联委会会议，总结协定实施情况，解决双方关注，推动协定实施，并确定双方下一步工作计划，指导未来工作。

五、全球宏观经济形势

世行称 2016 年全球贸易增速低迷。2 月 17 日，世行发布报告称，2016 年全球贸易遭遇金融危机以来最低增速，初步数据显示，2016 年全球货物贸易增速仅稍高于 1%，而 2014 年和 2015 年这一数据分别为 2.7% 和 2%。贸易增速放缓已不再仅限于高收入国家，而是同时发生在高收入和发展中国家。其中，影响贸易增长的结构性因素包括全球价值链日趋成熟、贸易自由化步伐放缓；周期性因素包括全球经济增速放缓和大宗商品价格下降。此外，政策不确定性也使 2016 年贸易状况进一步恶化。

OECD 国家 2016 年四季度实际 GDP 环比增长 0.4%。2 月 20 日，经济合作与发展组织（OECD）发布最新数据显示，2016 年四季度 OECD 国家 GDP 环比增速由三季度的 0.5% 降至 0.4%。

环比方面，德国和法国的经济增速提升较快，实际 GDP 环比增速分别从 2016 年三季度的 0.1% 和 0.2% 均上升至四季度的 0.4%。英国 GDP 增速则稳定在 0.6%。美国、日本、意大利的经济增速有所下降，其中，美国 GDP 环比增速下降明显，从 2016 年三季度的 0.9% 下降至四季度的 0.5%。日本和意大利分别从 2016 年三季度的 0.3% 下降到 0.2%。欧盟和欧元区 GDP 环比增速则稳定在 0.5% 和 0.4% 的水平。

同比方面，OECD 国家 2016 年四季度 GDP 同比增长稳定在 1.7%。主要发达经济体中，英国同比增长 2.2%，为发达经济体最高，美国同比增长 1.9%，德国同比增长 1.8%，欧元区整体同比增长 1.7%。整体看，OECD 国家 2016 年 GDP 增速从 2015 年的 2.4% 降至 1.7%。

第 9 周 （2017/02/25—2017/03/03）

2 月 25 日—3 月 3 日，国际财经要情有：特朗普发表就职后首次国会演讲；加拿大央行维持隔夜利率 0.5% 不变；美国 2016 年四季度 GDP 同比上升 1.9%；欧盟白皮书提出英“脱欧”后欧盟 5 种发展愿景；法国 2016 年四季度 GDP 环比上升 0.4%；印度 2016—2017 财年 GDP 同比下降 0.8%；澳大利亚 2016 年四季度 GDP 环比上升 1.1%；亚投行和韩国签署筹办第二届理事会年会谅解备忘录；亚行：亚洲基础设施投资每年需 1.7 万亿美元。

一、区域观察

1. 北美地区

特朗普发表就职后首次国会演讲。3 月 1 日，美国总统特朗普发表就职后首次国会演讲。演讲中，特朗普回顾了上任 1 个月以来的施政成绩，重申了其竞选时关于减税、基础设施、医改、移民等领域的政策主张，宣称将通过大规模减税、1 万亿美元基础设施投资、推动医疗改革等措施“使美国重新伟大”。演讲总体上以阐述政策框架为主，具体细节较少。

美国 2016 年四季度 GDP 同比上升 1.9%。2 月 27 日，美国商务部数据显示，经季调后，美国四季度 GDP 同比上升 1.9%。出口下降、进口增加、个人消费支出增速放缓，联邦政府支出下降是 GDP 增速放缓的主要原因。数据还显示，2016 年 GDP 增速为 1.6%。

美国 1 月份个人消费支出环比上升 0.2%。3 月 1 日，美国商务部数据显示，经季调后，美国 1 月份个人消费支出（PCE）环比上升 0.2%；个人收入环比上升 0.4%；可支配个人收入（DPI）环比上升 0.3%。数据还显示，美国 2016 年 PCE 上升 3.8%；个人收入上升 3.6%；DPI 上升 3.9%。

美国财政部公布外国持有美国证券投资组合初步调查报告。2 月 28 日，美国财政部公布了截至 2016 年 6 月份外国投资组合持有美国证券基准数据的初步调查报告。该报告最终结果将于 2017 年 6 月底公布。报告显示，截至 2016 年 6 月 30 日，外国持有美国证券价值总额达 17.14 万亿美元，其中，6.18 万亿美元为股市投资，10.61 万亿美元为长期债券（其中，1.18 万亿美元用于控股资产支持证券，8.87 万亿美元持有非资产支持证券），8940 亿美元为短期债券。

加拿大央行维持隔夜利率 0.5%不变。3 月 1 日，加拿大央行发布消息称，加拿大央行将分别维持隔夜利率、银行利率及存款利率在 0.5%、0.75%和 0.25%不变。消费和住房指标表明，加拿大 2016 年四季度增长略高于预期，但出口仍面临挑战。此外，工资和工作时间增速放缓反映加拿大经济持续疲软。

加拿大 1 月份 CPI 环比上涨 0.7%。2 月 24 日，加拿大国家统计局数据显示，经季调后，加拿大 1 月份 CPI 环比上涨 0.7%，同比上涨 2.1%。交通指数上涨是 CPI 上涨的主要原因。其中，剔除汽油价格以外的 CPI 同比上涨 1.5%；交通指数环比上涨 2.1%；食品指数环比下跌 0.2%；服装和鞋类指数环比下跌 0.1%。

2. 拉美地区

巴西近期失业率高达 12.6%。巴西国家地理统计局数据显示，2016 年 11 月—2017 年 1 月，巴西失业率高达 12.6%，为 2012 年以来最高水平。目前，巴西失业人口约有 1290 万人，企业大幅裁员是失业率高企的主要原因。

3. 欧洲

欧盟白皮书提出英“脱欧”后欧盟 5 种发展愿景。3 月 1 日，欧盟委员会主席容克在欧洲议会全会上公布了关于英国“脱欧”后欧盟未来的白皮书，书中提出 2025 年“27 国欧盟”的五种设想。一是“延续”：成员国将根据欧盟现有的路线，专注于实施和升级各项积极的改革议程；二是“只作为单一市场”：成员国无法在很多政策领域达成共识，只能专注于深化单一市场；三是“愿者多做”：欧盟将允许那些有意愿的成员国在一些特定领域深化一体化，如国防、内部安全、税收等；四是“少但高效”：欧盟将只专注于一些特定政策领域的一体化，撇开其他领域；五是“抱团做更多”：成员国将推进所有领域的一体化，共享更多权利、资源和决策。

欧元区 2 月份 CPI 同比增长 2%。3 月 2 日，欧盟统计局数据显示，欧元区 2 月份 CPI 环比增长 0.2%，同比增长 2%，为四年来首次达到欧洲央行通胀目标。剔除能源和食品价格，2 月份核心 CPI 环比不变，同比增长 0.9%。此外，欧元区 1 月 PPI 同比增长 3.5%，失业率为 9.6%。

德国 1 月份失业率为 3.8%。3 月 1 日，德国联邦统计局数据显示，德国 1 月份失业人口为 166 万人，失业率为 3.8%，环比下降 0.1 个百分点，同比下降 0.6 个百分点。数据还显示，经季调后，德国 1 月份就业人口为 4387.4 万人，环比上升 0.1%。

德国 2 月份 CPI 初值环比上升 0.6%。3 月 1 日，德国联邦统计局数据显示，德国2月份CPI初值环比上升0.6%，同比上升2.2%。其中，货物价格同比上升3.2%；食物价格同比上升4.4%；能源价格同比上升7.2%；服务价格同比上升1.3%。

英国上议院通过“脱欧”法修正案。3月1日，英国国会上议院以358票赞成，256票反对，通过了“脱欧”法案的修正条款。条款要求英国政府修订现有“脱欧”法案内容，提前加入有关保障“脱欧”后所有居英欧盟公民权利的相关内容。此次投票结果或将拖后英政府计划的“脱欧”进程。

法国2016年四季度GDP环比上升0.4%。2月28日，法国国家统计局数据显示，经季调，法国2016年四季度GDP环比上升0.4%。其中，政府一般消费支出环比上升0.4%，家庭消费支出环比上升0.6%，固定资产形成总额环比上升0.4%，进口额环比上升1%，出口额环比上升1.3%。数据还显示，法国2016年GDP增速为1.1%。

法国2月份CPI初值环比上升0.1%。2月28日，法国国家统计局数据显示，法国2月份CPI初值环比上升0.1%，同比上升1.2%。其中，食品价格同比上升1.5%；烟草价格同比上升1%；制造品价格同比下降1.6%；服务价格同比上升1.1%；能源价格同比上升11.4%。

4. 亚洲

日本2016年第四季度企业投资同比增长3.8%。3月1日，日本财务省数据显示，2016年第四季度日本非金融类企业新建厂房或新增设备等方面的投资金额为10.94万亿日元，同比增长3.8%；日本制造业企业投资额为3.93万亿日元，同比上涨7.4%；非制造业企业投资额为7万亿日元，同比上涨1.9%。日财务省表示，企业投资同比上升证明日本经济正在“温和复苏”。

日本1月份CPI同比增长0.4%。3月3日，日本国家统计局数据显示，经季调，日本1月份CPI环比增长0.1%，同比增长0.4%，符合预期。剔除能源和食品价格，日本1月份核心CPI环比增长0.1%，同比增长0.2%。市场分析人士预计，2017年下半年日本核心CPI有望达到1%。

韩国2月份出口同比增长20.2%。3月1日，韩国产业通商资源部数据显示，2月份贸易顺差72.2亿美元，其中出口额为431.9亿美元，同比增长20.2%，为五年来最大增幅；2月份进口额为359.7亿美元，同比增长23.3%。尽管美国贸易保护主义或将影响贸易导向型经济体，韩国出口增长进一步显示全球需求增强。

印度2016—2017财年GDP同比下降0.8%。2月28日，印度中央统计局数据显示，印度2016—2017财年三季度GDP增速为7%；2016—2017财年GDP增速为7.1%，较2015—2016财年下降0.8个百分点。其中农、林、渔业增速为6%；矿石业增速为7.5%；制造业增速为8.3%。

澳大利亚2016年四季度GDP环比上升1.1%。3月1日，澳大利亚国家统计局数据显示，经季调后，澳大利亚 2016 年四季度 GDP 环比上升 1.1%，同比上升 2.4%。其中，最终消费支出环比上升 0.7%，同比上升 2.8%；固定资本形成总额环比上升 2.6%，同比下降 0.1%；贸易额环比上升 9.1%，同比上升 15.6%。数据还显示，澳大利亚 2016 年 GDP 增速为 2.4%。

新西兰 1 月份贸易赤字 2.85 亿纽元。2 月 28 日，新西兰国家统计局数据显示，新西兰 1 月份贸易赤字 2.85 亿纽元。其中，进口额为 42 亿纽元，同比上升 8%；出口额为 39 亿纽元，同比上升 0.3%。数据还显示，新西兰对中国和澳大利亚出口增长。

5. 非洲

南非将提高高收入人群个人所得税税率。2 月 26 日，南非财政部公布 2017 财年预算报告显示，将建立最高等级税收制度，将年收入高于 150 万兰特人群的个人所得税税率上调至 45%。个人所得税是南非财政收入最大的来源，占比 38.1%；增值税占比 24.7%，公司税占比 17.3%。南财长戈尔丹预计，上调高收入人群个人所得税税率将为南非增收 45 亿兰特。

二、国际组织

亚投行和韩国签署筹办第二届理事会年会谅解备忘录。2 月 27 日，亚投行和韩国政府就 6 月份将在济州岛举行的亚投行第二届理事会年会的筹备工作签署谅解备忘录。2017 年的亚投行年会将以“可持续基础设施”为主题，亚投行成员国理事、合作机构、社会组织和相关领域专家将出席本次会议。韩国第一副财长崔相穆称，亚投行是专门致力于基础设施建设的多边开发机构，2017 年年会将成为强化这一定位的重要平台。此外，本届年会也将有利于亚投行进一步发展与韩国的合作关系。

金砖国家新开发银行第八次董事会在上海举行。金砖国家新开发银行在上海召开第八次董事会，主要讨论了新开发银行战略等重要议题。董事会听取了工作简报，并为其管理团队提供了指导意见。会议探讨了新开发银行目前正在开展的主要工作，包括非洲区域中心、成员国项目库、人力资源问题及其他事项。同时，董事会讨论了即将在新德里召开的第二届年会，以及第三届年会相关情况。

阿泽维多连任 WTO 总干事。2 月 28 日，WTO 召开总理事会，成员国代表一致同意，任命罗伯特·阿泽维多连任 WTO 总干事，并于 2017 年 9 月 1 日开始第二任期。阿泽维多在会上就成员们提出的问题作出回应，包括 WTO 的管理运营、如何推进谈判、如何确保第十一次部长级会议取得圆满成果、当前多边贸易体系面临的挑战，以及其他涉及成员国利益的问题等。

第13次经济合作组织峰会在巴基斯坦举行。3月1日，第13次经济合作组织（ECO）峰会在巴基斯坦首都伊斯兰堡结束，本次峰会主题为“联通促进地区繁荣”，会议通过了《伊斯兰堡宣言》和《经济合作组织2025年愿景》。《伊斯兰堡宣言》对中巴经济走廊表示欢迎，认为中巴经济走廊意义深远，是促进整个地区发展的催化剂。本届峰会主席、巴基斯坦总理谢里夫呼吁各成员国加强协作，促进地区互联互通和贸易往来，把该组织打造成为本地区“和平、进步和繁荣的典范”。经济合作组织是由西亚和中亚十国组成的区域合作组织，由伊朗、土耳其和巴基斯坦于1985年倡议成立，总部设于伊朗首都德黑兰。

三、国际大宗商品

本周纽约原油期货价格累计下跌2.6%。截至周四，本周纽约原油期货价格累计下跌2.6%。周一纽约原油期货上涨0.06美元，收于每桶54.05美元；周二纽约原油期货下跌0.04美元，收于每桶54.01美元；周三纽约原油期货下跌0.18美元，收于每桶53.83美元；周四纽约原油期货下跌1.22美元，收于每桶52.61美元。

本周纽约黄金期货累计下跌2%。截至周四，本周纽约黄金期货累计下跌2%。周一纽约黄金期货收盘价与前一交易日基本持平，降幅不到0.1%；周二纽约黄金期货下跌0.4%，收于每盎司1253.9美元；周三纽约黄金期货下跌0.3%，收于每盎司1250美元；周四纽约黄金期货下跌1.4%，收于每盎司1232.9美元。

四、区域合作

中新双边合作联委会第十三次会议等系列会议在北京举行。2月27日，中共中央政治局常委、国务院副总理张高丽27日在北京会见新加坡副总理张志贤，并共同主持中新双边合作联委会第十三次会议、苏州工业园区联合协调理事会第十八次会议、天津生态城联合协调理事会第九次会议和中新（重庆）战略性互联互通示范项目联合协调理事会第一次会议。双方全面梳理了两国各领域合作进展情况，就进一步推进经济转型、金融合作、人文交流、包容和可持续发展等领域合作深入交换意见，达成一系列重要共识。会议充分肯定了苏州工业园区、天津生态城、中新互联互通项目三个政府间合作项目取得的新进展，明确了下阶段合作方向和重点，提出了下一步发展目标和任务。双方一致认为，要加大政策支持，推动苏州工业园区转型升级和创新发展；扎实推进天津生态城国家绿色发展示范区建设，共同筹划好明年生态城开工建设十周年纪念活动；积极推动中新互联互通项目实施，着力打造高起点、高水平、创新型合作平台。

中国—加拿大自贸区联合可研暨探索性讨论在北京举行。中国—加拿大自贸区联合可行性研究暨探索性讨论第一次会议在京举行。加拿大是世界第十大经济体，也是中国重要经贸伙伴。双方将在联合可行性研究中深入分析两国经贸合作潜力，并通过探索性讨论就各自关注问题及对未来自贸协定的预期广泛交换意见，为两国政府未来是否启动自贸区谈判提供参考依据。

五、全球宏观经济形势

亚行称亚洲基础设施投资每年需 1.7 万亿美元。2 月 28 日，亚行发布报告指出，根据当前亚太地区经济发展态势，预计至 2030 年，亚洲基础设施投资需求达 26 万亿美元，平均每年需 1.7 万亿美元，其中能源和交通基础设施各需 14.7 万亿美元和 8.4 万亿美元。该数字远高于 2009 年亚行发布的每年需 7500 亿美元的投资规模预测，主要原因是本次预测纳入了基础设施建设适应气候变化的成本、使用了 2015 年的价格指数，并考虑了 45 个亚行成员国的基础设施建设成本。亚行指出，为改善投资，应提高基础设施建设对私人部门的吸引力，积极推动公私合作伙伴关系（PPP）的发展，并发挥多边机构作用，推动技术创新，促进资源共享。

OECD 国家 2016 年 12 月份失业率稳定在 6.2%。OECD 发布最新数据显示，OECD 国家 2016 年 12 月份失业率为 6.2%，与上月持平。失业人数为 3850 万人，较 2008 年金融危机前水平高出 590 万人。

其中，欧元区 2016 年 12 月份失业率降低 0.1% 至 9.6%，创 2009 年 3 月以来最低水平。其中，葡萄牙和西班牙失业率降幅最大，分别降低 0.3% 至 10.2% 和 18.4%；斯洛伐克和荷兰失业率分别降低 0.2% 至 8.8% 和 5.4%；而拉脱维亚、法国和卢森堡失业率则分别升至 9.8%、9.6% 和 6.3%。美国、加拿大和墨西哥 2016 年 12 月份失业率分别上升 0.1% 至 4.7%、6.9% 和 3.8%；日本 2016 年 12 月份失业率稳定在 3.1%；韩国失业率则降低 0.2% 至 3.4%。

2016 年全年，欧元区失业率下降了 0.9%，而经合组织整体失业率下降了 0.3%。欧元区国家中，失业率同比降幅最大的为西班牙，下降了 2.3%；葡萄牙、斯洛伐克、爱尔兰和希腊过去一年失业率分别同比下降了 2.0%、1.9%、1.7% 和 1.5%。而意大利失业率则同比增长了 0.4 个百分点。

第 10 周（2017/03/04—2017/03/10）

3 月 4—10 日，国际财经要情有：美国众议院通过 2017 财年国防预算案；巴西 2016 年 GDP 萎缩 3.6%；欧盟和欧元区 2016 年 GDP 分别增长 1.9% 和 1.7%；英国公布“脱欧”公投后首份预算报告；澳大利亚央行维持基准利率 1.5% 不变；《区域全面经济伙伴关系协定》第 17 轮谈判在日本举行；OECD 预测 2017 年全球经济增长 3.3%。

一、区域观察

1. 北美地区

美国众议院通过 2017 财年国防预算案。3 月 8 日，美国众议院以 371∶48 票通过了总额达 5779 亿美元的 2017 财年美国防预算案，加上五角大楼从政府开支决议中获得的拨款，美国 2017 财年国防预算总额为 5837 亿美元。该预算案在众议院获得两党广泛支持，主要包括 5161 亿美元的“基础预算资金”和 618 亿美元的美军海外应急行动账户的“战争资金”。随后白宫发表声明，表示支持这一预算案，并宣布将在数周内向国会提交追加国防预算要求。

美国 2 月份 PMI 环比上升 1.7 个百分点。3 月 1 日，美国供应管理协会数据显示，经季调后，美国 2 月份 ISM 制造业 PMI 为 57.7%，环比上升 1.7 个百分点；新订单指数为 65.1%，环比上升 4.7 个百分点；就业指数为 54.2%，环比下降 1.9 个百分点；原材料存货指数为 51.5%，环比上升 3 个百分点；价格指数为 68%，环比下降 1 个百分点。

美国 1 月份国际贸易赤字环比增加 42 亿美元。3 月 7 日，美国商务部数据显示，美国 1 月份国际贸易赤字 485 亿美元，环比上升 42 亿美元。其中，货物贸易赤字 697 亿美元，环比上升 40 亿美元；服务贸易盈余 212 亿元，环比下降 3 亿美元。

加拿大 2016 年 12 月份 GDP 环比上升 0.3%。3 月 2 日，加拿大国家统计局数据显示，加拿大 2016 年 12 月份 GDP 环比上升 0.3%。公共事业、建筑和批发贸易增长是 GDP 上升的主要原因。其中，货物产出环比上升 0.5%，服务产出环比上升 0.2%。数据还显示，加拿大 2016 年货物产出下降 0.8%，服务产出上升 2.1%，制造产出上升 0.6%。

加拿大 1 月份国际商品贸易盈余环比上升 3.6 亿加元。3 月 7 日，加拿大国家统计局数据显示，加拿大 1 月份国际商品贸易盈余 8.07 亿加元，环比上升 3.6 亿加元，连续 3 个月实现盈余。其中，出口额为 465 亿加元，环比增长 0.5%；进口额为 456 亿加元，环比下跌 0.3%。

2. 拉美地区

巴西 2016 年 GDP 萎缩 3.6%。3 月 7 日，巴西地理统计局数据显示，巴西 2016 年 GDP 为 6.2669 万亿雷亚尔，较 2015 年下降 3.6%。其中，农业产出下降 6.6%，工业产出下降 3.8%，服务业产出下降 2.7%。数据还显示，经季调后，巴西 2016 年四季度 GDP 环比下降 0.9%，同比下降 2.5%，已连续 11 个季度下降。

3. 欧洲

欧盟和欧元区 2016 年 GDP 分别增长 1.9%和 1.7%。3 月 7 日，欧盟统计局数据显示，经季调后，欧盟 2016 年四季度 GDP 环比上升 0.5%，同比上升 1.9%。其中，家庭最终消费支出环比上升 0.5%，固定资产形成总额环比上升 0.4%，出口额环比上升 1.9%，进口额环比上升 1.6%。欧元区 2016 年四季度 GDP 环比上升 0.4%，同比上升 1.7%。其中，家庭最终消费支出环比上升 0.4%，固定资产形成总额环比上升 0.6%，出口额环比上升 1.5%，进口额环比上升 2%。数据还显示，欧盟 2016 年经济增速为 1.9%，欧元区 2016 年经济增速为 1.7%。

欧盟和欧元区 1 月份工业 PPI 同比分别上升 4.3%和 3.5%。3 月 2 日，欧盟统计局数据显示，欧盟 1 月份工业 PPI 环比上升 0.8%，同比上升 4.3%。其中，非耐用消费品价格环比上升 0.3%；中间品价格环比上升 0.9%；耐用消费品价格环比上升 0.3%；资本品价格环比上升 0.3%；能源品价格环比上升 1.9%。欧元区 1 月份工业 PPI 环比上升 0.7%，同比上升 3.5%。其中，非耐用消费品价格环比上升 0.3%；中间品价格环比上升 0.8%；耐用消费品价格环比上升 0.3%；资本品价格环比上升 0.3%；能源品价格环比上升 1.8%。

德国 1 月份工业产出环比上升 2.8%。3 月 8 日，德国联邦统计局数据显示，经季调，德国 1 月份工业产出环比上升 2.8%。剔除能源和建筑业，工业产出环比上升 3.7%。其中，资本品产出环比上升 6.1%；消费品产出环比上升 2.3%；中间品产出环比上升 1.7%；能源品产出环比下降 1.3%；建筑业产出环比下降 1.3%。

英国公布“脱欧”公投后首份预算报告。3 月 8 日，英国财政部公布“脱欧”公投后首份预算报告，下调 2017—2020 年经济增长预期分别至 2%、1.6%、

1.7%、1.9%；下调 2016—2017 年度赤字额至 517 亿英镑，赤字率为 2.6%，预计英财政赤字将逐年下降，2021—2022 年度赤字率将达 0.7%；上调 2017 年通胀预期至 2.4%。

意大利 2016 年四季度 GDP 环比上升 0.2%。3 月 3 日，意大利国家统计局数据显示，经季调，意大利 2016 年四季度 GDP 环比上升 0.2%，同比上升 1%。其中，最终消费支出环比上升 0.2%，同比上升 0.9%；固定资产形成总额环比上升 1.3%，同比上升 4.2%；出口环比上升 1.9%，同比上升 3.8%；进口环比上升 2.2%，同比上升 4.3%。

4. 亚洲

日本 1 月份失业率为 3%。3 月 3 日，日本国家统计局数据显示，经季调后，日本 1 月份失业人口为 197 万人，同比下降 6.6 个百分点；失业率为 3%，环比下降 0.1 个百分点。数据还显示，日本 1 月份就业人口为 6667 万人，同比上升 0.5%；劳动参与率为 60%，就业率为 58.2%。

日本 2 月份 M2 存量同比上升 4.2%。3 月 9 日，日本央行数据显示，日本 2 月份 M2 存量为 958.3 万亿日元，同比上升 4.2%；M3 存量为 1282.5 万亿日元，同比上升 3.6%；M1 存量为 691.7 万亿日元，同比上升 9.5%。

韩国 2 月份 CPI 同比增长 1.9%。韩国统计局数据显示，韩国 2 月份 CPI 同比上升 1.9%，增幅略有放缓。剔除食品和能源价格，2 月份核心 CPI 同比上升 1.5%。因通胀压力保持温和，在经济风险加剧的背景下，韩国央行有可能进一步降息。

印度央行将在 2—3 个月内重发货币。3 月 6 日，印度央行副行长阿查里雅表示，废除货币对印度经济增长的负面影响可能会于本季度在部分领域显现，但仅是短期影响。重新发行通用货币的工作将在 2—3 个月内完成。

澳大利亚央行维持基准利率 1.5%不变。3 月 7 日，澳大利亚央行宣布，将维持基准利率 1.5%不变。近几个月，全球经济继续改善，商业和消费者信心均有所提高；商品价格上涨，大幅提升澳大利亚国民收入。矿业投资热潮后，澳大利亚经济继续转型，2016 年经济增速扩大约 2.5%。出口强劲增长，非矿业企业投资继续上升。澳大利亚 2016 年失业率约 5.75%，预计未来一段时间就业将持续扩大。此外，通胀仍处于较低水平，预计在 2017 年将回升至 2%左右。

5. 非洲

南非 1 月份贸易逆差 108 亿兰特。南非税务总署数据显示，南非 2017 年 1 月份贸易逆差达 108.1 亿兰特，超过市场预期，为 7 个月以来最高水平；其中出口额环比下降 14%，进口额环比上升 12.5%。有专家认为，如能将贸易逆差控制在较低水平，将有助于缓解经常账户压力并提振兰特。全球金属价格上扬有助于南非出口，同时旱情结束及国内需求较低有助于降低进口。

二、国际组织

IMF 称“软”基础设施对中国至关重要。3 月 2 日，IMF 发布报告称，中国经济实现快速增长的一个重要原因，是建成了包括公路、发电站、通信网络等在内的四通八达的“硬”基础设施。当前，中国的改革迈向新阶段，“软”基础设施对中国实现稳定平衡增长至关重要。报告认为，“软”基础设施包括财政、货币、金融政策、对国企和地方政府的管理以及统计工作等诸多方面，是能够为经济发展和社会进步提供支持的体制框架的总称。在转型过程中，中国政府也应转变职能，从分配、持有资源，转向支持、监督私营部门的创业和创新。

OECD 国家综合领先指数保持改善势头。3 月 7 日，OECD 最新数据显示，OECD 国家综合领先指数（CLIs）保持改善势头。1 月份 OECD 成员国领先指数增至 100. 0。其中，加拿大、美国、法国和德国增长势头明显，领先指数分别增至 100. 6、99. 6、100. 7 和 100. 6；日本、英国和欧元区均保持稳定增长势头；意大利领先指数则由 2016 年 12 月份的 100. 2 小幅降至 100. 1。主要新兴经济体中，中国领先指数由去年 12 月份的 99. 3 增至 99. 4；巴西和俄罗斯增长势头明显，领先指数分别为 101. 9 和 101. 1；印度领先指数则由 12 月份的 99. 8 降至 99. 6。

三、国际大宗商品

本周纽约原油期货价格累计下跌 7. 6%。截至周四，本周纽约原油期货连续四个交易日下跌，累计跌幅达 7. 6%，已跌回 OPEC 限产前的价格水平。周一纽约原油期货下跌 0. 13 美元，收于每桶 53. 20 美元；周二纽约原油期货下跌 0. 06 美元，收于每桶 53. 14 美元；周三纽约原油期货下跌 2. 86 美元，收于每桶 50. 28 美元；周四纽约原油期货下跌 1 美元，收于每桶 49. 28 美元。

本周纽约黄金期货累计下跌 1. 9%。截至周四，本周纽约黄金期货累计下跌 1. 9%。周一纽约黄金期货收盘价与前一交易日基本持平，跌幅不到 0. 1%；周二纽约黄金期货下跌 0. 8%，收于每盎司 1216. 1 美元；周三纽约黄金期货下跌 0. 6%，收于每盎司 1209. 4 美元；周四纽约黄金期货下跌 0. 5%，收于每盎司 1203. 2 美元，创 1 月 30 日以来收盘新低，且连续 8 个交易日下跌创下 2016 年 5 月底以来最长连跌周期。

四、区域合作

《区域全面经济伙伴关系协定》第 17 轮谈判在日本举行。2 月 21 日—3 月 3

日，《区域全面经济伙伴关系协定》（RCEP）第 17 轮谈判在日本神户举行。东盟 10 国、中国、日本、韩国、澳大利亚、新西兰、印度和东盟秘书处共 700 余名代表与会。本轮谈判是 2017 年 RCEP 首轮谈判，平行举行了货物、服务、投资、知识产权、电子商务、法律与机制问题工作组会议。各方进一步努力，加紧推进货物、服务、投资三大核心领域市场准入问题和各领域案文磋商，推动谈判进入更加实质性的阶段。各方还讨论了 2017 年 RCEP 谈判计划，努力加速谈判进程。经商定，第 18 轮谈判将于 5 月 2—12 日在菲律宾举行。

五、全球宏观经济形势

OECD 预测 2017 年全球经济增长 3.3%。3 月 7 日，OECD 发布报告称，全球经济有望实现温和增长，预计 2017 年世界经济增速为 3.3%，2018 年为 3.6%。但贸易保护主义风险加大，金融系统脆弱性和利率波动性加剧，市场估值与实体经济相背离等因素，或对全球经济增速回升产生不利影响。

分国别来看，OECD 预计美国 2017 年经济增长 2.4%，2018 年增长 2.8%；英国 2017 年经济增长 1.6%，较 11 月预测的 1.2% 上调 0.4%，2018 年增长 1.0%，与 11 月预测一致；日本 2017 年经济增长 1.2%，2018 年增长 0.8%；中国 2017 年经济增长 6.5%，较 11 月份预测的 6.4% 上调 0.1%，2018 年增长 6.3%，较 11 月份上调 0.2%；欧元区 2017 年及 2018 年经济均增长 1.6%。

报告指出，全球经济增长面临主要以下不利因素：贸易保护主义减少贸易部门就业岗位，影响贸易增长；私人部门信贷规模扩大，整体负债水平偏高，已成为新兴市场的主要风险点；消费与投资疲软，导致金融市场估值与实体经济预期不符；主要经济体利率走势不一，金融风险加剧等。对此，建议各国政府积极管控风险，提高经济韧性，促进包容性增长。

OECD 称 2016 年四季度 G20 经济体贸易增速回升。OECD 发布数据显示，2016 年四季度 G20 经济体贸易增速回升。出口增幅从上一季度的 0.3% 强势增长至 1.5%，进口增幅从上一季度的 0.7% 小幅升至 0.8%，但商品贸易水平较金融危机前仍低 10% 左右。中国 2016 年第四季度出口略有回升，实现 2015 年第三季度以来首次增长。同时，进口增长强劲也将中国的贸易顺差降至 2014 年三季度以来最低水平。

出口方面，受商品价格上涨影响，印度尼西亚、澳大利亚和俄罗斯 2016 年四季度出口增长明显；阿根廷、印度、韩国和墨西哥出口分别环比增长 4.1%、3.4%、3.2% 和 3.1%。此外，6 个 G20 国家出口收缩，分别为德国、日本、美国、意大利、土耳其和英国。进口方面，印度、土耳其、阿根廷、印度尼西亚和韩国 2016 年四季度进口增幅超 5%；意大利进口增幅较小，但实现连续第三个季度增长；加拿大、俄罗斯和日本进口分别环比下降 4.5%、3.6% 和 2.3%，下滑幅度较大。

第 11 周 （2017/03/11—2017/03/17）

3 月 11—17 日，国际财经要情有：美联储上调联邦基金利率至 0.75%—1%；欧洲央行维持利率水平不变；英国央行维持关键利率 0.25%不变；瑞士央行维持活期存款利率 -0.75%不变；日本央行维持政策利率 -0.1%不变；新西兰 2016 年 GDP 增长 3.1%；南非 2016 年 GDP 增长 0.3%；OPEC 大幅上调非 OPEC 国家原油供应增长预期；IMF 呼吁推动多边解决方案应对全球风险。

一、区域观察

1. 北美地区

美联储上调联邦基金利率至 0.75%—1%。3 月 15 日，美联储发布消息称，美国劳动力市场持续加强，经济活动持续温和扩张，失业率稳定，通胀接近 2%长期目标。鉴于此，美联储决定将联邦基金利率上调至 0.75%—1%，仍维持宽松货币政策立场以支持劳动力市场进一步加强，实现 2%的通胀目标。

美国 2 月份失业率为 4.7%。3 月 10 日，美国劳工统计局数据显示，美国 2 月份失业人口为 750 万人，失业率为 4.7%，环比维持不变，同比下降 0.2 个百分点；非农就业人口环比增加 23.5 万人；劳动参与率维持在 63%不变。

美国 2 月份 CPI 环比上升 0.1%。3 月 15 日，美国劳工统计局数据显示，美国 2 月份 CPI 环比上升 0.1%，同比上升 2.7%。其中，能源价格环比下降 1%，同比上升 15.2%；食品价格环比上升 0.2%，同比持平；剔除食品和能源价格，CPI 环比上升 0.2%，同比上升 2.2%。

美国财长紧急启动非常规措施应对债务上限到期。3 月 16 日，美国政府再度因触及债务上限面临财政危机，美国财长努钦启动非常规措施以避免可能发生违约。3 月 15 日，美国暂停法定债务限额法案到期，美国公债上限锁定在 19.918 万亿美元。特朗普政府需得到国会批准提高债务上限，或延长暂停限额法案的期限，否则可能导致美政府关门及债务违约。美财政部已暂停发售州和地方政府系列债，并开始采用超常规措施，包括暂停投资文职人员退休及残疾基金、邮政退休人员健康福利基金和联邦雇员退休系统的政府证券投资基金。

加拿大 1 月份失业率环比下降 0.2 个百分点。3 月 10 日，加拿大国家统计局数据显示，加拿大 1 月份失业率为 6.6%，环比下降 0.2 个百分点，为 2008 年 10 月份以来最低水平。数据还显示，加拿大 2 月份就业人数同比增加 28.8 万人，增长 1.6%。

2. 拉美地区

巴西 2016 年军费开支上涨 36%。巴西国防部数据显示，2016 年巴西军费开支较前一年上涨 36%，达 91.5 亿雷亚尔（1 美元约合 3.15 雷亚尔），超出预算 24.5 亿雷亚尔。巴西国防部表示，军费大部分用于装备的购置、研发和改进。巴西国防部长容曼称，巴西目前的军费开支远不能满足军队的需求，这将削弱军队战斗力。巴西 2017 年军费预算为 97 亿雷亚尔。

3. 欧洲

欧洲央行维持利率水平不变。3 月 9 日，欧洲央行发布消息称，将分别维持主要再融资操作利率、隔夜存款利率、隔夜贷款利率 0%、-0.4%、0.25% 不变；同时，维持月资产购买规模 800 亿欧元不变。自 2017 年 4 月起，月资产购买规模将调整为 600 亿欧元。

欧盟和欧元区 2016 年就业人数分别增长 1.2% 和 1.3%。3 月 14 日，欧盟统计局数据显示，欧盟 2016 年四季度就业人数环比上升 0.2%，同比上升 1%；欧元区 2016 年四季度就业人数环比上升 0.3%，同比上升 1.1%。数据还显示，欧盟 2016 年就业人数上升 1.2%，欧元区 2016 年就业人数上升 1.3%。

德国 2 月份 CPI 环比上升 0.6%。3 月 14 日，德国联邦统计局数据显示，德国 2 月份 CPI 环比上升 0.6%，同比上升 2.2%。其中，食品与非酒精类饮料价格环比上升 1.6%，同比上升 4.1%；非耐用消费品价格环比上升 0.7%，同比上升 4.3%；能源价格环比上升 0.3%，同比上升 7.2%；运输价格环比上升 0.5%，同比价格上升 5%；服务价格环比上升 0.6%，同比上升 1.3%。

德国 1 月份贸易顺差 185 亿欧元。3 月 10 日，德国联邦统计局数据显示，经季调后，德国 1 月份贸易顺差 185 亿欧元。其中，出口额为 989 亿欧元，同比增长 11.8%，环比增长 2.7%；进口额为 840 亿欧元，同比增长 11.7%，环比增长 3.0%。

英国央行维持关键利率 0.25% 不变。3 月 16 日，英国央行宣布，维持关键利率 0.25% 不变，维持资产购买规模不变。英国央行会议纪要显示，英经济持续增长，通胀预期上行，但薪资疲软。未来贸易协定存在的潜在不确定性，对经济增长构成下行风险。

英国 1 月份货物与服务贸易赤字 20 亿英镑。3 月 10 日，英国国家统计局数据显示，英国 1 月份货物与服务贸易赤字 20 亿英镑，环比维持不变。其中，进口额环比上升 3 亿英镑，出口额环比上升 4 亿英镑。此外，截至 1 月份 3 个月货物与服务贸易赤字 64 亿英镑。

法国 2 月份 CPI 环比上升 0.1%。3 月 15 日，法国国家统计局数据显示，法国 2 月份 CPI 环比上升 0.1%，同比上升 1.2%。其中，食品价格环比上升 0.3%，同比上升 1.6%；烟草价格环比上升 0.9%，同比上升 1%；制造品价格环比下降 0.3%，同比下降 1.6%；服务业价格环比下降 0.3%，同比上升 1.1%；能源品价格环比维持不变，同比上升 11.4%。

瑞士央行维持活期存款利率 -0.75%不变。3 月 16 日，瑞士央行宣布，维持活期存款利率 -0.75% 不变，并维持三个月伦敦银行间拆放款利率目标区间 -1.25% 至 -0.25% 不变，符合市场预期；此外，瑞士央行预测，瑞士经济前景“谨慎乐观”，并上调 2017 年通胀率预期至 0.3%。

4. 亚洲

日本央行维持政策利率 -0.1%不变。3 月 16 日，日本央行宣布，维持短期政策利率 -0.1% 不变，维持 10 年国债收益率为 0% 不变，保持每年 80 万亿日元（约合 7000 亿美元）的购债速度不变。日本央行预计，日本经济将持续温和复苏。

日本 1 月份机械订单总额环比下降 10%。3 月 13 日，日本内阁府数据显示，经季调后，日本 1 月份机械订单总额环比下降 10%，核心机械订单总额环比下降 3.2%。此外，内阁府预测日本一季度机械订单总额环比下降 6.8%，核心机械订单总额环比上升 1.5%。

澳大利亚 2 月份失业率上升至 5.9%。3 月 16 日，澳大利亚国家统计局数据显示，经季调后，澳大利亚 2 月份失业率为 5.9%，环比上升 0.2 个百分点；就业人数环比下降 6400 人；劳动参与率为 64.6%，环比维持不变。

新西兰 2016 年 GDP 增长 3.1%。3 月 16 日，新西兰统计局数据显示，2016 年新西兰 GDP 增长 3.1%，总量达 2610 亿新西兰元（约 1833 亿美元）。其中服务业保持了较高增速，但初级产业和制造业表现疲软，乳制品产量下降导致农业产值下滑。

5. 非洲

南非 2016 年 GDP 增长 0.3%。南非统计局数据显示，南非 2016 年 GDP 增长 0.3%，四季度 GDP 环比下降 0.3%，符合预期。限制南非经济增长的因素主要包括全球大宗商品价格低迷、货币兰特波动剧烈以及旱情严重导致农业歉收等。推动南非经济增长的行业主要包括餐饮住宿业、交通及服务业以及制造业。

二、国际组织

OPEC 大幅上调非 OPEC 国家原油供应增长预期。3 月 14 日，OPEC 发布原油市场月报，大幅上调非 OPEC 国家原油供应增长预期。OPEC 预计，2017 年非欧佩克原油供应增长预期将从每日 24 万桶升至每日 40 万桶，因页岩油产量回升，OPEC 将美国原油供应增长预期上调至每日 10 万桶。OPEC 预计，2017 年全球石油日需求将升至每日 9631 万桶，原油市场有望在 2017 年下半年开始平衡。

非洲开发呼吁非洲各国采取措施应对能源短缺。3 月 13 日，非洲开发银行行长阿德西纳和联合国前秘书长安南出席在科特迪瓦举办的非洲进步小组《光电、能源、行动：点亮非洲》报告发布会，共同呼吁非洲各国政府及其合作伙伴采取一切可能措施弥补非洲能源缺口。阿德西纳表示，当前非洲电力能源极其短缺，但太阳能和风能等其他新能源供给潜力巨大，各国应加强合作，扩大投资规模，共同开发能源资源。安南表示，采用传统方式架设输电网已不能满足非洲经济及社会发展的需求，各国政府应提高资金使用效率，积极开发新技术，保障非洲能源供给。

三、国际大宗商品

本周纽约原油期货价格累计上涨 0.5%。截至周四，本周纽约原油期货累计上涨 0.5%。周一纽约原油期货下跌 0.09 美元，收于每桶 48.40 美元；周二纽约原油期货下跌 0.68 美元，收于每桶 47.72 美元；周三纽约原油期货上涨 1.14 美元，收于每桶 48.86 美元，结束连续 7 个交易日的下跌趋势；周四纽约原油期货下跌 0.11 美元，收于每桶 48.75 美元。

本周纽约黄金期货累计上涨 2.1%。截至周四，本周纽约黄金期货累计上涨 2.1%。周一纽约黄金期货上涨 0.1%，收于每盎司 1203.1 美元，结束连续 9 个交易日的下跌趋势；周二纽约黄金期货下跌 0.1%，收于每盎司 1202.5 美元；周三纽约黄金期货下跌 0.2%，收于每盎司 1200.7 美元；周四纽约黄金期货上涨 2.2%，创 2016 年 6 月份以来最大单日涨幅，收于每盎司 1227.1 美元，创 3 月 2 日以来收盘新高。

四、区域合作

第 15 届东盟—俄罗斯合作委员会联合会议在雅加达举行。第 15 届东盟—俄罗斯合作委员会联合会议（ARJCC）在雅加达东盟秘书处召开。会议重点讨论了东盟—俄罗斯对话伙伴关系 20 周年纪念峰会成果的实施情况，重申了索契宣言和俄罗斯与东盟国家 2016—2020 年发展合作综合行动计划，以推进双方迈向互利共赢的战略伙伴关系。双方讨论了在政治安全、经济、能源、科技、教育、互联互通，交通和农业等领域的合作，通过了创新农业技术项目建议书，表示将提高东盟—俄罗斯对话伙伴基金的运行效率。

《中国—马尔代夫自贸协定》第五轮谈判在马尔代夫举行。《中国—马尔代夫自贸协定》第五轮谈判在马尔代夫首都马累举行。双方在此前谈判基础上，进一步就货物贸易及其相关规则、服务贸易、投资、经济技术合作和法律问题等领域遗留问题深入交换意见，谈判取得积极重大进展，为早日结束谈判奠定了坚实基础。

五、全球宏观经济形势

IMF 呼吁推动多边解决方案应对全球风险。3 月 14 日，IMF 在 G20 财长和央行行长会议前夕发布专题报告，呼吁各国采取多边解决方案以应对全球风险，让经济一体化释放更多红利。报告称，近期全球经济增长有望提速。发达经济体增长前景有所改善，其中，美国有望推出更具扩张性的财政政策，其经济前景预计将进一步好转。而在中国和印度经济增长带动下，2017 年新兴经济体对全球经济增长的贡献将超过四分之三。

但是，全球经济面临的不确定性也在增加。经济一体化和技术革新对发达经济体就业和收入分配带来的负面影响正引起发越来越多的担忧，并导致发达经济体宏观政策内顾加剧，其可能采取的保护主义政策将扰乱全球贸易秩序，损害经济增长。为此，IMF 呼吁 G20 成员推动多边解决方案以应对全球风险，包括采取协同的宏观政策来应对全球经济失衡，进一步降低贸易壁垒，推动服务、电子贸易及外商投资政策改革，同时推进全球金融监管改革，加强全球金融架构建设等。

OECD 称 G20 国家 2016 年四季度 GDP 环比增长 0.7%。3 月 13 日，OECD 发布最新数据显示，2016 年四季度 G20 国家实际 GDP 增速放缓，环比增长 0.7%，较上一季度降低 0.1 个百分点，同比增长 3.1%。其中，印度和中国同比增速最高，分别达 7.2% 和 6.8%；巴西同比增速为 -2.5%，为 G20 国家中最低水平。总体来看，2016 年 G20 国家 GDP 同比增幅由 2015 年的 3.3% 降至 3.0%。

2016 年四季度，北美地区经济增速显著放缓。美国、墨西哥和加拿大 GDP 增速分别从上季度的 0.9%、1.1% 和 0.9% 降至 0.5%、0.7% 和 0.6%；亚太经济体中，中国、韩国和印度的 GDP 增速放缓，分别从上季度的 1.8%、0.6% 和 1.8% 降至 1.7%、0.4% 和 1.6%；意大利和南非经济增速分别从 0.3% 和 0.1% 放缓至 0.2% 和 0.0%；此外，巴西 2016 年四季度 GDP 萎缩 0.9%，降幅较上季度进一步扩大。印尼和日本经济增速保持稳定，分别环比增长 1.2% 和 0.3%；澳大利亚经济增长强劲，2016 年四季度 GDP 增速达 1.1%；德国、英国、法国和欧盟经济增速分别从上季度的 0.1%、0.6%、0.2% 和 0.4% 增至 0.4%、0.7%、0.4% 和 0.5%；欧元区国家 2016 年四季度总体经济增速为 0.4%，同比持平。

OECD 国家 2017 年 1 月份失业率降至 6.1%。OECD 发布最新数据显示，OECD 国家 2017 年 1 月份失业率为 6.1%，较上月降低 0.1 个百分点。失业人数为 3830 万人，较 2008 年金融危机前水平高出 570 万人。具体来看，欧元区 2017 年 1 月份失业率企稳于 9.6%，而欧盟失业率则降低 0.1% 至 8.1%。其中，爱尔兰失业率降低 0.2% 至 6.7%，连续 8 个月下降；卢森堡和斯洛伐克失业率分别降至 6.1% 和 8.6%；西班牙失业率几乎从 2013 年年底以来持续下降，1 月份该国失业率降至 18.2%。其他国家中，美国 1 月份失业率上升 0.1% 至 4.8%；而加拿大、日本和墨西哥 1 月份失业率均降低 0.1 个百分点，分别降至 6.8%、3.0% 和 3.6%。

第12周（2017/03/18—2017/03/24）

3月18—24日，国际财经要情有：美国国会众议院推迟医保法案投票；欧盟和欧元区2月份通胀年率分别升至1.9%和2.0%；澳大利亚央行维持现金利率1.5%不变；新西兰央行维持现金利率1.75%不变；G20财长和央行行长会议在德国巴登巴登举行；亚投行批准13个新成员加入；2017年首次金砖国家财长和央行行长会议在德国巴登巴登举行；亚行：美联储加息对亚洲经济不利。

一、区域观察

1. 北美地区

美国国会众议院推迟医保法案投票。3月24日，美国国会众议院共和党领袖麦卡锡宣布，搁置原定于当天进行的针对美国医保法案的投票，众议院将于周五上午就新医保法案进行辩论。特朗普医保法案未在共和党内部获得足够支持，主要原因是该法案可能导致更多人失去医疗保险。

美国2016年四季度经常账户赤字环比下降36亿美元。3月21日，美国商务部数据显示，经季调后，美国2016年四季度经常账户赤字1124亿美元，环比下降36亿美元。其中，初次收入账户盈余199亿美元，货物账户赤字175亿美元。数据还显示，美国2016年经常账户赤字48120亿美元，环比上升182亿美元。其中，二次收入账户赤字上升162亿美元；货物账户赤字下降126亿美元；服务账户盈余下降128亿美元；初次收入账户盈余下降18亿美元。

美国2月份成屋销售年化总数环比下降3.7%。3月22日，全美房地产经纪人协会数据显示，经季调后，美国2月份成屋销售年化总数为548万户，环比下降3.7%，同比上升5.4%。其中，独户销售年化总数为489万户，环比下降3%，同比上升5.8%；公寓销售年化总数为59万户，环比下降9.2%，同比上升1.7%。

加拿大1月份零售销售环比上升2.2%。3月21日，加拿大国家统计局数据显示，经季调后，加拿大 1 月份零售销售额为 460 亿加元，环比上升 2.2%。其中，机动车和零部件销售环比上升 3.8%；一般商店销售环比上升 1.8%；加油站销售环比上升 0.5%。

2. 拉美地区

墨西哥 2 月份通胀率达 4.86%。墨西哥国家统计局数据显示，墨西哥 2 月份通胀率为 4.86%，连续第 6 个月增长，创 7 年来最高值。其中，青柠、天然气、玉米饼、汽车、牛肉、公共交通价格上浮最为明显。

3. 欧洲

欧盟财长会聚焦德国 G20 财长会成果。3 月 21 日，欧盟理事会发布消息称，在布鲁塞尔举行的欧盟财长会主要取得以下成果：一是讨论了在“欧洲学期”下的国别建议实施进展，聚焦该领域改革经验。二是讨论了德国 G20 财长会成果，包括全球经济形势、国际金融机构、税收、金融监管和反洗钱等议题。三是就电子出版物非标准增值税和临时债务撤销两项议案展开讨论。

欧盟和欧元区 2 月份通胀年率分别升至 1.9%和 2.0%。3 月 16 日，欧盟统计局数据显示，欧盟 2 月份通胀年率为 1.9%，环比增长 0.2 个百分点；欧元区 2 月份通胀年率为 2.0%，环比增长 0.2 个百分点。

欧元区 1 月份经常账户盈余 241 亿欧元。3 月 22 日，欧盟统计局数据显示，经季调后，欧元区 1 月份经常账户盈余 241 亿欧元。其中，货物账户盈余 241 亿欧元，服务贸易账户盈余 35 亿欧元，初次收入账户盈余 121 亿欧元，二次收入账户赤字 155 亿欧元。此外，截至 1 月份的 12 个月经常账户盈余累计扩大至 3579 亿欧元，GDP 占比为 3.3%。

德国 2 月份 PPI 同比上升 3.1%。3 月 20 日，德国联邦统计局数据显示，德国 2 月份 PPI 同比上升 3.1%，为 2011 年 12 月份以来最高增速，环比上升 0.2%。其中，能源价格同比上升 5.4%，中间品价格同比上升 3.3%，非耐用消费品价格同比上升 2.3%，资本品价格同比上升 0.9%。

英国 2 月份 CPI 同比上升 2.3%。3 月 21 日，英国国家统计局数据显示，英国 2 月份 CPI 为 102.1，同比上升 2.3%，为 2013 年 9 月份以来新高。数据还显示，CPIH 同比上升 2.3%，食品价格自 2014 年 4 月份以来首次对 CPIH 产生积极影响。

英国 2 月份产出 PPI 同比上升 3.7%。3 月 21 日，英国国家统计局数据显示，英国 2 月份产出 PPI 为 109.5，同比上升 3.7%，环比上升 0.2%。2 月份输入 PPI 为 107.8，同比上升 19.1%，环比下降 0.4%。

意大利 1 月份贸易逆差 5.74 亿欧元。3 月 17 日，意大利国家统计局数据显示，意大利 1 月份贸易逆差 5.74 亿欧元。其中，出口额为 316.91 亿欧元，环比增加 0.5%，同比增加 13.3%；进口额为 322.64 亿欧元，环比下降 0.2%，同比增加 15.5%。数据还显示，意大利 1 月份对非欧盟国家出口环比增加 2.8%，对欧盟国家出口环比下降 1.3%。

俄罗斯 2 月份失业率为 5.6%。3 月 23 日，俄罗斯联邦国家统计局数据显示，俄 2 月份失业率为 5.6%，与 1 月份持平，失业人口约 420 万人，其中 80 万人获得失业补助。

4. 亚洲

日本 2 月份贸易账户盈余 8134 亿日元。3 月 22 日，日本财务省发布数据显示，日本 2 月份贸易账户盈余 8134 亿日元，同比上升 245.5%，创 2010 年 3 月以来新高。其中，日本 2 月份出口额为 6.35 万亿日元，同比上升 11.3%；进口额为 5.53 万亿日元，同比上升 1.2%。此外，受向中国出口汽车零部件大幅增加和从中国进口服装、金属制品明显下滑影响，日本 2 月份对华贸易顺差为 1118 亿日元，自 2012 年 2 月份以来再次实现贸易顺差。

韩国出台扩大青年就业补充方案。3 月 22 日，韩国经济副总理兼企划财政部长官柳一镐主持政府经济部门长官会议，讨论通过了扩大青年就业的补充方案，主要包括青年创业可予延后军队服役时间、为准备就业而推迟毕业大学生其学费可予减免、在中小企业工作两年以上者可获政策性优惠利率支持等。

印度 2 月份 CPI 初值同比上升 3.65%。3 月 14 日，印度中央统计局发布数据显示，印度 2 月份 CPI 初值环比上升 0.23%，同比上升 3.65%。其中，城市 CPI 环比上升 0.31%，同比上升 3.55%；农村 CPI 环比上升 0.15%，同比上升 3.67%。

澳大利亚央行维持现金利率 1.5%不变。3 月 21 日，澳大利亚央行公布 3 月份货币政策会议纪要称，将维持现金利率 1.5%不变。由于油价上涨，全球主要发达经济体总体通胀率明显上升，但核心通胀率仍普遍处于低水平。近期全球金融市场相对平稳，由于持续的正面经济数据，全球股票价格上涨。澳大利亚 2016 年四季度 GDP 增长高于预期，出口稳定回升，消费和商业投资的增长也超出预期。

新西兰央行维持现金利率 1.75%不变。3 月 23 日，新西兰央行公布利率决议称，将维持现金利率 1.75%不变。当前，大宗商品价格上升带动全球总体通胀增长，但核心通胀稳定在低位。预计全球货币政策将维持宽松。新西兰 2016 年四季度 GDP 增速低于预期，但增长前景乐观，长期通胀预计维持在 2%左右。

5. 非洲

南非 1 月份制造业产值同比增长 0.8%。南非国家统计局数据显示，南非 1 月份制造业产值同比增长 0.8%，仍低于金融危机前水平。具体来看，对制造业增长贡献最大的是钢铁、非铁金属产品以及机械行业，同比上升 3.5%；石油、化工、橡胶及塑料制品增长 1.7%；家具及其他制造业增长 21.6%。

二、国际组织

G20 财长和央行行长会议在德国巴登巴登举行。3 月 17—18 日，G20 财长和央行行长会议在德国巴登巴登举行。此次会议是德国担任 G20 主席国后举办的首次财长和央行行长会。会议主要讨论了当前全球经济形势和增长框架、促进对非洲投资、国际金融架构、国际税收、金融部门发展和监管以及其他全球治理议题，并发表了联合公报。财政部部长肖捷和中国人民银行行长周小川率中国代表团出席了会议。

会议认为，全球经济继续复苏，但经济增速不尽理想，下行风险犹存。会议重申将各自以及共同使用所有政策工具，包括货币、财政和结构性改革政策，以实现强劲、可持续、平衡和包容性增长的目标，同时增强经济和金融韧性。会议强调，结构性改革和财政战略是支持实现我们共同增长目标的重要组成部分，并继续研究适合各自国情的、与《深化结构性改革议程》相一致的政策方案。会议就增强经济韧性的一系列原则达成一致。会议指出，G20 正努力增强贸易对经济的贡献，减少过度的全球失衡，在经济增长过程中促进包容性、公平性和减少不平等。会议还重申此前的汇率承诺，包括将避免竞争性贬值和不以竞争性目的来盯住汇率，承诺将仔细制定、清晰沟通宏观经济和结构性改革政策措施，减少政策不确定性，将负面溢出效应降至最低，并增加透明度。

会议承诺深化和扩大与非洲国家的国际经济和金融合作，并启动了“促进对非洲投资”倡议，该倡议以非洲国家的需求为基础，并尊重各国的国情和工作重点。会议期待相关多边开发银行在 2017 年 7 月领导人峰会之前，提交《关于支持基础设施投资行动和联合愿景声明》等的落实进展报告，并在 2017 年 7 月领导人峰会之前提供关于《全球基础设施互联互通联盟倡议》的最新进展。会议强调进一步加强国际金融架构和以国际货币基金组织（IMF）为核心的全球金融安全网，支持加强 IMF 与区域金融安全网间的有效合作。会议对反映债权国和债务国各自责任的“可持续融资操作性指南”以及“关于国际货币基金组织与多边开发银行有效协调的原则”表示欢迎。会议认为，稳定、有序的跨境资本流动能够带来益处，但同时也要继续加强对资本流动的监测和对资本流动过度波动风险的管理。会议鼓励未加入《OECD 资本流动自由化通则》的国家根据自身国情考虑加入该通则。会议承诺继续及时、一致和广泛地实施税基侵蚀和利润转移方案，期待 6 月 7 日旨在防止税基侵蚀和利润转移的实施税收协定相关措施多边公约的首轮签署，敦促所有相关辖区采取全部必要措施于 2018 年 9 月前履行在统一报告标准下启动情报交换的承诺。会议欢迎在促增长税收政策方面的国际合作。会议重申将继续落实金融部门改革议程，加强对金融改革实施情况和效果的监测。会议鼓励密切跟踪数字金融的发展动态，认为信息通信技术的恶意使用可能妨碍金融服务，削弱金融安全和信心，甚至威胁金融稳定。会议支持普惠金融全球合作伙伴在推动普惠金融方面所做的工作，将继续关注代理行减少问题，支持进一步改善侨汇环境。会议重申关于反恐融资的相关承诺，欢迎并支持金融行动特别工作组（FATF）在增强制度基础、治理和能力方面开展的工作。

亚投行批准13个新成员加入。3月23日，亚洲基础设施投资银行（AIIB）宣布，正式批准13个新成员的加入申请，由此，成员数量上升到70个。这是亚投行自成立以来在57个创始成员基础上首次扩容。获批的13个申请成员包括5个域内成员和8个域外成员。域内成员包括阿富汗、亚美尼亚、斐济、中国香港和东帝汶；域外成员包括比利时、加拿大、埃塞俄比亚、匈牙利、爱尔兰、秘鲁、苏丹和委内瑞拉。亚投行行长金立群称，世界各国加入亚投行的兴趣再次印证了亚投行作为一个国际机构成立以来所取得的显著而快速的进展。值得自豪的是，当前亚投行成员已经几乎覆盖全球各个大洲。此外，预计今年晚些时候亚投行理事会将考虑进一步的成员申请。在完成内部程序并交付初始资本金后，当前获批的13个意向成员将正式加入亚投行。这些成员的股份来自于亚投行此前未分配的股权池。

世行将向非洲提供570亿美元资金支持。世界银行宣布将在未来3年向撒哈拉以南非洲地区提供570亿美元资金支持，主要用于支持非洲教育、农业、医疗卫生、基础设施等领域的发展。世行表示，援助资金分别来自世界银行集团下属的国际开发协会（IDA）、国际金融公司（IFC）和国际复兴开发银行（IBRD），其中，IDA出资450亿美元，IFC出资80亿美元，IBRD出资40亿美元。IDA在2016年12月第18轮增资谈判中获得增资承诺750亿美元，其中，60%的IDA资金将用于支持撒哈拉以南非洲地区建设，帮助非洲扩大投资规模，提高经济韧性，发挥经济增长潜力，降低性别不平等化程度，实现政府管理和经济发展转型。预计首笔款项将于2017年7月向非洲国家拨付。世行行长金墉表示，世行的资金支持将推动非洲国家发展，为非洲人民创造更多机会，提高非洲各国经济韧性。

联合国发布2016年人类发展报告。3月21日，联合国开发计划署发布2016年人类发展报告指出，过去25年，人类发展取得许多令人瞩目的成就，全球仍有三分之一的边缘化群体仍被“遗漏”，也有许多无法量化的系统性障碍阻碍社会发展水平的提高，如歧视性法律和社会规范，不平等的政治环境等。报告指出，按照人类发展指数衡量，全球所有地区的平均人类发展水平在1990—2015年间都有显著进步，但全球仍有三分之一人口生活在较低水平，这些弱势群体面临的生存挑战往往会相互叠加，加剧现实困境并拉大代际差距，使其越来越难以提高生活水平。这不仅仅存在于发展中国家，发达国家也有超过3亿的贫困人口，其中约1亿是儿童。

三、国际大宗商品

本周纽约原油期货价格累计下跌 2.2%。截至周四，本周纽约原油期货累计下跌 2.2%。周一纽约原油期货下跌 0.56 美元，收于每桶 48.22 美元；周二纽约原油期货于交割日下跌 0.88 美元，收于每桶 47.34 美元；周三纽约原油期货新主力合约下跌 0.20 美元，收于每桶 48.04 美元；周四纽约原油期货下跌 0.34 美元，收于每桶 47.70 美元。

本周纽约黄金期货累计上涨 1.4%。截至周四，本周纽约黄金期货累计上涨 1.4%。周一纽约黄金期货上涨 0.3%，收于每盎司 1234 美元；周二纽约黄金期货上涨 1.0%，收于每盎司 1246.5 美元；周三纽约黄金期货上涨 0.3%，收于每盎司 1249.7 美元，为连续第五个交易日上涨；周四纽约黄金期货下跌 0.2%，收于每盎司 1247.3 美元。

四、区域合作

2017 年首次金砖国家财长和央行行长会议在德国巴登巴登举行。3 月 17 日，2017 年首次金砖国家财长和央行行长会在德国巴登巴登举行。财政部部长肖捷和中国人民银行行长周小川共同主持会议，其他金砖国家财长和央行行长以及新开发银行行长出席会议。会议围绕今年领导人会晤关于“深化金砖伙伴关系，开辟更加光明未来”的主题，就宏观经济形势和政策、G20 财金议程协调以及务实财金合作等议题进行了讨论，并通过了全年工作安排。中国自 2017 年 1 月 1 日起接任金砖国家主席国，并将于 9 月上旬在福建省厦门市举办金砖国家领导人第九次会晤。

五、全球宏观经济形势

亚行称美联储加息对亚洲经济不利。亚行发布报告指出，美联储本次加息将对亚洲发展中国家产生不利影响，加大资本流失和货币贬值风险。对此，亚行建议各国应实施审慎的财政政策，控制赤字和债务规模增长。报告认为，美联储本次加息将提高美国国债收益率，进一步带动美元升值，吸引更多资本流向美国。与此同时，亚洲国家将面临外部资金短缺、货币急剧贬值以及国内资产价格下降等风险。为防止资本流失和货币贬值，亚洲各国不得不提高国内利率水平，或将抑制国内投资和消费需求，提高公共部门借款成本。此外，美元加息对亚洲国家的影响程度取决于各国对外部资金的依赖程度，其中，印度和印尼等对外部投资依赖程度高的国家受美元加息影响最大。

第 13 周（2017/03/25—2017/03/31）

3 月 25—31 日，国际财经要情有：美国 2016 年实际 GDP 增速为 1.6%；墨西哥央行上调基准利率 25 个基点至 6.50%；英国正式启动"脱欧"程序；法国 2016 年 GDP 增速为 1.1%；俄罗斯央行下调基准利率 25 个基点至 9.75%；韩国 2016 年实际 GDP 增速 2.8%；亚投行批准 2.85 亿美元新贷款；中国与新西兰签署关于加强国际发展合作交流的安排；博鳌亚洲论坛发表《关于促进经济全球化的宣言》。

一、区域观察

1. 北美地区

美国 2016 年实际 GDP 增速为 1.6%。3 月 30 日，美国商务部发布数据显示，经季调，美国 2016 年四季度实际 GDP 年化季率为 2.1%。出口和联邦政府支出下降、进口增加、非住宅固定投资下降是四季度 GDP 增速放缓的主要原因。数据显示，美国 2016 年实际 GDP 增速为 1.6%，较 2015 年下降 1 个百分点。

耶伦称美国劳动力市场依然面临挑战。3 月 29 日，美联储主席耶伦发表演讲称，美国劳动力市场仍面临挑战，贫困现象仍然存在，少数族裔社区失业率持续处于高位。耶伦呼吁，美国应提高教育和培训水平，让所有美国人分享经济成果。耶伦还提出了几项具体建议，以帮助少数族裔社区缩小与社会平均水平的差距。

美国 2 月份国际货物贸易赤字环比下降 41 亿美元。3 月 28 日，美国商务部发布数据显示，经季调，美国 2 月份国际货物贸易赤字 648 亿美元，环比下降 41 亿美元。其中，出口额为 1268 亿美元，环比下降 1 亿美元；进口额为 1916 亿美元，环比下降 42 亿美元。数据还显示，美国 2 月份批发库存为 5941 亿美元，环比上升 0.4%，同比上升 3.2%。

加拿大 2 月份 CPI 环比下降 0.2%。3 月 24 日，加拿大国家统计局发布数据显示，经季调，加拿大 2 月份 CPI 环比下降 0.2%，同比上升 2%。其中，食品价格环比持平；运输价格环比下降 1.1%；酒精饮料和烟草价格环比上升 0.3%。剔除汽油价格变化，加拿大 2 月份 CPI 同比上升 1.3%。

2. 拉美地区

墨西哥央行上调基准利率 25 个基点至 6.50%。3 月 30 日，为应对比索汇率大幅下跌，墨西哥央行上调基准利率 25 个基点至 6.50%，为 2016 年美国大选以来第四次加息。由于特朗普所承诺的一系列举措，如修建美墨边境墙、征收墨西哥进口商品和汇款税、退出北美自由贸易协定等，墨西哥比索近期一直处于下跌趋势中。

3. 欧洲

欧元区 3 月份制造业 PMI 升至 56.2。3 月 24 日，市场调查机构 Markit 发布数据显示，经季调，欧元区 3 月份制造业 PMI 为 56.2，环比上升 0.8 个点，服务业 PMI 为 56.5，环比上升 1.0 个点，两者均为 71 个月以来最高；但制造业产出指数为 57.2，为 2 个月以来最低。

欧元区 2 月份 M3 供应同比增长 4.7%。3 月 27 日，欧洲央行发布数据显示，欧元区 2 月份 M3 货币供应同比增长 4.7%。其中，M1 供应同比增长 8.4%。数据还显示，家庭贷款同比增长 2.3%，非金融企业贷款同比下降 2%。

德国 3 月份 CPI 同比上升 1.6%。3 月 30 日，德国联邦统计局发布数据显示，德国 3 月份 CPI 同比上升 1.6%，环比上升 0.2%。其中，能源价格同比上升 5.1%；食品价格同比上升 2.3%；服务价格同比上升 0.7%。数据还显示，德国 3 月份调和 CPI 同比上升 1.5%，环比上升 0.1%。

英国正式启动“脱欧”程序。3 月 29 日，英国“脱欧”部发布消息称，英国向欧盟理事会主席递交信函，确认英国政府将触发《里斯本条约》第 50 条款，正式启动“脱欧”程序。

英国 2 月份产出 PPI 同比上升 3.7%。3 月 21 日，英国国家统计局数据显示，英国 2 月份产出 PPI 为 109.5，同比上升 3.7%，环比上升 0.2%。2 月份输入 PPI 为 107.8，同比上升 19.1%，环比下降 0.4%。

苏格兰议会投票通过第二次独立公投提案。3 月 28 日，苏格兰议会发布消息称，议会已通过第二次独立公投提案，苏格兰首席大臣斯特金有权触发第 30 条款发起新一轮公投，公投或在 2018 年秋季到 2019 年春季之间举行。

法国 2016 年 GDP 增速为 1.1%。3 月 24 日，法国国家统计局发布数据显示，经季调，法国 2016 年 GDP 增速为 1.1%。其中，家庭消费支出上涨 1.8%，政府消费支出上涨 1.4%，固定资本形成总额上涨 2.8%，进口总额上涨 3.6%，出口总额上涨 1.2%。

法国 3 月份制造业 PMI 升至 53.4。3 月 24 日，市场调查机构 Markit 发布数据显示，经季调，法国 3 月份制造业 PMI 为 53.4，环比上升 1.2 个点；制造业产出指数为 53.7，环比下降 0.3 个点；服务业 PMI 为 58.5，环比上升 2.4 个点，为 70

个月以来最高。

俄罗斯央行下调基准利率 25 个基点至 9.75%。3 月 24 日，俄罗斯央行发布消息称，俄央行将基准利率下调 25 个基点至 9.75%。俄罗斯 2 月份通胀年率为 4.6%，俄央行将保持适度从紧货币政策以实现 4% 通胀目标。此外，俄罗斯经济从 2016 年二季度起逐步回升，预计 2017 年 GDP 增速为 1%—1.5%，2018 年、2019 年增速为 1%—2%。

4. 亚洲

日本 2 月份 CPI 同比上升 0.3%。3 月 31 日，日本国家统计局发布数据显示，经季调，日本 2 月份 CPI 为 99.8，环比下降 0.1%，同比上升 0.3%；剔除食品和能源，核心 CPI 为 100.3，环比持平，同比上升 0.1%。东京地区 3 月份 CPI 为 99.5，环比下降 0.2%，同比下降 0.4%；剔除食品和能源，核心 CPI 为 100.2，环比下降 0.2%，同比下降 0.2%。

日本 2 月份失业率为 2.8%。3 月 31 日，日本国家统计局发布数据显示，经季调后，日本 2 月份失业率为 2.8%，失业人口为 188 万人，同比下降 11.7%。日本 2 月份就业率为 57.9%，就业人口为 6427 万人，同比上升 0.8%。

韩国 2016 年实际 GDP 增速为 2.8%。3 月 28 日，韩国央行发布数据显示，韩国 2016 年实际 GDP 增速为 2.8%，实际 GNI 增速为 4%；分生产领域看，农林渔业产出下降 2.9%，制造业产出增长 2.3%，建筑业产出增长 10.5%，服务业产出增长 2.3%。分支出领域看，最终消费支出增长 2.9%，固定资本形成总额增长 5.2%，出口增长 2.1%，进口增长 4.5%。此外，韩国 2016 年名义 GDP 达 1637.4 万亿韩元，增长 4.7%。人均国民收入为 27561 美元，增长 1.4%。储蓄率 35.8%，增长 0.2 个百分点，投资率 29.3%，增长 0.4 个百分点。

印度 2 月份出口同比增长 17.48%。印度商务部数据显示，印度 2 月份出口额为 244.9 亿美元，同比增长 17.48%；进口额为 333.86 亿美元，同比增长 21.76%。其中，石油进口额为 76.812 亿美元，同比增长 60.02%；非石油进口额为 257.05 亿美元，同比增长 13.65%。

澳大利亚央行称全球外汇行为准则最后阶段将于 5 月份公布。3 月 28 日，澳大利亚央行副行长德贝尔发表演讲称，全球外汇行为准则最终阶段将于 5 月 25 日公布。该准则为市场提供一套共同性的指导方针，确保全球外汇市场良好运作，促进市场健全、公平、流动、开放和透明。

新西兰 2 月份贸易逆差 1800 万纽元。3 月 24 日，新西兰国家统计局发布数据显示，新西兰 2 月份贸易逆差 1800 万纽元。其中，出口额下降 2.32 亿纽元，同比下降 5.5%；进口额增长 1.54 亿纽元，同比上升 4.0%，原油价格大幅上涨是进口额上升的主要原因。

5. 非洲

南非2月份通胀率为6.3%。3月22日，南非统计局数据显示，南非2月份通胀率6.3%，环比下降0.3个百分点；CPI增长1.1%。通胀回落主要是由食品和非酒精饮料价格增长回落带动，南非2月份食品和非酒精价格指数降至1.7%。

二、国际组织

亚投行批准2.85亿美元新贷款。3月28日，亚投行董事会宣布批准3笔新贷款，总额达2.85亿美元。此批贷款项目均为联合融资项目。分别是亚投行与世界银行共同出资1.25亿美元贷款，用于改善印尼大坝运行与安全二期工程；出资1亿美元贷款，用于印尼地区基础设施发展基金项目；以及亚投行与亚洲开发银行共同出资6000万美元贷款，用于孟加拉国天然气基础设施和效率改进工程。至此，亚投行的贷款总额已超过20亿美元。亚投行副行长兼首席投资官潘笛安称，亚投行董事会所批准的几项贷款具有不同的侧重点，但均致力于利用基础设施支出刺激经济增长，并提高当地社区的生活质量。同时，亚投行重视与其他多边开发银行的持续合作。

IMF称全球央行普遍面临两大挑战。3月28日，IMF发布报告称，当前各经济体央行普遍面临两大共同性挑战，即如何在低利率环境下保持收益及如何与市场加强沟通。对63个经济体央行的调查结果显示，目前各国央行国际储备金回报率普遍偏低，有些甚至为负。如何在低利率环境下选择投资方案并做好风险收益平衡是摆在央行面前的主要难题。此外，对很多央行而言，向市场传递其政策意图并进行有效沟通仍十分困难。IMF建议，在市场波动较大和低利率环境下，各经济体央行应放弃一定的投资回报率，以维护资金安全，提高储备资产的流动性。

三、国际大宗商品

本周纽约原油期货价格累计上涨5%。截至周四，本周纽约原油期货累计上涨5%。周一纽约原油期货下跌0.24美元，收于每桶47.73美元；周二纽约原油期货上涨0.64美元，收于每桶48.37美元；周三纽约原油期货上涨1.14美元，收于每桶49.51美元；周四纽约原油期货上涨0.84美元，收于每桶50.35美元，创近三周以来收盘新高。

本周纽约黄金期货累计下跌0.1%。截至周四，本周纽约黄金期货累计下跌0.1%。周一纽约黄金期货上涨0.6%，收于每盎司1255.7美元，创2月末以来收盘新高；周二纽约黄金期货收盘价与前一交易日基本持平；周三纽约黄金期货下跌0.2%，收于每盎司1253.7美元；周四纽约黄金期货下跌0.4%，收于每盎司

1248美元。

四、区域合作

中国与新西兰签署关于加强国际发展合作交流的安排。3月27日，在李克强总理对新西兰进行正式访问期间，中国商务部部长钟山与新西兰外交部长麦卡利在两国领导人见证下签署了《中华人民共和国商务部和新西兰外交贸易部关于加强国际发展合作交流的安排》。近年来，中新两国在库克群岛成功开展了供水三方合作试点项目，取得较好反响，加深了双方在国际发展合作领域的相互了解。中新双方同意在该安排框架下，坚持“受援国提出、受援国同意、受援国主导”原则，进一步加强国际发展合作领域的交流，促进双方在全球“减贫”及推动落实2030年可持续发展议程等方面实现共同目标。

五、全球宏观经济形势

博鳌亚洲论坛发表《关于促进经济全球化的宣言》。在2017年年会期间，经论坛理事会和会员大会通过，博鳌亚洲论坛发表《博鳌亚洲论坛关于促进经济全球化的宣言》。宣言称，促进亚洲区域内、亚洲与世界其他地区之间的经济交流、协调与合作是博鳌亚洲论坛的宗旨。当前全球经济面临压力，逆全球化和贸易保护主义言行抬头，可能给全球贸易与投资全带来干扰，令人担忧。在此情况下，亚洲各国应坚持推进市场开放、包容性增长和经济合作，以确保本地区经济的共同繁荣和可持续增长。

经济全球化是科技进步的必然结果。在过去几十年中，它有力推动了全球经济增长，也持续推动了全球范围的“减贫”进程不断取得进展。但经济全球化也带来了一些不容忽视的新问题。上述结构性矛盾的根源，不在于经济全球化本身，而是由于现行全球治理体制同世界经济格局深刻变化不相适应所造成的。因此，采取逆全球化措施，不可能解决这些结构性矛盾，甚至会为全球经济增长带来新的挑战。世界必须主动顺应经济全球化，改革全球治理体系。为此，出席2017年年会的博鳌亚洲论坛会员，向世界各国政府和全球企业界发出如下倡议：

第一，各国政府应视经济全球化为积极力量，在经济主权、权利与义务公平对等的原则基础上，通过加强对话与合作改革和完善国际经济秩序与全球治理体系。各国政府必须共同采取相应的政策，确保经济全球化惠及更大的范围。我们需要平衡增长与分配，解决破坏这种平衡的结构性问题。

第二，跨境贸易与投资自由化是全球可持续发展的动力。各国政府应共同反对贸易保护主义，共同坚持和进一步推动贸易投资自由化便利化进程，并不断改革和完善多边贸易投资机制和治理，确保全球共同繁荣。

第三，WTO、APEC 等国际和地区机构应携手解决自贸安排碎片化问题，探讨建立更加开放、包容和公平合理的双、多边贸易制度安排。

第四，国际货币基金组织、世界银行等多边国际金融机构应在加强自身改革的同时加强和完善金融监管，充分发挥跨国资本流动对经济增长的驱动作用，有效防止和减轻游资套利和投机对实体经济造成负面冲击。

第五，技术创新以及知识与信息的跨境流动有助于缩小南北差距、贫富差距。各国应开展灵活多样的跨境 PPP 合作模式积极推动技术创新，促进知识与信息跨境流动的便利化，使之惠及所有国家地区、所有阶层、所有群体。

第六，为推动经济全球化的平衡发展，各国际机构以及 G20、APEC 等多边机制，有关各国政府、各相关私人部门，应该支持和建立开放的多边合作机制，共同促进基础设施互联互通、机制制度互联互通、人文交流互联互通。

博鳌亚洲论坛及全体会员愿意在上述诸方面加强沟通、协调与合作，为推动经济全球化朝向更加开放、包容、普惠、均衡的方向发展，发挥自身的独特作用。

第 14 周 （2017/04/01—2017/04/07）

4 月 1—7 日，国际财经要情有：美联储公布 3 月份 FOMC 会议纪要；加拿大 1 月份 GDP 环比上升 0.6%；英国 2016 年四季度 GDP 环比上升 0.7%；印度央行上调逆回购利率 25 个基点至 6%；南非央行维持基准利率 7% 不变；IMF 首次公布全球人民币外汇储备持有情况；中国和芬兰在两国关系新定位下成立创新企业合作委员会；亚行发布《2017 年亚洲发展展望》报告。

一、区域观察

1. 北美地区

美联储公布 3 月份 FOMC 会议纪要。4 月 6 日，美联储公布 3 月份 FOMC 会议纪要，美国经济正处于或接近充分就业，但通胀率仍低于 2% 的目标。美联储决定上调基准贷款利率 25 个基点，多数美联储官员支持在 2017 年晚些时候开始缩减美联储 4.5 万亿美元的资产负债表，并重申对于渐进加息的展望。美联储主席耶伦强调，上调利率并不反映“对经济前景或货币政策适当路线的重新评估”。

美国 3 月份 ISM 制造业和非制造业 PMI 环比分别下降 0.5 个和 2.4 个百分点。4 月 3 日，美国供应管理协会数据显示，经季调，美国 3 月份 ISM 制造业 PMI 为 57.2%，环比下降 0.5 个百分点；新订单指数为 64.5%，环比下降 0.6 个百分点；就业指数为 58.9%，环比上升 4.7 个百分点；原材料存货指数为 49%，环比下降 2.5 个百分点；价格指数为 70.5%，环比上升 2.5 个百分点。经季调，美国 3 月份 ISM 非制造业指数为 55.2%，环比下降 2.4 个百分点；新订单指数为 58.9%，环比下降 2.3 个百分点；就业指数为 51.6%，环比下降 3.6 个百分点。

美国 2 月份国际贸易赤字环比下降 46 亿美元。4 月 4 日，美国商务部数据显示，经季调后，美国 2 月份国际贸易赤字 436 亿美元，环比下降 46 亿美元。其中，货物赤字 650 亿美元，环比下降 46 亿美元；服务盈余 214 亿美元，环比上升 1 亿美元。数据还显示，美国 2 月份货物和服务出口额为 1929 亿美元，环比上升

0. 2%；货物和服务进口额为 2364 亿美元，环比下降 1. 8%。

加拿大 1 月份 GDP 环比上升 0. 6%。3 月 31 日，加拿大国家统计局数据显示，加拿大 1 月份 GDP 环比上升 0. 6%，制造业产出环比增长 1. 9%，是 GDP 增长的主要原因。其中，货物产出环比上升 1. 1%，服务业产出环比上升 0. 4%。

2. 拉美地区

巴西 3 月份贸易顺差为 71 亿美元。4 月 3 日，巴西统计局数据显示，尽管劣肉丑闻导致肉类出口小幅下降，巴西 3 月份贸易顺差仍高达 71 亿美元。其中，出口额为 201 亿美元，进口额为 129 亿美元。

3. 欧洲

欧盟和欧元区 2 月份失业率分别为 8% 和 9. 5%。4 月 3 日，欧盟统计局发布数据显示，经季调后，欧盟 2 月份失业率为 8. 0%，环比下降 0. 1 个百分点，同比下降 0. 9 个百分点，为 2009 年 1 月份以来最低。欧元区 2 月份失业率为 9. 5%，环比下降 0. 1 个百分点，同比下降 0. 8 个百分点，为 2009 年 5 月份以来最低。

欧洲央行改变货币政策为时尚早。4 月 6 日，欧洲央行发布消息称，将主要再融资操作利率、边际贷款利率和边际存款利率分别维持在 0. 00%、0. 25%、-0. 40% 不变。虽然通缩风险消除，但改变当前宽松货币政策立场还为时尚早。欧元区通胀率持续增长的主要原因是能源和食品价格上涨，但实际通胀压力仍较低，维持宽松货币政策有助于实现 2% 的中期通胀目标。

德国 2 月份失业率为 3. 9%。3 月 31 日，德国联邦统计局发布数据显示，经季调后，德国 2 月份失业人数为 168 万人，失业率为 3. 9%。就业人数为 4178 万人，环比增加 7 万人，增长 0. 2%；同比增加 102 万人，增长 2. 5%。数据还显示，德国 2 月份劳动参与率为 66. 8%，环比持平。

德国 3 月份制造业 PMI 终值为 58. 3。4 月 3 日，市场调查机构 Markit 发布数据显示，德国 3 月份制造业 PMI 终值为 58. 3，环比上升 1. 5 个点，连续 4 个月上涨，为 71 个月以来最高。由于新订单持续增长，3 月份产出增速为 3 年以来最快。

英国 2016 年四季度 GDP 环比上升 0. 7%。3 月 31 日，英国国家统计局发布数据显示，英国 2016 年四季度 GDP 环比上升 0. 7%。其中，农业产出环比持平，制造业产出环比上升 0. 1%，建筑业产出环比上升 0. 1%，服务业产出环比上升 0. 6%。

法国 3 月份制造业 PMI 终值为 53. 3。4 月 3 日，市场调查机构 Markit 发布数据显示，法国 3 月份制造业 PMI 终值为 53. 3，环比上升 1. 1 个点。新订单连续 6 个月增长是制造业 PMI 上升的主要原因。

俄罗斯 3 月份 CPI 环比增长 0. 1%。4 月 5 日，俄联邦统计局数据显示，俄 3 月份 CPI 环比增长 0. 1%，同比增长 4. 3%。其中，食品价格增长 0. 1%，非食品价格增长 0. 2%，服务价格持平。

4. 亚洲

日本3月底官方储备资产为12303.3亿美元。4月7日，日本财务省发布数据显示，日本3月底官方储备资产为12303.3亿美元，环比减少20.1亿美元。其中，外汇储备为11689.09亿美元，IMF储备头寸为119.36亿美元，特别提款权为183.5亿美元，黄金储备为306.26亿美元，其他储备资产5.09亿美元。

日本3月份服务业PMI为51.9。4月5日，市场调查机构Markit数据显示，经季调，日本3月份服务业PMI升至52.9，环比上升1.6个点，扩张速度为19个月来最快。

韩国3月份出口同比增长13.7%。4月1日，韩国统计局数据显示，韩国3月份出口同比13.7%，达488.8亿美元，为连续第五个月增长；进口大幅增长26.9%，创2011年9月份以来最高增速，表明韩内需反弹。韩3月份贸易顺差为65.5亿美元。具体来看，韩3月份对中国出口同比增长12.1%，对美出口下降5.3%。

印度央行上调逆回购利率25个基点至6%。4月6日，印度央行宣布，维持回购利率6.25%不变，上调逆回购利率25个基点至6%。这是印央行自2015年6月份以来，第一次收窄利率走廊，以收紧流动性。印央行预计，印2017—2018财年GDP增长率为7.4%；2018—2019财年GDP增长率为8.1%。

澳大利亚近年来资本流动出现显著变化。4月6日，澳大利亚央行副行长德贝尔发表演讲称，近年来澳大利亚资本流动出现显著变化：一是大量资本继续流入采矿业，尤其是大型液化天然气项目；二是海外投资者对澳大利亚政府债务投资持续上升；三是危机以来银行部门净资本流动最小化，但短期债务投资者构成有明显变化。

5. 非洲

南非央行维持基准利率7%不变。3月31日，南非央行宣布，维持基准利率7%不变，符合预期。尽管通胀前景有所改善，但由于需求不振，消费者信心低迷，南非经济增长仍面临制约。

二、国际组织

金砖国家新开发银行第二届理事会年会在印度举行。4月1日，金砖国家新开发银行第二届理事会年会在印度新德里举行。新开发银行各成员国理事和代表，以及有关国际组织代表出席。财政部部长肖捷作为新开发银行中国理事出席会议。本届年会的主题是“构建可持续发展的未来”。会议原则通过了总体战略（2017—2021年），并原则同意启动吸收新成员程序。会议选举肖捷为第三届理事会主席，并决定第三届理事会年会将于2018年3月在中国上海举行。肖捷在开幕式致辞中表示，设立新开发银行是金砖国家合作进程中的重要里程碑。中国国家主席习近平指出，新开发银行的成立充分证明了金砖国家合作的有效性和行动力，要把新开发银行建设好、维护好、发展好，为发展中国家经济发展提供有力保障。肖捷表示，新开发银行开业一年多来顺利完成了建章立制、搭建组织架构等工作，并启动业务运营。希望新开发银行支持成员国探索多元发展道路，打造一批具有战略和示范意义的基础设施互联互通等项目，为全球南南合作增添新动力，同时积极参与全球经济治理体系改革，致力于提高新兴市场和发展中国家的话语权和影响力。

亚行称中国需加快结构性改革。4 月 6 日，亚行发布研究报告称，中国需加快结构性改革，促进生产率提高以保持经济增长势头。在最新发布的《2017 年亚洲发展展望》报告中，亚行预计中国 2017 年 GDP 增速将放缓至 6.5%，2018 年进一步降至 6.2%。亚行首席经济学家泽田康幸表示，中国正在努力向消费和服务业驱动型经济转型。虽然与前几年相比，经济增长速度将适当放缓，但强劲的消费支出、对基础设施的财政支持和结构性改革将帮助中国提高生产率，为经济增长奠定坚实基础。

IMF 首次公布全球人民币外汇储备持有情况。3 月 31 日，IMF 首次公布全球人民币外汇储备持有情况。截至 2016 年四季度，全球外汇储备总额为 10.79 万亿美元，低于前一季度的 11.06 万亿美元。其中，参与官方外汇储备货币构成报告成员的外储资产为 7.9 万亿美元。人民币外汇储备达 845.1 亿美元，占参与官方外汇储备货币构成报告成员外储资产的 1.07%。目前有 146 个国家和地区自愿向 IMF 报告官方外汇储备货币构成。IMF 将成员持有的美元、欧元、英镑、日元、瑞士法郎、澳元、加元和人民币 8 种货币的外汇储备总量单独列出。

国际能源署和亚行将拓展能源合作。国际能源署和亚行签署谅解备忘录，宣布将扩大双方在能源安全分析、数据和建模以及清洁能源技术领域的合作。通过合作，有望将国际能源署的技术能力、数据分析专长与亚行的能源部门贷款和融资项目有机结合起来，共同应对亚洲在能源方面面临的挑战。国际能源署署长比罗尔表示，国际能源署和亚行是致力于亚太地区能源部门发展的天然合作伙伴，此伙伴关系将作为 IEA 的一项重要发展战略，促进其与亚洲主要新兴经济体开展深入合作。

三、国际大宗商品

本周纽约原油期货价格累计上涨 2.2%。截至周四，本周纽约原油期货累计上涨 2.2%。周一纽约原油期货下跌 0.36 美元，收于每桶 50.24 美元；周二纽约原油期货上涨 0.79 美元，收于每桶 51.03 美元；周三纽约原油期货上涨 0.12 美元，收于每桶 51.15 美元；周四纽约原油期货上涨 0.55 美元，收于每桶 51.7 美元，创一个月以来收盘新高。

本周纽约黄金期货累计上涨 0.2%。截至周四，本周纽约黄金期货累计上涨 0.2%。周一纽约黄金期货上涨 0.3%，收于每盎司 1254 美元；周二纽约黄金期货上涨 0.4%，收入每盎司 1258.4 美元；周三纽约黄金期货下跌 0.8%，收于每盎司 1248.5 美元；周四纽约黄金期货上涨 0.4%，收于每盎司 1253.3 美元。

四、区域合作

中国和芬兰在两国关系新定位下成立创新企业合作委员会。4 月 4—6 日，中国国家主席习近平对芬兰进行国事访问。访问期间，在两国元首的共同见证下，中芬双方共同签署了《关于在中芬面向未来的新型合作伙伴关系框架下成立中芬创新企业合作委员会的联合声明》。中芬创新企业合作委员会的任务是指导和促进中芬企业间创新合作，研究两国创新合作的新方式、新途径，就深化两国经贸领域创新合作提出政策建议，为深化两国企业间创新合作搭建平台。

五、全球宏观经济形势

亚行发布《2017 年亚洲发展展望》报告。4 月 6 日，亚行发布其年度旗舰报告——《2017 年亚洲发展展望》报告称，在外部需求旺盛、全球大宗商品价格回升和国内结构改革的作用下，三分之二的亚洲发展中经济体将实现加速增长，亚太地区 2017 年经济增速有望达到 5.7%，亚洲发展中经济体对全球经济的贡献率将超过 60%。

亚行预计，亚洲发展中经济体 2017 年经济增速有望达到 5.7%。其中，中国经济增速 2017 年预计为 6.5%，2018 年为 6.2%；印度经济增速 2017 财年有望达到 7.4%，2018 财年进一步升至 7.6%。在所有的次区域中，南亚经济增长率最高，2017 年和 2018 年将分别达到 7.1% 和 7.2%；东南亚经济增长将进一步加快，区域经济增速将从 2016 年的 4.7% 提升到 2017 年的 4.8% 和 2018 年的 5%，域内几乎所有经济体都呈现积极的增长势头；中亚地区国别发展很不均衡，但在大宗商品价格回升和出口增长的带动下，区域经济增速有望在 2017 年和 2018 年分别达到 3.1% 和 3.5%；太平洋地区随着最大经济体巴布亚新几内亚经历财政困境后趋于稳定，斐济和瓦努阿图从自然灾害中恢复，太平洋国家在未来两年内的增长率或将分别达到 2.9% 和 3.3%。

受消费需求走强和大宗商品价格回升的影响，亚洲地区通胀水平预计将从 2016 年的 2.5% 增至 2017 年的 3% 和 2018 年的 3.2%。但该预测值依然远低于本地区近 10 年 3.9% 的平均水平。报告指出，美联储加息是未来影响亚洲经济前景的主要风险因素之一，但美国收紧货币政策很可能是个渐进的过程，这使得亚洲经济体有时间做出充足准备。

IMF 称全球需采取措施提高劳动生产率。4 月 3 日，IMF 总裁拉加德发表讲话称，过去十年，全球发达经济体、新兴市场和发展中经济体的劳动生产率和全要素生产率增长放缓，特别是金融危机爆发后，劳动生产率增速大幅放缓，不仅影响居民生活水平，甚至威胁经济发展和社会稳定。而劳动生产率增长放缓主要有三个原因：金融危机影响广泛、发达经济体人口老龄化和全球贸易疲软。

拉加德指出，2008 年爆发的全球金融危机给劳动生产率增长带来的负面影响远超预期，是阻碍生产率增长的最关键因素。金融危机之后，企业债务高企，但全球总需求疲软，不确定性加大。这些因素共同制约了企业投资，阻碍了生产率增长。拉加德呼吁各国政府采取措施释放企业活力，降低不必要的竞争壁垒，增加教育投资并为研发活动提供税收优惠。此外，各国应持续推动自由贸易发展，帮助移民融入社会。

第 15 周（2017/04/08—2017/04/14）

4 月 8—14 日，国际财经要情有：特朗普就中美经贸关系与人民币汇率等问题发表看法；美国 3 月份失业率为 4.5%；加拿大央行维持隔夜利率 0.5% 不变；巴西央行下调利率 1 个百分点至 11.25%；新加坡一季度 GDP 萎缩 1.9%；三大国际机构共同呼吁推动全球贸易一体化；中国—东盟联合合作委员会会议在雅加达举行；IMF 发布更新版《世界经济展望报告》概要。

一、区域观察

1. 北美地区

特朗普就中美经贸关系与人民币汇率等问题发表看法。4 月 12 日，美国总统特朗普接受《华尔街日报》专访，就中美经贸关系、人民币汇率、美国进出口银行等问题发表看法。中美经贸关系方面，中国是美国最大的贸易逆差国，美国有必要采取一定措施减小对华贸易逆差。但美国愿意就朝核问题与中国达成“交易”，如果中国可以帮助应对朝核问题，美国愿意接受较高水平的贸易逆差。人民币汇率方面，在本周即将公布的汇率政策报告中，中国将不会被认定为汇率操纵国，中国在近几个月中并没有操纵汇率，如果贸然认定中国为汇率操纵国，可能破坏中美就朝核问题的对话进程。关于美元，认为美元过于坚挺，可能对美国的贸易和制造业产生不利影响，对低利率政策表示赞同。关于美国进出口银行，特朗普曾反对美国进出口银行，但现在态度有所转变。进出口银行将给美国带来巨大的经济利益。很多中小企业和供应商亟需得到帮助，更重要的是，其他国家大都设立了类似银行。医改和税改方面，将不会按照平价医疗法案向保险公司支付相关补贴，医改计划并没有失败，谈判仍在进行中，仍将强力推动更为公平的医改法案。在医改完成之前，不会公布任何关于税改方案的细节。

美国 3 月份失业率为 4.5%。4 月 7 日，美国劳工统计局数据显示，经季调后，美国 3 月份失业人数为 720 万人，环比下降 32.6 万人；失业率为 4.5%，环比下降 0.2 个百分点；非农就业人数环比上升 9.8 万人。其中，长期失业人数为 170 万人，环比持平，同比下降 52.6 万人。

美国 3 月份通胀预期为 2.7%。4 月 10 日，纽约联储数据显示，美国一年期和三年期通胀预期中值为 2.7%，环比下降 0.3 个百分点；房屋价格预期中值为 3.3%，环比上升 0.2 个百分点；1 年期收入增长预期中值为 2.4%，环比上升 0.4 个百分点；失业预期均值为 35.5%，环比下降 0.3 个百分点，为 19 个月以来最低。

加拿大央行维持隔夜利率 0.5% 不变。4 月 12 日，加拿大央行发布消息称，加拿大央行将分别维持隔夜利率、银行利率及存款利率在 0.5%、0.75% 和 0.25% 不变。此外，加拿大央行预计加拿大 2017 年实际 GDP 增速为 2.5%，2018 年和 2019 年 GDP 增速将略低于 2%。

2. 拉美地区

巴西央行下调利率 1 个百分点至 11.25%。4 月 13 日，巴西央行宣布称，将下调利率 1 个百分点至 11.25%。预计 2017 年、2018 年通货膨胀率分别为 4.1% 和 4.5%。巴西央行将基于经济活动评估、通胀预期等指标确定货币宽松的节奏。

3. 欧洲

欧盟和欧元区 2 月份工业产出环比分别下降 0.2% 和 0.3%。4 月 11 日，欧盟统计局数据显示，经季调后，欧盟 2 月份工业产出环比下降 0.2%，同比上升 2.1%；欧元区 2 月份工业产出环比下降 0.3%，同比上升 1.2%。

德国 2 月份贸易顺差 199 亿欧元。4 月 7 日，德国联邦统计局数据显示，德国 2 月份贸易顺差 199 亿欧元。其中，出口额为 1023 亿欧元，同比增长 3.1%，环比增长 0.8%；进口额为 824 亿欧元，同比增长 3.7%，环比下降 1.6%。

英国央行要求在英金融机构制定预防措施应对“脱欧”谈判不确定性。4 月 7 日，英国央行行长卡尼发表演讲称，为促进金融稳定，英国金融机构应制定预防措施以应对“脱欧”谈判中可能发生的各种情况。此外，欧盟应与英国通过建立有效体系以相互认同彼此监管成果。为此，双方可承诺共同最低标准并开放监管合作。

英国 3 月份 CPI 同比上升 2.3%。4 月 11 日，英国国家统计局数据显示，英国 3 月份 CPI 为 102.5，同比上升 2.3%，增速与上月持平；CPI 为 102.7，同比上升 2.3%，增速亦与上月持平。

英国 2 月份货物与服务贸易赤字 37 亿英镑。4 月 7 日，英国国家统计局数据显示，英国 2 月份货物与服务贸易赤字 37 亿英镑，环比上升 7 亿英镑。其中，进口额环比上升 3 亿英镑，出口额环比下降 4 亿英镑。

法国 2 月份工业产出环比下降 1.6%。4 月 7 日，法国国家统计局数据显示，经季调后，法国 2 月份工业产出环比下降 1.6%。其中，制造业产出环比下降 0.6%，采矿和采石、能源、供水和废物管理产出环比下降 7.9%，建筑业产出环比上升 8.1%。

捷克央行宣布结束汇率承诺。4 月 6 日，捷克央行宣布结束汇率承诺，取消克朗兑欧元汇率上限。当前，捷克宏观数据已符合在未来实现 2% 通胀目标条件，维持物价稳定无需汇率承诺。克朗汇率将随外汇市场供需变化浮动，存在不确定性，捷克央行会在必要时采取措施应对汇率过度波动。

俄罗斯一季度贸易顺差增长 54.7%。4 月 11 日，俄罗斯央行数据显示，一季度俄出口额为 821 亿美元，同比增长 35.9%；进口额为 476 亿美元，同比增长 24.9%。一季度俄贸易顺差 345 亿美元，同比增长 54.7%。

4. 亚洲

日本央行重申维持超宽松货币政策不变。4 月 10 日，日本央行行长黑田东彦重申，将维持超宽松的货币政策不变，直至实现 2% 的通胀目标。日本经济保持温和复苏态势，尽管近期消费、贸易回暖，但复苏速度不尽如人意。外部风险仍将影响日本企业的生产和投资，包括美国新政策能否落实、欧洲局势不稳定等。黑田东彦称，如确实有必要，会调整持续多年的超宽松货币政策。

日本 3 月份 PPI 环比上升 0.2%。4 月 12 日，日本央行数据显示，日本 3 月份 PPI 环比上升 0.2%，同比上升 1.4%；出口价格指数环比上升 0.4%，同比上升 4.2%；进口价格指数环比上升 1%，同比上升 13.1%。

韩国近期出口和消费回升。4 月 11 日，韩国企划财政部发布报告显示，受出口和消费回升影响，韩经济呈现恢复性增长。受石油产品和半导体等主力商品出口向好影响，3 月份韩出口总额为 488.8 亿美元，同比增长 13.7%，为连续 5 个月实现增长。此外，零售额同比增长 3.2%，其中汽车等耐用品、化妆品等非耐用品和服装等准耐用品均出现增长。

新加坡一季度 GDP 萎缩 1.9%。4 月 13 日，新加坡统计局数据显示，由于制造业和服务业增长乏力，新加坡一季度 GDP 环比萎缩 1.9%。新一季度制造业同比增长 6.6%，环比下降 4.9 个百分点。

澳大利亚 3 月份失业率为 5.9%。4 月 13 日，澳大利亚国家统计局数据显示，经季调后，澳大利亚 3 月份就业人数为 1205.96 万人，环比增加 6.09 万人；就业率为 64.8%，环比上升 0.2 个百分点。3 月份失业人数为 75.31 万人，环比增加 4000 人；失业率为 5.9%，环比持平。

5. 非洲

南非 2 月份制造业产出同比下降 3.6%。4 月 11 日，南非国家统计局发布数据显示，经季调后，南非 2 月份制造业产出同比下降 3.6%，环比下降 0.4%。其中，石油、化工产品、橡胶和塑料制品产出下降 6.6%；食品和饮料产出下降 3.6%；玻璃和非金属矿产出下降 9.3%；木材、木制品、纸制品、出版物和印刷品产出下降 2.4%。

二、国际组织

三大国际机构共同呼吁推动全球贸易一体化。4 月 10 日，IMF、世行和 WTO 联合发表题为《推动贸易成为惠及人人的增长引擎》的研究报告，呼吁各经济体继续推动全球贸易一体化，并采取措施降低贸易在就业和收入分配方面带来的负面影响。

报告指出，2008 年金融危机后，全球经济增长乏力、贸易保护主义抬头和自由化进程缓慢等因素导致近年来全球贸易增速疲软。尽管各经济体关税壁垒已大幅降低，但非关税壁垒仍普遍存在，作为全球贸易的重要部分，服务贸易和数字贸易仍面临大量政策壁垒。同时，贸易在一定程度上会对部分群体带来负面影响，如造成部分行业工人失业等，这也导致一些国家产生了反全球化情绪。

报告指出，贸易一体化是提高增长率和生活水平的有效手段，也是拉动全球经济增长的引擎。各经济体应继续积极推动贸易一体化，降低农业等传统领域的贸易壁垒、推进服务贸易和数字贸易改革，将双边和多边贸易协定中的创新内容升级为全球标准。同时，为了使贸易红利惠及人人，政府应加强社会安全网建设，改进劳工政策和教育培训体系，推出更多促进竞争和生产率提高的政策。

WTO：2017 年全球贸易增速有望升至 2.4%。4 月 12 日，WTO 发布报告称，全球贸易增速 2017 年有望扩张至 2.4%，但由于近期经济和政策走向存在高度不确定性，WTO 预测贸易增幅将在 1.8%—3.6% 之间波动。到 2018 年，贸易增幅有望达到 2.1%—4%。WTO 表示，主要经济体政策的不确定性将会遏制贸易活动，通胀率提高将导致利率上升，紧缩的财政政策以及贸易壁垒会减缓未来两年的贸易增长。WTO 总干事阿泽维多表示，过去几年全球贸易疲软很大程度上反映了世界经济的不景气。如果政策制定者企图通过限制进口来解决国内失业问题，不但不能提振经济，反而会拖累经济发展。贸易应该是解决经济问题的方案，而不应成为问题的一部分。

G20 数字经济部长会议在德国举行。4 月 6 日，G20 数字经济部长会议在德国杜塞尔多夫举行。这是 G20 首次围绕数字经济举行部长会议，也是 2017 年德国作为 G20 主席国积极推动的领域之一。会议通过了《G20 数字经济部长宣言》和《数字化路线图》，将致力于在 2025 年前实现互联网全球覆盖，以及更快的网速、更完备的网络基础设施、更好的数字化教育、出台能应用于“工业 4.0”、网络安全和自动驾驶等领域的数字化国际标准等目标。

三、国际大宗商品

本周纽约原油期货价格累计上涨1.8%。截至周四，本周纽约原油期货累计上涨1.8%。周一纽约原油期货上涨0.84美元，收于每桶53.08美元；周二纽约原油期货上涨0.32美元，收于每桶53.4美元，创3月1日以来收盘新高，录得连续第六个交易日上涨，创2016年12月份以来最长连涨天数；周三纽约原油期货下跌0.29美元，收于每桶53.11美元；周四纽约原油期货上涨0.07美元，收于每桶53.18美元。

本周纽约黄金期货累计上涨2.5%。截至周四，本周纽约黄金期货累计上涨2.5%。周一纽约黄金期货下跌0.3%，收于每盎司1253.9美元；周二纽约黄金期货上涨1.6%，收入每盎司1274.2美元；周三纽约黄金期货上涨0.3%，收于每盎司1278.1美元；周四纽约黄金期货上涨0.8%，收于每盎司1288.5美元，创2016年11月4日以来收盘新高。

四、区域合作

中国—东盟联合合作委员会会议在雅加达举行。4月10日，第18次中国—东盟联合合作委员会（JCC）会议在雅加达举行，会议回顾了落实中国—东盟2016—2020年行动计划取得的积极成果。双方认为东盟与中国关系不断深入发展，一致同意未来几年加强合作，确保行动计划有效落实。会议总结了第19次中国—东盟领导人会议暨纪念中国—东盟建立对话关系25周年峰会、中国—东盟旅游合作年和中国—东盟合作基金推进东盟社区建设的成果。双方更新了中国—东盟自由贸易协定，计划到2020年实现1万亿美元贸易额的总目标。双方还同意加强在非传统安全问题、灾害管理、卫生与环境保护等领域的合作。

中挪双方就重启相关经贸安排达成共识。4月7—10日，在挪威首相索尔贝格访华期间，在两国政府领导人的共同见证下，中挪双方签署了《中华人民共和国商务部和挪威王国贸易、工业和渔业部关于恢复中华人民共和国政府和挪威王国政府自由贸易协定谈判的谅解备忘录》《中华人民共和国商务部和挪威王国贸易、工业和渔业部关于恢复经贸联委会的谅解备忘录》和《中华人民共和国政府和挪威王国政府关于经济技术合作的谅解备忘录》。

五、全球宏观经济形势

IMF发布更新版《世界经济展望报告》概要。4月10日，IMF发布4月份更新版《世界经济展望报告》概要，提出全球经济可能面临的两大挑战。

挑战之一是新兴经济体面临的外部环境日趋复杂。新兴经济体经济对全球经济增长的贡献率已超过 75%，并已深度融入全球贸易体系和国际资本市场。当前全球经济处于结构转型期，发达经济体经济复苏缓慢，对新兴经济体的贸易需求下降，中国也因经济转型使进口结构有所变化，加上 2014 年以来大宗商品价格下降，新兴经济体面临更严峻的外部环境。为此，IMF 认为，新兴经济体应通过完善制度体系、推动贸易一体化、保持汇率灵活性、防范高赤字与债务风险等措施，确保新兴经济体在脆弱的外部环境下实现经济稳定可持续增长。

挑战之二是劳动收入占比下降。报告指出，20 世纪 80 年代以来，发达经济体劳动收入比重持续降低，特别是金融危机后达到最低，至今未有明显回升；近年来，新兴经济体的劳动收入占比也有所下降。劳动收入占比下降的主要原因是技术进步，另一原因是全球经济一体化。IMF 认为，尽管技术进步和经济全球化是推动世界经济繁荣的重要动力，但其对劳动收入占比的影响可能加剧收入不平等和两极分化。对此，各经济体须积极应对，制定符合各自具体实际的政策措施。

OECD 国家 2016 年四季度 GDP 增长 0.7%。OECD 发布数据显示，2016 年四季度 OECD 国家实际 GDP 增长 0.7%，其中投资和个人消费对经济增长贡献最大。其中，美国 GDP 环比增速放缓至 0.5%，低于上季度的 0.9%；加拿大 GDP 增速也由 2016 年三季度的 0.9% 放缓至四季度的 0.6%。英国、德国和法国实际 GDP 增速分别由上季度的 0.5%、0.1% 和 0.2%，增至 0.7%、0.4% 和 0.4%；意大利四季度 GDP 增长 0.2%，较上季度的 0.3% 略有放缓；日本四季度 GDP 增速维持 0.3% 不变。

全年来看，2016 年 OECD 国家 GDP 同比增长 1.8%，其中私人消费拉动 GDP 增长 1.4%，政府支出和投资均拉动 GDP 增长 0.3%，净出口下降和库存减少导致 GDP 下降 0.1%。

OECD 国家 2 月份失业率稳定在 6.1%。4 月 11 日，OECD 发布数据显示，OECD 国家 2 月份失业率为 6.1%，环比持平；失业人数为 3800 万人，比金融危机前高出 540 万人。

具体来看，欧元区 2 月份失业率环比下降 0.1% 至 9.5%。其中，拉脱维亚失业率降至 9.3%，降幅达 0.4 个百分点；意大利和西班牙分别降至 11.5% 和 18%，降幅分别为 0.3 和 0.2 个百分点；其他国家失业率也大多有所下降或与上月持平。美国 2 月份失业率下降 0.1 个百分点至 4.7%，加拿大和日本失业率均下降 0.2 个百分点，分别降至 6.6% 和 2.8%；韩国和澳大利亚失业率分别上升 0.4 个和 0.2 个百分点，达到 4% 和 5.9%。

第 16 周 （2017/04/15—2017/04/21）

4 月 15—21 日，国际财经要情有：特朗普签署“买美国货、雇美国人”行政令；巴西 2 月份 GDP 环比增长 1.31%；澳大利亚央行维持现金利率 1.5% 不变；世行、IMF 等多边开发机构负责人与德国总理发表联合声明；中日韩自贸区第十二轮谈判在日本东京举行；世界银行发布《东亚与太平洋地区半年报》。

一、区域观察

1. 北美地区

特朗普签署“买美国货、雇美国人”行政令。4 月 18 日，美国总统特朗普签署“买美国货、雇美国人”行政令，要求改革当前签证政策，并采取措施让政府采购更多美国本土产品。这一行政令要求，重新系统性评估与“买美国货”法律相关的执行漏洞和给予贸易伙伴的例外情形；重点调查使外国产品在美国政府采购市场获得不公平竞争优势的“买美国货”豁免或例外情况；评估美国在世贸组织《政府采购协议》和其他贸易协定中的参与情况。

为进一步扶持美国钢铁产业，行政令还首次要求政府采购竞标程序应将外国产品倾销、补贴等不公平贸易做法考虑在内，同时鼓励在美国政府项目中采购美国本土生产的钢铁产品。分析人士认为，考虑到美国贸易伙伴对政府采购市场的对等开放要求和美国制造业自身局限性，特朗普政府落实这一行政令仍面临困难。

美国 3 月份 CPI 环比下降 0.3%。4 月 14 日，美国劳工部数据显示，经季调后，美国 3 月份 CPI 环比下降 0.3%；同比上升 2.4%。其中，食品价格环比上升 0.3%，能源价格环比下降 3.2%。剔除食品和能源产品，核心 CPI 环比下降 0.1%。

美国 2 月份国际资本净流入 193 亿美元。4 月 17 日，美国财政部数据显示，美国 2 月份国际资本净流入总额为 193 亿美元。其中，海外私人资本净流入 309 亿美元，海外官方资金净流出 116 亿美元。2 月份海外居民增持美国长期证券 359

亿美元。其中，海外私人投资者净买入411亿美元，海外官方机构净卖出52亿美元。

美国3月份零售和食品服务销售额环比下降0.2%。4月14日，美国商务部数据显示，经季调后，美国3月份零售和食品服务销售额为4708亿美元，环比下降0.2%，同比上升5.2%。其中，零售销售额环比下降0.2%，同比上升5.5%；2017年一季度销售总额同比上升5.4%。数据还显示，加油站销售额同比上升14.3%，非实体店销售额同比上升11.9%。

加拿大2月份海外投资者净买入证券388亿加元。4月18日，加拿大国家统计局数据显示，加拿大2月份海外投资者净买入证券388亿加元，创历史最高。数据还显示，加拿大投资者2月份净买入海外证券63亿加元，美国证券为主要购买对象。

2. 拉美地区

巴西2月份GDP环比增长1.31%。4月17日，巴西央行数据显示，2月份巴西GDP环比增长1.31%，为2010年1月份以来最快月度增速，巴西经济正在走出衰退。巴央行预测，巴西2017年GDP增速为0.4%，2018年有望达到2.5%，并下调2017年通胀预期至4.06%。

3. 欧洲

欧盟和欧元区3月份通胀年率分别降至1.6%和1.5%。4月19日，欧盟统计局数据显示，欧盟2月份通胀年率为1.6%，环比下降0.4个百分点；欧元区3月份通胀年率为1.5%，环比下降0.5个百分点。

欧盟和欧元区2月份贸易盈余分别为17亿和192亿欧元。4月19日，欧盟统计局数据显示，经季调后，欧盟2月份贸易盈余17亿欧元，环比持平。欧元区2月份贸易盈余192亿欧元，环比增加35亿欧元。其中，出口额为1779亿欧元，环比增加0.4%；进口额为1587亿欧元，环比增加1.7%。

德国3月份PPI同比上升3.1%。4月20日，德国联邦统计局数据显示，德国3月份PPI同比上升3.1%，环比持平。其中，能源价格同比上升4.5%；中间品价格同比上升3.9%；非耐用消费品价格同比上升2.7%；耐用消费品价格同比1.2%；资本品价格同比上升1%。

英国前首相："脱欧"削弱英国影响力。4月20日，英国前首相梅杰表示，"脱欧"会损害英国的政治和经济影响力，新的贸易协定可能难以达成。英国有坚实的政治和经济结构，"脱欧"不会对英国经济造成灾难性后果，但有可能削弱英国的政治影响力。贸易协定方面，由于英国将近一半的产品出口到欧盟国家，其他27个欧盟国家平均只有8%的产品出口到英国，因此英国更迫切需要达成贸易协定。英国政府应对"脱欧"谈判的时间框架和复杂性抱有现实态度。

意大利2月份贸易盈余18.84亿欧元。4月19日，意大利国家统计局发布数据显示，意大利2月份贸易盈余18.84亿欧元。其中，出口额为348.71亿欧元，环比增加2.3%，同比增加7.2%；进口额为329.87亿欧元，环比增加9.1%，同比增加12.2%。数据还显示，意大利2月份对非欧盟国家出口环比增加3.6%，对欧盟国家出口环比增加1.3%。

俄罗斯政府提交2016年政府工作报告。4月19日，俄罗斯政府向国家杜马提交2016年政府工作报告称，2016年俄政府加大力度改善投资环境，俄在世行营商指数排名中位居40，为金砖国家之首。同时，俄政府进一步降低行政壁垒，鼓励竞争和反垄断。在公共基础设施建设中，通过完善公私伙伴关系机制，吸引私人投资，扩大预算外资金来源，确定完成1600项具体方案。

4. 亚洲

日本3月份贸易盈余6147.22亿日元。4月20日，日本财务省发布数据显示，日本3月份贸易盈余6147.22亿日元，同比下降17.5%。其中，出口额为72290.77亿日元，同比上升12%为逾两年来最高增速；进口额为66143.55亿日元，同比上升15.8%。

日本4月份制造业PMI初值为52.8。4月21日，市场调查机构Markit发布报告显示，日本4月份制造业PMI初值为52.8，环比上升0.4个点，为2个月以来最高；制造业产出指数初值为53.6，环比上升0.6个点。新出口订单强劲增长是PMI上升的主要原因。

韩国2017年实际GDP或增长2.6%。4月13日，韩国央行发布2017年经济展望报告称，随着全球经济复苏，韩国出口和设施投资增长将带动韩国温和增长。预计韩国2017年、2018年实际GDP增速将分别为2.6%和2.9%；CPI均增长1.9%，下半年通胀将放缓；核心CPI将分别增长1.7%和1.9%；经常账户盈余将分别为750亿美元和730亿美元。

菲律宾推出大规模基础设施建设计划。4月18日，菲律宾政府宣布，正式推出一项名为“大建特建”的大规模基础设施投资计划，将在6年内投资8.4万亿比索（约1.16万亿元人民币），在全国进行基础设施建设。目前已经开工或正在筹备的项目超过30个，涵盖道路、桥梁、机场、铁路、港口、防洪设施等多个领域。菲财政部长卡多明格斯表示，巨额基础设施投资将有效提振经济，使菲律宾GDP增速在未来几年保持在7%左右，同时平均每年为菲律宾增加100万个就业岗位。预计2017年菲政府基建投资额将占GDP的5.3%。菲政府的基建资金主要来源于政府税收、外国政府开发援助和商业贷款。

澳大利亚央行维持现金利率1.5%不变。4月18日，澳大利亚央行发布货币政策会议纪要称，将维持现金利率1.5%不变。澳大利亚劳动力市场表现低于预期，2月份失业率升至5.9%，劳动力过剩导致工资增速放缓。预计3月份GDP将温和增长，总体通胀率将超过2%。维持当前货币政策有利于维持经济持续增长和实现通胀目标。

5. 非洲

南非财长吉加巴表示财政部将确保财政可持续。4 月 13 日，南非财长吉加巴发表讲话称，财政部致力于将政府债务率控制在 50%，以保证财政可持续和稳定。吉加巴表示，有部分官员希望增加有关部门的支出，但是财政部将严格执行预算，不会超支。

二、国际组织

世行、IMF 等多边开发机构负责人与德国总理发表联合声明。世行、IMF、WTO、OECD、国际劳工组织（ILO）等多边机构负责人与德国总理默克尔在柏林召开会议，展望全球经济发展前景，并发表联合声明。

IMF 预测，2017 年全球经济将增长 3.4%，2018 年则为 3.6%。欧元区经济复苏势头强劲。美国财政政策有望刺激经济增长。新兴经济体将继续成为全球增长的引擎。各经济体将面临严峻的外部挑战，需要合理的政策以提高经济韧性。WTO 预测，2017 年全球贸易增长率将为 1.8%—3.1%。多边开发机构需致力于强化多边贸易体系以应对贸易保护主义。国际贸易和开放市场有助于激发全球经济活力、创造就业机会和提振消费。有效的国内政策和贸易政策对确保共享贸易收益至关重要。ILO 对加强各多边机构间的持续合作表示期待，特别是在 G20 框架下为世界经济复苏作出贡献。未来多边机构将在多领域加强合作，包括推进信息化，提高劳动生产率；推动经济结构改革，促进就业；协调贸易合作，推动贸易增长；关注气候变化，保护自然资源等。

世行称南亚地区或将受益于逆全球化趋势。4 月 16 日，世行发布《南亚经济焦点》报告称，发达经济体的贸易保护主义不应成为南亚出口导向型增长的绊脚石，南亚地区或将受益于逆全球化趋势。报告显示，南亚是世界经济增长最快的地区，与东亚地区差距不断扩大。预计南亚地区 GDP 增长将从 2016 年的 6.7% 上升至 2017 年的 6.8%，到 2018 年将达到 7.1%。报告认为，全球经济一体化有利于经济发展和减少贫困，但发达经济体的贸易壁垒会或将使南亚地区经济增长更具韧性。南亚地区将受益于选择性贸易保护主义导致的成熟供应商的贸易转移以及发达经济体的复苏。

亚行批准新采购框架。4 月 17 日，亚行宣布批准新的采购框架，以缩短采购周期并提高采购质量。采购程序将基于更深入的市场评估，在大额复杂交易更加重视风险防范导向，并为客户提供更加先进和环保的技术。新采购框架将面向 2017 年 7 月份以后开始的新项目，分阶段推行实施。亚行副行长斯托克斯表示，经过与各个利益相关者的广泛磋商，新框架将亚行资助项目的采购方式由“一刀切”

转变为“量身定制”，并重点关注采购质量和物有所值，更有效地支持亚行发展中成员体实现增长目标。

三、国际大宗商品

本周纽约原油期货价格累计下跌5.5%。截至周四，本周纽约原油期货连续四个交易日下跌，累计跌幅5.5%。周一纽约原油期货下跌0.52美元，收于每桶52.65美元；周二纽约原油期货下跌0.24美元，收于每桶52.41美元；周三纽约原油期货下跌1.97美元，创3月8日以来最大跌幅，收于每桶50.44美元；周四纽约原油期货下跌0.17美元，收于每桶50.27美元。

本周纽约黄金期货累计下跌0.4%。截至周四，本周纽约黄金期货累计下跌0.4%。周一纽约黄金期货上涨0.3%，收于每盎司1291.9美元；周二纽约黄金期货上涨0.2%，收于每盎司1294.1美元，创2016年11月4日以来收盘新高；周三纽约黄金期货下跌0.8%，收于每盎司1283.4美元；周四纽约黄金期货上涨约0.1%，收于每盎司1283.8美元。

四、区域合作

中日韩自贸区第十二轮谈判在日本东京举行。4月13日，中日韩自贸区第十二轮谈判首席谈判代表会议在日本东京举行，三方就如何推动货物贸易、服务贸易、投资等重要议题取得更大进展深入交换意见。本轮谈判自4月10日开始。三方先期举行了服务贸易、电信、金融服务、自然人移动、投资、竞争政策、知识产权、电子商务等工作组会议，并就服务贸易管理措施进行了全面细致的政策交流。中日韩自贸区谈判于2012年11月启动。三方对谈判均高度重视，致力于尽早达成一份全面、高水平、互惠、具有独特价值的自贸协定。

欧亚经济联盟峰会在吉尔吉斯斯坦举行。4月14日，欧亚经济联盟首脑会议在吉尔吉斯斯坦首都比什凯克举行，主要讨论欧亚经济联盟发展对外关系的主要方向问题，包括联盟与独联体的合作，联盟与“一带一路”倡议的对接，联盟与伊朗的合作等。会议期间，欧亚经济联盟宣布给予摩尔多瓦观察员国地位，并将从投资和经贸合作、关税磋商和关税优惠清单等三个方面同伊朗进一步展开合作。

五、全球宏观经济形势

世界银行发布《东亚与太平洋地区半年报》。世界银行发布《东亚与太平洋地区半年报》称，在内需旺盛、全球经济与大宗商品价格逐步复苏的推动下，东亚发展中国家未来三年经济前景普遍向好。受经济持续增长与劳动力收入增加等因素影响，该地区贫困率有望继续降低。报告预计，中国经济增长将随着向消费和服务业转型而逐步放慢步伐。预计 2017 年中国经济增速为 6.5%，2018 年为 6.3%。域内其他经济体 2017 年经济增速将从 2016 年的 4.9% 升至 5%，2018 年升至 5.1%。从总体来看，预测东亚和太平洋地区发展中国家 2017 年增长 6.2%，2018 年为 6.1%。

世行认为，全球环境和国内脆弱性依然对东亚地区发展构成风险。在面临美国加息快于预期、部分发达经济体出现保护主义情绪以及东亚国家信贷快速扩张和债务高企的情况下，报告建议政策制定者继续着眼于审慎的宏观经济调控，确保中期可持续的财政平衡。中长期看，东亚和太平洋地区面临的主要挑战是在维持经济快速增长的同时提高包容性，政府应进一步提高生产率，增加投资，并提升公共支出质量。世界银行东亚和太平洋地区副行长维多利亚·克瓦称，稳健的宏观政策和全球经济前景逐渐向好，有利于东亚和太平洋地区发展中国家保持增长、减少贫困。要保持经济增长的韧性，各国需要在减少财政脆弱性的同时，提升公共支出质量，促进全球和区域一体化。

OECD 国家 2016 年四季度就业率环比增长 0.2%。OECD 发布数据显示，2016 年四季度 OECD 国家就业率环比增长 0.2% 至 67.2%。加拿大就业率环比增幅最大，增长 0.5% 至 72.9%，欧元区、英国和美国就业率环比均增 0.2%，分别至 65.7%、73.7% 和 69.5%。日本、德国和土耳其就业率环比均增长 0.1%，分别至 74.7%、66.3% 和 50.5%。墨西哥就业率环比下降 0.4% 至 61.0%。同比方面，OECD 国家 2016 年四季度就业率同比上升 0.7%，其中劳动参与率增加和失业率下降是就业率同比增长的主要原因。新西兰就业率同比增长 2.2% 至 76.3%；捷克就业率同比增长 2.2% 至 72.8%；日本就业率同比增长 1.0%；欧元区就业率同比增长 0.9%。

第 17 周（2017/04/22—2017/04/28）

4 月 22—28 日，国际财经要情有：白宫公布“史上最大”税改计划；欧洲央行维持利率不变；日本央行维持利率 -0.1% 不变；韩国一季度实际 GDP 环比上升 0.9%；G20 财长和央行行长会议在美国华盛顿举行；金砖国家财政和央行副手会议在美国华盛顿举行；IMF：上调 2017 年全球经济增长预期至 3.5%。

一、区域观察

1. 北美地区

白宫公布“史上最大”税改计划。4 月 27 日，特朗普公布“史上最大”税改计划。个人所得税方面，将个税从目前的 7 档简化为 3 档，税率分别为 10%、25% 和 35%；将标准抵扣额翻番；向有抚养和看护支出的家庭提供减免；保护房贷利息和慈善捐赠的税前抵扣；废除最低替代税率和遗产税；取消税率为 3.8% 的奥巴马医改税。企业所得税方面，调降企业所得税税率至 15% 并按属地原则征收；对跨国公司海外利润一次性征税；消除令特殊利益集团获益的税收漏洞。特朗普政府称将在 5 月份与各利益相关方举行多场听证会，并同参众两院密切合作以提出完整方案。

美国 3 月份新屋和成屋销售环比分别上升 5.8% 和 4.4%。4 月 25 日，美国商务部发布数据显示，经季调后，美国 3 月份新屋销售年化总数为 62.1 万户，环比上升 5.8%，同比上升 15.6%。美国 3 月份成屋销售年化总数为 571 万户，环比上升 4.4%，同比上升 5.9%。其中，独户销售年化总数为 508 万户，环比上升 4.3%，同比上升 6.1%；公寓销售年化总数为 63 万户，环比上升 5.0%，同比上升 5.0%。此外，美国 3 月份房价中值为 31.51 万美元，均值为 38.82 万美元。

加拿大 3 月份 CPI 环比下降 0.2%。4 月 21 日，加拿大国家统计局发布数据显示，经季调后，加拿大 3 月份 CPI 环比下降 0.2%，同比上升 1.6%。其中，食品价格环比上升 0.2%；运输价格环比下降 1.1%；酒精饮料和烟草价格环比上升

0.2%。剔除食品和汽油，加拿大3月份CPI环比下降0.1%。

2. 拉美地区

巴西3月份就业岗位减少6.36万个。4月20日，巴西地理统计局数据显示，3月份巴西正规就业岗位减少6.36万个，继2月份恢复增长后再度下跌。尽管如此，但巴劳工部长德奥利韦拉表示，巴西2017年就业形势正在好转。

3. 欧洲

欧洲央行维持利率不变。4月27日，欧洲央行发布消息称，欧洲央行将分别维持主要再融资利率、隔夜存款利率、隔夜贷款利率为0%、-0.4%、0.25%不变；此外，自2017年4月份起，月资产购买规模调整为600亿欧元。

欧盟和欧元区2016年四季度政府赤字占GDP比均为1.4%。4月25日，欧盟统计局发布数据显示，经季调后，欧盟2016年四季度政府赤字占GDP比为1.4%，环比下降0.3个百分点。政府支出占GDP比为46.3%，环比下降0.5个百分点；政府收入占GDP比为44.9%，环比下降0.2个百分点。欧元区2016年四季度政府赤字占GDP比为1.4%，环比下降0.2个百分点。政府支出占GDP比为47.5%，环比下降0.5个百分点；政府收入占GDP比为46.1%，环比下降0.3个百分点。

德国2017年GDP或增长1.5%。4月26日，德国经济与能源部发布报告，上调2017年德国GDP增长预期至1.5%，2018年德国GDP增长率或为1.6%。报告预计，2017年德国就业人数将增长1.2%，至4410万人；进口额和出口额将分别增长4.5%和3.3%；通胀率将大幅升至1.8%。德经济与能源部部长长齐普里斯表示，尽管当前全球经济充满不确定因素，德国经济依然处于上升通道，劳动力市场强劲是保证德国经济稳定发展的重要积极因素。

英国央行称英“脱欧”引起的不确定性低于预期。4月21日，英国央行货币政策委员会委员桑德斯在小型企业协会发表讲话，主要有以下几点：一是英国“脱欧”相关的不确定性低于预期，商业信心和招聘意愿反弹，房价相对稳定；二是全球贸易活动加强，将提振资产价格和英国增长预期；三是英国经济更具弹性和动力，失业率降低，实际收入增长稳健；四是通胀将进一步走高，预计英国CPI将于2017年末达到2.75%；五是英镑贬值促进出口加强，且商业投资状况改善，英国2017—2018年经济增速将保持在2%左右；六是由于产出增长加快，岗位增长缓慢，英国2016年四季度生产率同比上升1.2%左右。

英国3月份零售销售环比下降1.8%。4月21日，英国国家统计局发布数据显示，英国3月份零售销售环比下降1.8%，同比上升1.7%；剔除燃料零售销售环比下降1.5%，同比上升2.6%。此外，数据还显示，英国一季度零售销售环比下降1.4%，同比上升2.1%。

法国4月份商业景气指数环比持平。4月25日，法国国家统计局发布数据显示，法国4月份商业景气指数为104，环比持平。其中，制造业景气指数为108，环比上升3个点；服务业景气指数为103，环比下降1个点；建筑业景气指数为100，环比持平；零售业景气指数为103，环比下降3个点。

意大利2月份工业订单环比上升5.3%。4月21日，意大利国家统计局发布数据显示，经季调后，意大利2月份工业订单环比上升5.3%；截至2月份三个月工业订单环比上升4.6%。意大利2月份工业营业额环比上升2%；截至2月份三个月工业营业额环比上升2.6%。

俄罗斯3月份居民实际可支配收入下降2.5%。俄罗斯国家统计局数据显示，3月份俄居民实际可支配收入同比下降2.5%。3月份俄居民名义收入为2.96万卢布，同比增长1.9%；平均名义工资为3.76万卢布，同比增长5.8%；3月份平均工资实际增长1.5%。

4. 亚洲

日本央行维持利率-0.1%不变。4月27日，日本央行发布货币政策声明称，将维持利率-0.1%不变。日本央行将继续以每年80万亿日元的速度购买日本国债以实现长期利率目标。此外，日本央行将每年购买交易所交易基金6万亿日元，房地产投资信托基金900亿日元，短期融资债券2.2万亿日元，公司债券3.2万亿日元。

日本3月份服务业PPI同比上升0.8%。4月25日，日本央行发布数据显示，日本3月份服务业PPI为103.9，环比上升0.6%，同比上升0.8%；剔除国际运输价格，日本3月份核心服务业PPI为104，环比上升0.6%，同比上升0.8%。

韩国一季度实际GDP环比上升0.9%。4月27日，韩国企划财政部发布数据显示，韩国一季度实际GDP环比上升0.9%，同比上升2.7%。其中，农业、林业和渔业产出环比上升6.4%，制造业环比上升2%，电气和供水产出环比下降2.2%，建筑业产出环比上升4%，服务业产出环比上升0.1%。

澳大利亚一季度CPI同比上升2.1%。4月26日，澳大利亚国家统计局发布数据显示，澳大利亚一季度CPI环比上升0.5%，同比上升2.1%。其中，食品和非酒精饮料价格同比上升1.8%；酒精和烟草价格同比上升6.1%；房屋价格指数同比上升2.5%；运输价格同比上升3.8%，通讯价格同比下降4.8%。

新西兰一季度CPI环比上升1%。4月20日，新西兰国家统计局发布数据显示，新西兰一季度CPI环比上升1%，同比上升2.2%，为2011年三季度以来最高。其中，房屋价格指数同比上升3.3%，运输价格指数同比上升3.5%，烟草价格指数同比上升9.7%，汽油价格指数同比上升4.1%。

5. 非洲

南非3月份CPI同比上涨6.1%。4月26日，南非统计局数据显示，南非3月份CPI同比上涨6.1%，环比下降0.2个百分点。受南大部分地区旱情缓解影响，南非 2 月份食品和非酒精饮料价格指数同比上涨 8.7%，环比下降 1.2 个百分点。

二、国际组织

G20 财长和央行行长会议在美国华盛顿举行。4 月 20—21 日，G20 财长和央行行长会议在美国华盛顿举行。会议主要讨论了当前全球经济形势和增长框架、国际金融架构及全球金融治理、促进对非洲投资倡议、金融部门发展和监管等议题。财政部部长肖捷和中国人民银行行长周小川率中国代表团出席了会议。

肖捷部长表示，2017 年以来，中国经济发展中的积极因素继续增多，一季度中国经济比 2016 年同期增长 6.9%。供给侧结构性改革深入推进，“三去一降一补”取得积极进展，经济发展新动能继续增强，新业态新模式快速成长。我们有信心实现 2017 年经济增长 6.5% 左右的预期目标，这将对全球经济增长做出更大贡献。肖捷部长指出，近期全球经济复苏态势向好，市场情绪趋于乐观，但仍面临诸多风险和不确定性，特别是部分发达国家经济政策尚不明朗。G20 各国应加强宏观经济政策协调，继续落实 G20 杭州峰会重要成果，不断深化结构性改革，积极促进开放型世界经济发展，不断巩固经济复苏势头。

肖捷部长表示，作为 2017 年 G20 财金议程的一项重要成果，G20 发起促进对非洲投资倡议并取得积极进展，中方对此表示赞赏。该倡议强调非洲国家主导原则，充分尊重非洲国家的意愿和国情，同时鼓励 G20 成员国积极参与、广泛征询国际组织建议，为倡议的后续落实打下了坚实基础。G20 各国应加强与非洲国家的整体合作，力争达成互利共赢的成果，共同为非洲经济乃至全球经济可持续和包容性增长作出贡献。同时，要保持倡议的延续性，推动倡议在 G20 进程中不断取得积极进展。当前，许多 G20 国家开展了对非投资合作项目，这是国际社会对非合作的重要组成部分。下一步，应加强 G20 各国现有合作与倡议之间的协调，共同促进对非洲的投资合作。

第 95 届发展委员会部长级会议在华盛顿举行。4 月 21—22 日，世行集团和 IMF 在美国华盛顿举行第 95 届发展委员会部长级会议。中国财政部部长肖捷出席会议并发言。会议指出，全球经济增长势头加强但仍存在下行风险，世行集团与国际货币基金组织应与成员国共同努力，促进包容和可持续增长，降低金融脆弱性，创造更多就业岗位和经济机会；同时大力促进消除贫困和减少不平等，确保经济全球化的收益得到广泛分享。会议欢迎世行集团在落实 2030 年战略方面取得的进展，并鼓励进一步推动落实，包括在使用稀缺的公共资金时优先考虑私营部门解决方案；对包括低收入国家和中等收入国家在内的所有客户提供支持，特别注重支持脆弱、遭受冲突和暴力的国家；加强国内资源动员；支持全球公共产品等。会议要求在 2017 年年会前就加强世行集团财务能力提出一系列方案，并回顾了利马年会就股权审议原则所作的承诺。

肖捷指出，世行集团应在推动全球经济包容和可持续增长，以及消除极端贫困和促进共享繁荣方面发挥更大作用。世行集团应坚持宗旨，加强与低收入国家和中等收入国家的合作，始终以客户需求为业务重点，确保政策的包容性和援助的有效性。肖捷表示，各成员国应坚持多边主义，支持世行集团较大幅度增资，增强财务能力；支持世行集团治理改革，提高发展中国家的话语权和代表性，维护其在全球发展事业中的领导地位。肖捷强调，中方支持世行集团与其他发展机构和私营部门建立强有力的伙伴关系，调动多种资源服务共同发展，加强区域合作、南南合作、南北合作和三方及多方合作，坚定不移地推进区域及全球经济一体化。中方希望与世行集团就“一带一路”等倡议开展合作，进一步深化双方全方位伙伴关系，推动全球实现共同发展。

在出席讨论不平等问题的部长级闭门会时，肖捷指出，要在发展中解决不平等，保持经济发展，增加社会财富；要坚定不移地推进经济全球化和贸易自由化，进一步加强全球投资和贸易的宏观政策协调，实现经济全球化进程再平衡；要加强国际发展合作，缩小南北差距。

世行与亚投行签署合作框架备忘录。4 月 23 日，世界银行行长金墉与亚洲基础设施投资银行行长金立群签署谅解备忘录，以加强两个机构间合作与知识共享。该谅解备忘录为世行与亚投行在地区和国家层面加强合作提供了一个整体框架，包括发展融资、员工交流、研究及行业等共同感兴趣的领域。一年前，世行与亚投行签署了联合融资框架协议。此后，亚投行与世行为 5 个项目提供了联合融资，包括巴基斯坦的发电项目、阿塞拜疆的天然气管道项目和印尼的贫民区改造项目、大坝安全项目、区域基础设施建设项目等。目前，双方计划 2017—2018 年就提供联合融资加强合作。

三、国际大宗商品

本周纽约原油期货累计下跌 1.3%。截至周四，本周纽约原油期货累计下跌 1.3%。周一纽约原油期货下跌 0.39 美元，收于每桶 49.23 美元；周二纽约原油期货上涨 0.33 美元，收于每桶 49.56 美元；周三纽约原油期货上涨 0.06 美元，收于每桶 49.62 美元；周四纽约原油期货下跌 0.65 美元，收于每桶 48.97 美元。

本周纽约黄金期货累计下跌 1.8%。截至周四，本周纽约黄金期货累计下跌 1.8%。周一纽约黄金期货下跌 0.9%，收于每盎司 1277.5 美元；周二纽约黄金期货下跌 0.8%，收于每盎司 1267.2 美元；周三纽约黄金期货下跌 0.2%，收于每盎司 1264.2 美元；周四纽约黄金期货上涨约 0.1%，收于每盎司 1265.9 美元。

四、区域合作

金砖国家财政和央行副手会议在美国华盛顿举行。4 月 20 日，金砖国家财政和央行行长副手会议在美国华盛顿举行。会议由财政部副部长史耀斌和人民银行副行长易纲共同主持，金砖国家财政和央行副手以及新开发银行代表出席了会议。根据 2017 年 3 月召开的首次金砖国家财长和央行行长会议共识，此次会议主要就中方提出的推进金砖国家务实财金合作相关倡议进行了讨论，包括加强在新开发银行（NDB）业务发展、应急储备安排（CRA）机制建设、政府和社会资本合作（PPP）、金砖国家本币债券市场发展、会计准则趋同和审计监管等效、金融机构和金融服务网络化布局、货币合作、国际税收、反洗钱与反恐融资等领域合作。会议认为，面对复杂的全球经济金融环境，金砖国家应通过深化务实合作促进本国和世界经济增长，同时增强自身经济韧性。各方欢迎中方提出的相关务实合作倡议，并愿就技术性问题继续进行深入讨论，力争尽早达成共识，为将于 9 月召开的金砖国家领导人厦门会晤做好财金成果准备。根据工作安排，2017 年第二次金砖国家财长和央行行长会议于 6 月在上海举行。

中加共同启动中加经济财金战略对话。4 月 25 日，国务院副总理汪洋在京与来访的加拿大财政部长莫诺、国际贸易部长尚帕涅举行会谈，共同启动中加经济财金战略对话。汪洋表示，举办中加经济财金战略对话，是习近平主席与加方领导人会晤的重要共识，李克强总理与特鲁多总理多次提出明确要求。中方愿与加方一道，认真落实两国领导人的共识，发挥好经济财金战略对话的作用，增进双方在事关两国和全球的战略性、长期性、全局性经济议题上的协调，扩大两国贸易、投资、金融、科技、清洁能源、基础设施、旅游等领域的合作，为中加战略伙伴关系发展注入新的动力。莫诺表示，加中两国在双边和全球事务上拥有广泛的共同利益，加方愿意通过经济财金战略对话，加强与中国的合作，以实现支持增长与繁荣的目标。尚帕涅表示，加中两国经贸合作潜力巨大，加方愿与中方推进加中自贸区建设，扩大各领域务实合作，促进加中关系持续发展。财政部副部长史耀斌陪同汪洋副总理出席中加经济财金战略对话启动仪式。

中国与欧亚经济联盟经贸合作协议第三轮谈判在莫斯科举行。中国与欧亚经济联盟经贸合作协议第三轮谈判在俄罗斯首都莫斯科举行。双方就贸易便利化和海关程序、技术性贸易壁垒和卫生与植物卫生措施、贸易救济、竞争、知识产权、电子商务、法律与机制条款、政府采购和部门合作等 9 个议题文本进行了深入磋商，进一步交换信息，并就部分条款达成共识，取得了阶段性成果。

五、全球宏观经济形势

IMF：上调 2017 全球经济增长预期至 3.5%。IMF 首席经济学家奥布斯特费尔德发文称，自 2016 年下半年以来，全球经济增长动能集聚，预计 2017 年全球经济增速将为 3.5%，高于此前预测的 3.4% 和 2016 年的 3.1%，而 2018 年则为 3.6%，主要原因是欧洲、亚洲和美国经济的好转。

报告认为，虽然当前全球经济增长势头强劲，但生产率增速仍较疲软，世界经济仍面临下行风险。不确定性因素包括政策和贸易两方面。政策方面是指全球两个最大经济体的宏观政策，包括美联储货币正常化、美元潜在升值压力以及可能推出的扩张性财政政策，中国快速增长的国内信贷等。贸易方面是指贸易保护主义趋势阻碍全球经济发展。奥布斯特费尔德称，各经济体可实施增长友好型财政政策以扩大财政空间、增加供给并调节外部失衡，开展结构性改革并制定开放的贸易政策以提高生产率。

世行称 2017 年工业大宗商品价格预期看涨。4 月 26 日，世行发布《大宗商品市场展望》报告指出，2017 年及 2018 年工业类大宗商品价格预期看涨，其中能源和金属类大宗商品涨幅较大。报告称，2017 年能源类大宗商品价格，包括天然气和煤炭价格上涨 26%，2018 年将上涨 8%。在美国天然气价格上涨背景下，2017 年预计天然气价格将上涨 15%。由于中国对煤炭供应的限制，2017 年预计煤炭价格涨幅将达到 6%。非能源类大宗商品价格，包括农产品、化肥和金属矿产价格将出现 5 年来首次上涨。报告预计 2017 年金属价格将上涨 16%，主要原因是全球市场需求特别是中国需求旺盛。同时，智利、印尼和秘鲁等国供给下降等因素也推动了金属价格上涨预期。

第 18 周（2017/04/29—2017/05/05）

4 月 29 日—5 月 5 日，国际财经要情有：美国一季度实际 GDP 年化季率为 0.7%；美联储维持联邦基金利率 0.75%—1% 不变；加拿大 2 月份 GDP 环比持平；欧盟和欧元区一季度 GDP 同比增长 1.9% 和 1.7%；英国一季度 GDP 环比上升 0.3%；法国一季度 GDP 环比上升 0.3%；俄罗斯央行下调关键利率至 9.25%；澳大利亚央行维持现金利率 1.5% 不变；2016 年亚行业务规模创 50 年新高；中国—新西兰自由贸易协定第一轮升级谈判在北京举行；联合国：亚太地区经济增长面临挑战。

一、区域观察

1. 北美地区

美国一季度实际 GDP 年化季率为 0.7%。4 月 28 日，美国商务部数据显示，美国一季度实际 GDP 年化季率为 0.7%。非住宅固定投资、出口、住宅固定投资、个人消费支出上升是 GDP 增长的主要原因。私人库存投资、州与地方政府支出、联邦政府支出均呈下滑趋势。

美联储维持联邦基金利率 0.75%—1% 不变。5 月 3 日，美联储发布消息称，将维持联邦基金利率 0.75%—1% 不变。当前，美国经济活动增速放缓，但失业率下降，劳动力市场仍在增强。家庭消费支出温和上涨，支撑消费增长稳健。维持的宽松货币政策有助于劳动力市场的进一步加强，实现 2% 通胀目标。

美国会通过特朗普 2017 财年预算法案。5 月 4 日，美国国会参议院以 79 票赞成、18 票反对，通过 1.1 万亿美元的 2017 财年预算法案，支持联邦政府运行至 9 月 30 日（即 2017 财年结束）。由于已获众议院通过，此法案递交总统特朗普签署后即可生效。预算案显示，美国新增军费和加强边境安保的费用分别为 150 亿美元和 15 亿美元，但法案拒绝为特朗普政府在美墨边境筑墙提供经费。该法案还满足了国会民主党的部分诉求，如避免大幅削减环境保护局拨款等。

美国 4 月份 ISM 制造业和非制造业 PMI 分别为 54.8% 和 57.5%。5 月 1 日，

美国供应管理协会数据显示，经季调后，美国 4 月份 ISM 制造业 PMI 为 54.8%，环比下降 2.4 个百分点；美国 4 月份 ISM 非制造业 PMI 为 57.5%，环比上升 2.3 个百分点。

加拿大 2 月份 GDP 环比持平。4 月 28 日，加拿大统计局数据显示，受制造业和其他生产部门萎缩拖累，加拿大 2 月份 GDP 环比持平；同比增长 2.5%，为 2015 年 1 月份以来最快增速。预计加拿大一季度 GDP 将维持强劲增长势头。加 2 月份房地产行业表现亮眼，环比增长 0.5%，为 2015 年以来最大月度涨幅。

2. 拉美地区

巴西一季度失业率达 13.7%。5 月 2 日，巴西地理统计局数据显示，巴西一季度失业率达 13.7%，创 2012 年以来新高。其中，巴西全国失业人口为 1420 万人，创历史新高，环比增长 14.9%，同比增长 27.8%；失业率环比上升 1.7 个百分点，同比上升 2.8 个百分点。

3. 欧洲

欧盟和欧元区一季度 GDP 分别同比增长 1.9%和 1.7%。5 月 3 日，欧盟统计局数据显示，经季调后，欧盟一季度 GDP 环比上升 0.4%，同比上升 1.9%；欧元区一季度 GDP 环比上升 0.5%，同比上升 1.7%。

欧盟和欧元区 3 月份失业率分别为 8%和 9.5%。5 月 2 日，欧盟统计局数据显示，经季调后，欧盟 3 月份失业率为 8%，环比下降 0.1 个百分点，同比下降 0.7 个百分点，为 2009 年 1 月份以来最低。欧元区 3 月份失业率为 9.5%，环比维持不变，同比下降 0.7 个百分点，为 2009 年 4 月份以来最低。

欧元区 4 月份制造业 PMI 终值为 56.7。5 月 2 日，市场调查机构 Markit 数据显示，欧元区 4 月份制造业 PMI 终值为 56.7，环比上升 0.5 个点。产出、新订单、就业均增长迅速，为 6 年以来最快增幅。

德国 3 月份失业率为 3.9%。5 月 2 日，德国联邦统计局数据显示，德国 3 月份失业人口为 168 万人，失业率为 3.9%，环比持平，同比下降 0.4 个百分点。数据还显示，经季调后，德国 3 月份就业人口为 4400 万人，环比上升 0.1%。

英国一季度 GDP 环比上升 0.3%。4 月 28 日，英国国家统计局数据显示，英国一季度 GDP 环比上升 0.3%，同比上升 2.1%。其中，农业产出环比上升 0.3%，同比维持不变；建筑业产出环比上升 0.2%，同比上升 1.9%；制造业环比上升 0.5%，同比上升 2.8%。

法国一季度 GDP 环比上升 0.3%。4 月 28 日，法国国家统计局数据显示，经季调，法国一季度 GDP 环比上升 0.3%。其中，政府消费支出环比上升 0.4%，家庭消费支出环比上升 0.1%，固定资本形成总额环比上升 0.9%，进口额环比上升 1.5%，出口额环比下降 0.7%。

俄罗斯央行下调关键利率至 9.25%。4 月 28 日，俄罗斯央行发布声明称，将下调关键利率 50 个基点至 9.25%。当前，俄罗斯通胀率正朝目标水平发展，预计到 2017 年底实现 4% 目标水平；经济活动持续复苏，但通胀预期有所下降。

4. 亚洲

日本经济持续温和复苏。5 月 2 日，日本央行发布货币政策会议纪要称，日本经济将持续温和复苏。当前，日本出口有所回升；公共投资将适度增长；随利润提高，企业固定投资呈增长态势；劳动力市场供求状况持续改善，工资收入、私人消费将适度增长。为实现 2% 物价稳定目标，日本央行将推行强有力的宽松货币政策，维持利率 -0.1% 不变，并继续以每年 80 万亿日元的速度购买日本国债以实现长期利率目标。

日本央行上调 2017 财年—2019 财年实际 GDP 增速预期。4 月 27 日，日本央行发布经济展望报告称，宽松金融环境、政府大规模经济刺激措施及海外经济增长将带动日本经济持续扩张。为此，日本央行上调 2017 财年—2019 财年实际 GDP 增速预期分别上调至 1.6%、1.3% 和 0.7%，较此前预期分别上调 0.2 个、0.2 个和 0.1 个百分点。

日本 3 月份 CPI 同比上升 0.2%。4 月 28 日，日本总务省数据显示，日本 3 月份 CPI 为 99.9，同比上升 0.2%。剔除生鲜食品和能源，日本 3 月份核心 CPI 为 100.4，同比下降 0.1%。东京 4 月份 CPI 为 100，同比下降 0.1%。剔除生鲜食品和能源，东京 4 月份核心 CPI 为 100.5，同比下降 0.1%。

韩国 4 月份 CPI 同比上升 1.9%。5 月 2 日，韩国企划财政部数据显示，韩国 4 月份 CPI 为 102.66，环比下降 0.1%，同比上升 1.9%。剔除农产品和石油，核心 CPI 为 102.84，环比上升 0.1%，同比上升 1.3%。

澳大利亚央行维持现金利率 1.5%不变。5 月 2 日，澳大利亚央行发布货币政策会议纪要称，将维持现金利率 1.5% 不变。当前，全球经济改善使商品价格上涨，澳大利亚国民收入大幅提高，贸易条件有所改善。预计未来两年 GDP 增速将略高于 3%；就业将持续增长，但工资增长缓慢；一季度通胀率将超过 2%，随着经济增长，通胀率将逐步上升。

5. 非洲

南非 2017 年 GDP 增速有望超 1%。南非央行数据显示，由于大宗商品出口价格指数上升以及住宅规划数量增长，南 2 月份商业周期指标环比增长 1.1%，表明南非 2017 年经济增长有望超过 1%。

二、国际组织

2016 年亚行业务规模创 50 年新高。亚行发布《2016 年年度报告》指出，随着亚太地区对基础设施领域开发性融资和知识需求的持续增长，亚行 2016 年年度业务规模超过 300 亿美元，创 50 年来新高。报告显示，2016 年亚行业务规模达 317 亿美元，较 2015 年增长 18%。其中包括获批的贷款和赠款 174.7 亿美元、技术援助 1.69 亿美元以及联合融资 140.6 亿美元。作为项目成功实施的关键指标，2016 年支付金额也创下 122.6 亿美元的新纪录。同时，私营部门业务规模高达 25 亿美元，这一成果得益于亚行的长期战略：加大对私营企业的支持，为整个亚太地区创造更多高质量的就业机会，改善该地区的生活水平。除了自有资金，亚行私营部门的联合融资达到了创纪录的 58.4 亿美元，较 2015 年增加 12 亿美元，其中包括 2.38 亿美元的官方联合融资，用于支持非主权业务。

金砖国家新开发银行与巴西签署可再生能源贷款协议。金砖国家新开发银行（NDB）与巴西国家社会经济发展银行（BNDES）签署了总额为 3 亿美元的贷款协议，旨在推动巴西可再生能源项目发展。协议将通过至少五项可再生能源和输电项目的投资推动巴西能源基础设施可持续发展。部分款项还将通过巴西国家社会经济发展银行转贷给相关项目，这将有利于拓宽巴西可再生能源项目替代融资渠道，促进基础设施投融资市场进一步发展。新开发银行行长卡马特称，新开发银行正与合作伙伴共同致力于推动清洁能源项目，缩小各国间基础设施差距，进一步推动可持续发展。

IMF：中国需加快国有企业改革。IMF 出版《现代化的中国：投资软基础设施》一书，强调国有企业改革是中国经济转型的关键，在实施国家发展战略、平滑经济周期性波动、提供社会福利等非商业职能中发挥重要作用。但近年来，中国国有企业对经济增长的贡献有所下降，生产率较低，消耗大量资源，特别是煤炭和钢铁行业，国有企业享受的隐性支持不利于资源合理配置与维护市场公平。为此，IMF 建议国企改革应设立三个目标：处置过度债务、促进资源向生产率较高的企业流动、促进市场公平。具体措施包括优化企业治理结构，转移非核心目标；强化预算限制，消除隐性担保；降低市场壁垒，打破行政垄断；推进补充性改革措施，包括异地社保服务便利化、促进地方政府间财政协调等。如改革进展顺利，有望在十年内将总产出提高 3%—9%。

IMF 称未来 30 年中国适龄劳动人口或减少 1.7 亿人。5 月 1 日，IMF 发布报告称，亚洲人口红利正在消失，人口增速预计将在 2050 年下降至零，亚洲国家将成为全球老龄化速度最快的国家，特别是东亚地区，劳动人口在未来几十年将减少数亿人。其中，中国适龄劳动人口在未来 30 年或将减少 1.7 亿人。日本人口老龄化加速，人口总数已开始负增长。未来 30 年，老龄化或使日本年均 GDP 增速下降 1%。而新加坡和韩国 50 岁以上人口占总人口的比重也已超过 30%。

三、国际大宗商品

本周纽约原油期货累计下跌7.7%。截至周四，本周纽约原油期货累计下跌7.7%。周一纽约原油期货下跌0.49美元，收于每桶48.84美元；周二纽约原油期货下跌1.18美元，收于每桶47.66美元；周三纽约原油期货上涨0.16美元，收于每桶47.82美元；周四纽约原油期货下跌2.3美元，收于每桶45.52美元，创2016年11月29日以来收盘新低。

本周纽约黄金期货累计下跌3.1%。截至周四，本周纽约黄金期货累计下跌3.1%。周一纽约黄金期货下跌1%，收于每盎司1255.5美元；周二纽约黄金期货上涨0.1%，收于每盎司1257美元；周三纽约黄金期货下跌0.7%，收于每盎司1248.5美元；周四纽约黄金期货下跌1.6%，收于每盎司1228.6美元，创3月16日以来收盘新低。

四、区域合作

中国—新西兰自由贸易协定第一轮升级谈判在北京举行。中国—新西兰自由贸易协定第一轮升级谈判在北京举行。本轮谈判中，双方围绕技术性贸易壁垒、海关程序与贸易便利化、原产地规则、服务贸易、竞争政策、电子商务、农业合作、环境、政府采购等议题展开富有成效的磋商。2017年3月，李克强总理对新西兰进行正式访问期间，双方领导人共同宣布将于4月在北京举行中国—新西兰自由贸易协定首轮升级谈判。中新自贸协定是中国同发达国家达成的第一个自由贸易协定，此次升级谈判的启动，将为中新两国经贸合作注入新的强劲动力。

中国—加拿大自贸区联合可行性研究暨探索性讨论第二次会议在渥太华举行。加拿大是世界第十大经济体，也是中国重要经贸伙伴。双方将在联合可行性研究中深入分析两国经贸合作潜力，并通过探索性讨论就各自关注问题及对未来自贸协定的预期广泛交换意见，为两国政府未来是否启动自贸区谈判提供依据。

五、全球宏观经济形势

联合国称亚太地区经济增长面临挑战。5月1日，联合国亚太经社会发布最新一期《亚太地区经济和社会调查》报告称，2017年亚太地区经济向好，但在全球不确定性以及贸易保护主义威胁下，区域经济增长面临挑战。报告预计亚太地区发展中经济体2017年和2018年的经济增长率将分别达到5.0%和5.1%，但潜在风险或将2017年经济增长率拉低最多1.2个百分点。

亚太经社会执行秘书阿赫塔尔表示，在“2030 年可持续发展议程”的第二年，亚太地区经济稳步增长，但仍面临外部需求持续疲软和贸易保护主义的挑战。未来经济增长将更多依靠生产率的提高，这要求在公共和私人领域进行更有效管理。为此，联合国亚太经社会呼吁该地区政府采取有效的治理措施，如扩大在基础设施、社会保障等领域的投资，实施积极的财政政策等。

第19周（2017/05/06—2017/05/12）

5 月 6—12 日，国际财经要情有：美国 4 月份失业率为 4.4%；欧委会采取新措施推进欧洲单一市场建设；澳大利亚 2017—2018 财年财政赤字将达 294 亿澳元；亚行理事会第 50 届年会在日本举行；亚投行批准首个印度贷款项目；第六次中日财长对话在日本横滨举行；第 20 届“10 + 3”财长和央行行长会议在日本举行；IMF：亚洲将继续引领全球经济增长。

一、区域观察

1. 北美地区

美国 4 月份失业率为 4.4%。美国劳工统计局数据显示，经季调后，美国 4 月份失业人数为 710 万人，环比基本维持不变；失业率为 4.4%，同比下降 0.6 个百分点。其中，长期失业人数为 160 万人，同比下降 43.3 万人。

美国 3 月份贸易赤字 437 亿美元。美国商务部发布数据显示，经季调后，美国 3 月份贸易赤字 437 亿美元，环比较少 1 亿美元，同比增加 94 亿美元。其中，出口额为 1910 亿美元，环比减少 17 亿美元，同比增加 380 亿美元；进口额为 2347 亿美元，环比减少 17 亿美元，同比增加 475 亿美元。

美国主要官员反对边境调节税方案。5 月 9 日，白宫经济顾问委员会主席科恩和美财政部部长努钦与参议院财政委员会主席奥林·哈奇就税改方案进行了会谈。哈奇在会后表示，科恩和努钦都反对边境调节税方案，他本人也认为该方案很难在参议院获得通过。

加拿大 4 月份失业率为 6.5%。5 月 5 日，加拿大国家统计局发布数据显示，加拿大 4 月份失业率为 6.5%，环比下降 0.2 个百分点，为 2008 年 10 月份以来最低。其中，公共部门就业人数环比增加 3.5 万人，同比增加 9.2 万人；私营部门就业人数环比减少 5.1 万人，同比增加 15.2 万人。

2. 拉美地区

巴西 4 月份贸易顺差为 69.69 亿美元。巴西工业、外贸和服务部数据显示，

2017 年 4 月份巴西外贸顺差达 69. 69 亿美元，为历史同期最高水平。1—4 月，巴西贸易顺差为 213. 87 亿美元，达历史同期最高水平。

3. 欧洲

欧委会采取新措施推进欧洲单一市场建设。5 月 2 日，欧委会发布消息称，欧委会已批准三项举措推进单一市场建设：一是单一数字网关。通过单一数字入口，使民众和公司更便捷获得高质量信息，在线管理程序和援助服务。二是单一市场信息工具。工具将允许欧委会获得明确、易得的数据。三是 SOLVIT 行动计划。计划旨在通过确保更多欧洲公民和企业方便使用 SOLVIT 以及优化数据收集，从而增加 SOLVIT 的使用。

德拉吉：宣布退出量化宽松政策还为时尚早。5 月 10 日，欧洲央行行长德拉吉发表讲话称，欧洲央行货币政策效果明显，利大于弊，但由于潜在通胀仍然受抑，退出量化宽松政策为时尚早。尽管欧元区通胀预期趋于稳定，但尚未有足够证据表明潜在通胀存在令人信服的上升趋势。维持目前极宽松的货币政策对推高潜在通胀压力和中期通胀水平仍有必要。同时，他强调，结构性改革进展缓慢并非由货币政策造成，其他政策领域必须做出更大贡献。

德国 3 月份出口额同比上升 10. 8%。5 月 9 日，德国联邦统计局发布数据显示，德国 3 月份贸易盈余 254 亿欧元。其中，出口额为 1182 亿欧元，同比上升 10. 8%；进口额为 929 亿欧元，同比上升 14. 7%，均为月度最高记录。

法国 3 月份经常账户赤字 30. 32 亿欧元。5 月 10 日，法国国家统计局发布数据显示，经季调后，法国 3 月份经常账户赤字 30. 32 亿欧元。其中，货物账户赤字 36. 67 亿欧元；服务账户赤字 800 万欧元；初次收入账户盈余 40. 23 亿欧元；二次收入账户赤字 33. 8 亿欧元。

俄罗斯一季度进出口贸易额同比增长 31. 6%。5 月 10 日，俄罗斯海关数据显示，2017 年 1—3 月，俄进出口贸易额 1293 亿美元，同比增长 31. 6%。其中，俄出口额为 838 亿美元，同比增长 35. 2%；进口额为 455 亿美元，同比增长 25. 5%。贸易顺差 383 亿美元，同比增长 49%。

4. 亚洲

日本 2016 财年政府债务余额逾 1000 万亿日元。5 月 10 日，日本财务省数据显示，截至 2016 财年底（2017 年 3 月底），包括国债、贷款和政府短期证券在内的日本政府债务余额达 1071. 56 万亿日元，较上一财年增加 22. 19 万亿日元，创历史新高。这主要是由于日本人口老龄化程度加剧，社会保障费用增加。具体来看，截至 2017 年 3 月末，日本国债累计额为 934. 90 万亿日元，从金融机构贷款总额为 54. 42 万亿日元，政府短期证券总额为 82. 24 万亿日元。

日本截至 4 月底官方储备资产为 12422. 95 亿美元。5 月 10 日，日本财务省发布数据显示，截至 4 月底日本官方储备资产为 12422. 95 亿美元，环比增加 119. 65

亿美元。其中，外汇储备为 11800.46 亿美元，IMF 储备头寸为 120.41 亿美元，特别提款权为 185.42 亿美元，黄金储备为 311.57 亿美元，其他储备资产为 5.09 亿美元。

澳大利亚 2017—2018 财年财政赤字将达 294 亿澳元。5 月 10 日，澳大利亚财政部公布 2017—2018 财年预算案显示，澳大利亚 2017—2018 财年财政赤字将达 294 亿澳元，占 GDP 比为 1.6%。澳大利亚已连续 26 年保持经济增长。预算案主要目标包括：一是支持企业成长，重点投资基础设施建设以提供更多就业机会。二是优先保证民众基本服务。三是缓解民众住房、育儿等领域压力，减轻家庭预算负担。四是采取切实行动遏制债务与赤字增长。

澳大利亚 3 月份货物与服务贸易顺差 31.07 亿澳元。5 月 4 日，澳大利亚国家统计局发布数据显示，经季调后，澳大利亚 3 月份货物与服务贸易顺差 31.07 亿澳元，环比下降 15%。其中，出口额为 333.43 亿澳元，环比上升 2%；进口额为 302.35 亿澳元，环比上升 5%。

5. 非洲

南非央行：加息周期结束并不意味将开始降低利率。5 月 4 日，南非央行行长康亚戈表示，南非加息周期结束并不意味着央行将会降低利率。尽管 2016 年南非通胀水平基本高于 3%—6% 的目标区间，南非央行货币政策委员会自 2016 年 3 月份以来一直将基准利率保持在 7% 不变。

二、国际组织

亚行理事会第 50 届年会在日本举行。5 月 4—7 日，亚行理事会第 50 届年会在日本横滨举行。日本副首相兼财长麻生太郎主持会议，中国财政部部长兼亚行理事肖捷出席会议并发言。会议认为，亚行成立 50 年来，为促进亚太地区“减贫”和经济社会发展以及亚洲区域合作做出了积极贡献。亚行应加强与中高收入国家的合作，提升本地区经济一体化水平，加大对基础设施、卫生、教育等领域的投入。会议肯定了亚行与亚洲基础设施投资银行开展联合融资对促进本地区经济社会发展的重要作用。

肖捷在发言中指出，当前世界经济仍在深度调整，经济全球化遇到挑战，贫富差距、南北差距问题凸显。作为占全球一多半人口的家园，亚洲目前还有 3 亿多贫困人口，亚洲的发展任重道远。希望亚行发挥积极作用，促进亚洲地区不同经济体、不同阶层、不同人群共享经济全球化的成果；要用好内外资源，大力支持创新驱动发展，促进亚洲发展理念创新、机制创新、技术创新，不断总结、传播、分享亚洲发展经验，促进亚洲共创繁荣。肖捷表示，中国国家主席习近平于 2013 年提出了共建“一带一路”的重要倡议，受到世界上大多数国家广泛欢迎和积极参与。亚行区域合作工作与"一带一路"倡议的内涵高度契合。希望亚行加强与"一带一路"相关方的战略对接，进一步促进亚洲互联互通，推动亚洲区域合作向纵深发展。肖捷指出，中等收入国家是"减贫"发展的实践者，是全球经济增长的重要贡献者，也是"减贫"发展经验的重要来源地。希望亚行进一步明确自身宗旨和战略定位，在加强对低收入国家支持的同时，深化与中等收入国家的全面合作。肖捷强调，自 1986 年加入亚行以来，中国与亚行建立了全方位、宽领域、平等互利的合作伙伴关系。中方愿继续深化与亚行的全面合作，共同推动亚洲地区减少贫困、共创繁荣。

亚投行批准首个印度贷款项目。亚投行董事会批准 1.6 亿美元的印度贷款项目。该项目由亚投行与世行联合融资，用于支持印度安得拉邦不间断供电项目。该项目是印度政府 2014 年启动的全民供电五年计划的一部分，旨在通过强化电力输送网、扩大网络容量、提升电力系统可靠性，完善国家配送公司的商业性能，有力推动安得拉邦和印度经济发展。亚投行行长金立群表示，亚投行支持其成员通过提升能源效率，如升级现有输电网等，来实现向低碳国家的转变，对此次与亚投行第二大成员国在能源等基建领域展开密切合作表示欢迎。

三、国际大宗商品

本周纽约原油期货累计上涨 3.5%。截至周四，本周纽约原油期货累计上涨 3.5%。周一纽约原油期货上涨 0.21 美元，收于每桶 46.43 美元；周二纽约原油期货下跌 0.55 美元，收于每桶 45.88 美元；周三纽约原油期货上涨 1.45 美元，收于每桶 47.33 美元；周四纽约原油期货上涨 0.5 美元，收于每桶 47.83 美元。

本周纽约黄金期货累计下跌 0.2%。截至周四，本周纽约黄金期货累计下跌 0.2%。周一纽约黄金期货与前一交易日基本持平，收于每盎司 1227.1 美元；周二纽约黄金期货下跌 0.9%，收于每盎司 1216.1 美元；周三纽约黄金期货上涨 0.2%，收于每盎司 1218.9 美元；周四纽约黄金期货上涨 0.4%，收于每盎司 1224.2 美元。

四、区域合作

第六次中日财长对话在日本举行。5 月 6 日，第六次中日财长对话在日本横滨举行。中国财政部部长肖捷和日本副首相兼财务大臣麻生太郎共同主持对话，两国财政部和央行高级官员出席。两国财长一致认为中日财长对话对于双方具有重要意义，有助于两国在宏观经济形势与政策方面的深入沟通，加强财金合作。双方一致认为，有必要通过相关的宏观经济政策交流互鉴，积极推进两国的结构性改革。双方承诺深化宏观经济政策沟通与协调，就重大国际经济与金融问题保持磋商。双方强调有必要进一步深化双边财金务实合作，提升财金合作水平，支持两国在经贸、投资领域的合作。双方欢迎于刚刚举行的“10 +3”财长和央行行长会议以及中日韩财长和央行行长会议的成功闭幕，并在今后进一步加强密切合作。两国财长同意明年在中国举行第七次中日财长对话。双方同意就共同关切的问题开展联合研究，并向财长对话报告研究成果。

第 20 届“10 +3”财长和央行行长会议在日本举行。5 月 5 日，第 20 届东盟与中日韩（10 +3）财长和央行行长会议在日本横滨举行。会议主要讨论了全球和区域宏观经济形势、“10 +3”区域财金合作等议题，并发表了联合声明。史耀斌副部长率中国代表团出席了会议。

会议认为，全球经济有所向好，“10 +3”地区继续保持较快经济增长，但依然面临下行风险，包括保护主义倾向、金融形势收紧等。各方承诺单独或共同使用货币政策、财政政策和结构性改革等所有必要政策工具，促进可持续、平衡、包容性增长。“10 +3”各方重申支持开放的、基于规则的多边贸易和投资体系。同时，各方将继续加强资本流动监测，密切关注并随时应对本地区可能出现的风险。会议重申继续加强清迈倡议多边化协议（CMIM）作为区域金融安全网重要组成部分的作用，欢迎 CMIM 与国际货币基金组织首次联合救助演练取得的成果，期待 CMIM 协议定期评估取得积极进展。会议审议了东盟与中日韩宏观经济研究办公室（AMRO）在提高经济监测能力和加强机构能力建设方面的进展，并期待加强 AMRO 的作用，支持成员实施 CMIM，为维护区域经济和金融稳定发挥更大作用。会议对亚洲债券市场倡议为区域本币债券市场发展所做出的贡献表示欢迎。

史耀斌副部长指出，东亚地区继续保持较快增长态势，但也面临不少挑战，包括人口老龄化、产业结构转型压力加大、部分国家金融脆弱性有所上升等。各方应共同采取政策行动。一是要继续深化结构改革，提高潜在增长率；二是要加大区域基础设施投资和互联互通，坚定维护多边贸易体制；三是继续加强区域金融安全网建设，有效防范金融风险。

五、全球宏观经济形势

IMF 称亚洲将继续引领全球经济增长。5 月 9 日，IMF 发布亚太地区《区域经济展望》报告，预计亚太地区 2017 年经济增长率将升至 5.5%，2018 年则为 5.4%。报告指出，亚洲经济将保持强劲增长。受房地产市场降温、工资和消费增长疲软以及财政赤字趋稳影响，预计中国 2017 年经济增速为 6.6%，2018 年降至 6.2%。预计日本 2017 年增速为 1.2%，2018 年则为 0.6%；印度 2017—2018 财年的增长率升至 7.2%。预计大部分东南亚国家将加速增长。

报告认为，亚洲经济依旧存在下行风险，包括美元升值、全球金融环境紧缩、贸易保护主义抬头和地缘政治局势紧张等，可能导致资本外流、生产性投资萎缩、出口和外国直接投资减少。鉴此，亚洲需应对两个长期挑战，包括人口老龄化和生产率增速缓慢等。各经济体实施宏观政策时应注重刺激内需和实施结构性改革、应对老龄化、提高劳动生产率，以加强抵御外部冲击的能力，使经济长期保持强劲、包容性增长。

AMRO 发布《2017 年东亚经济展望报告》。东盟与中日韩宏观经济研究办公室（AMRO）发布《2017 年东亚经济展望报告》称，东亚经济韧性较强，预计 2017—2018 年增速分别为 5.2% 和 5.1%。报告认为，东亚仍是全球经济表现最好的地区，增长主要由内需驱动。作为东亚最大的两个经济体，中日两国经济的平稳增长将巩固地区经济持续增长，2017 年中国经济增速有望达到 6.5%。其他各经济体也将保持较好的经济弹性，并从区域贸易和投资增长中获益。

报告指出，当前东亚面临的外部风险主要来自全球经济的不确定性，包括贸易保护主义抬头和流动性缩紧等。与 2016 年相比，货币和财政政策的政策空间缩小，外汇储备缓冲空间较大，但资本外流风险加大。为此，AMRO 建议东亚各经济体应加强财金合作、共同应对危机；建设并强化区域金融安全网，保持经济稳健增长；制定政策框架，以应对潜在外部冲击和外溢效应；推进结构性改革，破解增长瓶颈。

第 20 周　(2017/05/13—2017/05/19)

5 月 13—19 日，国际财经要情有：美国 4 月份 CPI 环比上升 0.2%；欧盟和欧元区一季度 GDP 初值环比均上升 0.5%；德国一季度 GDP 初值环比上升 0.6%；日本一季度实际 GDP 年化季率为 2.2%；韩国新政府将实施扩张性财政政策；澳大利亚央行维持现金利率 1.5% 不变；6 家多边开发银行与中国财政部共同签署"一带一路"合作谅解备忘录；"一带一路"国际合作高峰论坛在北京举行；APEC：预计成员经济体 2017 年经济增长 3.8%。

一、区域观察

1. 北美地区

美国 4 月份 CPI 环比上升 0.2%。5 月 12 日，美国劳工统计局数据显示，经季调后，美国 4 月份 CPI 环比上升 0.2%，同比上升 2.2%。其中，食品价格环比上升 0.2%，能源价格环比上升 1.1%。剔除食品和能源产品，核心 CPI 环比上升 0.1%。

美国 3 月份国际资本净流出 7 亿美元。5 月 15 日，美国财政部数据显示，美 3 月份国际资本净流出 7 亿美元。其中，海外私人资本净流入 254 亿美元，海外官方资本净流出 261 亿美元。3 月份海外居民增持美国长期证券 308 亿美元。其中，海外私人投资者净买入 415 亿美元，海外官方机构净卖出 107 亿美元。数据还显示，中国增持美国国债 279 亿美元，仍为美国第二大债权国。

明尼阿波利斯联储：货币政策只能作为化解泡沫的最后手段。5 月 17 日，美国明尼阿波利斯联储主席卡什卡里发表讲话称，货币政策只能作为化解泡沫的最后手段。美联储的主要货币政策工具是设定短期利率，但短期利率的调整会影响全国各地不同资产的利率，因此这种政策的经济成本非常高。制定错误政策后果非常严重，所以美联储必须格外谨慎，货币政策只能作为最后手段。同时美联储必须重视金融体系的稳定性，确保其能够应对泡沫破灭。

加拿大 3 月份出口额同比增长 3.8%。加拿大统计局数据显示，由于能源产品和消费品出口增长，加拿大 3 月份出口额同比增长 3.8% 至 470 亿加元，创历史新高，贸易赤字缩减至 1.35 亿加元。

2. 拉美地区

巴西 2017 年和 2018 年 GDP 增速或达 0.5%和 2.5%。5 月 15 日，巴西央行数据显示，预计巴西 2017 年、2018 年 GDP 增速将分别为 0.5% 和 2.5%，通胀率分别为 3.93% 和 4.36%，巴西雷亚尔兑美元汇率分别为 3.25∶1 和 3.36∶1，贸易顺差分别为 551.5 亿美元和 429.9 亿美元，海外直接投资分别为 785 亿美元和 750 亿美元。

3. 欧洲

欧委会：欧中合作应遵循八项原则。5 月 14 日，欧委会副主席于尔基·卡泰宁在“一带一路”国际合作高峰论坛发表讲话称，欧盟与中国合作应遵循以下八项原则：一是确保透明度、基于规则的市场招标和互惠的市场准入条件；二是使用多边合作框架，确保各方有足够发言权；三是建立长远愿景，而非碎片化行动；四是着重经济和环境因素；五是可持续发展性为主要原则；六是提高成本效益；七是与欧投行、欧洲复兴开发银行、亚行或世行等多边银行合作；八是确保互惠互利。

欧盟和欧元区一季度 GDP 初值环比均上升 0.5%。5 月 16 日，欧盟统计局数据显示，经季调后，欧盟一季度 GDP 环比上升 0.5%，同比上升 2%。欧元区一季度 GDP 环比上升 0.5%，同比上升 1.7%。

欧盟和欧元区 4 月份通胀年率分别为 2%和 1.9%。5 月 17 日，欧盟统计局数据显示，欧盟 4 月份通胀年率为 2%，环比上升 0.4 个百分点，同比上升 2.2 个百分点。欧元区 4 月份通胀年率为 1.9%，环比上升 0.4 个百分点，同比上升 2.1 个百分点。其中，食物、酒精及烟草价格同比上升 1.5%，能源价格同比上升 7.6%，非能源工业品价格同比上升 0.3%，服务业价格同比上升 1.8%。

德国一季度 GDP 初值环比上升 0.6%。5 月 12 日，德国联邦统计局数据显示，经季调，德国一季度 GDP 初值环比上升 0.6%。国内和海外需求增长是 GDP 增长主要原因，其中，家庭、政府最终消费支出，建筑业固定资产形成总额均显著增长。

英国一季度失业率为 4.6%。5 月 17 日，英国国家统计局数据显示，英国一季度失业率为 4.6%，同比下降 0.5 个百分点，为 1975 年以来最低水平。此外，就业人口平均周薪同比上升 2.4%。

法国 4 月份 CPI 环比上升 0.1%。5 月 16 日，法国国家统计局数据显示，法国 4 月份 CPI 环比上升 0.1%，同比上升 1.2%。其中，食品价格环比下降 0.1%，同比上升 0.7%；烟草价格环比上升 0.1%，同比上升 2.8%；制造品价格环比上升 0.1%，同比下降 0.7%；服务业价格环比上升 0.2%，同比上升 1%；能源品价格环比下降 0.3%，同比上升 9.3%。

俄罗斯 5 月份年化通胀率或达 4%。5 月 12 日，俄罗斯经济发展部部长奥列什金表示，俄罗斯 5 月份年化通胀率可达到 4%，俄经发部对年底时通胀率的预测没有改变，即当卢布汇率走弱时，年化通胀率为 3.8%；当卢布汇率保持在 1 美元兑换 56—57 卢布水平时，年化通胀率或在 3% 左右。

4. 亚洲

日本一季度实际 GDP 年化季率为 2.2%。5 月 18 日，日本内阁省数据显示，日本一季度实际 GDP 年化季率为 2.2%。其中，个人消费支出增长 1.4%；政府消费支出增长 0.6%；出口增长 8.9%；进口增长 5.5%。经季调后，日本一季度实际 GDP 环比上升 0.5%。

日本 4 月份 M2 存量同比上升 4.3%。5 月 12 日，日本央行发布数据显示，日本 4 月份 M2 存量为 975.5 万亿日元，同比上升 4.3%；M3 存量为 1299.4 万亿日元，同比上升 3.6%；M1 存量为 714.8 万亿日元，同比上升 8.1%。

韩国新政府将实施扩张性财政政策。5 月 10 日，韩国新任总统文在寅表示，新政府将实施积极、扩张性财政政策，提振经济复苏，并努力降低迅速攀升的家庭债务。文在寅主张创造“以人为本的经济增长”，即通过对人才的投资，提升企业和国家竞争力，建立以人为本的经济增长结构。其宏观经济政策核心是扩张性财政政策，即大幅追加财政预算，计划在 2016—2020 年，扩大国家财政支出年均增幅至 7%。同时，韩政府将实施财税改革，以增加政府税收收入。此外，新政府计划实施增加家庭收入、减轻弱势群体负担、优先保护金融消费者等三大政策，以降低家庭债务。

澳大利亚央行维持现金利率 1.5% 不变。5 月 16 日，澳大利亚央行发布货币政策会议纪要称，将维持现金利率 1.5% 不变。当前，全球经济前景乐观，经济状况改善支持商品价格上升。预计澳大利亚通胀率将略高于 2%，劳动力成本缓慢增长，公用事业价格和新建住宅成本上升将增加通胀压力。

5. 非洲

撒哈拉以南非洲地区 2016 年 GDP 增速为 1.4%。IMF 发布最新地区经济展望报告显示，撒哈拉以南非洲地区 2016 年经济增速为 1.4%，为 20 年来最低水平，IMF 预测，该地区 2017 年经济增速将缓慢回升至 2.6%。受旱情缓解及贸易向好发展影响，预计南非 2017 年经济增速或达 0.8%。

二、国际组织

6 家多边开发银行与中国财政部共同签署“一带一路”合作谅解备忘录。5 月

14 日，肖捷部长代表中国财政部与世界银行行长金墉、亚洲基础设施投资银行行长金立群、金砖国家新开发银行行长卡马特、亚洲开发银行副行长格罗夫、欧洲投资银行总局长拉卢、欧洲复兴开发银行秘书长恩佐在北京共同签署《关于加强在“一带一路”倡议下相关领域合作的谅解备忘录》。多边开发银行是推动国际发展合作的重要力量，是“一带一路”建设的重要发展伙伴。中国财政部已与这六家多边开发银行达成共识，共同加大对基础设施和互联互通项目的支持力度，努力为“一带一路”构建稳定、多元、可持续的融资机制。为落实上述领域务实合作，中国财政部还将联合多边开发银行设立多边开发融资合作中心。

亚投行成员增至 77 个。5 月 13 日，亚投行宣布批准新一批 7 个意向成员加入，包括巴林、塞浦路斯、萨摩亚等 3 个域内成员，以及玻利维亚、智利、希腊、罗马尼亚等 4 个域外成员。自此，亚投行成员总数扩大到 77 个。按程序，7 个意向成员还需完成国内法定流程并将首笔资本金缴存银行后，才能成为正式成员。亚投行将向新成员分配现有未分配的股份。亚投行行长金立群对新成员的加入表示欢迎，并表示亚投行将与各成员共同努力，满足区域基础设施发展需求。

IMF 与中国人民银行建立联合能力建设中心。5 月 14 日，中国人民银行行长周小川与 IMF 总裁拉加德签署了《中国人民银行与国际货币基金组织关于建立中国—基金组织联合能力建设中心谅解备忘录》，旨在进一步加强双方在能力建设方面的合作，更好地服务中国宏观经济金融发展，并满足“一带一路”沿线国家的能力建设需求。周小川表示，在中国建立新的能力建设中心不仅符合双方利益，也将服务于 IMF 在“一带一路”沿线成员的利益。拉加德对中国人民银行倡议建立新的能力建设中心、加强与 IMF 的合作表示欢迎。根据安排，联合能力建设中心将设在北京。

三、国际大宗商品

本周纽约原油期货累计上涨 3.2%。截至周四，本周纽约原油期货累计上涨 3.2%。周一纽约原油期货上涨 1.01 美元，收于每桶 48.85 美元；周二纽约原油期货收跌 0.19 美元，收于每桶 48.66 美元；周三纽约原油期货上涨 0.41 美元，收于每桶 49.07 美元；周四纽约原油期货上涨 0.28 美元，收于每桶 49.35 美元。

本周纽约黄金期货累计上涨 2%。截至周四，本周纽约黄金期货累计上涨 2%。周一纽约黄金期货上涨 0.2%，收于每盎司 1230 美元；周二纽约黄金期货上涨 0.5%，收于每盎司 1236.4 美元；周三纽约黄金期货上涨 1.8%，收于每盎司 1258.7 美元；周四纽约黄金期货下跌 0.5%，收于每盎司 1252.8 美元。

四、区域合作

“一带一路”国际合作高峰论坛在北京举行。5 月 14—15 日，“一带一路”国际合作高峰论坛在北京举行。中国国家主席习近平出席“一带一路”国际合作高峰论坛开幕式，并发表题为《携手推进“一带一路”建设》的主旨演讲，强调坚持以和平合作、开放包容、互学互鉴、互利共赢为核心的丝路精神，携手推动“一带一路”建设行稳致远，将“一带一路”建成和平、繁荣、开放、创新、文明之路，迈向更加美好的明天。国务院副总理张高丽主持开幕式。俄罗斯总统普京、土耳其总统埃尔多安、联合国秘书长古特雷斯也在开幕式上致辞。“一带一路”国际合作高峰论坛是中国首倡举办的“一带一路”建设框架内层级最高、规模最大的国际会议，主题是“加强国际合作，共建‘一带一路’，实现共赢发展”，由开幕式、领导人圆桌峰会、高级别会议三部分组成。包括 29 位外国元首和政府首脑在内的来自 130 多个国家和 70 多个国际组织约 1500 名代表出席此次高峰论坛。习近平主席宣布，第二届“一带一路”国际合作高峰论坛将于 2019 年在中国举行。

“深化伙伴关系，实现联动发展”国际研讨会在北京举行。5 月 17 日，财政部举办的“深化伙伴关系，实现联动发展”国际研讨会在北京举行。中国财政部副部长史耀斌、世界银行集团常务副行长兼首席行政官杨少林、国家发展改革委西部司巡视员欧晓理出席开幕式并致辞。来自世界银行、亚洲开发银行、亚洲基础设施投资银行、金砖国家新开发银行、欧洲投资银行、欧洲复兴开发银行等多边开发机构的高管，国家开发银行、中国进出口银行、丝路基金、京东集团、华夏幸福等国内金融机构及私营部门高层代表，财政部、国家发展改革委、商务部等政府部门代表共 60 余人参加了会议。中国香港金管局亦派代表与会。

本次会议以“深化伙伴关系，实现联动发展”为主题。与会各方就如何充分发挥世界银行等多边开发机构在“一带一路”建设中的作用，深化政府部门、多边开发机构、金融机构、机构投资者及私营部门间的伙伴关系，动员更多资源协同推动“互联互通”建设等进行了讨论，达成诸多共识。

中国和格鲁吉亚在北京正式签署自由贸易协定。5 月 13 日，中国和格鲁吉亚在北京正式签署自由贸易协定，双方将尽快履行国内程序，力争于 2017 年年底或 2018 年年初使协定正式生效。中格自贸协定谈判于 2015 年 12 月份启动，2016 年 10 月份结束实质性谈判，历时不到一年，成为中国在欧亚地区完成的第一个自贸协定谈判。该协定涵盖货物贸易、服务贸易、原产地规则、海关程序和贸易便利化、技术性贸易壁垒等共 17 个章节。预计协定生效之后，格鲁吉亚对中国出口有望增长 30%，中国对格鲁吉亚出口有望增长 7%。

五、全球宏观经济形势

APEC：预计成员经济体 2017 年经济增长 3.8%。5 月 17 日，APEC 发布《APEC 区域经济趋势分析》报告称，APEC 成员经济体 2017 年和 2018 年总体经济增长率有望达到 3.8%，较 2016 年增加 0.2 个百分点，远高于全球经济增速。报告指出，2016 年 APEC 成员经济体商品出口下降了 4.1 个百分点，2017 年有所反弹。数据显示，2017 年 APEC 成员国贸易额已达全球贸易总量的一半，GDP 总量占据了全球 GDP 总量的 60%。报告认为，提高经济政策的清晰度、透明度及持续性会在短期内改善地区经济规模和增长势头。除此之外，包括鼓励创新、降低市场准入门槛、完善劳动力保护和环境标准、构建社会安全网在内的结构性改革也十分必要。

IMF：中东欧经济缓慢复苏。5 月 12 日，IMF 发布中东欧地区《区域经济展望》报告称，中东欧和东南欧地区经济正在复苏，但受劳动力减少和生产率下降影响，与西欧经济增速仍有较大差距。报告指出，受全球经济环境改善和新一轮欧盟预算将为该地区欧盟成员带来更多投资等因素影响，预计 2017 年俄罗斯经济增速将升至 2.2%；独联体以外的中东欧地区经济增长有望加速。

报告认为，该地区生产率和投资率较低，人口老龄化加剧，长期潜在增长率仍低于金融危机前水平。发达经济体利率上升可能会引起该地区资本外流。长期来看，西欧经济增长放缓、全球范围的内向型政策、一体化进程面临倒退风险等，都可能影响中东欧地区增长。为此，IMF 建议相关国家政府应着力降低债务水平，扩大缓冲空间，提高生产率和投资率。主要措施包括加强机构能力建设，提高公共部门效率，提高劳动参与率等。

OECD 国家 3 月份失业率降至 6.0%。OECD 发布数据显示，OECD 国家 3 月份失业率较 2 月份下降 0.1 个百分点，至 6.0%。失业人数为 3750 万人，比金融危机前的 2008 年 4 月份增加 490 万人。其中，欧元区 3 月份整体失业率稳定在 2 月份的水平，为 9.5%。国别来看，拉脱维亚失业率下降 0.2 个百分点，至 9.0%；爱尔兰、荷兰、斯洛伐克共和国及斯洛文尼亚的失业率则分别为 6.4%、5.1%、8.4% 及 7.6%；而奥地利和意大利的失业率均增长了 0.2 个百分点，分别为 5.9% 和 11.7%。美国失业率下降 0.2 个百分点至 4.5%；加拿大失业率则增加了 0.1 个百分点至 6.7%；日本失业率稳定在 2.8% 的水平；韩国失业率为 3.7%，降幅为 0.3 个百分点。更多数据显示，美国和加拿大 4 月份的失业率将继续走低，分别降至 4.4% 及 6.5%。

第 21 周　（2017/05/20—2017/05/26）

5 月 20—26 日，国际财经要情有：美联储维持联邦基金利率 0.75%—1% 不变；加拿大央行维持隔夜基准利率 0.5% 不变；欧盟正式批准启动英国“脱欧”谈判；德国一季度 GDP 季环比上升 0.6%；英国一季度 GDP 季环比上升 0.2%；第二十三届 APEC 贸易部长会议在越南举行；《区域全面经济伙伴关系协定》部长级会议在越南举行；IMF：亚太地区经济增长全球最强。

一、区域观察

1. 北美地区

美联储维持联邦基金利率 0.75%—1% 不变。5 月 24 日，美联储发布 5 月份货币政策会议纪要称，若经济增长和加息路径符合预期，2017 年将缩表，暂维持联邦基金率 0.75%—1% 不变。美国经济活动增速放缓，但劳动力市场依然强劲。近几个月就业稳定增长，失业率下降，家庭消费支出小幅上涨。一季度经济疲软只是暂时现象，劳动力市场会进一步加强，未来美国经济将温和增长，中期通胀会维持在 2% 左右。美联储官员还就缩表达成共识，即对每月到期不再投资的债券规模设定上限，并每三个月提高一次上限，从而逐步将资产负债表恢复至正常水平。

美国 4 月份货物贸易赤字 676 亿美元。5 月 25 日，美国商务部数据显示，经季调后，美国 4 月份货物贸易赤字 676 亿美元，环比增加 25 亿美元。其中，出口额为 1259 亿美元，环比减少 11 亿美元；进口额为 1934 亿美元，环比减少 14 亿美元。

美联储：30% 美国人面临财务困难。5 月 19 日，美联储发布《美国经济福利报告》称，尽管美国家庭总体财务状况在 2016 年略有改善，仍有 30% 美国人面临财务困难。同时，高等教育债务问题十分突出，超过一半的 30 岁以下受访者曾申请助学贷款，约 19% 的成年人仍由父母偿还债务。此外，约 23% 的受访者不能按期支付本月账单，约25%的受访者因为成本太高而不接受医疗，约44%的受访者无法支付或只能通过借贷方式支付400美元紧急费用，28%的成年人无退休储蓄。

美国4月份新屋和成屋销售环比分别下降11.4%和2.3%。5月23日，美国商务部数据显示，经季调后，美国4月份新屋销售年化总数为56.9万户，环比下降11.4%，同比上升0.5%。此外，美国3月份房价中值为30.92万美元，均值为36.83万美元。美国4月份成屋销售年化总数为557万户，环比下降2.3%，同比上升1.6%。

加拿大央行维持隔夜基准利率0.5%不变。5月24日，加拿大央行宣布隔夜基准利率、银行利率和存款利率将分别维持在0.5%、0.75%、0.25%不变。全球经济持续获得动能，将逐步向预期扩张。国内零售业激烈竞争导致食品价格继续下滑，造成通胀暂时下降，核心通胀率仍低于2%。政府已基本完成对油价的调整，近期商业投资等数据提振了市场信心。总体而言，加拿大一季度经济增长强劲，预计二季度经济表现会略温和。

2. 拉美地区

阿根廷1—4月贸易额同比增长5.4%。阿根廷国家统计局数据显示，阿根廷1—4月贸易额为362.07亿美元，出口额为174.95亿美元，进口额为187.12亿美元，同比分别增长5.4%、1.8%和9.1%。阿根廷1—4月贸易逆差为12.17亿美元。

3. 欧洲

欧盟正式批准启动英国“脱欧”谈判。5月22日，欧盟理事会发布消息称，欧盟正式批准启动英国“脱欧”谈判，并任命欧委会为欧盟谈判代表。谈判预计分多阶段进行，第一阶段需协商财务结算、公民权利和爱尔兰边界等问题。在英国正式退出欧盟成为第三方国家后，再就未来关系问题展开下阶段讨论。

德国一季度GDP季环比上升0.6%。5月23日，德国联邦统计局数据显示，经季调后，德国一季度GDP季环比上升0.6%。其中，机械设备固定资本形成总额环比上升1.2%；建筑业固定资本形成总额环比上升2.3%；家庭消费支出环比上升0.3%；政府支出环比上升0.4%；货物和服务出口环比上升1.3%，进口环比上升0.4%。

英国一季度GDP季环比上升0.2%。5月25日，英国国家统计局数据显示，英国一季度GDP季环比上升0.2%，其中，农业、制造业、建筑业环比持平，服务业环比上升0.2%。由于物价上升，零售和住宿市场紧缩，家庭消费支出减少。服务业中，商业服务和金融业增速最大。

法国5月份制造业PMI初值为54.0。5月23日，市场调查机构Markit数据显示，法国5月份制造业PMI初值为54.0，环比下降1.1个点，为2个月以来最低；制造业产出指数初值为55.8，环比下降0.3个点，为2个月以来最低；服务业

PMI初值为58.0，环比上升1.3个点，为72个月以来最高。

俄罗斯1—4月工业生产增长0.7%。5月18日，俄罗斯国家统计局数据表明，俄1—4月工业生产增长0.7%。其中，1月份工业生产环比增长0.7%，2月份环比下降1.5%，3月份环比增长1.2%，4月份环比增长0.8%。

4. 亚洲

日本内阁府：日本经济温和复苏。5月24日，日本内阁府发布5月份日本经济报告称，日本经济温和复苏。其中，私人消费和商业投资均呈上升趋势，出口、工业生产均有所增长，企业和就业状况改善。预计短期内日本经济将持续复苏，但仍需关注海外经济体的不确定性和资本市场波动。

日本4月份CPI同比上升0.4%。5月26日，日本总务省数据显示，日本4月份CPI为100.3，同比上升0.4%，经季调后，环比上升0.1%。剔除生鲜食品和能源，日本4月份核心CPI为100.7，同比持平，经季调后，环比上升0.1%。

日本4月份贸易盈余4817.49亿日元。5月22日，日本财务省数据显示，未经调整，日本4月份贸易账户盈余4817.49亿日元，同比下降40.6%。其中，4月份出口额为63292.01亿日元，同比上升7.5%；进口额为58474.52亿日元，同比上升15.1%。

韩国一季度对外直接投资同比增长30.2%。5月19日，韩国企划财政部数据显示，韩国一季度对外直接投资为107.1亿美元，环比增长9%，同比增长30.2%。其中，对美国投资同比增长142.8%，对越南投资同比增长4%，对中国投资同比下降18.6%，对新加坡投资同比增长50.6%，对开曼群岛投资同比下降57.3%。

新西兰4月份贸易顺差5.78亿纽元。5月24日，新西兰国家统计局数据显示，新西兰4月份贸易顺差5.78亿纽元。其中，出口额为48亿纽元，同比上升9.8%；进口额为42亿纽元，同比上升4.9%。

5. 非洲

南非2017年GDP增速或为1%。IMF上调南非经济增长预期至1%，主要是由于南非旱灾结束有助于提高农业产量，大宗商品价格上涨将提振矿业部门增长。IMF预计，南CPI很可能将在2017年下半年降至6%以下，回落至南非储备银行的目标区间。

二、国际组织

第二十三届APEC贸易部长会议在越南举行。5月20—21日，第二十三届APEC贸易部长会议在越南河内举行。会议围绕促进可持续、包容和创新增长，提高中小微企业竞争力及创新能力，支持多边贸易体制和世贸组织，推进区域经济一体化，APEC“后 2020”愿景等议题进行了广泛深入讨论。会议通过了《第 23 届贸易部长会议共同行动》。APEC 各经济体贸易部长、有关国际组织负责人、APEC 观察员代表出席了会议。中国商务部部长钟山率中国政府代表团出席会议。中方向会议提交了《关于 APEC“后 2020”贸易投资合作愿景的非文件》，呼吁 APEC 经济体共同树立“共商、共建、共享”的区域合作新理念，推动实现全面、高质量的亚太自贸区，构建全方位贸易互联互通网络，打造更具包容性的亚太全球价值链，培育新的经济增长源泉，得到与会各方的积极响应。

亚投行与泛美开发银行签署谅解备忘录。亚投行行长金立群、泛美开发银行行长（IDB）莫雷诺和泛美投资公司总裁斯克里文签署谅解备忘录，旨在加强亚投行与泛美开发银行在知识交流、政策协调及各成员基础设施项目的联合融资等领域的合作。金立群表示，推动合作与经济发展是亚投行与 IDB 的共同愿景，双方将为此建立伙伴关系，共同促进可持续发展。莫雷诺称，该协议将强化亚洲与拉美和加勒比国家的贸易、投资和商业伙伴关系。泛美投资公司参与该协议，将有利于激活各地区商业活力，促进各伙伴国经济发展。

OECD 称应对气候变化投资有助于经济增长。5 月 23 日，OECD 发布最新报告显示，应对气候变化投资有助于经济增长，如将经济增长和气候治理规划相结合，G20 国家人均 GDP 有望在 2021 年和 2050 年分别实现 1% 和 2.8% 的增长；若考虑有效防治沿海洪灾和龙卷风等自然灾害，应对气候变化对 2050 年 GDP 增长的贡献率将达到 5%。研究表明，若将全球气温增长控制在 2℃以内，从现在起到 2030 年基础设施建设领域每年需要 6.9 万亿美元的资金投入。高能效的气候友好型基础设施投资，每年可节省 1.7 万亿美元的化石能源消耗。如果到 2025 年后再提振保护环境相关的基础设施投资，将使 G20 国家损失 2% 的 GDP 增长。

OPEC 宣布减产协议延长 9 个月。5 月 25 日，OPEC 成员国在维也纳召开会议，宣布将现有的减产协议延长至 2018 年 3 月底，减产规模维持不变。同时，OPEC 和俄罗斯等主要非 OPEC 产油国达成一致，继续维持 OPEC 和非 OPCE 成员产油国合计 180 万桶/日的减产规模。由于减产规模没有扩大，也无新产油国加入减产，市场普遍认为该减产协议低于预期，国际油价随即下跌逾 4%。

三、国际大宗商品

本周纽约原油期货累计下降 2.8%。截至周四，本周纽约原油期货累计下降 2.8%。周一纽约原油期货上涨 0.4 美元，收于每桶 50.73 美元；周二纽约原油期货上涨 0.34 美元，收于每桶 51.47 美元；周三纽约原油期货下跌 0.11 美元，收于每桶 51.36 美元；周四纽约原油期货下跌 2.46 美元，收于每桶 48.90 美元。

本周纽约黄金期货累计上涨 0.2%。截至周四，本周纽约黄金期货累计上涨

0.2%。周一纽约黄金期货上涨 0.6%，收于每盎司 1261.4 美元；周二纽约黄金期货下跌 0.5%，收于每盎司 1255.5 美元；周三纽约黄金期货下跌 0.2%，收于每盎司 1253.1 美元；周四纽约黄金期货上涨 0.3%，收于每盎司 1256.4 美元。

四、区域合作

《区域全面经济伙伴关系协定》部长级会议在越南举行。5 月 21—22 日，《区域全面经济伙伴关系协定》（RCEP）部长级会议在越南河内举行。东盟 10 国、中国、澳大利亚、印度、日本、韩国、新西兰等 16 方经贸部长出席会议。中国商务部部长钟山率中国政府代表团与会。中方表示将一如既往坚定支持东盟核心领导地位，与各方共同加速推进各领域谈判，力争在货物、服务、投资三大市场准入领域取得突破性进展，努力实现各国领导人指示的迅速结束谈判的目标。

五、全球宏观经济形势

IMF 称亚太地区经济增长全球最强。IMF 发布《亚太地区经济展望报告》指出，亚太地区经济增长势头全球最强，但短期面临导致经济下行的不确定性，中长期由于人口老龄化问题加剧及生产率疲软，经济增长会面临一定阻力。报告指出，2017 年，亚太地区经济增长预计从 2016 年的 5.3% 升至 5.5%。由于持续的政策支持及近期强劲经济数据的支撑，2017 年中国和日本经济增长数据将较 2016 年 10 月份有所上调。而印度和韩国则分别因“废钞”政策和政局不稳，经济增长预期有所下调。但从中长期来看，印度经济将加速增长，中国经济增长压力较大。IMF 建议，亚太地区的宏观经济政策应继续致力于提高经济韧性、促进外部再平衡、推动结构性改革和包容性增长，以应对人口老龄化挑战并提高生产率。

非洲开行发布《2017 年非洲经济展望》报告。5 月 22 日，非洲开发银行第 52 届年会发布《2017 年非洲经济展望》报告，提出非洲各国政府应致力于将创业精神充分地融入到工业化战略中。报告显示，2016 年非洲经济增速从 2015 年的 3.4% 降至 2.2%，目前大宗商品价格低迷，全球经济复苏缓慢，恶劣的天气条件影响非洲部分地区的农业生产，这些不利因素将导致非洲经济增速下滑。报告预测，如大宗商品价格回升，2017 年和 2018 年非洲地区经济增速有望分别达到 3.4% 和 4.3%。

OECD 国家一季度经济增速下滑。5 月 22 日，OECD 发布数据显示，经合组织国家 2017 年一季度实际 GDP 增速降至 0.4%，低于 2016 年第四季度的 0.7%。数据显示，从 2016 年四季度到 2017 年一季度，美国经济增速由环比 0.5% 降至 0.2%，英国和法国经济增速分别由 0.7% 和 0.5% 降至 0.3%，意大利经济增速稳定在 0. 2%。德国和日本经济增长向好，增速分别上升至 0. 6% 和 0. 5%。欧盟整体经济增速从 2016 年四季度的 0. 6% 降至 2017 年的 0. 5%，欧元区国家经济增速则稳定在 0. 5%。与 2016 年同期相比，OECD 国家 2017 年一季度经济增长 2. 0%。七大主要经济体中，英国经济增长率最高，达到 2. 1%，意大利和法国经济增速最低，均为 0. 8%。

第 22 周（2017/05/27—2017/06/02）

5 月 27 日—6 月 2 日，国际财经要情有：美国一季度实际 GDP 年化季率上修为 1.2%；加拿大一季度实际 GDP 环比上升 0.9%；巴西央行下调利率 1 个百分点至 10.25%；欧盟执委会建议欧元区强化财政统一；法国一季度 GDP 初值环比上升 0.4%；尼日利亚一季度 GDP 同比萎缩 0.52%；七国集团（G7）峰会在意大利举行；中德总理年度会晤在德国举行；G20 国家一季度国际商品贸易增长加速。

一、区域观察

1. 北美地区

美国一季度实际 GDP 年化季率上修为 1.2%。5 月 26 日，美国商务部发布数据显示，美国一季度实际 GDP 年化季率上修为 1.2%，初值为 0.7%。非住宅固定投资、出口、住宅固定投资、个人消费支出上升是 GDP 增长的主要原因；私人库存投资、州与地方政府支出、联邦政府支出均呈下滑趋势。数据还显示，美国一季度实际 GDI 年化季率为 0.9%。

美联储：美国经济继续温和扩张。5 月 31 日，美联储发布褐皮书显示，4 月 11 日—5 月 22 日，美国各地区经济活动继续温和扩张。在劳动力需求强劲的背景下，劳动力供给仍比较紧张，价格水平仍无明显回升。报告显示，波士顿和芝加哥地区经济出现了一定程度的放缓迹象，纽约地区经济增长几乎为零。多数地区消费者支出疲软，但制造业活动和房地产市场活动保持温和增长，能源行业开始逐步复苏。

美国 4 月份个人收入环比增长 0.4%。5 月 30 日，美国商务部数据显示，美国 4 月份个人收入环比增长 584 亿美元，增幅为 0.4%；个人可支配收入环比增长 565 亿美元，增幅为 0.4%；个人消费支出环比增长 532 亿美元，增幅为 0.4%。数据还显示，美国 4 月份实际个人可支配收入环比增长 0.2%；实际个人消费支出环比增长 0.2%。

加拿大一季度实际 GDP 环比上升 0.9%。5 月 31 日，加拿大国家统计局发布数据显示，加拿大一季度实际 GDP 环比上升 0.9%。其中，家庭消费支出环比上升 1.1%；固定资本形成总额环比上升 2.9%；进口总额环比上升 3.3%；出口总额环比下降 0.1%。数据还显示，一季度实际 GDP 年化季率为 3.7%。

2. 拉美地区

巴西央行下调利率 1 个百分点至 10.25%。5 月 31 日，巴西央行发布消息称，巴西央行将下调利率 1 个百分点至 10.25%。预计巴西 2017—2019 年通胀率将分别为 4.0%、4.4%、4.25%。巴西央行将根据巴西经济结构性利率决定是否延长货币宽松周期。此外，预计巴西央行将在下次议息会议适度放缓货币宽松步伐。

3. 欧洲

欧盟和欧元区 4 月份失业率分别为 7.8%和 9.3%。5 月 31 日，欧盟统计局数据显示，经季调，欧盟 4 月份失业率为 7.8%，环比下降 0.1 个百分点，同比下降 0.9 个百分点，为 2008 年 12 月以来最低。欧元区 4 月份失业率为 9.3%，环比下降 0.1 个百分点，同比下降 0.9 个百分点，为 2009 年 3 月份以来最低。

欧元区 5 月份通胀率为 1.4%。5 月 31 日，欧盟统计局数据显示，欧元区 5 月份通胀年率初值为 1.4%，环比下降 0.5 个百分点。其中，能源价格同比增长 4.6%；食品、酒精、烟草价格同比增长 1.5%；服务价格同比增长 1.3%；非能源工业品价格同比增长 0.3%。市场分析人士认为，欧元区通胀率波动，增加了欧洲央行货币政策的不确定性。

欧盟执委会建议欧元区强化财政统一。5 月 30 日，欧盟执委会发布文件，分析了 2010—2012 年主权债务危机后欧元区可能进行的改革，提出加强欧元区财政统一的建议，包括欧元区可能需要发行共同债券并实行统一预算。执委会认为，虽然一些问题得到解决，但欧盟成员国政府需进一步努力，建成一个运转最为优化的经济与货币共同体。欧元区一体化的后期需成立欧元区财政部，发挥宏观经济稳定功能，定期积累并分配资金以应对重大冲击，甚至有权进行借贷。在经济形势上行时，欧元区财政部可推出节省支出方面的相关规定。

欧元区 5 月份制造业 PMI 为 57.0。6 月 1 日，市场调查机构 Markit 数据显示，欧元区 5 月份制造业 PMI 为 57.0，环比上升 0.3 个点，创 6 年多以来新高。其中，产出分项指数为 58.3，环比上升 0.4 个点；新订单指数为 57.8，环比上升 0.1 个点。制造业向好或表明，欧元区经济显露出全面复苏迹象。

德国 4 月份失业率为 3.9%。5 月 31 日，德国联邦统计局发布数据显示，德国 4 月份就业率为 67%，环比维持不变，就业总人口为 4155 万人；失业率为 3.9%，环比维持不变，失业总人口为 169 万人。

法国一季度 GDP 初值环比上升 0.4%。5 月 30 日，法国国家统计局数据显示，经季调后，法国一季度 GDP 初值环比上升 0.4%。其中，家庭消费支出环比上升 0.1%，政府消费支出环比上升 0.3%，固定资本形成总额环比上升 1.2%，进口总额环比上升 1.4%，出口总额环比下降 0.8%。

意大利 4 月份失业率初值为 11.1%。5 月 31 日，意大利国家统计局数据显示，意大利 4 月份失业率初值为 11.1%，环比下降 0.4 个百分点；就业人数为 2299.8 万人，环比增长 0.4%；失业人数 288 万人，环比下降 3.5%；就业率为 57.9%，同比增长 0.2 个百分点。

4. 亚洲

日本企业一季度经常利润同比增长 26.6%。6 月 1 日，日本财务省数据显示，除金融和保险业外，日本一季度企业经常利润达 20.13 万亿日元，同比大幅增长 26.6%，为 1954 年以来一季度历史最高纪录。其中，受新型车投放市场销量上升，智能手机零部件、钢铁和电机需求旺盛等因素驱动，制造业一季度经常利润同比猛涨 70.3%；非制造业经常利润同比增长 10.7%。同时，日本全产业一季度设备投资额达 14.29 万亿日元，同比增长 4.5%，为连续两个季度出现正增长。市场分析人士认为，这表明在全球经济回暖的背景下，日本企业开始积极投资。2020 年即将举办东京奥运会，也增强了企业投资意愿。

日本 4 月份失业率为 2.8%。5 月 31 日，日本总务省数据显示，经季调后，日本 4 月份失业率为 2.8%，环比维持不变；就业人数为 6500 万人，同比上升 1.2%，就业率为 58.5%；失业人数为 197 万人，同比下降 12.4%。

韩国政府将正式讨论追加预算案。5 月 31 日，韩国企划财政部发布消息称，韩政府将在下月初举行的国务会议上，正式讨论 2017 年度预算追加案，通过后于 6 月 7 日提交国会。新追加预算约 10 万亿韩元，将用于年内新雇用 1.2 万名公务员。该年度追加预算案为韩总统文在寅落实大选中关于增加就业的承诺的务实之举。共同民主党强调，追加预算有助于增加就业岗位，是启动经济增长的必然之需。而自由韩国党、国民之党、正党则对追加预算案持反对态度。三党都认为，在公共部门增加就业岗位，将会给国家财政造成巨大负担。

澳大利亚 4 月份零售销售额环比上升 1%。6 月 1 日，澳大利亚国家统计局数据显示，经季调后，澳大利亚 4 月份零售销售额环比上升 1%。其中，食品零售额环比上升 1.2%；百货公司零售额环比上升 2.5%；日常用品零售额环比上升 0.4%；服饰零售额环比上升 0.3%。

5. 非洲

尼日利亚一季度 GDP 同比萎缩 0.52%。尼日利亚国家统计局数据显示，尼一季度 GDP 总值 18.3 万亿奈拉，同比萎缩 0.52%，环比上升 1.21%，为 2016 年一季度以来连续第五个季度出现经济收缩。其中，第一产业增加值为 3.91 万亿奈拉，增长 3.39%；第二产业增加值为 4.24 万亿奈拉，萎缩 4.19%；第三产业增加值为 10.15 万亿奈拉，萎缩 0.37%。第一产业增加值占 GDP 比为

21.35%，第二产业增加值占 GDP 比为 23.21%，第三产业增加值占 GDP 比为 55.45%。

二、国际组织

七国集团（G7）峰会在意大利举行。5 月 26 日，七国集团峰会在意大利举行，美国、德国、英国、法国、意大利、加拿大和日本七国领导人与会。在为期两天的会议中，七国领导人将围绕安全与反恐、经济环境和社会可持续发展、缩小贫富差距、创新与就业等议题展开讨论。在 5 月 22 日英国曼彻斯特恐怖袭击发生后，安全与反恐问题成为本次七国集团峰会的最重要议题。根据会后发表的联合公报，七国仅在反恐与安全问题上达成部分一致，在促进自由贸易、应对气候变化方面的分歧仍然存在。

IMF 称政策不确定性阻碍日本经济发展。5 月 30 日，IMF 发布报告指出，政策高度不确定性是日本经济的一大挑战，可能会危害国民经济运行。但切实可行的税收、支出和结构性改革计划以及明确的货币政策可降低不确定性。报告认为，高度的政策不确定性可能会阻碍投资、降低就业率并抑制经济增速。政策不确定性的提高或预示日本宏观经济有恶化的可能。其中，财政政策不确定性是日本经济政策不确定性的主要因素，而税收和财政支出对日本尤为重要。此外，全球因素也对日政策不确定性产生影响。为此，IMF 建议，可靠的政策计划和强有力的政策框架可降低政策不确定性，日本可进行商品和劳动力市场结构性改革。此外，降低不确定性影响的对策还包括促进妇女和老年人就业、明确贸易政策方向、改善日本财政长期可持续性等。货币政策方面，应通过前瞻性指导和其他措施来完善日本央行沟通框架。

世行称碳定价为可持续投资提供重要保障。5 月 29 日，碳定价高级别委员会发布最新报告显示，到 2020 年碳价格将达每公吨二氧化碳当量 40—80 美元，2030 年达每公吨 50—100 美元。若结合配套政策，巴黎协定的目标有望实现。报告认为，碳定价可以成为高效的收益来源，帮助政府增强社会安全网，为基础设施融资，或以退税、减税等形式返还纳税人。2016 年，各国政府征收碳税收入达 260 亿美元，较上年增长了 60%。世行最新发布的《2017 年碳定价观察》显示，全球碳定价行动倡议在过去 5 年增长了近一倍。世行气候变化局局长罗姆认为，碳定价是引导气候变化融资的有效手段之一。强大的、可预测的碳价格机制将为私营部门投资长期气候友好型项目提供必要的稳定性，有助于引导政府将气候风险与机遇纳入规划和预算中。

三、国际大宗商品

本周纽约原油期货累计下跌 2.9%。截至周四，本周纽约原油期货累计下跌 2.9%。周一纽约商品交易所休市；周二纽约原油期货下跌 0.14 美元，收于每桶 49.66 美元；周三纽约原油期货下跌 1.34 美元，收于每桶 48.32 美元；周四纽约原油期货微升 0.04 美元，收于每桶 48.36 美元。

本周纽约黄金期货价格与上周基本持平。截至周四，本周纽约黄金期货价格与上周基本持平，累计跌幅约 0.1%。周一纽约商品交易所休市；周二纽约黄金期货下跌 0.5%，收于每盎司 1265.7 美元；周三纽约黄金期货上涨 0.8%，收于每盎司 1275.40 美元，5 月份累计上涨约 0.6%；周四纽约黄金期货下跌 0.4%，收于每盎司 1270.1 美元。

四、区域合作

中德总理年度会晤在德国举行。5 月 31 日，中国国务院总理李克强在柏林同德国总理默克尔举行中德总理年度会晤。李克强指出，中德经济互补性强，利益契合点多，合作潜力巨大。中方愿将“中国制造 2025”与德国“工业 4.0”等发展战略更好对接，相互平等开放，把合作蛋糕做大，深化制造业、能源、航空、创新、中小企业等合作。希望德方为中国自主研发制造的大飞机 C919 取得欧盟适航认证提供支持。加强教育、文化、旅游等合作，进一步便利人员往来。中方支持德方主办好 2017 年二十国集团领导人峰会，愿携手推进全球经济治理，促进世界经济强劲、可持续、平衡增长。默克尔表示，德国是中国可靠的合作伙伴，两国关系十分强劲，合作良好。当前国际形势下，德中保持密切高层对话十分重要。德方愿同中方本着互利双赢的精神，进一步加强贸易投资、金融、新能源汽车、医疗、人文等诸多领域的交流与合作，落实好德国“工业 4.0”战略与“中国制造 2025”的对接，在二十国集团框架内扩大合作。

2017 年金砖国家经贸联络组第二次会议在北京召开。2017 年金砖国家经贸联络组第二次会议在北京召开，会议围绕贸易便利化、投资便利化、服务贸易、电子商务、知识产权、经济技术合作和支持多边贸易体制等议题进行讨论。巴西、俄罗斯、印度、中国和南非等五个金砖国家成员，世贸组织、联合国贸发会议、联合国工发组织、国际贸易中心等国际组织以及金砖国家工商理事会代表与会。此外，会议期间还召开了金砖国家示范电子口岸专家对话，金砖国家知识产权合作机制首次会议和金砖国家电子商务合作专家对话。根据安排，中方于 7 月在上海举办金砖国家经贸部长会议，并在此前举办三次经贸联络组会议。

五、全球宏观经济形势

G20 国家一季度国际商品贸易增长加速。5 月 29 日，OECD 发布最新数据显示，G20 国家国际商品贸易在 2017 年一季度经季节性因素调整后，以现价美元计，连续第四个季度保持增长，增长速度为 2011 年二季度以来的最快。

2017 年一季度，G20 出口增长率回升到 3%，高于 2016 年四季度的 1.5%。进口增长率上升 4%，明显高于上一季度 1.2% 的增长速度。综合来看，G20 商品贸易几乎恢复到危机前的水平，但仍比 2011—2014 年的高点低约 10%。数据显示，G20 国家 2017 年一季度进口都有所增长，其中，中国增长最为强劲，增长率为 9.6%，这一数据将中国的贸易盈余降至 2014 年第二季度以来的最低水平（942 亿美元）。同时，阿根廷、巴西和印度也展现强劲增长，增长率分别为 5.0%、9.1% 和 6.5%。同为 OECD 和 G20 的成员国中，进口增长率最高的为韩国的 8.2%，最低的为土耳其的 1.8%。

非洲开行：非洲经济保持快速稳定增长。非洲开发银行在年会期间发布报告指出，2016 年非洲地区经济增长势头良好，经济增速仅次于南亚地区，位居世界第二。报告显示，2016 年非洲地区经济平均增速为 2.2%，而发达经济体平均经济增速为 2%。报告预计，由于国内需求提振，2017 年非洲地区经济平均增速将达 3.4%，2018 年有望达到 4.3%。同时，随着非洲地区城市化进程不断加快，消费市场日益受到国外投资者的关注，该地区国外直接投资有所增长，2016 年达 565 亿美元。作为非洲地区最主要公共财政来源的政府开发援助资金下降了 1.7%。

第 23 周（2017/06/03—2017/06/09）

6 月 3—9 日，国际财经要情有：美国 5 月份失业率为 4.3%；巴西一季度 GDP 环比增长 1%；日本一季度 GDP 终值环比增长 0.3%；澳大利亚一季度 GDP 同比增长 1.7%；联合国贸发会议发布《2017 年世界投资报告》；第十九次中国—欧盟领导人会晤在布鲁塞尔举行；世行：全球经济增速有望升至 2.7%。

一、区域观察

1. 北美地区

美国 5 月份失业率为 4.3%。6 月 2 日，美国劳工统计局数据显示，经季调后，美国 5 月份失业率为 4.3%，环比下降 0.1 个百分点，为 2001 年 5 月份以来最低，失业人口为 690 万人。数据还显示，美国 5 月份非农就业新增 13.8 万人，教育业、卫生服务业、采矿业等领域就业增长。

特朗普政府开启美国"基建周"。6 月 7 日，美国白宫发布消息称，特朗普政府将开启美国"基建周"，致力于解决美国受损的基础设施。基础设施计划主要包括以下三方面：一是减少航班拥堵、节约飞行时间和燃料、加快设备改造和技术升级；二是强化内陆水路系统；三是提高基础设施项目建设效率。

美国 4 月份货物与服务贸易赤字 476 亿美元。6 月 2 日，美国商务部数据显示，经季调后，美国 4 月份货物与服务贸易赤字 476 亿美元，环比增加 23 亿美元。其中，出口额为 1910 亿美元，环比减少 5 亿美元；进口额为 2386 亿美元，环比增加 19 亿美元。

加拿大 4 月份国际商品贸易赤字 3.7 亿加元。6 月 2 日，加拿大国家统计局数据显示，加拿大 4 月份国际商品贸易赤字 3.7 亿加元。其中，出口额为 477 亿加元，环比增长 1.8%，同比增长 14.7%；进口额为 481 亿加元，环比增长 0.6%，同比增长 7.4%。

2. 拉美地区

巴西一季度 GDP 环比增长 1%。6 月 1 日，巴西地理统计局数据显示，巴西一季度 GDP 环比增长 1%，为连续 8 个季度衰退后首次正增长。其中，农业环比增长 13.4%，达 20 多年来最高水平，为 GDP 增长做出最大贡献；工业环比增长 0.9%，服务业环比持平。与 2016 年四季度相比，巴西家庭消费下降 0.1%，政府支出减少 0.6%，投资减少 1.6%，为 1996 年以来最低记录。巴西总统特梅尔表示，一季度数据标志着“巴西经济的重生”。

3. 欧洲

欧盟理事会同意对乌克兰采取暂时自治贸易措施。6 月 6 日，欧盟理事会发布消息称，欧盟理事会同意对乌克兰采取暂时自治贸易措施，为期 3 年。主要措施包括：一是对额外进口配额内特定农产品征收零关税；二是对若干工业品部分或全部免除进口关税。

欧盟和欧元区 4 月份零售销售环比分别上升 0.5%和 0.1%。6 月 6 日，欧盟统计局数据显示，欧盟 4 月份零售业贸易额环比上升 0.5%，同比上升 3.0%。其中，食品、饮料和烟草零售额环比上升 0.6%；非食品货物零售额环比上升 0.4%。欧元区 4 月份零售销售环比上升 0.1%，同比上升 2.5%。其中，食品、饮料和烟草零售销售环比上升 0.6%；非食品货物零售销售环比下降 0.4%。

欧盟和欧元区 4 月份工业 PPI 环比持平。6 月 2 日，欧盟统计局数据显示，欧盟和欧元区 4 月份工业 PPI 环比持平，同比分别增长 4.8% 和 4.3%。其中，欧盟 4 月份非耐用消费品价格环比增长 0.4%，同比增长 2.6%；中间产品价格环比增长 0.2%，同比增长 4.0%；能源价格环比下降 0.4%，同比增长 11.8%。欧元区非耐用消费品价格环比增长 0.3%，同比增长 2.4%；中间品价格环比增长 0.1%，同比增长 4.0%；能源价格环比下降 0.6%，同比增长 9.1%。

德国 4 月份工业产出环比上升 0.8%。5 月 31 日，德国联邦统计局数据显示，德国 4 月份就业率为 67%，环比维持不变，就业总人口为 4155 万人；失业率为 3.9%，环比维持不变，失业总人口为 169 万人。

俄罗斯居民实际收入或在 2022 年才能恢复至危机前水平。俄罗斯经济发展部预测，俄经济增长有望超过世界平均水平，且俄改革将获成功。俄经济增长来源于就业人数增加、投资增长和劳动生产率提高。预计到 2022 年，俄居民实际收入才能达到 2013 年危机前水平。

4. 亚洲

日本一季度 GDP 终值环比增长 0.3%。6 月 8 日，日本内阁府数据显示，经季调后，日本一季度 GDP 终值环比增长 0.3%，同比增长 1.0%，较初值分别下修 0.2 个百分点和 1.2 个百分点。其中，个人消费支出需求环比增长 0.3%，下修 0.1 个百分点；政府消费支出环比维持不变，下修 0.1 个百分点；固定资本形成总额环比增长 0.4%，上修 0.2 个百分点；出口环比增长 2.1%；进口环比增长 1.4%。

日本 5 月份贸易赤字 4510.85 亿日元。6 月 7 日，日本财务省发布数据显示，日本 5 月份贸易账户赤字 4510.85 亿日元，同比下降 22.1%。其中，出口额为 34026.32 亿日元，同比上升 19.1%；进口额为 38537.18 亿日元，同比上升 12.2%。

韩国 4 月份经常账户盈余 40 亿美元。6 月 5 日，韩国企划财政部数据显示，韩国 4 月份经常账户盈余 40 亿美元。其中，货物账户盈余 119.3 亿美元；服务账户赤字 23.8 亿美元；初次收入账户赤字 50.3 亿美元；二次收入账户赤字 5.3 亿美元。

印度将对黄金珠宝征收 3%GST 税。6 月 6 日，印度商品与服务税（GST）改革委员会发布消息称，印度将在全国范围内对黄金珠宝征收 3% 的 GST 税，最快将于 7 月 1 日起实施。

澳大利亚一季度 GDP 同比增长 1.7%。6 月 7 日，澳大利亚国家统计局数据显示，经季调后，澳大利亚一季度 GDP 环比增长 0.3%，同比增长 1.7%。金融业、保险业和批发贸易等产业增长强劲。

澳大利亚央行维持现金利率 1.5%不变。6 月 6 日，澳大利亚央行发布货币政策会议纪要称，将维持现金利率 1.5% 不变。澳大利亚一季度 GDP 增速将放缓，预计未来几年经济将持续增长，增速略高于3%；近几个月就业增长强劲，并将在未来一段时间持续增长；随着经济增长，通胀水平将逐步上升；工资增长缓慢抑制了家庭消费增长。因此，维持现有货币政策符合经济持续增长和通胀目标。

5. 非洲

南非一季度失业率为 27.7%。6 月 1 日，南非国家统计局数据显示，南非一季度失业率为 27.7%，环比增长 1.2 个百分点，为 13 年来最高水平。南非一季度新增就业岗位 14.4 万个，求职者人数增加 43.3 万人。

二、国际组织

联合国贸发会议发布《2017 年世界投资报告》。6 月 7 日，联合国贸发会议发布《2017 年世界投资报告》显示，在全球经济增长疲弱和跨国企业预判政策风险较大的背景下，2016 年全球外国直接投资总额下滑 2%，降至 1.75 万亿美元。其中，发达国家对外投资减少 11%，美国对外投资小幅下降至 2990 亿美元，但仍是全球最大对外投资国。中国对外投资增长 44%，达 1830 亿美元，超过荷兰和日本成为全球第二大对外投资国；中国吸引外资 1340 亿美元，仅次于美国和英国，为第三大外资流入国。针对未来全球外资流动趋势，联合国贸发会议持审慎乐观态度。报告预测，得益于主要地区经济增长预期上升、贸易增长复苏以及企业利润回升，2017 年全球外国直接投资有望增长 5%，达到约 1.8 万亿美元，2018 年将升至1.85万亿美元，但仍低于2007年金融危机前1.9万亿美元的历史最高水平。其中，美国、中国和印度将成为未来外国直接投资的最主要目的地。

IMF称积极运用财政政策，促进经济包容性增长。6月5日，IMF副总裁古泽满宏出席第三届东京财政论坛时表示，亚洲经济体应积极运用财政政策，应对人口挑战和收入不平等问题，促进经济包容性增长。古泽满宏指出，全球经济增长势头稳中有进，亚洲成员经济体内部需求强劲，宏观政策宽松，经济增长能够引领全球。但同时亚洲也面临一系列经济增长风险，包括美联储加息、美元走强、亚洲部分地区地缘政治紧张、收入不平等、人口增长放慢及人口老龄化问题等。为此，古泽满宏呼吁各成员经济体采用积极的财政政策。其一，通过转移支付和先进的税收政策等手段改善收入再分配；其二，通过人力资本投资和风险对冲等方式实现机会均等；其三，通过提供儿童看护服务、养老金制度改革和税收激励等措施鼓励妇女和老人进入劳动力市场；其四，通过构建可靠的中期财政框架保证债务可持续性。

三、国际大宗商品

本周纽约原油期货累计下跌4.2%。截至周四，本周纽约原油期货累计下跌4.2%。周一纽约原油期货上涨0.26美元，收于每桶47.40美元；周二纽约原油期货上涨0.79美元，收于每桶48.19美元；周三纽约原油期货下跌2.37美元，收于每桶45.82美元；周四纽约原油期货下跌0.18美元，收于每桶45.64美元。

本周纽约黄金期货价格与上周基本持平。截至周四，本周纽约黄金期货累价格与上周基本持平。周一纽约黄金期货上涨0.2%，收于每盎司1282.7美元；周二纽约黄金期货上涨1.2%，收于每盎司1297.5美元；周三纽约黄金期货下跌0.3%，收于每盎司1293.2美元；周四纽约黄金期货下跌1.1%，收于每盎司1279.5美元。

四、区域合作

第十九次中国—欧盟领导人会晤在布鲁塞尔举行。6月3日，第十九次中国—欧盟领导人会晤在布鲁塞尔举行，中国国务院总理李克强在布鲁塞尔欧洲理事会总部同欧洲理事会主席图斯克、欧盟委员会主席容克共同主持会晤。李克强指出，近年来，中欧合作不断取得新进展。双方应加强发展战略对接，扩大双向开放，推进中欧投资协定谈判，努力提升中欧贸易投资合作水平。加强基础设施建设、航空、信息和网络安全等领域合作，推动中欧互联互通。拓展中小企业、金融、海洋、可再生能源等领域合作，办好今年“中国—欧盟蓝色年”。持续扩大人文交流，以 2018 年“中国—欧盟旅游年”为契机，扩大人员往来便利化措施。中方愿同欧方携手，推动二十国集团汉堡峰会为促进世界经济增长与经济合作、完善全球经济治理作出新贡献。加强应对气候变化合作，推动落实好《巴黎协定》。共同努力为落实 2030 年可持续发展议程作出贡献。

图斯克和容克表示，当今世界正面临不确定和不稳定因素，维护现行国际体系符合欧中及世界的共同利益，欧方认为不能有选择性地维护国际贸易体系。欧中在 2030 年可持续发展议程、气候变化、伊核等重大国际事务中进行了良好合作，双方在自由贸易、气候变化、安全等领域进一步加强合作，有利于维护世界和平稳定，促进繁荣发展。欧方高度重视欧中加强经贸关系，支持“一带一路”倡议，愿继续深化互联互通合作，进一步扩大双向投资。

五、全球宏观经济形势

世行称全球经济增速有望升至 2.7%。6 月 4 日，世行发布最新一期《全球经济展望》报告称，随着制造业和贸易回暖、市场信心增强、大宗商品价格趋稳，新兴市场和发展中经济体恢复增长，2017 年全球经济增速有望上升至 2.7%。报告预计，2017 年发达经济体经济增速有望升至 1.9%。鉴于全球融资条件依然宽松，大宗商品价格稳定，预计新兴市场和发展中经济体经济整体增速将从 2016 年的 3.5% 升至 2017 年的 4.1%，七大新兴经济体增速有望在 2018 年超过其长期平均增速。

报告认为，尽管全球经济增长预期有所改善，但增长前景仍不容乐观。新的贸易保护措施将威胁全球贸易增长势头；政策不确定性将损害市场信心，影响企业投资；宏观政策风险和发达经济体货币政策正常化可能引发金融动荡。长期来看，生产力和投资增长持续疲软，可能会削弱新兴市场和发展中经济体的长期增长前景。

OECD 发布最新版《经济展望报告》。6 月 7 日，OECD 发布最新版《经济展望报告》称，全球经济增长前景改善，但仍需努力确保经济增长和全球化的利益得到共享。报告预计，全球 GDP 增长将从 2016 年的 3.0% 升至 2018 年的 3.6%。在主要发达经济体中，美国将保持增长势头，预计 2017 年经济增速将达到 2.1%，2018 年升至 2.4%。欧元区国家 2017 年和 2018 年经济增速将稳定在 1.8%。预计 2017 年日本经济增速为 1.4%，2018 年降至 1%。预计 2017 年和 2018 年，OECD 国家整体经济增速将稳定在 2.1%。报告预计，2017 年中国经济增速将放缓至 6.6%，2018 年降至 6.4%。印度经济增速有望在 2017 年和 2018 年分别达到 7.3% 和 7.7%。预计 2018 年巴西经济增速将升至 1.6%。

世行发布东亚和太平洋地区经济展望报告。6 月 4 日，世行发布最新一期

《全球经济展望：东亚和太平洋地区》报告显示，2017 年上半年东亚和太平洋地区经济保持快速增长，抵消了中国经济增长放缓的影响。该地区金融市场在 2016 年下半年经历波动后趋于稳定，资本净流出减少，主要货币和资产价格企稳。报告预计，2017 年东亚和太平洋地区经济增速将放缓至 6. 2%，2018 年降至 6. 1%。预计中国 2017 年经济增速将放缓至 6. 5%，2018 年降至 6. 3%。在不包括中国的情况下，预计该地区 2017 年经济增速将小幅升至 5. 1%，2018 年达到 5. 2%。

报告显示，尽管全球经济增长预期有所改善，但增长前景仍不容乐观。东亚和太平洋地区面临的风险以外部风险为主，包括国外政策的不确定性以及英国“脱欧”对投资者信心的影响；主要发达经济体保护主义情绪上升，影响经贸合作的未来走势；全球融资条件收紧，或将拉低经济增速，加剧金融风险。

第 24 周 （2017/06/10—2017/06/16）

6 月 10—16 日，国际财经要情有：美联储上调联邦基金利率 25 个基点；欧洲央行维持利率水平不变；日本政府推出新经济招牌政策；印度央行维持利率 6.25% 不变；新西兰一季度 GDP 环比上升 0.5%；亚投行批准第一笔股权投资项目；金砖国家政党、智库和民间社会组织论坛在福州举行；OECD：全球主要经济体增长势头稳健。

一、区域观察

1. 北美地区

美联储上调联邦基金利率 25 个基点。6 月 14 日，美联储发布消息称，基于美国劳动力市场以及通胀率现状和预期，美联储决定上调联邦基金利率目标区间 25 个基点至 1%—1.25%。同时，美联储预计将于 2017 年执行资产负债表正常化行动。

美国 5 月份 CPI 环比下降 0.1%。6 月 14 日，美国劳工部发布数据显示，季调后，美国 5 月份 CPI 环比下降 0.1%。其中，食品价格环比上升 0.2%；能源价格环比下降 2.7%。剔除食品和能源，核心 CPI 环比上升 0.1%。

美国 2017 财年前 8 个月联邦预算赤字 4320 亿美元。6 月 7 日，美国国会预算办公室发布数据显示，美国 2017 财年前 8 个月联邦预算赤字 4320 亿美元，同比增加 260 亿美元。其中，总收入为 2.168 万亿美元，同比增加 290 亿美元；总支出为 2.6 万亿美元，同比增加 560 亿美元。预计 5 月份联邦赤字 870 亿美元。

加拿大央行：加拿大经济增长呈乐观趋势。6 月 12 日，加拿大央行副行长威尔金斯发表演讲称，加拿大经济增长呈乐观趋势。当前，油价大幅下跌，加拿大 70% 以上行业正在扩张，劳动力市场持续改善。但通胀率仍低于目标水平，经济前景仍存在风险。

加拿大 5 月份失业率为 6.6%。6 月 9 日，加拿大国家统计局发布数据显示，加拿大 5 月份失业率为 6.6%，环比上升 0.1 个百分点；就业人数环比增加 5.5 万人，同比增加 31.7 万人，其中全职就业人数环比增加 7.7 万人。

2. 拉美地区

巴西 2017 年 GDP 增速或为 0.41%。6 月 14 日，巴西央行发布报告，下调巴西 2017 年经济增长预期至 0.41%，下调 2018 年经济增长预期至 2.3%，下调 2017 年通胀预期至 3.71%。

3. 欧洲

欧洲央行维持利率水平不变。6 月 8 日，欧洲央行发布消息称，将分别维持再融资操作利率、隔夜贷款利率、隔夜存款利率 0.00%、0.25% 和 -0.40%。此外，维持资产购买规模 600 亿欧元/月至 2017 年 12 月份。

德国央行：德国经济将保持上行趋势。6 月 9 日，德国央行发布消息称，德国央行行长魏德曼表示，德国仍将维持经济上行趋势，经济增长风险和通胀风险相对平衡。预计 2017—2019 年，德国经济增速将分别为 1.9%、1.7% 和 1.6%；通胀率将分别为 1.5%、1.4% 和 1.8%；德国 2017 年失业率将大幅下降，但 2018 年、2019 年就业增长或放缓；2019 年公共债务率或将回落至 60% 以下，为 2002 年以来首次。

英国 5 月份 CPI 同比上升 2.9%。6 月 13 日，英国国家统计局发布数据显示，英国 5 月份 CPI 同比上升 2.9%，CPIH 同比上升 2.7%，为 2012 年 4 月份以来最高水平。其中，娱乐、文化产品和服务价格环比上涨 0.9%；服装价格环比上涨 0.6%；家具和日用品价格环比上涨 1.2%。

法国 4 月份制造业产出环比下降 1.2%。6 月 9 日，法国国家统计局发布数据显示，法国 4 月份制造业产出环比下降 1.2%。其中，交通运输设备产出环比下降 6.2%；食品饮料产出环比下降 0.7%；焦炭和精炼石油产出环比上升 9.2%；机械及设备用品产出环比下降 0.2%。

俄罗斯央行行长称卢布汇率自由化利大于弊。俄罗斯央行行长纳比乌琳纳在 2017 年圣彼得堡国际经济论坛上表示，俄央行不打算干预外汇市场，将继续支持卢布汇率自由浮动。尽管卢布汇率自由浮动在短期内会对俄产生不利影响，但总体上看这一制度是正面且有优势的。

4. 亚洲

日本政府推出新经济招牌政策。6 月 9 日，日本政府召开临时阁僚会议，通过了经济财政运营基本方针“骨太方针”和经济增长战略“未来投资战略”，将人才投资作为新的招牌政策，或将导致财政支出进一步增加。“骨太方针”以“基于人才投资提高生产性”作为核心内容，提出尽快实现幼儿教育和保育免费化；在维持到 2020 年实现基础财政收支盈余目标的同时，还加入了降低债务率的目标。如何确保财政资金来源将成为 2017 年年底讨论的议题。

“未来投资战略”的主要内容是积极应用人工智能等尖端技术，包括在 2020

年全面实现使用小型无人机进行货物配送，2022 年在高速公路上实现卡车列队自动行驶的商业化等。

日本 4 月份工业产出指数终值环比上升 4%。6 月 14 日，日本经济产业省发布数据显示，经季调后，日本 4 月份工业产出指数终值为 103.8，环比上升 4%；出货指数终值为 101.1，环比上升 2.7%；库存指数终值为 111.3，环比上升 1.5%；存货率指数终值为 114.7，环比上升 2.9%。

文在寅发表任内首次施政演说。6 月 12 日，韩国总统文在寅在国会发表任内首次施政演说，呼吁国会早日通过补充预算案，以加快实现增加就业、缩小收入差距、提振经济的目标。文在寅表示，韩国失业率创 2000 年以来的最高水平，失业人数也创历史新高，青年失业问题最为严峻。除此以外，女性和老年人就业困难，社会财富分布不均等问题也十分严重。只有通过增加优质就业岗位，才能解决上述难题。韩国的经济发展模式应由通过经济发展来创造就业，转变为由创造就业促进经济发展。他呼吁国会尽快批准补充预算案，以使相关政策早日取得效果。

印度央行维持利率 6.25%不变。印度央行宣布，维持基准回购利率 6.25% 不变。印央行称，当前印度通胀率远低于目标区间，且经济有放缓趋势。即将在下月推行的印度商品和服务税改革虽从长期来看利好印度经济，但短期仍可能给经济增长带来一定压力。在此背景下，印央行这一决策决定符合预期。

新加坡一季度居民失业率为 3.2%。6 月 13 日，新加坡人力部发布数据显示，经季调，新加坡一季度居民失业率为 3.2%，环比持平；居民长期失业率为 0.8%，同比上升 0.1 个百分点；就业人数环比减少 6800 人。

澳大利亚 5 月份就业人数环比增加 4.2 万人。6 月 15 日，澳大利亚国家统计局发布数据显示，经季调后，澳大利亚 5 月份就业人数为 1215.26 万人，环比增加 4.2 万人；就业率为 64.9%，环比持平。5 月份失业人数为 71.19 万人，环比减少 1.86 万人；失业率为 5.5%，环比下降 0.2 个百分点。

新西兰一季度 GDP 环比上升 0.5%。6 月 15 日，新西兰国家统计局发布数据显示，新西兰一季度 GDP 环比上升 0.5%。其中，农业环比上升 4.3%；零售和住宿环比上升 1.8%；制造业环比上升 1%；建筑业环比下降 2.1%；运输、邮政和仓储环比下降 2%。

5. 非洲

尼日利亚一季度货物贸易总额同比增长 69.1%。尼日利亚国家统计局数据显示，尼一季度货物贸易总额为 52924 亿奈拉，同比增长 69.1%，环比增长 1.1%。其中，出口额为 30059 亿奈拉，同比增长 109.0%，环比上升 9.0%；进口额为 22865 亿奈拉，同比增长 35.2%，环比下降 0.9%；贸易顺差额为 7194 亿奈拉，同比上升 384.0%，环比上升 7.2%。中国为尼第一大进口国，占尼进口总额的 16.79%。

二、国际组织

亚投行批准第一笔股权投资项目。6 月 15 日，亚投行（AIIB）宣布批准两笔贷款和一项股权投资，总额 3.24 亿美元，用于支持印度、格鲁吉亚和塔吉克斯坦基础设施项目建设。两笔贷款包括格鲁吉亚巴统绕行道项目 1.14 亿美元贷款（与亚行联合融资）和塔吉克斯坦努列克水电站改造项目一期的 6000 万美元贷款（与世行联合融资）。此外，AIIB 第一笔股权投资为 1.5 亿美元，投向印度基础设施基金，通过参股该基金扩大 AIIB 动员私营部门资金的能力。这些投资符合 AIIB 支持可持续性基础设施建设的理念，并有助于改善跨境连接和动员私人投资。AIIB 副行长兼首席投资官潘迪安称，AIIB 批准的第一个股权投资项目具有里程碑意义，有利于 AIIB 更好地动员私人部门参与基础设施建设投资。

WTO：国际贸易和投资应惠及更多民众。WTO 总干事阿泽维多在出席 OECD 第九届部长级会议时强调，要继续保证一系列贸易协定的实施，创造更多就业岗位，促进经济增长。阿泽维多指出，国际贸易、技术创新都是经济增长和社会发展的重要驱动力，对世界经济格局和各经济体经济转型有重要影响。WTO 将致力于构建一个更加开放、公正的多边贸易体系，希望各经济体加强合作，使更多民众从国际贸易和投资中获益。近期，一些国家反全球化呼声渐强，认为贸易是劳动力市场秩序遭到破坏的主要根源。对此 WTO 将积极主动作出回应，加强各经济体之间政策协调，各经济体也应根据内部经济发展状况，制定合理的经贸政策，提供专业就业技能培训，进一步落实好 2017 年早期生效的《贸易便利化协定》，促进经济包容增长。

OECD 发布《2017 年就业展望》报告。6 月 13 日，OECD 发布《2017 年就业展望》称，OECD 国家就业环境继续改善，就业率已恢复到危机前的水平。但中低收入者工资水平停滞不前，中等技术工作所占份额下降，与此同时高收入者和低收入者从经济增长中获益不成比例，导致不平等现象日益加剧。报告认为，技术变革推动了经济一体化和职业分化，而职业分化加剧了人们对全球化的不满情绪。1995—2015 年，OECD 国家中等职业技术人员比例下降了 9.5%，高技能职业和低技能职业技术人员比例分别上升了 7.6% 和 1.9%。报告预计，2018 年年底之前，OECD 国家总体就业率或将仅比危机前水平高出 1 个百分点。部分国家就业岗位缺口仍将存在，工资增长将持续低迷。

三、国际大宗商品

本周纽约原油期货累计下跌 3%。截至周四，本周纽约原油期货累计下跌

3%。周一纽约原油期货上涨 0.25 美元，收于每桶 46.08 美元；周二纽约原油期货上涨 0.38 美元，收于每桶 46.46 美元；周三纽约原油期货下跌 1.73 美元，收于每桶 44.73 美元；周四纽约原油期货下跌 0.27 美元，收于每桶 44.46 美元，创 2016 年 11 月份以来收盘新低。

本周纽约黄金期货累计下跌 1.3%。截至周四，本周纽约黄金期货累价格累计下跌 1.3%。周一纽约黄金期货下跌 0.2%，收于每盎司 1268.9 美元；周二纽约黄金期货下跌不到 0.1%，收于每盎司 1268.6 美元；周三纽约黄金期货上涨 0.6%，收于每盎司 1275.9 美元；周四纽约黄金期货下跌 1.7%，收于每盎司 1254.6 美元。

四、区域合作

金砖国家政党、智库和民间社会组织论坛在福州举行。6 月 11—12 日，由中共中央对外联络部和中共福建省委联合举办的金砖国家政党、智库和民间社会组织论坛在福建省福州市举行。本次论坛以“共谋合作发展，共创美好未来”为主题，来自金砖国家以及其他发展中国家的政党领导人、知名智库学者、民间社会组织负责人等共 400 余人与会。中共中央政治局常委、中央书记处书记刘云山出席开幕式并发表主旨讲话。本次论坛除开幕式外，共分为金砖国家政党论坛、金砖国家学术论坛和金砖国家民间社会组织论坛三部分，以及若干场各领域代表对话会。会议通过了《福州倡议》，并就《金砖国家第九次学术论坛对金砖国家领导人厦门会晤的建议》达成一致。

中国—意大利经济合作混委会第 12 次会议在罗马召开。6 月 14 日，中国—意大利经济合作混委会第 12 次会议在罗马召开。双方围绕落实两国领导人共识，加强“一带一路”框架下经贸务实合作、发挥双边混委会和中意企业家委员会作用、加强海运、航空、农业等新领域合作、推进投资便利化、加强知识产权保护、深化中欧经贸关系等共同关心的议题交换意见，达成广泛共识。会后，双方共同签署了本届混委会《会议纪要》和《关于加强中意医药卫生领域经贸合作的谅解备忘录》。

五、全球宏观经济形势

OECD：全球主要经济体增长势头稳健。6 月 12 日，OECD 发布 4 月份综合领先指数（CLIs）显示，OECD 国家经济保持稳定增长势头。G7 国家的 CLIs 自 2016 年 3 月份降至 99.4 的低点以来，已回升至 100。美国、日本、英国、法国、意大利增长势头保持稳定，其中美国和英国 CLIs 为 99.7；德国和加拿大预期增长势头明显，CLIs 分别为 100.7 和 100。主要新兴经济体中，巴西和俄罗斯增长势头明显，CLIs 已分别为 102.3 和 101.6；中国和印度则保持稳定增长，CLIs 分别为 98.8 和 99.7。

OECD 国家失业率保持稳定。6 月 14 日，OECD 发布最新数据显示，2017 年 4 月份，OECD 国家失业率稳定在 5.9%，约 3690 万人处于失业状态，较 2008 年 4 月份危机前失业人数多出 420 万人。数据显示，2017 年 4 月份欧元区国家失业率环比下降 0.1 个百分点至 9.3%，意大利同期失业率降幅最大，环比下降 0.4 个百分点至 11.1%，西班牙环比下降 0.3 个百分点至 17.8%。加拿大 2017 年 4 月份失业率环比下降 0.2 个百分点至 6.5%，美国环比下降 0.1 个百分点至 4.4%，而日本稳定在 2.8%，韩国环比下降 0.3 个百分点至 4.0%。最新数据显示，2017 年 5 月份美国失业率进一步下降 0.1 个百分点至 4.3%，而加拿大同期失业率将上升 0.1 个百分点至 6.6%。

第 25 周（2017/06/17—2017/06/23）

6 月 17—23 日，国际财经要情有：美国财长姆努钦在众议院拨款委员会发表演讲；欧盟和欧元区 5 月份通胀年率分别降至 1.6% 和 1.4%；英国央行维持银行利率水平 0.25% 不变；俄罗斯央行下调关键利率至 9%；新西兰央行维持官方现金利率 1.75% 不变；亚投行第二届理事会年会在韩国举行；2017 年第二次金砖国家财长和央行行长会议在上海举行；OECD 发布 G20 国家 2017 年一季度经济增长数据。

一、区域观察

1. 北美地区

美国财长姆努钦在众议院拨款委员会发表演讲。美国财长姆努钦在众议院拨款委员会发表演讲称，尽管白宫计划降低对世界银行和其他多边机构的资金贡献，但仍将维持在这些机构中的权力。姆努钦表示，美国将继续在全球重要事务中发挥影响力，继续在多边开发银行中扮演主要出资国的角色。同时，美财政部的预算方案应释放出一个信息，即多边开发机构应提高运行效率，合理使用资金。

美国 4 月份国际资本净流入 658 亿美元。6 月 15 日，美国财政部数据显示，美国 4 月份国际资本净流入 658 亿美元。其中，海外私人资本净流入 728 亿美元，海外官方资本净流出 70 亿美元。4 月份海外居民减持美国长期证券 8 亿美元。其中，海外私人投资者净买入 14 亿美元，海外官方机构净卖出 22 亿美元。

美国参议院公布修改后的医保法案。6 月 23 日，美国参议院公布了修改后的医保法案。与众议院通过的版本不同，参议院议案将以投保人的收入为基准，废除奥巴马医改对投保人征税和结构性补贴的相应法规，从而以更大力度大幅削减联邦政府的医疗保健支出。同时，参议院法案设定了过渡期，将在一段时间内保留奥巴马医改提供给投保人的个人保费补贴，将在至少两年内仍执行奥巴马医改的部分规定，这类补贴将截止到 2020 年。该版本法案有可能于下周在参议院进行投票，如获通过，将提交给众议院再次表决。

2. 拉美地区

巴西 2017 年 GDP 增速或为 0.4%。6 月 19 日，巴西央行发布报告，下调巴西 2017 年经济增长预期至 0.4%，下调 2018 年经济增长预期至 2.2%，下调 2017 年通胀预期至 3.64%。

3. 欧洲

欧盟和欧元区 5 月份通胀年率分别降至 1.6%和 1.4%。6 月 16 日，欧盟统计局数据显示，欧盟 5 月份通胀年率为 1.6%，环比下降 0.4 个百分点，同比上升 1.7 个百分点；欧元区 5 月份通胀年率为 1.4%，环比下降 0.5 个百分点，同比上升 1.5 个百分点。运输燃料价格上升为欧元区通胀上升的主要原因。

欧元区 4 月份经常账户顺差 222 亿欧元。6 月 20 日，欧洲央行数据显示，4 月份欧元区经常账户顺差 222 亿欧元。其中，货物账户顺差 251 亿欧元，初次收入账户顺差 82 亿欧元，服务账户顺差 74 亿欧元，二次收入账户赤字 185 亿欧元。

欧洲央行 2017 年上半年增持 5 亿欧元人民币外汇储备。6 月 13 日，欧洲央行发布消息称，欧洲央行 2017 年上半年增持 5 亿欧元人民币外汇储备。此举表明，人民币国际货币影响力逐步上升。

欧洲央行发布紧急流动性援助协议。6 月 19 日，欧洲央行发布紧急流动性援助（ELA）协议以进一步增强 ELA 透明度，该协议将替代 2013 年 10 月份公布的 ELA 程序文件。

德国 5 月份 CPI 同比上涨 1.5%。6 月 14 日，德国联邦统计局数据显示，经季调，德国 5 月份 CPI 同比上升 1.5%。其中，食品和非酒精饮料价格同比上升 2.3%；酒精饮料和烟草价格同比上升 2.4%；服饰价格同比上升 1.7%；房屋、水、电、天然气和其他燃料价格同比上升 1.5%。

德国 5 月份工业 PPI 同比上升 2.8%。6 月 20 日，德国联邦统计局数据显示，德国 5 月份工业 PPI 同比上升 2.8%，环比下降 0.2%。其中，能源价格同比上升 3.0%；中间品价格同比上升 3.7%；非耐用消费品价格同比上升 3.5%；耐用消费品和资本品价格同比增长 1.1%。剔除能源，工业 PPI 同比上升 2.7%，环比上升 0.1%。

英国央行维持银行利率水平 0.25%不变。英国央行发布消息称，为实现通胀目标，支持经济增长和就业，英国央行决定维持银行利率 0.25%不变。此外，维持资产购买规模 4350 亿英镑、非金融投资级债券购买规模 100 亿英镑不变。

英国 2—4 月失业率为 4.6%。6 月 14 日，英国国家统计局发布数据显示，经季调，英国 2—4 月失业率为 4.6%，环比下降 0.2 个百分点，同比下降 0.5 个百分点，为 1975 年以来最低水平。16—64 岁人口就业率为 74.8%，环比上升 0.2 个百分点，同比上升 0.6 个百分点，为 1971 年以来最高水平。

瑞士央行维持活期存款利率 -0.75%不变。6 月 15 日，瑞士央行发布消息称，瑞士央行将维持活期存款利率 -0.75% 不变。同时，维持 3 月期伦敦同业拆借利率目标区间 -1.25% 至 -0.25% 不变。瑞士央行将维持宽松货币政策以稳定物价，支撑经济增长。

俄罗斯央行下调关键利率至 9%。6 月 16 日，俄罗斯央行宣布，下调关键利率 25 个基点至 9%，符合预期。俄央行表示，将维持适度收紧的货币政策，预计下半年还有降息空间。同时，俄央行上调俄罗斯 2017 年 GDP 增长预期至 1.3%—1.8%。

4. 亚洲

日本央行称日本经济将温和扩张。6 月 21 日，日本央行公布 4 月份货币政策会议纪要称，日本经济将温和扩张。当前，日本出口呈上升趋势；公共投资基本持平；随着企业利润和信心提高，企业固定投资稳健增长；劳动力市场供求状况持续稳定，工资收入适度增长，失业率呈温和下降趋势，保持在 2.5%—3%；住房投资大体持平；工业产出呈上升趋势。

日本 5 月份贸易赤字 2033.67 亿日元。6 月 19 日，日本财务省数据显示，日本 5 月份贸易赤字 2033.67 亿日元，同比上升 329.6%。其中，出口额为 58513.6 亿日元，同比上升 14.9%；进口额为 60547.27 亿日元，同比上升 17.8%。

韩国家庭偿债压力持续上升。6 月 22 日，韩国央行发布半年度金融稳定报告称，由于利率上升，韩国家庭偿债压力增加，面临债务违约风险的家庭数量可能上升。报告显示，韩国家庭一季度债务与可支配收入比为 153.3%，同比上升 8.6 个百分点；约有 31.5 万个家庭面临违约风险。

澳大利亚央行称澳大利亚经济增长将加快。6 月 19 日，澳大利亚央行行长洛威发表演讲称，澳大利亚未来几年经济增长将加快。当前，全球经济复苏，矿业投资基本回升至正常水平，商业环境明显改善，就业增长有所加强。但是，家庭收入增长放缓，工资增长缓慢，家庭债务水平较高，大城市住房价格居高不下。澳大利亚经济增长动力正在改变，自然资源仍是主要出口收入来源，但服务业从业人口上升。

新西兰央行维持官方现金利率 1.75% 不变。6 月 22 日，新西兰央行发布消息称，新西兰央行将维持官方现金利率 1.75% 不变。新西兰一季度 GDP 增长低于预期，出口量较小，但由于人口增长强劲、贸易条件较好，经济增长前景乐观；一季度总体通胀率上升，长期通胀预期依然保持在 2% 左右；货币政策将在较长时期内保持宽松，并根据实际情况做出相应调整。

5. 非洲

非洲开行批准 1500 万美元投资基金项目。6 月 16 日，非洲开行（AfDB）董事会批准了总价值为 1500 万美元的投资基金项目。该项目旨在支持非洲金融机构向低收入和新兴中产阶级群体提供金融服务，以促进非洲经济包容性增长。非开行董事会称，该基金将会向 15 家金融机构提供资金支持，增强其资本实力和能力建设，向低端服务市场提供一系列价格优惠、安全可靠的金融产品和服务，并根据商业分布和地理因素的特点，利用技术创新来扩展金融机构的分支数量。同时，该基金项目也将改善金融机构的运营能力，创新中小企业融资方式。该项目的实施将有助于深化非洲金融市场发展，创造更多就业岗位，提高非洲民众的生活质量。

二、国际组织

亚投行第二届理事会年会在韩国举行。6 月 16—17 日，亚洲基础设施投资银行第二届理事会年会在韩国济州岛举行。亚投行各成员理事和代表，以及有关国际组织、学术机构、民间团体代表出席。财政部部长肖捷作为亚投行中国理事出席会议，财政部副部长史耀斌作为亚投行中国副理事参加会议。

肖捷在发言中指出，中国国家主席习近平和中国国务院总理李克强高度重视亚投行的筹建和运营管理，各成员也对亚投行的未来发展寄予厚望。自 2016 年 1 月开业以来，亚投行在各成员的鼎力支持下，高效地完成了建章立制和组织架构搭建，业务运营取得“开门红”，23 个域内外新成员陆续加入，与相关各方的合作伙伴关系不断深化。亚投行已成为多边开发体系的重要一员。肖捷强调，亚投行将“可持续基础设施”作为本届理事会年会主题，彰显了亚投行通过支持可持续基础设施投资促进亚洲乃至世界经济发展的坚定承诺。亚投行秉承精简高效的运作模式，在推动可持续基础设施发展、动员私营资本、有效响应客户需求等方面具有后发优势。希望亚投行展示其作为 21 世纪新型多边开发银行的独特性和创新性，为现有多边开发体系增添新活力；准确把握国际发展领域新趋势，更好地满足成员多样化需求；加大动员私营部门资金，为支持基础设施发展构建起长期、稳定、可持续、风险可控的多元融资体系。

本届年会批准吸收汤加、阿根廷和马达加斯加作为亚投行第三批新成员，选举印度理事为第三届理事会主席，哈萨克斯坦理事和挪威理事为副主席，决定 2018 年年会将于 6 月 25—26 日在印度孟买举行。

IMF 称日本应加快结构性改革。6 月 19 日，IMF 发布报告称，得益于世界经济复苏和财政刺激，日本经济已经连续五个季度增长，当前经济形势为近年来最佳，预计 2017 年增速有望达到 1.3%。但日本结构改革迟滞，物价涨幅持续低迷，投资和消费仍不够强劲，老龄化和高债务的挑战依然严峻，2018 年日本经济增势将会减弱，增速或放缓至 0.6%。为此，IMF 建议日本应通过劳动市场改革提高生产率和工资，日本央行应继续实施宽松的货币政策，直至经济足够强劲，并达成通胀目标。

中国进入全球创新指数前 25 位。世界知识产权组织发布《2017 年全球创新指数报告》，中国创新指数排名从 2016 年的 25 位升至 22 位，成为唯一进入前 25 名集团的中等收入国家。全球创新指数每年发布一次，通过 81 项指标，对全球 127 个经济体的创新能力和可衡量成果进行评估。指标体系中的 81 项指标分为制度、人力资本与研究、基础设施、市场成熟度、商业成熟度、知识与技术产出、创意产出等 7 大类。2016 年中国在制度、人力资本与研究、基础设施等 5 大类均有所提升。

三、国际大宗商品

本周纽约原油期货累计下跌 4.5%。截至周四，本周纽约原油期货累计下跌 4.5%，自年内高点累计跌幅已超 20%，进入技术性熊市。周一纽约原油期货下跌 0.54 美元，收于每桶 44.20 美元；周二纽约原油期货下跌 0.97 美元，收于每桶 43.23 美元；周三纽约原油期货下跌 0.7 美元，收于每桶 42.53 美元；周四纽约原油期货上涨 0.21 美元，收于每桶 42.74 美元。

本周纽约黄金期货累计下跌 0.6%。截至周四，本周纽约黄金期货累价格累计下跌 0.6%。周一纽约黄金期货下跌 0.8%，收于每盎司 1246.7 美元；周二纽约黄金期货下跌 0.3%，收于每盎司 1243.5 美元；周三纽约黄金期货上涨 0.2%，收于每盎司 1245.8 美元；周四纽约黄金期货上涨 0.3%，收于每盎司 1249.4 美元。

四、区域合作

2017 年第二次金砖国家财长和央行行长会议在上海举行。6 月 19 日，中国担任金砖国家主席国期间的第二次金砖国家财长和央行行长会议在上海成功举行。会议由财政部部长肖捷和人民银行副行长陈雨露共同主持，其他金砖国家财政和央行高级官员以及新开发银行行长出席会议。会议对全球和金砖各国宏观经济形势、G20 财金议题协调以及务实财金合作等议题进行了讨论，并就财金合作成果文件达成共识，为金砖国家领导人厦门会晤做好了财金领域政策和成果准备。

会上，各方强调应进一步加强宏观经济政策协调，促进金砖国家和世界经济增长，并承诺深化 G20 财金渠道下合作，力争形成共同声音。各方认为应进一步加强以下领域合作：一是推动金砖国家新开发银行取得新发展，积极发挥金砖国家重要合作平台作用。二是强调推动金砖国家本币债券市场发展的重要性，一致同意促进相关领域合作。三是建立政府和社会资本合作（PPP）领域合作框架，为金砖国家开展 PPP 合作打下坚实基础。四是推动金融机构和金融服务网络化布局，加强金融监管合作，进一步加强金砖国家金融市场融合与合作。五是同意就会计准则趋同和审计监管等效开展合作，为金砖国家债券市场互联互通提供制度保障。六是发展和完善金砖国家应急储备安排机制（CRA），提高 CRA 的研究能力。七是进一步就开展货币互换、本币清算和本币直接投资等货币合作加强沟通与协调。八是完善国际税收协调机制，提高政策协调的及时性和有效性。九是加强反洗钱和反恐融资合作，维护金砖国家金融体系安全。

第七次中俄财长对话在上海举行。6 月 19 日，第七次中俄财长对话在上海举行。中国财政部部长肖捷与俄罗斯财政部部长安东·西卢阿诺夫共同主持对话。中国财政部副部长史耀斌、俄罗斯财政部副部长斯托恰克等双方财政部、外交部高级官员出席。对话期间，双方就中俄宏观经济形势与政策、结构性改革、多双边财金合作等议题进行了深入讨论，达成多项共识，为习近平主席即将对俄罗斯进行的国事访问做好财金合作方面的准备。

双方强调要继续加强宏观经济政策协调与改革经验交流，同意以金砖国家领导人厦门会晤为契机，与其他金砖成员国一道，推动全球治理改革，反对各种形式的贸易保护主义，发展开放型世界经济，探讨在“一带一路”倡议下开展融资合作，共同推动建立长期、稳定、可持续、风险可控的多元化融资体系。双方就人民币主权债券合作深入交换了意见，中方欢迎和支持俄方择机发行人民币主权债券。双方将适时签署双边审计监管合作协议，研究适时启动中俄会计准则双边等效的磋商工作，推进国库管理改革交流，加强税制改革措施的沟通与协调，为促进两国经贸投资往来提供良好政策环境。

第七次中巴财金分委会会议在上海举行。6 月 18 日，第七次中巴财金分委会会议在上海举行。中国财政部副部长史耀斌与巴西财政部副部长马赛罗·埃斯特旺共同主持会议。中国财政部、外交部、人民银行、国家开发银行、进出口银行、中投公司以及巴西财政部、中央银行、证监会、巴西驻华使馆、巴西银行等部门和机构的高级官员出席会议。会议期间，中巴双方就当前全球背景下的中巴宏观经济形势与政策、结构性改革措施、中巴在 G20 和金砖国家等多边框架下的合作、在新老多边开发银行的合作、双边税收政策协调与合作、投融资合作、会计和审计监管合作等议题进行了深入讨论，达成多项重要共识，有力地推动了两国在财金领域的政策交流与务实合作，对于进一步推进中巴全面战略伙伴关系具有积极意义。

五、全球宏观经济形势

OECD 发布 G20 国家 2017 年一季度经济增长数据。OECD 发布 G20 国家 2017 年一季度经济增长数据显示，2017 年一季度，G20 国家经济环比增长率稳定在0.9%。数据显示，韩国经济环比增长率由0.5%升至1.1%，加拿大由0.7%升至0.9%，德国由0.4%升至0.6%，意大利由0.3%升至0.4%。巴西经济增长率在经历连续八个季度的下降后，转为上升1%。印度、印度尼西亚、墨西哥、欧盟和日本的经济增长率与上一季度持平。同期，土耳其经济增长明显放缓，环比由3.4%降至1.4%，澳大利亚由1.1%降至0.3%，英国由0.7%降至0.2%，中国由1.7%降至1.3%，美国由0.5%降至0.3%，法国由0.5%降至0.4%，南非下滑0.2%。G20 国家2017 年一季度经济增长率同比升至3.4%，中国和印度增速最快，分别达到6.9%和6.2%，巴西经济负增长0.4%。

第 26 周（2017/06/24—2017/06/30）

6 月 24—30 日，国际财经要情有：美国一季度实际 GDP 年化季率上修至 1.4%；法国一季度 GDP 终值环比上升 0.4%；俄罗斯 1—5 月 GDP 同比增长 1.3%；亚投行获得穆迪 3A 评级；2017 夏季达沃斯论坛开幕。

一、区域观察

1. 北美地区

美国一季度实际 GDP 年化季率上修至 1.4%。6 月 29 日，美国商务部数据显示，美国一季度实际 GDP 年化季率上修至 1.4%，环比下降 0.7 个百分点，初值为 1.2%。非住宅固定投资、出口、住宅固定投资、个人消费支出上升是一季度实际 GDP 增长的主要原因。但私人库存投资、州与地方政府支出、联邦政府支出下降。

美国新医保法案未来十年将削减联邦赤字 3210 亿美元。6 月 26 日，美国国会预算办公室公布消息称，美国新医保法案将在 2017—2026 年间累计削减联邦赤字 3210 亿美元，较 5 月份众议院通过的法案多削减 2020 亿美元。预计到 2026 年，失去医保人数将增加 2200 万人至 4900 万人。

美国 5 月份新屋销售年化总数为 61 万户。6 月 23 日，美国商务部数据显示，经季调，美国 5 月份新屋销售年化总数为 61 万户，环比上升 2.9%，同比上升 8.9%。新屋售价中值为 34.58 万美元，均值为 40.64 万美元。

加拿大 5 月份 CPI 环比上升 0.1%。6 月 23 日，加拿大国家统计局数据显示，加拿大 5 月份 CPI 环比上升 0.1%，同比上升 1.3%。其中，食品价格环比上升 0.6%，同比下降 0.1%；运输价格环比下降 0.7%，同比上升 2.2%；酒精饮料和烟草价格环比上升 0.4%，同比上升 2.5%；剔除食品和汽油，核心 CPI 环比上升 0.2%，同比上升 1.4%。

2. 拉美地区

巴西财长：巴西 2017 年经济增速将低于 0.5%。6 月 28 日，巴西财政部部长梅雷莱斯表示，巴西 2017 年经济增速将低于 0.5%，但不会出现负增长。巴西经济仍将保持复苏势头，通胀率不断降低和就业率恢复增长都预示着经济形势依旧向好。梅雷莱斯称，巴西政治风波发酵对市场信心造成负面影响，政府需据此重新评估经济增长预期。

3. 欧洲

欧盟和欧元区 6 月份经济景气指数分别升至 111.3 和 111.1。6 月 29 日，欧盟统计局数据显示，欧盟 6 月份经济景气指数为 111.3，环比上升 1.6 个点；欧元区 6 月份经济景气指数为 111.1，环比上升 1.9 个点。

欧元区 6 月份制造业 PMI 初值为 57.3。6 月 23 日，市场调查机构 Markit 数据显示，欧元区 6 月份制造业 PMI 初值为 57.3，环比上升 0.3 个点，为 74 个月以来最高。服务业 PMI 活动指数初值为 54.7，环比下降 1.6 个点，为 5 个月以来最低。制造业 PMI 产出指数初值为 58.5，环比上升 0.2 个点，为 74 个月以来最高。

德国 6 月份 CPI 预计同比增长 1.6%。6 月 29 日，德国联邦统计局发布数据显示，德国 6 月份 CPI 预计同比增长 1.6%，环比增长 0.2%。其中，食品价格同比上升 2.8%；能源价格同比持平；服务价格同比上升 1.7%。

德国 6 月份商业景气指数上升至 115.1。6 月 26 日，德国伊弗经济研究所数据显示，德国 6 月份 IFO 商业景气指数为 115.1，环比上升 0.5 个点；现况指数为 124.1，环比上升 0.8 个点；预期指数为 106.8，环比上升 0.3 个点。

英国 2017 年 GDP 或增长 1.5%。6 月 26 日，英国商会数据显示，预计英国 2017—2019 年 GDP 增速将分别为 1.5%、1.3% 和 1.5%；通胀率将分别为 2.9%、2.8% 和 2.5%；消费支出增长将分别为 1.3%、0.9% 和 1.2%；商业投资增长将分别为 0.3%、0.5% 和 1.2%；出口增长将分别为 3.1%、2.9% 和 2.8%。

法国一季度 GDP 终值环比上升 0.4%。6 月 23 日，法国国家统计局数据显示，经季调，法国一季度 GDP 终值环比上升 0.4%。其中，家庭消费支出环比上升 0.1%，固定资本形成总额环比上升 1.2%，出口环比下降 0.8%，进口环比上升 1.4%。

俄罗斯 1—5 月 GDP 同比增长 1.3%。6 月 22 日，俄罗斯经济发展部数据显示，1—5 月，俄罗斯 GDP 同比增长 1.3%。其中，俄罗斯 5 月份 GDP 同比增长 3.1%。GDP 增幅扩大的原因是主要经济领域如加工业、采掘业、批发零售业以及建筑业等都呈现增长态势。

4. 亚洲

日本经济或将持续温和复苏。6 月 22 日，日本内阁府发布月度经济报告，认为日本经济将持续温和复苏，这是日政府自 2016 年 12 月份以来首次积极调整对日本经济形势的基本判断。报告显示，日本出口和企业收益情况良好，此前滞后的个人消费与设备投资也出现好转。由于就业和收入环境继续改善，且宏观经济政策持续发力，预计经济将继续缓慢复苏。同时，需关注外部环境不确定性和资本市场波动可能带来的负面影响。

日本 5 月份 CPI 同比上升 0.4%。6 月 30 日，日本总务省数据显示，日本 5 月份 CPI 为 100.4，同比上升 0.4%，环比持平。剔除生鲜食品和能源，5 月份核心 CPI 为 100.8，同比持平，环比上升 0.1%。

日本 6 月份制造业 PMI 初值为 52。6 月 23 日，市场调查机构 Markit 数据显示，日本 6 月份制造业 PMI 初值为 52，环比下降 1.1 个点，为 7 个月以来最低；制造业产出指数初值为 52.1，环比下降 1.9 个点，产出增速为 9 个月以来最低。

韩国将追加预算以扩大公租房供给。6 月 26 日，韩国新任国土部部长金贤美表示，将通过政府追加预算，增加青年、新婚夫妇用公租房 4700 户及低收入老人用公租房 6600 户以缓解青年及低收入居民的居住压力。金贤美称，将对居住在棚户区的社会脆弱阶层进行摸底调查并制定相关支援方案，从而解决居住福利的“灰色地带”问题。

新西兰 5 月份贸易顺差 1.03 亿纽元。6 月 27 日，新西兰国家统计局数据显示，新西兰 5 月份贸易顺差 1.03 亿纽元。其中，出口额为 50 亿纽元，同比上升 8.7%；进口额为 48 亿纽元，同比上升 15%。

5. 非洲

南非一季度经常账户赤字占 GDP 比上升至 2.1%。6 月 20 日，南非储备银行数据显示，由于服务贸易赤字扩大，南非一季度经常账户赤字继续上升，占 GDP 比达 2.1%，环比上升 0.4 个百分点。

二、国际组织

亚投行获得穆迪 3A 评级。6 月 29 日，穆迪投资者服务公司宣布首次对亚洲基础设施投资银行的评级结果为 Aaa 级，这是穆迪公司评级标准里的最高级别，与世界银行和亚洲开发银行的评级相同。穆迪对亚投行的评级展望为稳定。穆迪在公告中指出，给予亚投行最高评级的理由是亚投行资本基数大，包含风险管理政策、资本充足水平和流动性在内的公司治理框架稳固。穆迪称，“展望稳定反映了我们对亚投行的期望，即资本基数大以及股东强有力的支持将有助扩展其开发活动，同时保持其偿还任何即将到来债务的能力”。

IMF 下调美国未来两年经济增速。6 月 27 日，IMF 宣布下调未来两年美国经济增长预期，将 2017 年美国经济增速从 4 月份的 2.3% 下调至 2.1%，将 2018 年经济增速从 2.5% 下调至 2.1%。IMF 表示，特朗普政府宏观政策不确定性上升是本次下调增长预期的重要原因，特朗普就职近半年来，税改和基础设施投资计划进展缓慢，美国经济很难达到特朗普政府希望的 3% 的增长目标，长期来看，美国

GDP会趋于1.8%的潜在增长率水平。此外，IMF还特别强调了贸易保护主义或对美国经济造成中长期风险。

AMRO发布《中国香港2016年度磋商报告》。东盟与中日韩宏观经济研究办公室（AMRO）发布《中国香港2016年度磋商报告》称，香港经济已恢复增长势头，表现在失业率维持在较低水平、通胀压力适中、银行体系较为稳定、财政空间充裕等。报告显示，中国香港外部环境和房地产市场存在一定风险。外部环境方面，美国经济改善及特朗普政府政策不确定性会通过贸易和金融渠道对香港造成负面影响。房地产市场方面，低利率环境等短期因素支撑的房地产市场能否持续改善尚不明朗。因此，中国香港应延续目前的需求侧管理政策和维护银行体系稳定的宏观审慎措施，并从财政政策入手，采取更多措施促进经济增长。

SWIFT称5月人民币全球交易使用量排名回升至第6位。6月29日，环球银行金融电信协会（SWIFT）人民币追踪指标显示，5月份全球人民币交易使用量环比微升至1.61%，排名回升至第6位，结束此前连续2个月的跌势。4月份，人民币交易使用量一度跌至2014年10月份以来最低水平，全球排名下滑至第7，创2015年2月份以来最差排名。

三、国际大宗商品

本周纽约原油期货累计上涨4.5%。截至周四，本周纽约原油期货连续4个交易日上涨，累计涨幅4.5%。周一纽约原油期货上涨0.37美元，收于每桶43.38美元；周二纽约原油期货上涨0.86美元，收于每桶44.24美元；周三纽约原油期货上涨0.5美元，收于每桶44.74美元；周四纽约原油期货上涨0.19美元，收于每桶44.93美元。

本周纽约黄金期货累计下跌0.8%。截至周四，本周纽约黄金期货累价格累计下跌0.8%。周一纽约黄金期货下跌0.8%，收于每盎司1246.4美元；周二纽约黄金期货上涨不到0.1%，收于每盎司1246.9美元；周三纽约黄金期货上涨0.2%，收于每盎司1249.1美元；周四纽约黄金期货下跌0.3%，收于每盎司1245.8美元。

四、区域合作

第18次中国商务部与日本经济产业省副部级定期磋商在日本举行。6月27日，第18次中国商务部—日本经济产业省副部级定期磋商在日本东京举行。中方介绍了“一带一路”倡议，日方介绍了“高质量基础设施伙伴关系”，双方就亚洲基础设施建设互联互通进行了建设性探讨。中方要求日方对自中国进口的碳钢对焊件进行反倾销调查时切实遵守国际义务，全面彻底弃用“替代国”做法。双方还就两国加强节能环保合作、现代服务业、知识产权、汽车流通等重点领域合作及中日韩自贸区、区域全面经济伙伴关系协定（RCEP）、世贸组织等区域和多边议题交换了意见。

五、全球宏观经济形势

国际清算银行称全球经济复苏迹象明显。6 月 25 日，国际清算银行发布年度报告称，目前全球主要经济体都处于扩张期，并有望在未来数月达到较长一段时间以来的最好水平。在近期全球经济出现明显反弹迹象的背景下，提高抵御冲击和适应新趋势的能力将有助于防止经济发展失衡加剧，经济韧性有望进一步提高。

四大中长期可能威胁全球经济增长的挑战有：通胀突然大幅攀升可能迫使央行超预期收紧货币政策，进而减缓经济增长势头；紧缩周期或加剧金融压力，引发严重的泡沫破裂；消费可能在负债压力之下走弱，而投资增长无法抵消消费走软的影响；“逆全球化”情绪上升、贸易保护主义抬头可能对全球经济秩序带来挑战，进而削弱全球经济增长。

报告认为，在全球层面，加强多边政策协调将有助于增强全球经济韧性；在国内层面，各国应扩大政策空间，实行可持续的改革措施，并努力降低全球化和技术变革等因素导致的调整成本。报告显示，贸易、金融一体化大幅提高了全球民众的生活水平，但也导致了收入分配不平等问题。因此，各国需加强对调整成本和财务风险的管控，进一步推动一体化进程。

第 27 周（2017/07/01—2017/07/07）

7 月 1—7 日，国际财经要情有：美联储副主席强调美国政府应推出措施提振劳动生产率；日本 2016 年税收总额同比下降 1.5%；印度政府启动最大规模税改；澳大利亚央行维持现金利率 1.5% 不变；新开发银行发布未来五年发展战略文件；中俄签署《关于欧亚经济伙伴关系协定联合可行性研究的联合声明》；IMF：对全球经济保持谨慎乐观。

一、区域观察

1. 北美地区

美联储副主席：美国政府应推出措施提振劳动生产率。7 月 7 日，美联储副主席费希尔发表讲话，强调劳动生产率的重要性，称其为推动经济增长和提高生活标准的基本因素。费希尔表示，美国政策制定者应采取更多措施提高企业投资，鼓励创新，加强职业培训，以提振劳动生产率。相关政策包括将更多资金投放在基础研究、基础设施建设、儿童早期教育、高等教育以及公众健康等方面。

美国 5 月份贸易赤字降至 465 亿美元。7 月 6 日，美国经济分析局数据显示，美国 5 月份贸易赤字下降至 465 亿美元，其中进口额下滑至 2385.35 亿美元，出口额升至 1920.28 亿美元，为两年多以来最高水平。尽管如此，贸易仍可能拖累美国二季度经济增长。

美国 5 月份个人收入环比上升 0.4%。6 月 30 日，美国商务部数据显示，美国 5 月份个人收入环比增加 671 亿美元，增长 0.4%；个人可支配收入环比增加 717 亿美元，增长 0.5%；个人消费支出环比增加 73 亿美元，增长 0.1%。数据还显示，5 月份实际可支配收入环比增长 0.6%；实际个人消费支出环比增长 0.1%。

加拿大 4 月份 GDP 环比增长 0.2%。6 月 30 日，加拿大统计局数据显示，加拿大 4 月份 GDP 环比增长 0.2%，为连续第 6 个月实现增长，符合预期。市场分析人士表示，加拿大经济增长势头强劲，加央行提前加息的可能性上升。

2. 拉美地区

巴西 1—6 月贸易顺差创历史新高。巴西工贸部数据显示，受出口商品数量和价格双上涨影响，巴西 1—6 月贸易顺差为 362.2 亿美元，为历史同期最高水平。具体来看，巴西 1—6 月出口额为 1077.1 亿美元，进口额为 714.9 亿美元，同比分别增长 19.3% 和 7.3%。工贸部预计，巴西 2017 年贸易顺差有望达到 600 亿美元。

3. 欧洲

欧盟将再为果农提供 7000 万欧元应对俄罗斯进口禁令。6 月 30 日，欧委会发布消息称，欧盟将延长对部分欧洲果农的非常规支持措施 1 年至 2018 年 6 月底，以应对俄进口禁令的影响。该措施将为 12 个欧盟成员国提供总额 7000 万欧元的资金支持。此外，欧洲果农和菜农将继续从欧盟共同农业政策下的其他措施中受益。

欧盟和欧元区 5 月份失业率分别为 7.8% 和 9.3%。7 月 3 日，欧盟统计局数据显示，经季调，欧盟 5 月份失业率为 7.8%，环比持平，同比下降 0.9 个百分点，为 2008 年 12 月份以来最低；欧元区 5 月份失业率为 9.3%，环比持平，同比下降 0.9 个百分点，为 2009 年 3 月份以来最低。

欧元区 5 月份工业 PPI 环比下降 0.4%。7 月 4 日，欧盟统计局数据显示，欧元区 5 月份工业 PPI 环比下降 0.4%，同比上升 3.3%。其中，能源价格环比下降 1.3%，同比上升 5.7%；中间品价格环比下降 0.1%，同比上升 3.5%；耐用消费品价格环比持平，同比上升 0.7%；资本品价格环比上升 0.1%，同比上升 0.9%；非耐用消费品价格环比上升 0.2%，同比上升 2.5%。

德国 5 月份失业率为 3.9%。6 月 30 日，德国联邦统计局数据显示，经季调后，德国 5 月份失业率为 3.9%，环比持平，同比降低 0.3 个百分点；就业率为 66.9%，环比持平，同比上升 0.9 个百分点，就业人数达 4407 万人，为德国统一以来最高。

英国 6 月份制造业 PMI 为 54.3。7 月 3 日，市场调查机构 Markit 数据显示，英国 6 月份制造业 PMI 为 54.3，环比下降 2 个点，为 3 个月以来最低；二季度制造业 PMI 均值为 55.9，为 3 年来最高。英国制造业产出连续 11 个月增长，但产量和订单增速减缓。

法国 6 月份 CPI 初值同比上升 0.7%。6 月 30 日，法国国家统计局数据显示，法国 6 月份 CPI 初值同比上升 0.7%。其中，食品价格同比上升 0.7%；烟草价格同比上升 2.4%；能源价格同比上升 2.0%；制造品价格同比下降 0.3%；服务价格同比上升 0.9%。

俄罗斯政府将设立数字经济基金。6 月 29 日，俄罗斯总统经济顾问别洛乌索夫表示，俄政府正在讨论关于建立数字经济基金事宜，预计基金规模为 1000 亿卢布（约 17 亿美元），主要用于数字经济基础设施投资，包括网络、数据处理中心和设备等。

4. 亚洲

日本 2016 年税收总额同比下降 1.5%。7 月 5 日，日本财务省数据显示，2016 年日本税收总额为 55.4686 万亿日元，较预算税收额减少约 2.1 万日元，较上年度下降 1.5%，为 7 年来首次税收下降。2016 年日本财政盈余 3743 亿日元。具体来看，日本 2016 年法人税、消费税和所得税三大税种收入均较 2015 年出现下降。其中，法人税比上年度减少 4.6% 至 10.3289 万亿日元，消费税总计 17.2281 万亿日元，所得税总计 17.6111 万亿日元，均较上年度减少 1.1%。市场分析人士认为，税收减少或意味着“安倍经济学”遭遇天花板。

日本 6 月份制造业 PMI 终值为 52.4。7 月 3 日，市场调查机构 Markit 数据显示，日本 6 月份制造业 PMI 终值为 52.4，环比下降 0.7 个点。出口订单、新订单和成品库存持续增长表明日本制造业进一步扩张，整体经营条件持续改善。

韩国 5 月份经常项目盈余 59.4 亿美元。7 月 5 日，韩国央行数据显示，韩国 5 月份经常项目盈余 59.4 亿美元，同比下降 45.5 亿美元。其中，货物账户盈余 88.3 亿美元，同比下降 20.3 亿美元；服务账户赤字 16.9 亿美元，同比上升 6.2 亿美元；初次收入账户赤字 6.9 亿美元，同比上升 15.5 亿美元；二次收入账户赤字 5.2 亿美元，同比上升 3.7 亿美元。

韩国公布截至 6 月底外汇储备数据。7 月 5 日，韩国央行发布数据显示，韩国截至 6 月底外汇储备为 3806 亿美元，环比增加 21.1 亿美元。其中，持有证券 3523 亿美元；储备金 188 亿美元；黄金储备 48 亿美元；特别提款权 30 亿美元；IMF 储备头寸 18 亿美元。截至 5 月末，韩国外汇储备规模为全球第九位。

印度政府启动最大规模税改。7 月 1 日，印度政府正式启动了印度自独立以来最大规模的税改，即开征统一的商品和服务税（GST），以取代联邦与地方政府各自征收的税种。这项改革旨在统一并简化印度中央及地方各邦间税种及税率，从而进一步促进经济发展。税改的主要内容包括成立货物劳务税收委员会；将 GST 税率分为 5%、12%、18% 和 28% 四档；确定 GST 起征点为 200 万卢比；确定 GST 实施范围为取代中央消费税、药品和化妆品消费税、附加税、特殊附加税、服务税、关于商品和服务的其他税费、邦政府征收的增值税、营业税、消费税、奢侈品税、各种形式的入境税、娱乐税、对博彩业的征税、其他邦政府对商品和服务消费征收的税费等。

澳大利亚央行维持现金利率 1.5% 不变。7 月 4 日，澳大利亚央行发布消息称，将维持现金利率 1.5% 不变。当前，全球经济持续回暖，多国劳动力市场进一步加强，全球经济增长预期较 2016 年有所上调，但仍面临不确定性。澳大利亚 GDP 增速放缓，就业增长强劲，消费增长持续减弱。随着经济持续增长，预计通胀将逐渐上升，维持当前货币政策立场有利于支撑经济增长，实现通胀目标。

5. 非洲

南非一季度就业人数减少 4.8 万人。南非统计局数据显示，南非一季度就业人数减少 4.8 万人，2016 年就业岗位减少 5.8 万个。2016 年就业岗位减少主要受贸易、商业服务、社区服务、制造业和交通等几大部门影响，电力行业就业人数保持不变，建筑业和矿业就业人数有所增加。

二、国际组织

金砖国家新开发银行发布未来五年发展战略文件。金砖国家新开发银行发布未来五年发展战略文件称，将把可持续基础设施建设项目作为未来战略重点，并承诺将把三分之二资金投入到可持续基础设施建设领域。同时，文件还阐述了新开发银行的发展愿景，包括致力于为金砖国家和其他新兴经济体的基础设施建设和可持续发展项目动员各种资源；与其他多边开发机构相互补充，促进全球经济增长与发展。文件显示，新开发银行正在制定扩容计划，为吸收新成员加入做好准备，持续扩大机构规模。

世行：2016 年发展中国家私营部门参与基础设施投资额下降。世行发布《私营部门参与基础设施投资数据库》报告称，2016 年发展中国家私营部门参与基础设施项目投资额与 2015 年相比骤降 37%。报告显示，2016 年发展中国家私营部门参与基础设施项目投资额为 710 亿美元，与 2011—2015 年 1210 亿美元的年平均投资额相比，出现大幅下滑。其中，三大主要私营部门参与基础设施项目投资国——土耳其、印度和巴西投资额的大幅下降是造成发展中国家整体投资额下降的主要原因。世行表示，发展中国家的基础设施项目是良好的投资机会，但截至目前吸引私人投资的项目比例仍然较低。各地区和各行业投资潜力巨大，世行将继续支持基础设施项目投资，以促进经济包容性增长。

三、国际大宗商品

本周纽约原油期货累计下跌 1.1%。截至周四，本周纽约原油期货累计下跌 1.1%。周一纽约原油期货上涨 1.03 美元，收于每桶 47.07 美元；周二纽交所因美国独立日休市；周三纽约原油期货收跌 1.94 美元，创一个月以来最大单日跌幅，收于每桶 45.13 美元；周四纽约原油期货上涨 0.39 美元，收于每桶 45.52 美元。

本周纽约黄金期货累计下跌 1.5%。截至周四，本周纽约黄金期货累计下跌 1.5%。周一纽约黄金期货下跌 1.9%，收于每盎司 1219.2 美元；周二纽交所因美国独立日休市；周三纽约黄金期货上涨 0.2%，收于每盎司 1221.7 美元；周四纽约黄金期货上涨 0.1%，收于每盎司 1223.3 美元。

四、区域合作

中俄签署《关于欧亚经济伙伴关系协定联合可行性研究的联合声明》。7 月 4 日，在中国国家主席习近平与俄罗斯总统普京见证下，中国商务部与俄罗斯经济发展部在莫斯科签署了《关于欧亚经济伙伴关系协定联合可行性研究的联合声明》，决定开展欧亚经济伙伴关系协定的可行性研究工作。声明的签署是习近平主席此次访俄重要经贸成果，显示了中俄两国深化互利合作、推进贸易自由化和地区经济一体化的坚定决心，以及探讨全面、高水平、未来面向其他经济体开放的贸易投资自由化安排的共同意愿，将为两国全面战略协作伙伴关系注入新动力。

欧盟和日本就经济伙伴协定达成原则性协议。6 月 6 日，欧盟和日本就经济伙伴协定达成原则性协议。双方将在此基础上继续谈判以解决技术层面的分歧，并有望在 2017 年年底前达成最终协议。欧盟委员会主席容克表示，欧盟和日本向世界发出了支持自由和公平贸易的强有力信号，这一信号将被传递到即将在德国汉堡举行的 G20 峰会上。欧日经济伙伴协定谈判始于 2013 年，涉及关税、知识产权、电子商务交易规则等 27 个领域。双方分歧主要集中在日本汽车和欧盟农产品分别进入对方市场所涉及的关税减免等问题。而欧日经济伙伴协定一旦谈成，双边进出口贸易总额预计占世界贸易总额的 30% 以上。

五、全球宏观经济形势

IMF 称对全球经济保持谨慎乐观。7 月 5 日，在 G20 峰会前夕，IMF 发布研究报告称，全球经济增长出现一定改善，但改善基础尚不稳固，应继续对全球经济保持谨慎乐观。报告认为，尽管近期 IMF 近 10 年来首次上调全球经济增长预期，新、旧风险仍然威胁着尚不稳固的全球经济复苏，主要经济体有必要采取进一步行动，加强宏观政策协调，共同抵御风险，促进增长。针对可能在峰会上被提及的贸易问题，IMF 呼吁各国采取措施减少经常账户失衡，避免在贸易问题上进行短视的“零合博弈”。IMF 建议德国和韩国等持有巨额经常账户盈余的国家，采用积极的财政政策扩大支出，以拉动私人部门投资和国内需求。同时，建议美国和英国等赤字较为严重的国家适度收紧财政政策，控制财政风险，确保经济稳定发展。

OECD 发布最新消费者价格指数。7 月 4 日，OECD 发布最新消费者价格指数显示，OECD 国家整体通胀率由 2017 年 4 月份的 2.4% 降至 5 月份的 2.1%。能源价格通胀率由 2017 年 4 月份的 8.2% 降至 5 月份的 5.6%，整体通胀率继续面临下行压力。另一方面，食品价格通胀率由 2017 年 4 月份的 1.1% 升至 5 月份的 1.6%，对整体通胀水平起到一定拉动作用。剔除能源和食品价格因素，2017 年 5 月份 OECD 国家整体通胀率为 1.8%，较 2017 年 4 月份略有下降。

数据显示，2017 年 5 月份，G7 国家中，除英国通胀率升至 2.9% 外，其他国家通胀率均有所下降，其中德国、意大利、法国、加拿大、美国分别为 1.5%、1.4%、0.8%、1.3%、1.9%，日本则稳定在 0.4%；G20 新兴经济体中，巴西、印度、俄罗斯、中国、印度尼西亚分别为 3.6%、1.1%、4.1%、1.5%、4.3%，南非则上升至 5.3%。

第 28 周（2017/07/08—2017/07/14）

7 月 8—14 日，国际财经要情有：耶伦称美联储仍将继续渐进加息；加拿大央行加息 25 个基点；欧盟财长会认为欧元区应实施中性的财政政策；二十国集团领导人第 12 次峰会在德国举行；中欧启动第 14 轮中欧投资协定谈判；OECD 国家 5 月份失业率为 5.9%。

一、区域观察

1. 北美地区

耶伦称美联储仍将继续渐进加息。7 月 13—14 日，美联储主席耶伦分别在众议院金融服务委员会、参议院银行委员会作证，她未认定近期疲软的价格数据是通胀不会升至美联储 2% 目标水平的迹象，美联储仍将继续循序渐进提高利率。随着经济闲置产能减少，美国的工资和物价或将上涨。通货膨胀的风险是双向的，因此保持渐进的加息道路仍是谨慎之举。缩减资产负债表方面，耶伦表示，预计今年开始缩表，资产负债表的适当规模取决于部分未知因素，包括银行准备金的未来需求等。

耶伦认为，特朗普设定的经济增长目标 3% 实现起来“相当具有挑战性”，需要在很多方面作出调整，包括税改和改善教育体系以提升劳动生产率。

美国 6 月份失业率升至 4.4%。7 月 7 日，美国劳工部数据显示，美国 6 月份失业率为 4.4%，环比上升 0.1 个百分点；非农部门新增就业人口 22.2 万人；平均时薪为 26.25 美元，同比增长 2.5%。

美国 5 月份消费者信贷同比增长 5.75%。7 月 10 日，美联储数据显示，经季调，美国 5 月份消费者信贷为 38000 亿美元，同比增长 5.75%。其中，循环信贷为 9795 亿美元，以年率 8.75% 增长；非循环信贷为 28205 亿美元，同比增长 4.75%。

加拿大央行加息 25 个基点。7 月 12 日，加拿大央行发布消息，上调隔夜利率 25 个基点至 0.75%，央行利率和存款利率分别为 1% 和 0.5%。预计加拿大

2017—2019 年 GDP 增速将分别为 2.8%、2.0% 和 1.6%，较此前分别上调 0.2 个、0.1 个和下调 0.2 个百分点。

2. 拉美地区

巴西 6 月份 CPI 同比下降 0.23%。7 月 7 日，巴西地理统计局数据显示，巴西 6 月份 CPI 同比下降 0.23%，为 2006 年 6 月份以来首次出现通缩。数据还显示，巴西 2017 年上半年通胀率为 1.18%，同比下降 3.24 个百分点。

3. 欧洲

欧盟财长会认为欧元区应实施中性的财政政策。7 月 11 日，欧盟财长会在布鲁塞尔举行，就欧元区财政政策、不良贷款行动计划、资本市场联盟建设等议题达成多项共识。财长会认为，欧元区 2018 年应由温和扩张财政政策转为中性的财政政策。由于欧元区 2016 年公共投资占比较 2008 年低 25%，预算应继续促进投资。为实施中性财政政策，完成中期预算目标的成员国应充分利用财政空间，其他成员国则应根据《稳定与增长公约》巩固财政。欧元区成员国可参考上述原则制定 2018 年预算草案，并 2017 年 10 月 15 日前完成草案提交欧委会审查。

本次财长会探讨了银行部门的不良贷款问题，批准了不良贷款行动计划，该计划主要包括以下四方面内容：一是强化银行监管，二是实施破产和债务重组框架改革，三是发展不良贷款二级市场，四是实施银行业重组一揽子措施。此外，财长会还通过了欧委会对欧盟资本市场联盟行动计划的中期评估结果，重申将在 2019 年年底全面建成资本市场联盟的承诺并支持欧委会提出的重点行动计划。

欧洲央行表示欧洲银行业需提升盈利能力。欧洲央行副行长康斯坦西奥发表讲话称，自国际金融危机以来，欧元区银行面临诸多挑战。其中主要包括：一是周期性挑战。在低名义增长率、低利率和相对扁平的收益曲线下，银行收益难以增加。二是结构性挑战。比如，大量不良贷款、金融危机、成本无效性和产能过剩等挑战。在此背景下，欧元区银行部门可从解决不良贷款、收入增长、提高成本效率和跨国并购四个方面提高盈利能力。

欧元区 5 月份工业产出环比上升 1.3%。7 月 12 日，欧盟统计局数据显示，欧元区 5 月份工业产出环比上升 1.3%，同比上升 4.0%。其中，资本品产出环比上升 2.3%，同比上升 5.5%；耐用消费品环比上升 1.8%，同比上升 7.5%；非耐用消费品环比上升 1.2%，同比上升 2.6%；能源产出环比上升 0.9%，同比上升 2.2%；中间品产出环比上升 0.3%，同比上升 3.8%。

德国 5 月份出口同比上升 14.1%。7 月 10 日，德国联邦统计局发布数据显示，德国 5 月份出口额为 1106 亿欧元，同比上升 14.1%，进口额为 886 亿欧元，同比上升 16.2%。经季调，出口额环比上升 1.4%，进口额环比上升 1.2%。

英国 3—5 月失业率降至 4.5%。7 月 12 日，英国国家统计局数据显示，英国 3—5 月失业率降至 4.5%，为 1975 年以来最低值；就业率为 74.9%，创纪录新高；4—6 月岗位空缺数保持在纪录高位附近。

英国 5 月份对非欧盟国家贸易逆差 37 亿英镑。7 月 7 日，英国国家统计局数据显示，英国 5 月份对非欧盟国家贸易逆差 37 亿英镑。其中，出口额为 157 亿英镑，环比上升 11%，同比上升 30%；进口额为 194 亿英镑，环比上升 2.2%，同比上升 11%。

意大利 5 月份零售销售额同比上升 1.0%。7 月 7 日，意大利国家统计局数据显示，意大利 5 月份零售销售额环比下降 0.1%，同比上升 1.0%。其中，食品零售额环比下降 0.8%，同比上升 1.1%；非食品零售额环比上升 0.3%，同比上升 0.9%。

俄罗斯央行行长称俄经济处于新一轮增长初期。7 月 13 日，俄罗斯央行行长纳比乌琳娜发表演讲称，俄罗斯经济正处于新一轮增长的初期。俄经济形势已转向积极，预计俄罗斯 2017 年 GDP 增速为 1.3%—1.8%。纳比乌琳娜表示，需要进一步推进结构性改革，以保持俄经济增长的持续性。尽管俄已经适应外部冲击，但内部因素决定了其经济的脆弱性。经济结构单一、缺乏竞争环境等因素将导致俄罗斯经济难以保持稳定增长。

4. 亚洲

日本 5 月份经常账户盈余 16539 亿日元。7 月 10 日，日本财务省数据显示，经季调，日本 5 月份经常账户盈余 16539 亿日元，同比下降 5.9%。其中，货物账户赤字 1151 亿日元；服务账户盈余 421 亿日元，同比下降 48.6%；初次收入账户盈余 19243 亿日元，同比上升 1.6%；二次收入账户赤字 1973 亿日元，同比下降 20.7%。

日本截至 6 月底外汇储备环比下降 20.21 亿美元。7 月 7 日，日本财务省数据显示，日本截至 6 月底外汇储备为 12498.47 亿美元，环比下降 20.21 亿美元。其中，持有证券 10622.10 亿美元；存款 1259.29 亿美元；IMF 储备头寸 118.19 亿美元；特别提款权 188.10 亿美元；黄金储备 305.62 亿美元。

韩国 6 月份失业率上升至 3.8%。7 月 12 日，韩国国家统计局数据显示，经季调，韩国 6 月份失业率为 3.8%，同比上升 0.2 个百分点；失业人数为 106.9 万人，同比上升 6.5%；就业人数为 2686 万人，同比上升 1.1%；就业率为 61.4%，同比上升 0.2 个百分点。

印度 6 月份 CPI 同比上升 1.54%。7 月 12 日，印度国家统计局数据显示，印度 6 月份 CPI 为 132.1，同比上升 1.54%，环比上升 0.53%。其中，食品和饮料价格同比下降 1.17%；服饰价格同比上升 4.17%；住房价格同比上升 4.7%。

新西兰央行：新经济增长前景仍然乐观。新西兰央行发布报告称，尽管存在较大不确定性，新西兰经济增长前景仍然乐观。新央行行长惠勒表示，在过去半年中，全球经济增长前景有所改善，复苏基础更加广泛。新西兰 2016 年经济增速超过 3%，高于过去 30 年的平均增速，主要得益于宽松的货币政策，强劲的人口增长，不断提升的家庭支出和建筑业活动水平。惠勒表示，今年以来，新西兰贸易加权汇率已经下降，如能持续，汇率将有助于重新平衡贸易增长。未来新西兰总体通胀将处于中期目标区间，长期通胀预期保持在 2% 左右。货币政策在相当长的一段时间内保持宽松，利率将保持在 1.75%。未来新央行的工作将主要围绕三个方面：加强政策框架，加强内外协调管理，改善基础设施和降低企业风险。

5. 非洲

南非 2017 年 GDP 或增长 1%。近日，国际货币基金组织（IMF）发布 2016 年南非第四条款磋商报告，由于南非 2016 年经济增长“几乎停滞”，IMF 保持南非 2017 年经济增长预期在 1% 不变，预计 2018 年经济增长率为 1.2%。报告指出，南非经济存在脆弱性，极易受外界冲击和融资不足影响，财政政策和货币政策空间均不足。

二、国际组织

二十国集团领导人第 12 次峰会在德国举行。7 月 7—8 日，二十国集团领导人第 12 次峰会在德国汉堡举行，本次峰会主题是“塑造联动世界”，与会领导人探讨了世界经济增长与贸易、可持续发展、气候变化、能源等议题。中国国家主席习近平出席峰会并发表题为《坚持开放包容　推动联动增长》的重要讲话，强调二十国集团要坚持建设开放型世界经济大方向，为世界经济增长发掘新动力，使世界经济增长更加包容，完善全球经济治理，推动联动增长，促进共同繁荣，向着构建人类命运共同体的目标迈进。习近平在讲话中指出，当前，世界经济出现向好势头。同时，世界经济中的深层次问题尚未解决，仍然面临诸多不稳定不确定因素。面对挑战，杭州峰会提出了二十国集团方案：建设创新、活力、联动、包容的世界经济。汉堡峰会把“塑造联动世界”作为主题，同杭州峰会一脉相承。我们要共同努力，把这些理念化为行动。与会领导人表示，世界经济出现恢复增长、就业扩大的积极迹象，同时仍面临由发展不平衡、贸易壁垒增加、金融脆弱性等带来的不稳定性和不确定性。二十国集团成员在国际经济、金融事务中影响大、能力强，应当加强团结，形成合力，落实好杭州峰会共识和成果，切实推进结构性改革，加强创新和教育，促进普惠贸易，完善国际金融体系，实现全球经济平衡、韧性、可持续增长，并让发展成果惠及更广泛的人口。许多领导人呼吁维护自由贸易和世界贸易组织规则，反对保护主义。

世行、IMF、WTO 发表联合声明称贸易一体化有利于促进全球经济增长。7 月 7 日，世界银行行长金墉、IMF 总裁拉加德和 WTO 总干事阿泽维多在 G20 汉堡峰会上发表联合声明称，更深层次的贸易一体化结合支持贸易一体化的国别政策，能帮助成员国提高整体收入水平，加速全球经济增长。资料显示，20世纪后期以来，开放的经济和贸易提升了发达国家和发展中国家的收入水平和生活质量。但在21世纪初期，由于现有和新的贸易壁垒出现，各国纷纷实施利好国内经济的贸易政策，导致各国贸易开放的步伐基本停滞。目前的优先事项应是完善国内政策来重振全球贸易，从贸易增长中分享发展红利，其中包括消除贸易壁垒，减少贸易补贴和其他扭曲贸易的措施。无论是在发达国家还是发展中国家，贸易发展都是提升生产力和增加收入的关键。

WTO称改善贸易联通性与包容性，促进可持续发展。7月11日，WTO总干事阿泽维多表示，基础设施薄弱、交易成本高昂、性别歧视等在内的一系列因素阻碍了贸易联通和贸易一体化进程。WTO积极致力于改善贸易联通性和包容性，降低交易成本，鼓励女性劳动者参与贸易，进一步减轻贫困状况，实现可持续发展目标。主要措施包括引导各经济体构建适当的基础设施体系，包括主干道和港口等有形基础设施，和有利于各方参与贸易的规则、制度和技能等“软”基础设施，以及帮助各方融入全球贸易市场的数据基础设施等；继续推动实施《贸易便利化协定》，推动发展中国家和最不发达国家降低贸易成本；加强贸易援助和贸易投资，协调利益相关方的不同诉求以落实“贸易援助倡议”。

三、国际大宗商品

本周纽约原油期货累计上涨4.2%。截至周四，本周纽约原油期货连续4个交易日上涨，累计涨幅4.2%。周一纽约原油期货上涨0.17美元，收于每桶44.40美元；周二纽约原油期货上涨0.64美元，收于每桶45.04美元；周三纽约原油期货上涨0.45美元，收于每桶45.49美元；周四纽约原油期货上涨0.59美元，收于每桶46.08美元。

本周纽约黄金期货累计上涨0.6%。截至周四，本周纽约黄金期货累计上涨0.6%。周一纽约黄金期货上涨0.3%，收于每盎司1213.2美元；周二纽约黄金期货上涨0.1%，收于每盎司1214.7美元；周三纽约黄金期货上涨0.4%，收于每盎司1219.1美元；周四纽约黄金期货下跌0.2%，收于每盎司1217.3美元。

四、区域合作

中欧启动第14轮中欧投资协定谈判。7月11日，第14轮中欧投资协定谈判在比利时布鲁塞尔举行，本轮谈判为期4天。双方将继续围绕文本展开谈判，力争取得尽可能多的进展。中欧投资协定谈判启动于2014年，内容包括准入前国民待遇、负面清单管理、国有企业竞争中立、高端服务业开放等。根据中欧领导人在第 19 次会晤期间达成的共识，双方将正在进行的投资协定谈判视为“首要任务”，重申将以合作和务实的精神加快谈判，力争尽快达成一份富有雄心和平衡的成果，为双方投资者建立和保持友好、可预期、宜商的政策环境。

《中国—新西兰自由贸易协定》第二轮升级谈判在北京举行。7 月 4—6 日，《中国—新西兰自由贸易协定》第二轮升级谈判在北京举行。双方围绕技术性贸易壁垒、海关程序与贸易便利化、原产地规则、服务贸易、投资、竞争政策、电子商务、农业合作、环境、政府采购等议题展开磋商。《中国—新西兰自由贸易协定》是中国同发达国家达成的第一个自由贸易协定，2008 年签订的《中新自贸协定》使双边经贸关系步入崭新的发展阶段。协定实施 8 年多来，两国贸易额年均增幅达 13.2%，有力地促进了双边经贸关系的发展，两国经贸合作领域不断拓宽，利益融合日益深化。《中新自贸协定》的升级将进一步推动中新经贸关系发展，提升双边经贸合作水平，更好地造福两国企业和人民，进一步巩固中新全面战略伙伴关系。

五、全球宏观经济形势

OECD 国家 5 月份失业率为 5.9%。7 月 11 日，OECD 发布最新失业率数据显示，OECD 国家 5 月份失业率为 5.9%，同 4 月份持平，失业人数为 3680 万人，较 2008 年 4 月份金融危机前失业人数增加 410 万人。欧元区 5 月份整体失业率稳定在 4 月份的水平，为 9.3%。其中，斯洛伐克失业率降幅最大，下降 0.2 个百分点至 8.1%；法国和意大利失业率均增加 0.1 个百分点，分别升至 9.6% 和 11.3%；美国失业率下降 0.1 个百分点至 4.3%；加拿大失业率增加 0.1 个百分点至 6.6%；日本失业率增加 0.3 个百分点至 3.1%；韩国失业率为 3.6%，降幅为 0.4 个百分点。最新数据显示，美国 6 月份失业率将上升 0.1 个百分点至 4.4%，而加拿大失业率将下降 0.1 个百分点至 6.5%。

第 29 周（2017/07/15—2017/07/21）

7 月 15—21 日，国际财经要情有：美共和党欲推迟两年废除“奥巴马医改”；日本央行维持利率 -0.1% 不变；韩国央行维持基准利率 1.25% 不变；亚投行再获 3A 评级；首轮中美全面经济对话在美国举行；亚行：亚洲发展中经济体经济增长前景有所改善。

一、区域观察

1. 北美地区

美国共和党欲推迟两年废除“奥巴马医改”。7 月 17 日，美国参议院多数党领袖麦康奈尔称，废除并立即取代“奥巴马医改”将不会成功，参议院将就延迟两年废除“奥巴马医改”法案展开投票，从而使美国医保体系平稳过渡。

美国 6 月份 CPI 环比持平。7 月 14 日，美国劳工部数据显示，经季调，美国 6 月份 CPI 环比持平，同比上升 1.6%。其中，食品价格环比持平，能源价格下降 1.6%。

美国 5 月份国际资本净流入 573 亿美元。7 月 18 日，美国财政部数据显示，美国 5 月份国际资本净流入为 573 亿美元。其中，海外私人资本净流入 872 亿美元，海外官方资本净流出 299 亿美元。数据还显示，海外居民 5 月份净买入美国长期证券 955 亿美元，海外投资者净买入 1197 亿美元，海外官方机构净卖出 242 亿美元。美国本地居民净买入国外长期证券 26 亿美元。

美国总统特朗普宣布 2017 年 7 月 17 日为“美国制造日”。7 月 17 日，美国总统特朗普发表讲话称，2017 年 7 月 17 日为首个“美国制造日”，2017 年 7 月 16—22 日为“美国制造周”。此举旨在呼吁美国国民尊重劳动者对美国繁荣强大付出的重要贡献，促进美国制造业发展，并将美国制造品推向全球市场。

2. 拉美地区

巴西经济或将逐渐复苏。世贸组织公布对巴西的评估报告称，2017 年巴西经济将逐渐复苏，但在未来一段时间内经济增长仍较为疲弱。报告认为，巴西依然是全球主要农产品出口市场之一，但巴西政府对农业生产存在较高补贴，在一定程度上削弱了农产品竞争力。巴西应在部分领域进行结构性改革，以实现经济可持续增长。同时，巴西需注意政治因素和税收政策可能对经济增长造成负面影响。

3. 欧洲

欧委会：欧盟年轻一代就业难度加大。7 月 17 日，欧委会发布《2017 年欧洲就业和社会发展报告》显示，欧盟 2013 年以来创造 1000 万个就新业机会，就业人数达到 2.34 亿人，失业率为 2008 年 12 月份以来最低水平。但年轻一代的就业难度加大，无法从经济发展中获得同等利益，这将对青年购房意愿、生育意愿和养老金的增长产生消极影响。预计劳动人口将每年下降 0.3% 直至 2060 年，年轻人及其后代面临维持经济增长和缴纳养老金的双重负担。为此，需采取充分利用劳动力市场人才潜力、确定工作年限和人均寿命之间的成比例关系、增加对老年人教育投入、缩小年轻工人内部差距等措施。

欧盟 2016 年对外直接投资大幅下滑至 1860 亿欧元。7 月 18 日，欧盟统计局数据显示，欧盟 2016 年对外直接投资为 1860 亿欧元，较 2015 年下降 68%；吸引国外直接投资 2800 亿欧元，较 2015 年下降 41%。其中，美国 2016 年对欧盟直接投资为 54 亿欧元。

欧盟和欧元区 6 月份通胀率分别降至 1.4%和 1.3%。7 月 17 日，欧盟统计局数据显示，欧盟 6 月份通胀年率为 1.4%，环比下降 0.2 个百分点；欧元区 6 月份通胀年率为 1.3%，环比下降 0.1 个百分点。

德国 6 月份 CPI 同比上升 1.6%。7 月 13 日，德国联邦统计局数据显示，德国 6 月份 CPI 环比上升 0.2%，同比上升 1.6%。其中，食品价格环比下降 0.1%，同比上升 2.8%；能源价格环比下降 0.8%，同比保持不变；服务价格环比上升 0.7%，同比上升 1.7%。

英国“脱欧”部：“脱欧”谈判将围绕四个重点领域展开讨论。7 月 17 日，英国“脱欧”部发布消息称，英国“脱欧”大臣戴维斯在同欧盟进行的第二轮“脱欧”谈判开幕式上表示，“脱欧”谈判已进入实质性阶段，将围绕四个重点领域展开讨论：一是公民权利问题；二是财政问题；三是北爱尔兰问题；四是其他相关分离问题。

英国政府向下议院提交《大废除法案》。7 月 14 日，英国“脱欧”部发布消息称，英国政府向下议院提交了《大废除法案》。该法案旨在在英国“脱欧”后，将现行欧盟法律替换为英国国内法，以保证英国“脱欧”过程的确定性、连续性和可控性。该法案还将废除《欧洲共同体法案》（ECA），从而确保“脱欧”后英国法律的地位。

4. 亚洲

日本央行维持利率 -0.1%不变。7 月 20 日，日本央行发布货币政策会议纪要称，日本央行决定维持利率 -0.1%不变，并将继续刺激经济直至实现 2%的通胀目标，目标可能在 2019 财年完成。当前，日本经济继续温和复苏，通胀虽然保持上升势头，但仍不够强劲，中长期通胀预期上升有些滞后，但随着企业逐步提高薪资及价格，通胀预期会逐渐上升；经济和物价面临下行风险，物价增长动能尚未充分稳固，仍需密切关注价格变化。

日本 6 月份贸易盈余 4399.07 亿日元。7 月 20 日，日本财务省数据显示，日本 6 月份贸易盈余 4399.07 亿日元，同比下降 35.9%。其中，出口额为 66075.52 亿日元，同比上升 9.7%；进口额为 61676.45 亿日元，同比上升 15.5%。

韩国央行维持基准利率 1.25%不变。7 月 13 日，韩国央行发布消息称，韩国央行将维持基准利率 1.25%不变。尽管国际油价浮动和主要经济体货币政策预期改变增加了国际金融市场不确定性，但全球经济持续扩张，韩国国内经济发展仍然强劲，CPI 保持在 2%的目标水平。维持当前货币立场有利于确保经济可持续增长，实现通胀目标，维持金融市场整体稳定。

新加坡 6 月份贸易总额同比上升 7.5%。7 月 17 日，新加坡国家统计局数据显示，经季调后，新加坡 6 月份贸易总额为 796 亿美元，同比上升 7.5%，环比下降 3.7%，连续 8 个月实现出口额和进口额同比增长。其中，出口额同比增长 7.9%，环比下降 2.5%，进口额同比增长 6.9%，环比下降 5.2%。

澳大利亚央行发布 7 月份货币政策会议纪要。7 月 18 日，澳大利亚央行发布 7 月份货币政策会议纪要称，澳大利亚央行决定将维持现金利率 1.5%不变。当前，全球经济持续改善。澳大利亚二季度消费增速加快，但家庭收入增长仍疲软，家庭债务水平高企；劳动力市场有所改善，但仍需要密切关注劳动力市场和房屋市场。鉴于此，维持当前货币政策立场有利于经济的可持续发展，实现通胀目标。

新西兰二季度 CPI 同比上升 1.7%。7 月 18 日，新西兰国家统计局数据显示，新西兰二季度 CPI 环比持平，同比上升 1.7%。其中，住房价格同比上升 3.1%；食品价格同比上升 2.0%；电信服务同比下降 3.8%；设备价格同比下降 24%，视听和计算设备价格同比下降 9%。

5. 非洲

南非财政部公布包容性增长行动计划。7 月 13 日，南非财政部公布包容性增长行动计划，以提振经济增长。南财政部认为，南非经济主要面临四大挑战，一是经济增长放缓；二是政府债务上升；三是国有企业经营不善；四是政策不确定，企业和消费者信心低下。此次推出的行动计划主要包括：敲定可持续工资协议，完成基础设施资金预算；通过推行双峰政策、举办金融峰会等措施推动金融部门发展；对部分国有企业进行资本重组，完善政府担保机制；实施优惠采购规定、完成公共采购法案等。

二、国际组织

亚投行再获3A 评级。近日，国际评级机构惠誉国际宣布给予亚投行长期发行人违约评级“AAA”和短期发行人违约评级“F1 +”，前景展望为稳定，这是惠誉评级标准中的最高级别。惠誉表示，该评级是基于亚投行现有及预期在内的内在优势评定的。自 2015 年成立以来，亚投行已经拥有大量资本，并且形成了一套全面且高质量的管理体系，足以支撑其扩大贷款规模，应对潜在风险。此外，亚投行良好的资本流动性也便于其在资本市场中获益。

亚行称气候变化或将抵消亚洲发展成果。7 月 14 日，亚行发布研究报告称，持续的气候变化不仅会严重阻碍亚太地区未来经济增长，甚至将抵消当前发展成果。数据显示，全球每年洪灾损失预计将从 2005 年的 60 亿美元增长到 2050 年的 520 亿美元。到 2100 年，东南亚部分国家水稻减产幅度或将升至 50%。到 2050 年，南亚粮食进口总额或将由每年 20 亿美元增长到 150 亿美元。鉴此，报告强调了履行《巴黎协定》对减轻气候变化影响的重要性。2016 年，亚行批准的气候融资达到了创纪录的 37 亿美元。到 2020 年，这一金额有望进一步扩大至 60 亿美元。

欧投行批准 120 亿欧元投资计划。7 月 18 日，欧投行董事会批准了 63 个项目投资计划，总额达 124 亿欧元。项目涉及铁路、公路、航空、海运，以及新型可再生能源等领域，还有涉及有轨电车、高速公路和互联网的 PPP 项目。欧投行行长霍伊尔表示，欧投行大力支持可持续交通和可再生能源等方面的投资项目，致力于为小型企业创造商业机会。此次批准的项目将为全球与欧洲企业提供新的商机，帮助民众提高生活水平，更好地享受清洁水源、绿色能源、网络环境、医疗卫生与教育等服务。

三、国际大宗商品

本周纽约原油期货累计上涨 0.5%。截至周四，本周纽约原油期货累计上涨 0.5%。周一纽约原油期货下跌 0.52 美元，收于每桶 46.02 美元；周二纽约原油期货上涨 0.38 美元，收于每桶 46.40 美元；周三纽约原油期货上涨 0.72 美元，收于每桶 47.12 美元；周四纽约原油期货下跌 0.33 美元，收于每桶 46.79 美元。

本周纽约黄金期货累计上涨 1.5%。截至周四，本周纽约黄金期货连续四个交易日上涨，累计涨幅 1.5%。周一纽约黄金期货上涨 0.5%，收于每盎司 1233.7

美元；周二纽约黄金期货上涨 0.7%，收于每盎司 1241.9 美元；周三纽约黄金期货上涨不到 0.1%，收于每盎司 1242.0 美元；周四纽约黄金期货上涨 0.3%，收于每盎司 1245.5 美元。

四、区域合作

首轮中美全面经济对话在美国举行。7 月 19 日，首轮中美全面经济对话在美国华盛顿举行。中国国务院副总理汪洋与美国财政部长姆努钦、商务部长罗斯共同主持。对话期间，双方就中美贸易投资、经济合作百日计划和一年计划、全球经济和治理、宏观经济政策和金融业、农业等议题进行了深入讨论，达成广泛共识。

双方认为，本轮对话最重要的成果，就是确立了中美经济合作的正确方向，即坚持把合作共赢作为发展双边经贸关系的基本原则，把对话磋商作为解决分歧的基本方法，把保持重大经济政策沟通作为对话合作的基本方式，这为未来合作奠定了坚实的基础。双方认为，在双方共同努力下，中美经济合作百日计划取得了重大进展，为两国经贸合作注入了新动力，提振了人们对中美经济关系发展的信心，为中美经济合作提供了“模板”和良好的示范效应。双方就开展经济合作一年计划进行了讨论，同意围绕宏观经济和金融、贸易合作、投资合作、全球经济治理等方面开展合作，努力争取实现早期收获。双方同意本着务实、互利原则，在实施合作的过程中，进一步充实和完善一年计划，为两国经济提供一个稳定、可预期的合作框架。双方同意为缩小贸易逆差进行建设性合作。拓展服务业合作领域，共同做大服务贸易“蛋糕”；扩大双方相互投资，创造更加开放、公平、透明、便利的投资环境；在促进高技术产品贸易方面作出更大努力；提升产业合作水平，推动制造业互利合作；加强宏观经济政策沟通与协调，深化金融监管和金融市场发展领域的务实合作；加强在二十国集团等全球经济治理平台的合作，推动国际经济金融体系改革，促进世界经济强劲、可持续、平衡、包容发展。双方认为，这是一次创新、务实、建设性的对话，既探讨了事关两国经济合作全局性、长期性、战略性的议题，又聚焦于业界关注的具体问题，达到加深理解、增进互信、扩大共识的目的，为双方进一步开展长期稳定的合作奠定了坚实基础。

《北美自贸协定》重新谈判将于 8 月份举行。7 月 19 日，美国贸易代表莱特希泽宣布，美国将于 8 月 16—20 日在华盛顿与加拿大、墨西哥就重谈《北美自由贸易协定》举行首轮谈判。此前，美国已经开启为期 90 天的国内磋商程序，待磋商程序结束，正式谈判立即启动。美国贸易代表办公室表示，通过重新谈判，特朗普政府将寻求与加拿大、墨西哥达成更好的贸易协定，改善美国制造业、农业与服务业在加、墨两国的市场准入，减少美国对两国的贸易逆差。

五、全球宏观经济形势

亚行称亚洲发展中经济体经济增长前景有所改善。7 月 20 日，亚行发布最新报告显示，由于2017 年一季度出口需求高于预期，亚洲发展中经济体经济增长前景有所改善，预计亚洲区域 2017 年和 2018 年整体经济增长率将分别达到 5.9%和 5.8%。

东亚区域经济增长率预计 2017 年和 2018 年将分别达到 6.0% 和 5.7%，中国由于净出口和国内消费增长强劲，其经济增长率预计将分别从 6.5% 和 6.2% 上调至 6.7% 和 6.4%；南亚区域经济增长率预计 2017 年和 2018 年将分别达到 7.0%和 7.2%，在亚洲各区域中增速最快。其中，印度因国内消费增长强劲，预计2017 年和 2018 年经济增长率将分别达到 7.4% 和 7.6%；东南亚区域经济增长率预计 2017 年和 2018 年分别达到 4.8% 和 5.0%，私人消费和强劲的国内需求将继续支撑该区域经济增长。马来西亚、菲律宾和新加坡经济增速加快，而文莱经济扩张速度低于预期；中亚区域经济增长受到域内国家强劲的国内需求和出口推动，呈现超预期的复苏态势，2017 年和 2018 年经济增长率预计分别达到 3.2%和 3.8%。

OECD 国家 2017 年一季度就业率升至 67.4%。7 月 18 日，OECD 发布最新数据显示，2017 年一季度 OECD 成员国就业率增长 0.2 个百分点，至 67.4%。同期，劳动参与率增长 0.1 个百分点，至 71.8%。G7 国家就业增速为 0.2%，至70.3%；欧盟为 0.3%，至 67.2%。在较大经济体中，加拿大和墨西哥就业率增长 0.4%，分别至 73.3% 和 61.4%；日本、土耳其和美国增长 0.3%，分别至75%、50.9% 和 69.8%；韩国、英国和欧元区增长 0.2%，分别至 66.5%、73.9% 和 65.9%。

第 30 周（2017/07/22—2017/07/28）

7 月 22—28 日，国际财经要情有：美联储维持联邦基金利率目标不变；巴西央行下调基准利率至 9.25%；欧洲央行决定维持利率水平不变；英国二季度 GDP 初值环比上升 0.3%；韩国二季度实际 GDP 环比上升 0.6%；南非央行下调基准利率至 6.75%；WTO：新增贸易限制措施创 2008 年以来新低；亚洲金融合作协会宣布成立；联合国：新兴经济体增长压力明显上升。

一、区域观察

1. 北美地区

美联储维持联邦基金利率目标不变。7 月 26 日，美联储发布消息称，2017 年迄今为止劳动力市场持续增强，经济活动温和扩张；就业稳定增长，失业率下降；家庭支出及企业固定投资持续扩大；以 12 个月为基准衡量的通胀率在 2% 以下，但中期将稳定在 2% 附近。FOMC 决定将联邦基金利率目标区间维持在 1%—1.25%；货币政策保持宽松，但 FOMC 将随着经济状况好转逐渐加息；维持证券再投资，并对到期国债进行展期。声明还指出，预计不久将实施资产负债表正常化。

美国多位政要承认放弃边境调节税计划。7 月 27 日，美国众议院议长瑞恩、众议院筹款委员会主席布雷迪、白宫经济顾问科恩、财政部长姆努钦、参议院多数党领导人麦康奈尔和参议院财政委员会主席哈奇发表联合声明称，由于边境调节税未获得足够支持，该计划不会继续作为税改磋商内容的一部分。五位政要表示，有信心在不过渡到新的国内消费型税收制度的情况下，找到可行的办法来确保美国公司、外国公司和工人之间的公平竞争环境，并保护美国的税基和就业机会。

加拿大 6 月份 CPI 环比持平。7 月 21 日，加拿大统计局数据显示，经季调，加拿大 6 月份 CPI 环比持平。其中，食品价格指数环比上升 0.4%；酒精饮料和烟草价格指数环比上升 0.4%；运输价格指数下降 0.5%；非食品和能源价格指数环比上升 0.2%。

2. 拉美地区

巴西央行下调基准利率至 9.25%。7 月 26 日，巴西央行宣布，下调基准利率 1 个百分点至 9.25%，这是巴西央行连续第七次降息，也是 2013 年年底以来巴西基准利率首次低于 10%。巴西央行表示，通货膨胀率变动情况是降息的主要原因，降息节奏将由经济活动、风险评估、通胀预期等决定。

3. 欧洲

欧洲央行决定维持利率水平不变。7 月 20 日，欧洲央行发布消息称，欧洲央行将分别维持再融资操作利率、边际贷款利率和存款利率 0.00%、0.25%、-0.40% 不变。同时，维持月资产购买规模 600 亿欧元不变。资产购买计划将至少实施至 2017 年 12 月底。此外，欧洲央行还将对到期证券再投资。预计欧洲央行利率将在较长时间内维持现有水平。若经济前景不利，或金融状况与通胀可持续调整不一致，欧洲央行将扩大资产购买规模并延长期限。

欧委会将启动试点项目增强欧洲经济弹性。欧委会发布消息称，为帮助欧洲区域投资具有竞争优势的区域，实现“智能专业化”，欧委会将启动两项试点项目：一是为面临特定挑战的产业转型区域提供针对性支持；二是为区域间创新合作提供欧盟资金支持，推动当前不同创新模式、增长模式和竞争模式的协同配合。欧盟将于 2017 年秋季正式启动试点项目。

容克计划已带动超过 2250 亿欧元投资。7 月 24 日，欧委会发布消息称，容克计划已带动超过 2250 亿欧元投资，超过总投资目标的 2/3。当前，欧洲投资银行已批准了 276 项由欧洲战略投资基金支持的项目，获得融资 337 亿欧元；欧洲投资基金会已批准 296 项中小企业融资协议，获得近 100 亿欧元支持，约 44500 家中小型企业将获益。

欧盟和欧元区一季度政府债务占 GDP 比分别为 84.1%和 89.5%。7 月 20 日，欧盟统计局数据显示，欧盟一季度政府债务占 GDP 比为 84.1%，环比上升 0.5 个百分点，同比下降 0.2 个百分点；欧盟一季度政府赤字占 GDP 比为 1.0%，环比下降 0.2 个百分点。欧元区一季度政府债务占 GDP 比为 89.5%，环比上升 0.3 个百分点，同比下降 1.7 个百分点；欧元区一季度政府赤字占 GDP 比为 0.9%，环比下降 0.2 个百分点。

德国 7 月份制造业 PMI 初值下降至 58.3。7 月 24 日，市场调查机构 Markit 数据显示，德国 7 月份制造业 PMI 初值为 58.3，环比下降 1.3 个点，为 3 个月来最低，制造业产出增速及新订单增速放缓是 PMI 下降的主要原因；制造业产出指数初值为 58.0，环比下降 2.9 个点，产出增速为 6 个月来最低，新订单增速为 5 个月来最低。

英国二季度GDP初值环比上升0.3%。7月26日，英国国家统计局数据显示，经季调，英国二季度GDP初值环比上升0.3%，同比上升1.7%。其中，服务业产出环比上升0.5%，同比上升2.3%；工业产出环比下降0.4%，同比下降0.4%；建筑业产出环比下降0.9%，同比上升0.8%；农业产出环比上升0.6%，同比上升1.7%。

法国7月份制造业PMI初值为55.4。7月24日，市场调查机构Markit数据显示，法国7月份制造业PMI初值为55.4，环比上升0.6个点，为75个月来最高；制造业产出指数初值为54.8，环比下降0.6个点，为4个月来最低；服务业PMI初值为55.9，环比下降1个点，为6个月来最低；综合PMI初值为55.7，环比下降0.9个点，为6个月来最低。

4. 亚洲

日本央行再次推出固定利率操作。日本央行宣布，将再次实施固定利率操作，即以0.110%的收益率无限制购买新增10年期国债，同时增加500亿日元的国债购买额，以应对日本长期利率面临上升压力的局面。这是日本央行自2017年2月份以来再次启用固定利率操作。

日本7月份制造业PMI初值为52.2。7月24日，市场调查机构Markit数据显示，日本7月份制造业PMI初值为52.2，环比下降0.2个点，为8个月以来最低；制造业产出指数初值为51.4，环比下降0.6个点，产出增速为10个月以来最低；出口订单增速维持不变。

韩国二季度实际GDP环比上升0.6%。7月27日，韩国企划财政部数据显示，韩国二季度实际GDP环比上升0.6%，同比上升2.7%。其中，农、林、渔业产出环比下降2.5%，同比下降0.6%；制造业产出环比下降0.2%，同比上升3.3%；电气和供水产出环比上升2.6%，同比上升1.3%；建筑业产出环比下降0.3%，同比上升8.8%；服务业产出环比上升0.8%，同比上升1.9%。

印度内阁审批通过最低工资法案。7月27日，印度内阁审批通过工资法案，明确了最低工资标准，为联邦劳动法的出台铺平了道路。印政府称，联邦劳动法的出台有利于提高营商便利化水平，确保最低工资标准的实施。该法案将提交议会讨论批准，一旦获批，印度各行业工人的每月最低工资标准将提高至1.8万卢比，各邦的最低工资标准也可高于联邦政府的标准。

澳大利亚二季度CPI同比上升1.9%。7月26日，澳大利亚国家统计局数据显示，澳大利亚二季度CPI环比上升0.2%，同比上升1.9%。其中，医疗服务价格同比上升4.1%；新购买住房价格同比上升0.9%；烟草价格同比上升1.0%；汽油价格同比下降2.5%。

5. 非洲

南非央行下调基准利率至6.75%。7月20日，南非央行宣布，下调基准利率

25 个基点至 6.75%。同时，南央行下调 2017 年南非经济增长预期至 0.5%，下调 2018 年增长预期至 1.2%。

二、国际组织

WTO 称新增贸易限制措施创 2008 年以来新低。7 月 24 日，WTO 发布贸易监测报告称，报告期内（2016 年 10 月中旬至 2017 年 5 月中旬）世贸组织成员共发起 74 项贸易限制措施，其中包括新增或提高关税、加强海关监管力度等，月均 11 项，创 2008 年以来最低月平均水平；共发起 80 项贸易便利措施，其中包括取消或降低关税、简化海关手续等，月均超过 11 项。世贸组织总干事阿泽维多表示，面对全球经济形势的不确定性，贸易限制措施的显著下降表明世贸组织成员正努力改善全球贸易环境，以促进全球经济繁荣与增长。

IMF 称建议欧洲央行维持宽松货币政策。7 月 25 日，IMF 发布报告称，得益于能源价格下降、就业市场走强、信贷复苏提振内需等因素，欧元区经济复苏势头正在巩固。预计欧元区 2017 年 GDP 增长有望达到 1.9%，2018 年预计为 1.7%。但从通胀指标来看，IMF 预计 2017 年欧元区通胀率为 1.6%，2018 年可能降至 1.5%，仍无法达到欧洲央行设定的低于但接近 2% 的通胀目标。为此，IMF 建议欧洲央行继续维持非常宽松的货币政策，进一步支撑经济增长和通胀改善。

联合国发布《2017 年最不发达国家报告》。联合国发布《2017 年最不发达国家报告》称，最不发达国家在落实“伊斯坦布尔行动计划”和实现可持续发展目标方面面临巨大挑战。最不发达国家需吸引更多投资以实现相关发展目标。报告指出，2015 年 47 个最不发达国家平均经济增长率为 3.8%，为 20 年来最低。2010—2014 年，最不发达国家获得电力服务人口数增长 6%，达到 38.3%，仍未达到国际社会此前设立的目标；最不发达国家 FDI 由 2015 年的 440 亿美元下降至 2016 年的 380 亿美元，降幅达 13%；最不发达国家贸易总额由 2014 年的 1.09% 降至 2015 年的 0.97%。联合国方面表示，为实现 2020 年经济增长率达到 7% 的目标，最不发达国家每年需额外吸引投资 240 亿美元。

三、国际大宗商品

本周纽约原油期货累计上涨 7.1%。截至周四，本周纽约原油期货连续四个交易日上涨，累计涨幅 7.1%。周一纽约原油期货上涨 0.57 美元，收于每桶 46.34 美元；周二纽约原油期货上涨 1.55 美元，收于每桶 47.89 美元；周三纽约原油期货上涨 0.86 美元，收于每桶 48.75 美元；周四纽约原油期货上涨 0.29 美元，收于每桶 49.04 美元，创 6 月份以来收盘新高。

本周纽约黄金期货累计上涨 0.4%。截至周四，本周纽约黄金期货累计上涨 0.4%。周一纽约黄金期货下跌不到 0.1%，收于每盎司 1254.3 美元；周二纽约黄金期货下跌 0.2%，收于每盎司 1252.1 美元；周三纽约黄金期货下跌 0.2%，收于每盎司 1249.4 美元；周四纽约黄金期货上涨 0.9%，收于每盎司 1260 美元，创 6 月中旬以来收盘新高。

四、区域合作

亚洲金融合作协会宣布成立。7 月 24 日，作为 2017 年“一带一路”国际合作高峰论坛的成果之一，亚洲金融合作协会成立大会在北京举行。中国国务院总理李克强向亚洲金融合作协会成立大会致贺信，李克强在贺信中指出，中国积极倡议支持筹建亚洲金融合作协会（以下称“亚金协”），支持各国特别是新兴经济体发展。中方愿与相关各方共商推动“一带一路”建设，亚金协可以提供有力支撑，希望亚洲金融合作协会为亚洲乃至全球经济金融的稳健发展作出积极贡献。国务院副总理马凯出席成立大会并致辞。亚洲金融合作协会是致力于促进实体经济发展、维护区域金融稳定的区域性非政府、非营利性社会组织，主要由亚洲国家和地区的金融机构、金融行业组织、相关服务机构以及金融领域的有关专家学者组成。首批会员包括来自五大洲 27 个国家和地区的 107 家机构，涵盖银行、证券、保险等领域。

中国—东盟互联互通合作委员会第三次会议在印尼雅加达召开。7 月 25 日，中国—东盟互联互通合作委员会第三次会议在印尼雅加达举行。中方驻东盟大使徐步，外交部、发展改革委、商务部、海关总署、质检总局、贸促会和有关地方和金融机构代表，东盟方十国常驻东盟代表（大使）暨东盟互联互通协调委员会成员，东盟秘书处高级官员参加会议。双方高度评价合委会第二次会议以来中国东盟互联互通合作取得的积极进展，就进一步推进有关合作深入交换意见，并达成广泛共识。双方一致认为，中方“一带一路”倡议与《东盟互联互通总体规划 2025》战略契合、领域相通，协同发展潜力巨大。双方将继续就此做好规划对接，就未来合作的优先领域和项目进行具体商谈，鼓励企业开展务实合作，支持东盟方落实好《东盟互联互通总体规划 2025》，推动双方在互联互通领域合作持续向前发展，推动中国—东盟关系再上新台阶。

五、全球宏观经济形势

联合国称新兴经济体增长压力明显上升。联合国经社理事会发布《世界经济形势与展望》月度简报称，近期发达经济体和几大主要新兴经济体经济活动有所扩张，但在国际政策环境持续恶化、不确定性不断上升的背景下，新兴经济体经济增长前景暗淡。报告显示，巴西、智利等大宗商品出口国商品价格持续下滑，南非、土耳其等国的政治不确定性导致投资者情绪低落。国际清算银行最新数据显示，新兴经济体高企的债务水平对其金融稳定性构成风险，其中新兴市场非金融企业的债务占 GDP 的比重从 2008 年的 60.7% 上升到 2016 年的 102.1% 。同时，全球原油价格进一步下滑加剧了商品依赖型经济体的脆弱性，特别是在非洲、拉丁美洲和西亚地区。报告建议，新兴经济体需采取措施加强本国经济抵御冲击的能力。同时需进一步推进结构性改革、健全金融体系、降低债务水平、丰富缓冲机制，更好地应对风险。

第 31 周（2017/07/29—2017/08/04）

7 月 29 日—8 月 4 日，国际财经要情有：美国二季度实际 GDP 年化季率为 2.6%；欧盟和欧元区二季度 GDP 初值环比均上升 0.6%；法国二季度 GDP 初值环比上升 0.5%；印度央行下调基准利率至 6%；澳大利亚央行维持现金利率 1.5% 不变；IMF 指日本亟需推动经济改革；2017 年金砖国家经贸部长会议在上海举行；IMF 称全球经济稳步复苏。

一、区域观察

1. 北美地区

美国二季度实际 GDP 年化季率为 2.6%。7 月 28 日，美国商务部数据显示，美国二季度实际 GDP 年化季率为 2.6%，一季度 GDP 增速下修至 1.2%。美国个人消费、企业投资、出口、政府开销等方面增长是 GDP 增长的主要原因。

美国 7 月份 ISM 制造业指数为 56.3。8 月 1 日，美国供应管理协会数据显示，经季调，美国 7 月份 ISM 制造业指数为 56.3，环比下降 1.5 个点。数据还显示，7 月份 ISM 制造业物价支付指数为 62.0，环比上升 7.0 个点。

加拿大 5 月份 GDP 环比上升 0.6%。7 月 28 日，加拿大统计局数据显示，经季调，加拿大 5 月份 GDP 为 1.73 万亿加元，环比上升 0.6%，同比上升 4.6%。其中，货物制造业产出为 5160.87 亿加元，环比上升 1.6%，同比上升 8.8%；服务业产出为 1.22 万亿加元，环比上升 0.2%，同比上升 3.0%。

2. 拉美地区

巴西 7 月份贸易顺差达 62.98 亿美元。8 月 4 日，巴西工贸部数据显示，巴西 7 月份贸易顺差为 62.98 亿美元，今年前七个月累计贸易顺差 425 亿美元，创 1989 年以来历史同期最佳纪录。巴西农业大丰收和国际大宗商品价格回暖是巴近期外贸表现突出的主要原因，预计巴西全年贸易顺差可达 600 亿美元。

3. 欧洲

欧盟和欧元区二季度 GDP 初值环比均上升 0.6%。8 月 1 日，欧盟统计局数据显示，经季调，欧盟二季度 GDP 初值环比上升 0.6%，同比上升 2.2%；欧元区二季度 GDP 初值环比上升 0.6%，同比上升 2.1%。

欧盟和欧元区 6 月份失业率分别为 7.7%和 9.1%。7 月 31 日，欧盟统计局数据显示，经季调，欧盟 6 月份失业率为 7.7%，环比持平，同比下降 0.9 个百分点，为 2008 年 12 月份以来最低。欧元区 6 月份失业率为 9.1%，环比下降 0.1 个百分点，同比下降 1 个百分点，为 2009 年 2 月份以来最低；欧盟失业人数为 1872.5 万人，环比下降 18.3 万人；欧元区 6 月份失业人数为 1471.8 万人，环比下降 14.8 万人。

欧元区 7 月份通胀年率初值为 1.3%。7 月 31 日，欧盟统计局数据显示，欧元区 7 月份通胀年率初值为 1.3%，环比持平。其中，能源品通胀年率初值为 2.2%，环比上升 0.3 个百分点；服务业为 1.5%，环比下降 0.1 个百分点；食品、烟酒为 1.4%，环比持平；非能源品为 0.5%，环比上升 0.1 个百分点。

欧元区 7 月份制造业 PMI 终值下降至 56.6。8 月 1 日，市场调查机构 Markit 数据显示，经季调，欧元区 7 月份制造业 PMI 终值为 56.6，环比下降 0.8 个点，连续 49 个月高于枯荣线。其中，荷兰制造业 PMI 为 58.9，为 75 个月以来最高；德国制造业 PMI 为 58.1，为 5 个月以来最低；法国制造业 PMI 为 54.9，为 3 个月以来最高；意大利制造业 PMI 为 55.1，为 2 个月以来最低，西班牙制造业 PMI 为 54.0，为 4 个月以来最低。

德国 7 月份 CPI 初值同比上升 1.7%。7 月 28 日，德国联邦统计局数据显示，德国 7 月份 CPI 初值环比上升 0.4%，同比上升 1.7%。其中，食品价格同比上升 2.7%；能源价格同比上升 0.9%；服务价格同比上升 1.7%。

法国二季度 GDP 初值环比上升 0.5%。7 月 28 日，法国国家统计局数据显示，经季调，法国二季度 GDP 初值环比上升 0.5%。其中，家庭消费支出环比上升 0.3%；固定资本形成总额环比上升 0.5%；进口总额环比上升 0.2%；出口总额环比上升 3.1%。

4. 亚洲

日本央行发布货币政策会议纪要。日本央行发布 6 月份货币政策会议纪要称，日本经济正温和扩张。由于新兴经济体复苏，出口已呈现增长势头，与 IT 相关商品及资本品出口增长尤为明显，预计出口将继续温和上升。由于日元贬值等因素，日本 2017 年一季度销售利润率创历史新高。机械订单与非住宅营建计划支出继续增加，企业固定资产投资有望继续平稳增长。雇员收入平稳增长，失业率继续平稳下降。私人消费弹性增强，住房投资基本持平，工业产出呈现增长态势。金融状况高度宽松，企业融资成本一直处于低水平，企业信贷需求不断提升，融资状况十分有利。由于产出缺口扩大和通胀预期增强，通胀有望实现 2% 目标。

日本 6 月份 CPI 同比上升 0.4%。7 月 28 日，日本总务省数据显示，日本 6

月份 CPI 为 100.2，同比上升 0.4%。剔除生鲜食品和能源，6 月份核心 CPI 为 100.7，同比持平。剔除生鲜食品和能源，7 月份核心 CPI 为 100.3，同比下降 0.1%。

韩国7月份CPI环比上升0.2%。8月1日，韩国国家统计局数据显示，韩国7月份CPI为102.86，环比上升0.2%，同比上升2.2%。剔除生鲜食品和能源，7月份核心CPI为103.63，环比上升0.2%，同比上升1.5%。

印度央行下调基准利率至6%。8月2日，印度央行宣布，下调基准回购利率25个基点至6%，符合预期。印度央行表示，印度当前通胀水平远低于预期，且受印度商品和服务税改革影响，制造业出现大幅收缩。央行将进一步放宽货币政策以促进经济增长。

澳大利亚央行维持现金利率1.5%不变。8月1日，澳大利亚央行发布消息称，澳央行将维持现金利率1.5%不变。当前，全球经济状况持续改善，澳大利亚企业状况好转，就业与零售均有所增长，但工资增长缓慢，家庭债务高企。澳央行预计澳大利亚未来几年经济增速在3%左右，通胀率将逐步上升。汇率上升有助于缓和物价压力，但对产出及就业造成负面影响。

新西兰二季度失业率下降至4.8%。8月2日，新西兰国家统计局数据显示，新西兰二季度失业率为4.8%，环比下降0.1个百分点，为2008年全球金融危机以来最低。其中，女性失业率下降至4.9%，为2009年3月以来最低；男性失业率上升至4.7%。此外，新西兰二季度就业率为66.7%，环比下降0.4个百分点。

5. 非洲

南非6月份PPI增长4%。7月25日，南非统计局数据显示，受食品和能源价格下降影响，南非6月份PPI同比增长4%，环比下降0.8个百分点。

二、国际组织

IMF称日本亟须推动经济改革。7月31日，IMF发布报告指出，在贸易持续回暖和临时性财政措施的支持下，日本经济今年有望实现1.3%的增长。IMF指出，出口增加是日本经济复苏的主要原因之一，但日本国内私人消费和投资仍然疲软，通胀始终在低位徘徊，这给经济中期增长带来了风险。此外，工资增长较慢、人口老龄化严重、劳动人口缩减等因素也对日本经济发展造成了负面影响。IMF建议，日本应加快推进经济改革，可采取的措施包括协调货币政策、财政政策和和收入政策；明确政策框架，提振市场信心，改善债务状况；遏制长期低利率环境和人口老龄化带来的风险等。

非洲开行将投入240亿美元支持非洲农业发展。非洲开发银行行长阿德西纳宣布，作为非洲粮食援助计划的一部分，非开行将投资240亿美元用于支持非洲农业发展。非开行的目标是充分挖掘非洲农业生产潜力，确保非洲在十年内实现农产品自给自足。非洲地区每年需花费 350 亿美元进口食品，这意味着非洲大陆拥有巨大的市场潜力，各国应充分认识到农业不仅仅满足人们的生存发展需求，还将作为商业部门创造财富。

三、国际大宗商品

本周纽约原油期货累计下跌 1.4%。截至周四，本周纽约原油期货累计下跌 1.4%。周一纽约原油期货上涨 0.46 美元，收于每桶 50.17 美元；周二纽约原油期货下跌 1.01 美元，收于每桶 49.16 美元；周三纽约原油期货上涨 0.43 美元，收于每桶 49.59 美元；周四纽约原油期货下跌 0.56 美元，收于每桶 49.03 美元。

本周纽约黄金期货累计上涨 0.5%。截至周四，本周纽约黄金期货累计上涨 0.5%。周一纽约黄金期货下跌 0.1%，收于每盎司 1266.6 美元；周二纽约黄金期货上涨 0.5%，收于每盎司 1279.4 美元；周三纽约黄金期货下跌不到 0.1%，收于每盎司 1278.4 美元；周四纽约黄金期货下跌 0.3%，收于每盎司 1274.4 美元。

四、区域合作

2017 年金砖国家经贸部长会议在上海举行。8 月 1—2 日，2017 年金砖国家经贸部长会议在上海举行，来自金砖五国经贸部长、联合国贸发会议秘书长、联合国工发组织总干事、国际贸易中心执行主任以及金砖国家工商理事会代表参会。本次会议是 9 月份领导人厦门会晤在经贸领域的一次重要准备会议，也是金砖合作步入第二个“黄金十年”后的首次经贸部长会议。在各方的共同努力下，会议通过了《金砖国家第七次经贸部长会议声明》，就促进贸易发展、加强投资便利化合作、深化经济技术合作及支持多边贸易体制等达成了一系列重要共识。具体成果包括：批准建立金砖国家示范电子口岸网络；批准《金砖国家服务贸易合作路线图》；批准《金砖国家电子商务合作倡议》；批准《金砖国家知识产权合作指导原则》；达成支持多边贸易体制、反对保护主义的行动共识等。

五、全球宏观经济形势

IMF 称全球经济稳步复苏。IMF 发布《世界经济展望报告》更新版显示，预计 2017 年全球经济增速将达到 3.5%，2018 年将达 3.6%。其中，发达经济体 2017 年经济增速为 2%，2018 年下降 0.1 个百分点，至 1.9%；新兴市场和发展中经济体 2017 年经济增速为 4.6%，2018 年上升 0.2 个百分点，至 4.8%。

IMF 预计，未来两年美国经济增速仍将保持在高于长期潜在增长率的水平，由于近期美国政府不太可能采取扩张性的财政政策，IMF 将美国 2017 和 2018 年的经济增长预期下调至 2.1%，但仍高于 2016 年的 1.6%。IMF 认为，中国政府实施的宏观政策提振了经济增长，将中国 2017 年和 2018 年的经济增长预期分别上调 0.1% 和 0.2%，至 6.7% 和 6.4%。同时，IMF 将对欧元区 2017 年经济增长预期上调至 1.9%，较 4 月份提高 0.2 个百分点；将 2017 年日本经济增长预期上调 0.1 个百分点至 1.3%，2018 年维持在 0.6% 不变。

IMF 发布《2017 年外部风险评估报告》。7 月 29 日，IMF 发布《2017 年外部风险评估报告》，对全球 29 个主要经济体的汇率及外部盈余状况进行评估。报告显示，2016 年全球经常账户失衡情况与 2015 年基本一致。但自 2013 年以来，经常账户逆差逐渐集中于英美等发达经济体，可能引发贸易保护主义升温和贸易失衡加剧。

报告指出，美国经常账户逆差占 GDP 比重从 2013 年占 GDP 的 2.1%，到 2016 年上升至 2.4%。鉴于其短期基本面表现，美元实际有效汇率或存在 10%—20% 的高估。由于以原油为代表的国际大宗商品价格回落，欧元区经常账户顺差逐年增加，占整体 GDP 比值已超过 3%。欧元估值与欧元区整体基本面基本一致；而英国“脱欧”后与欧盟贸易关系存在不确定性，英镑汇率或存在 15% 以内的高估；德国、日本、韩国和荷兰等国继续保持大规模经常账户顺差，其法定货币实际有效汇率被低估 7—15 个百分点不等。

新兴经济体方面，中国经常账户顺差缩小，人民币汇率大致符合基本面。且中国外部失衡问题自国际金融危机以来显著改善，经常账户顺差占 GDP 的比重从 2007 年的历史高点 10%，到 2016 年已降至 1.7%；其他主要新兴经济体，如巴西、印度尼西亚、南非和土耳其等，经常账户逆差下降，过度失衡状况有所改善。

亚行发布最新《太平洋地区经济监测》报告。亚行发布最新一期《太平洋地区经济监测》报告称，基础设施建设的不断完善和信息通信技术的快速发展将加强太平洋地区各国间联系、促进该地区经济发展。报告认为，太平洋地区平均经济增速由 2015 年的 8.3% 下降至 2016 年的 2.6%，主要原因是巴布亚新几内亚经济增速大幅下降。2017 年以来，太平洋地区几大经济体的复苏将带动区域经济增长，预计 2017 年该地区平均经济增速将升至 2.9%，2018 年为 3.3%。但太平洋地区出口前景仍存在不确定性，入境旅游业发展或将放缓。

第32周 (2017/08/05—2017/08/11)

8月5—11日，国际财经要情有：美国7月份失业率为4.3%；美国向联合国递交退出《巴黎协定》文书；欧委会称欧盟经济在金融危机后稳步复苏；容克称美国对俄制裁应考虑欧洲利益；WTO称三季度全球贸易温和复苏；中国—加拿大自贸协定联合可行性研究暨探索性讨论第三次会议在北京举行；OECD发布7月份综合领先指数。

一、区域观察

1. 北美地区

美国7月份失业率为4.3%。8月4日，美国劳工部数据显示，美国7月份非农就业人口环比增加20.9万人，就业增加主要集中于餐饮服务、医疗保健、商业服务等行业。失业率为4.3%，失业人数为700万人。其中，长期失业人数为180万人。

美国向联合国递交退出《巴黎协定》文书。8月4日，美国国务院发布消息称，美国向联合国递交退出《巴黎协定》文书，但表示若条款有利于美国企业、工人、纳税人，美愿重新加入该协定。美国支持在促进经济增长并确保能源安全的同时，通过创新和科技突破减少温室气体排放。此外，美国还将继续参与国际气候变化谈判和会议，包括《联合国气候变化框架公约》第23次缔约方会议。

美国2017财年前十个月财政赤字同比上升560亿美元。8月7日，美国国会预算办公室数据显示，美国2017财年前十个月财政赤字为5680亿美元，同比上升560亿美元。其中，财政收入为27380亿美元，同比上升600亿美元；财政支出为33070亿美元，同比上升1160亿美元。数据还显示，预计2017财年总赤字为6930亿美元，同比上升1080亿美元。预计7月份联邦政府财政赤字为450亿美元，同比下降680亿美元。其中，财政收入为2310亿美元，同比上升210亿美元；财政支出为2760亿美元，同比下降470亿美元。

加拿大6月份商品贸易赤字环比上升22亿加元。8月4日，加拿大国家统计局数据显示，加拿大6月份商品贸易赤字为36亿加元，环比上升22亿加元。其中，出口465亿加元，环比下降4.3%；进口501亿加元，环比上升0.3%。数据还显示，6月份出口价格环比下降2.7%，出口量环比下降1.7%；进口价格环比下降0.5%，进口量环比上升0.8%。

2. 拉美地区

巴西央行上调2017年通胀预期。8月4日，巴西央行数据显示，预计2017年、2018年通胀率将分别为3.45%和4.20%，较此前分别上调0.05%和保持不变。

3. 欧洲

欧委会：欧盟经济在金融危机后稳步复苏。8月9日，欧委会发布消息称，欧盟经济在金融危机后稳固复苏，欧盟失业率已达2008年以来历史最低，银行业务强劲，投资回暖，政府财政状况良好。欧元区成员国数目增至19个，欧元成为世界第二大货币。在得到财政援助的8个欧盟成员国中，只有希腊仍处于援助计划中，并将在2018年中期退出。当前，仅有3个成员国在执行“过度赤字程序”。2014年11月份启动的欧洲投资计划已在所有成员国中带动超过2250亿欧元投资。

容克称美国对俄罗斯制裁应考虑欧洲利益。8月3日，欧委会主席容克发表讲话称，美国对俄采取任何制裁，都应将欧洲利益考虑在内。否则，欧委会保留采取充分应对措施的权利。若美国制裁与俄罗斯开展能源贸易的欧盟公司，欧盟将在数日内采取适当应对举措。

德国6月份出口同比增长0.7%。8月8日，德国联邦统计局数据显示，德国6月份出口额为1072亿欧元，同比增长0.7%；进口额为849亿欧元，同比增长3.6%。经日历和季节性因素调整，出口额环比下降2.8%，进口额环比下降4.5%。

法国7月底官方外汇储备总额环比下降1.8亿欧元。8月7日，法国财政部数据显示，截至7月底法国官方外汇储备总额为1490.64亿欧元，环比下降1.8亿欧元。其中，黄金储备现额为844.7亿欧元，环比下降8.8亿欧元；外汇储备为495.93亿欧元，环比增加8.73亿欧元；IMF债权为135.7亿欧元，环比下降1.34亿欧元；其他储备资产为14.31亿欧元，环比下降3200万欧元。

4. 亚洲

日本6月份经常账户盈余9346亿日元。8月8日，日本财务省数据显示，经季调后，日本6月份经常账户盈余9346亿日元，同比下降4.3%。其中，货物账户盈余5185亿日元，同比下降32%；服务账户赤字499亿日元，同比下降68.5%；初次收入账户盈余5072亿日元，同比上升22.9%；二次收入账户赤字412亿日元，同比上升1.5%。

日本7月份M2存量同比上升4.0%。8月9日，日本央行发布数据显示，日本7月份M2存量为978.5万亿日元，同比上升4.0%；M3存量为1305.1万亿日元，同比上升 3.4%；M1 存量为 715 万亿日元，同比上升 7.5%。

韩国 7 月份失业率同比不变。8 月 9 日，韩国国家统计局数据显示，经季调，韩国 7 月份失业率为 3.5%，同比不变；失业人数为 96.3 万人，同比下降 1.1%；就业人数为 2691.6 万人，同比上升 1.2%；就业率为 61.5%，同比上升 0.3%。

印度尼西亚二季度 GDP 环比增长 4.0%。8 月 7 日，印度尼西亚国家统计局数据显示，印度尼西亚二季度 GDP 环比增长 4.0%，同比增长 5.01%。其中，农、林、渔业产出环比增长 8.44%，同比增长 3.33%；制造业产出环比增长 2.84%，同比增长 3.54%；建筑业产出环比增长 2.52%，同比增长 6.96%。

新加坡 2017 年经济或增长 2.5%。"10 + 3" 宏观经济研究办公室（AMRO）对新加坡进行年度磋商访问，初步评估称，受益于外部需求强劲等因素，预计 2017 年新加坡经济增长率达到 2.5%。从货币政策看，目前新加坡货币政策适度，通胀水平较低，新加坡元的实际有效汇率水平持续下降，贸易成本下降提高了出口产品国际竞争力；新加坡就业市场依然面临结构性和周期性挑战；从财政政策看，新加坡着重加大了医疗和基础设施建设方面的公共财政支出，有效遏制房地产市场投机并降低居民部门杠杆水平。新加坡政府正不断加大技术创新，以创造更多的就业岗位，发展劳动密集型产业，提高劳动生产率，引导经济结构转型，促进经济可持续、包容性增长。

新西兰联储维持官方现金利率 1.75%不变。8 月 10 日，新西兰联储发布消息称，新联储将维持官方现金利率 1.75%不变。新联储称，由于美元疲软纽元汇率走高，未来纽元需要贬值以推升贸易通胀，实现更均衡增长；房价回落势头持续，但价格再度反弹的风险仍然存在；上季度 CPI 年率保持在目标水平，长期通胀预期仍确定在 2%左右。未来仍存在大量不确定性，政策可能需作出相应调整。

5. 非洲

南非 7 月份 PMI 指数下滑至 42.9。南非统计局数据显示，南非 7 月份 PMI 为 42.9，环比下降 3.8 个点，不及预期。南非制造业活动萎缩，或对二季度 GDP 增长造成不利影响。

二、国际组织

东盟成立 50 周年庆典在菲律宾举行。8 月 8 日，东盟成立 50 周年庆典在马尼拉举行。会议提出，经过 50 年的合作，东盟 10 个成员国形成了更深层次的理解、信任和伙伴关系，通过促进域内国家间的和平共处，加强友好关系，和平解决争端，维护了东南亚地区的和平与稳定。目前，已有 88 个国家或国际组织任命了驻东盟大使，《东南亚友好合作条约》非东盟缔约国已增至 25 个。东盟还将进一步深化与其对外合作伙伴和相关各方的合作。目前，东盟 GDP 总额约为 2.6 万亿美元，已成为世界第六大经济体和亚洲第三大经济体。未来东盟将围绕其 2025 年展望，在应对新出现的区域和全球挑战方面发挥越来越重要的作用。

WTO 称三季度全球贸易温和复苏。WTO 发布全球贸易景气指数显示，2017 年三季度全球商品贸易规模有望继续扩张。6 月份全球贸易景气指数升至 102.6，不但高于 100 的枯荣线，还创下 2011 年 4 月以来新高。报告预计，随着全球经济形势改善，全球贸易增长有望保持上行趋势。全球贸易景气指数用于衡量全球贸易增长势头，涵盖商品贸易总量、出口订单、国际航空货运、港口集装箱吞吐量等多项指标。

三、国际大宗商品

本周纽约原油期货累计下跌 2%。截至周四，本周纽约原油期货累计下跌 2%。周一纽约原油期货下跌 0.19 美元，收于每桶 49.39 美元；周二纽约原油期货下跌 0.22 美元，收于每桶 49.17 美元；周三纽约原油期货上涨 0.39 美元，收于每桶 49.56 美元；周四纽约原油期货下跌 0.97 美元，收于每桶 48.59 美元。

本周纽约黄金期货累计上涨 2%。截至周四，本周纽约黄金期货累计上涨 2%。周一纽约黄金期货上涨不到 0.1%，收于每盎司 1264.7 美元；周二纽约黄金期货下跌 0.2%，收于每盎司 1262.6 美元；周三纽约黄金期货上涨 1.3%，收于每盎司 1279.3 美元；周四纽约黄金期货上涨 0.8%，收于每盎司 1290.1 美元，创近两个月来收盘新高。

四、区域合作

中国—加拿大自贸协定联合可行性研究暨探索性讨论第三次会议在北京举行。8 月 4 日，中国—加拿大自贸协定联合可行性研究暨探索性讨论第三次会议在北京结束。经过为期 5 天的密集磋商，双方就联合可研报告以及各自对未来自贸协定的预期深入交换了意见，达成广泛共识，为尽快完成联合可研和探索性讨论奠定了良好基础，加拿大是世界第十大经济体，也是中国重要经贸伙伴。2016 年 9 月，李克强总理对加拿大进行正式访问期间，与加拿大总理特鲁多共同宣布启动中加自贸协定联合可研与探索性讨论。为落实领导人共识，双方已分别于 2017 年 2 月和 4 月举行了两次会议。

美国将减少贸易赤字纳入美柬贸易优先事项。8 月 9 日，美国贸易代表办公室发布消息称，美国和柬埔寨在《贸易与投资框架协议》下就进一步扩大双边贸易和投资展开讨论。美将减少贸易赤字、开放新市场等纳入美柬贸易优先事项。双方同意致力于重点解决劳工权益、知识产权保护和金融服务等双边贸易问题，并将在未来数月成立劳工权益、知识产权保护、服务和数字贸易、贸易便利化工作小组。

五、全球宏观经济形势

OECD 发布 7 月份综合领先指数。8 月 8 日，OECD 发布 7 月份综合领先指数显示，OECD 主要经济体预计在未来 6—9 个月保持稳定增长态势。日本、加拿大和欧元区经济增速保持稳定；美国和意大利增长预期持稳，综合领先指数指数已连续 4 个月保持稳定，分别为 99. 7 和 100. 1。英国经济增长呈现放缓迹象，指数从 99. 8 降至 99. 6。德国、法国、中国和巴西增长势头明显，德国综合领先指数从 100. 3 升至 101. 1，法国从 100. 4 升至 100. 8，中国从 99. 0 升至 100. 4，巴西从 101. 5 升至 102. 6。其他主要新兴经济体中，印度经济增长稳健，综合领先指数稳定在 99. 6；而俄罗斯则从 101. 0 降至 100. 8。

OECD 国家 6 月份通胀率同比上升 1. 9%。OECD 发布数据显示，由于能源价格下降，OECD 国家 6 月份通胀率同比上升 1. 9%，环比下降 0. 2 个百分点。剔除能源和食品价格因素，OECD 国家 6 月份核心通胀率稳定在 1. 8%。从国别看，G7 国家中除德国 6 月份通胀率升至 1. 6% 外，其他国家通胀率均有所下降，其中加拿大、美国、英国、意大利、法国分别降至 1. 0%、1. 6%、2. 6%、1. 2%、0. 7%，日本则连续第三个月稳定在 0. 4%。G20 国家通胀率从 2017 年 5 月份的 2. 2% 降至 6 月份的 2. 0%，新兴经济体中巴西和南非的通胀率分别降至 3. 0% 和 5. 0%，中国、印度则分别稳定在 1. 5% 和 1. 1%，俄罗斯、印度尼西亚均升至 4. 4%。

联合国：拉美和加勒比地区经济增长预计达 1. 1%。联合国拉丁美洲和加勒比经济委员会发布年度报告称，除委内瑞拉等少数国家经济萎缩外，预计拉美和加勒比地区今年整体经济增长率为 1. 1%。拉美经济在连续两年萎缩后，有望在 2017 年摆脱负增长状态。报告指出，全球经济和贸易复苏与原材料价格上涨等积极因素共同推动拉美和加勒比地区经济增长。预计南美洲经济增长率达到 0. 6%，中美洲和墨西哥经济增长率达到 2. 5%，加勒比地区经济体经济增长率达到 1. 2%。报告强调，逆周期的宏观经济政策和经济结构改革对缓解拉美和加勒比地区经济周期性波动、促进长期经济增长有重要作用。其中，财政政策和税收制度改革有利于拉动公共和私人投资，货币政策不应仅限于调整利率等价格工具。

第 33 周（2017/08/12—2017/08/18）

8 月 12—18 日，国际财经要情有：美联储决定维持联邦基金利率目标范围 1%—1.25% 不变；德国二季度 GDP 初值环比上升 0.6%；日本二季度实际 GDP 年化季率为 4%；澳大利亚央行维持基准利率 1.5% 不变；IMF 发布中国第四条款磋商报告；重谈北美自贸协定首轮谈判在华盛顿举行；OPEC 上调今明两年原油需求预期。

一、区域观察

1. 北美地区

美联储维持联邦基金利率目标范围 1%—1.25% 不变。8 月 17 日，美联储发布消息称，美国劳动力市场持续强化，经济活力温和上升，就业增长强劲。2017 年年初以来，失业率已经下降，家庭支出和企业固定资产投资持续扩大。整体通胀率低于 2%。随着货币政策逐渐调整，经济活动将温和扩张，劳动力市场进一步强化，近期通胀仍将低于 2%，但中期将稳定在 2% 左右。联储决定，维持联邦基金利率目标范围 1%—1.25% 不变，货币政策立场保持宽松，并预计将逐渐加息。联邦基金利率实际路线将依赖于经济前景。联储同时决定，维持证券再投资政策不变，一旦经济如预期发展，很快将实施资产负债表正常化计划。

美国将就知识产权转让问题对华发起全面调查。8 月 14 日，美国贸易代表莱特希泽发表声明称，特朗普已授权美国贸易代表办公室（USTR）决定是否对华发起与知识产权、创新和科技相关的调查。声明还称，USTR 决定就知识产权转让问题对华发起全面调查，必要时将采取行动以保护美国产业的未来。

终止奥巴马医改法案或增加联邦财政赤字。8 月 15 日，美国国会预算办公室（CBO）发布消息称，若终止奥巴马医改法案，美国市场总保费将在 2018 年增加 20%，到 2020 年将增加 25%；2018 年、2020 年和 2026 年联邦财政赤字将分别增加 60 亿美元、210 亿美元和 260 亿美元；2018 年未参保人数将略微增加，但 2020 年将略微减少。

美国财政部公布6月份美债持有情况。8月15日，美国财政部数据显示，外国主要债权人6月份持有美国国债总额为6.17万亿美元，环比上升477亿美元。其中，中国大陆地区持有美债1.15万亿美元，环比上升443亿美元，超过日本成为美国第一大债权国。

加拿大公布NAFTA重谈主要目标。8月14日，加拿大外长弗里兰发表讲话称，北美自贸协定（NAFTA）重谈的目标主要有：一是实现NAFTA现代化。二是推动NAFTA进步。包括加强劳工权益保障并整合环保条款、增加性别平等章节、改革投资者—东道国争端解决程序（ISDS）等内容。三是简化行政审批。四是开放政府采购市场。五是促进专业技术人才流动。六是确保公平征收反倾销和反补贴税。

2. 拉美地区

巴西7月份广义消费者物价指数为0.24%。8月9日，巴西央行数据显示，巴西7月份广义消费者物价指数（IPCA）为0.24%。截至7月份，过去一年巴西广义消费者物价指数为2.71%，为自1999年2月份以来最低水平。

3. 欧洲

欧委会：欧盟消费者跨境网购需求上升。8月15日，欧委会发布消息称，2017年欧洲网购份额已上升至55%。消费者对本国零售商信任度上升12个百分点，对欧盟其他成员国零售商信任度上升21个百分点，13%的消费者有自我消费权利意识，较2014年上升3.6个百分点。

欧盟与欧元区6月份工业产出环比均下降。8月17日，欧盟统计局数据显示，经季调，欧盟6月份工业产出环比下降0.5%，同比上升2.9%。其中，资本品产出环比下降1.5%，同比上升2.4%；耐用消费品产出环比下降0.8%，同比上升4.2%；非耐用消费品产出环比下降0.3%，同比上升1.5%；能源品产出环比上升1.4%，同比上升3.7%。欧元区6月份工业产出环比下降0.6%，同比上升2.6%。其中，资本品产出环比下降1.9%，同比上升1.6%；耐用消费品产出环比下降1.2%，同比上升4.0%；非耐用消费品产出环比下降0.4%，同比上升0.6%；能源品产出环比上升1.8%，同比上升5.1%。

德国二季度GDP初值环比上升0.6%。8月15日，德国联邦统计局数据显示，经季调，德国二季度GDP初值环比增长0.6%，同比增长2.1%。国内需求增长是GDP增长主要原因，其中，家庭、政府最终消费支出增长显著；资本形成总额亦见增长，机械、装备和建筑等固定资产环比实现增长。数据还显示，二季度德国国内总就业人数同比增加66.4万人，同比增长1.5%。

英国7月份CPI同比上升2.6%。8月15日，英国国家统计局数据显示，英国7月份CPI同比上升2.6%。其中，食品和非酒精饮料价格同比上升2.6%；酒精饮料和烟草价格同比上升5.1%；服饰价格同比上升3.2%；货物价格同比上升

2.7%；服务价格同比上升2.6%。

法国7月份CPI环比下降0.3%。8月11日，法国国家统计局数据显示，法国7月份CPI环比下降0.3%，同比上升0.7%。其中，食品价格环比上升0.1%，同比上升0.7%；烟草价格环比持平，同比上升2.4%；制造品价格环比下降2.9%，同比下降0.4%；能源价格环比下降1.3%，同比上升1.9%；服务价格环比上升1.0%，同比上升1.0%。

4. 亚洲

日本二季度实际GDP年化季率为4%。8月14日，日本内阁府数据显示，日本二季度实际GDP年化季率为4%。其中，个人消费支出增长3.7%；政府消费支出增长1.3%；出口减少1.9%；进口增长5.6%。经季调后，日本二季度实际GDP环比增长1%。

日本7月份出口额同比增13.4%。8月17日，日本财务省数据显示，日本7月份出口额同比增长13.4%，为连续第8个月增长，符合预期。其中日本7月份对美国出口额同比增长11.5%，对亚洲出口额增长14.8%。对中国出口额增长17.6%，为连续第9个月增长。

韩国政府提供1000亿韩元特别信贷用以扶持青年创业。8月15日，韩国中小风险企业部发布消息称，将提供1000亿韩元的特别信用担保贷款，用于增加就业及扶持青年创业企业的发展。该笔资金是落实此前国会通过的“就业追加预算”的举措之一。该项贷款降低了青年创业企业的申请门槛和贷款成本，吸纳就业较多但信用评级较低的中小企业、个体工商户也将更容易获得贷款。

印度7月份CPI同比上升2.36%。8月14日，印度国家统计局数据显示，印度7月份CPI为134.2，同比上升2.36%，环比上升1.67%。其中，食品和饮料价格同比上升0.43%；服饰价格同比上升4.22%；住房价格同比上升4.98%。

新加坡2017年GDP增长率预期为2%—3%。8月11日，新加坡国家统计局数据显示，新加坡2017年GDP增长率预期为2%—3%，制造业下半年预计将继续支撑经济增长。当前，全球经济发展稳健，美国受国内需求推动，预计下半年经济增长持续，就业市场强劲，促进消费增长；欧元区经济稳定增长，就业市场持续改善；中国下半年经济增速预计放缓，但出口仍然强健；东盟地区经济受国内需求和商品出口持续改善的影响，保持增长态势。

澳大利亚央行维持基准利率1.5%不变。8月15日，澳大利亚央行8月份货币政策会议纪要指出，将维持基准利率1.5%不变。当前，全球经济持续改善。预计未来几年澳大利亚经济增长年率为3%左右；就业市场强劲，但工资增长疲软、家庭债务水平高企可能导致消费增长低于预期。维持当前利率有利于平衡低通胀率环境下家庭债务上升的风险，促进经济持续增长及实现通胀目标。

5. 非洲

南非二季度失业率高达 27.7%。南非统计局数据显示，南非二季度失业率为 27.7%，为 2003 年 9 月份以来最高水平。其中青年失业问题尤为突出，15—24 岁青年人失业率接近 56%。

二、国际组织

IMF 发布中国第四条款磋商报告。8 月 15 日，IMF 发布 2017 年中国第四条款磋商报告称，由于中国继续转向更可持续的增长路径，改革在广泛的领域取得进展，预计 2017 年中国经济增速有望达到 6.7%，未来五年平均经济增速有望达到 6.4%。IMF 认为，中国通胀水平稳定，企业重组和削减过剩产能方面的举措使得企业债务增长速度放缓，监管部门正在采取措施防范金融部门风险。受货物进口迅速增长等因素影响，2017 年经常账户顺差占 GDP 的比重将进一步降至 1.4%。2016 年，人民币实际有效汇率贬值约 5%，此后进一步贬值了 2.75% 左右，但仍大体符合基本面。IMF 认为，中国经济持续强劲增长为全球需求提供了重要支持，IMF 称赞中国在推动经济向服务和消费转型、实现经济再平衡方面持续取得的进展，IMF 注意到近期中国的经济活动有所巩固，认为这是中国政府加快推进必要改革、更多关注增长质量和可持续性的良机。

金砖国家新开发银行非洲区域中心正式揭牌。8 月 17 日，金砖国家新开发银行非洲区域中心在南非约翰内斯堡正式揭牌。非洲区域中心是新开发银行设立的首个区域中心。南非总统祖马在出席揭牌仪式时表示，非洲国家对新开发银行抱有极大期待，新开发银行非洲区域中心的成立对南非乃至整个非洲大陆来说具有“里程碑式意义”。新开发银行行长卡马特表示，新开发银行开业两年以来，取得了令人满意的成绩。2016 年，新开发银行在基础设施、可持续发展领域的 7 个项目发放了 15 亿美元贷款。2017 年，该行将为超过 10 个项目提供 25 亿—30 亿美元的贷款，并计划到 2018 年完成为 35 个项目提供 80 亿美元贷款的目标。据悉，新开发银行还计划在巴西、俄罗斯开设区域中心。

三、国际大宗商品

本周纽约原油期货累计下跌 3.5%。截至周四，本周纽约原油期货累计下跌 3.5%。周一纽约原油期货下跌 1.23 美元，收于每桶 47.59 美元；周二纽约原油期货下跌 0.04 美元，收于每桶 47.55 美元；周三纽约原油期货下跌 0.77 美元，收于每桶 46.78 美元；周四纽约原油期货上涨 0.31 美元，收于每桶 47.09 美元。

本周纽约黄金期货价格与上周基本持平。截至周四，本周纽约黄金期货价格与上周基本持平。周一纽约黄金期货下跌 0.3%，收于每盎司 1290.4 美元；周二纽约黄金期货下跌 0.8%，收于每盎司 1279.7 美元，创一个月以来最大单日跌幅；周三纽约黄金期货上涨 0.3%，收于每盎司 1282.9 美元；周四纽约黄金期货上涨 0.7%，收于每盎司 1292.4 美元。

四、区域合作

重谈北美自贸协定首轮谈判在华盛顿举行。8 月 16 日，美国、加拿大和墨西哥三方代表在美国首都华盛顿就重谈北美自贸协定举行首轮谈判。根据三国共识，谈判共进行 7 轮，每轮间隔 3 周，预计在 2018 年年初就最终协议文本内容达成一致。根据美国贸易代表办公室此前发布的谈判目标报告，减少美国对墨西哥和加拿大的贸易逆差，是特朗普政府重谈北美自贸协定的优先目标。有分析认为，由于三国谈判立场存在较大差异，明年又适逢墨西哥总统选举和美国中期选举，能否按三国期望按时达成协议还存在很多不确定性。

中尼签署《中华人民共和国政府和尼泊尔政府关于促进投资与经济合作框架协议》。8 月 15 日，在汪洋副总理和尼泊尔副总理兼联邦事务与地方发展部长加查达尔见证下，中尼双方在加德满都签署了《中华人民共和国政府和尼泊尔政府关于促进投资与经济合作框架协议》。协议确定了双边投资合作的原则、领域、方式、便利化和保障措施、执行机构和工作机制等，规定了如何确定和支持优先项目。该协议的签署有助于进一步加强两国政府、企业和其他机构间的交流，推动中尼投资合作健康稳定发展，促进“一带一路”建设，保障在尼的中国企业权益。

五、全球宏观经济形势

OPEC 上调今明两年原油需求预期。OPEC 发布最新一期月报表示，由于全球经济增长势头向好，全球原油需求有望进一步增长。预计 2017 年全球原油需求预期为 3242 万桶/日，同时将 2018 年预期上调 22 万桶/日至 3242 万桶/日。OPEC 还将 2017 年全球原油需求增长预期由 127 万桶/日上调至 137 万桶/日，将 2018 年全球原油需求增长预期由 126 万桶/日上调至 128 万桶/日。月报显示，近期 OPEC 原油产量有所增长，减产协议的豁免国利比亚和尼日利亚原油产量增长明显，国际油价承压。月报认为，尽管 OPEC 做出了抑制产量的努力，但目前全球原油市场仍处于供大于求的状态。

第34周（2017/08/19—2017/08/25）

8月19—25日，国际财经要情有：耶伦称危机后美国经济韧性增强；美国正式对中国发起301调查；德国二季度GDP环比增长0.6%；意大利二季度GDP初值环比上升0.4%；非洲开行在南非设区域办事处；更新北美自贸协定首轮谈判结束；联合国称拉美和加勒比地区外资流入规模下降。

一、区域观察

1. 北美地区

耶伦称危机后美国经济韧性增强。8月25日，美联储主席耶伦发表讲话称，危机后美联储推行的核心经济改革措施已实质性增强经济韧性，且未制约信贷可获得性及经济增长。但很多改革措施刚实施，市场仍需调整。为维系金融系统韧性，美联储正致力于评估经济改革成果及不足。讲话还称，联储应温和调整监管架构，并促进与改革相关的银行和企业增强韧性。

美国正式对中国发起301调查。8月18日，美国贸易代表办公室发布消息称，美国贸易代表莱特希泽基于《1974年贸易法案》第301条款正式对中国发起全面调查，旨在确定中国政府与技术转让、知识产权、创新相关的法律、政策和实践是否具有合理性、歧视性，对美国商贸构成负担或限制。

美国税改取得进展，前景仍不明朗。8月24日，美国新闻网站Politico称，特朗普政府的高级官员和国会领袖已就税改方案达成初步共识，主要聚焦如何为下调个人所得税和公司税税率提供资金。报道称，白宫经济委员会主任科恩、美国财政部长姆努钦、参议院多数党领袖麦康奈尔、众议院议长保罗·瑞安、参议院金融委员会主席奥林·哈奇和众议院筹款委员会主席布雷迪已基本达成共识，同意任何税改方案都需要美国企业以一次性低税率将海外利润汇回国内。其他的政策选择包括：为抵押贷款利息抵扣额度设定上限；取消民众抵扣州和地方税的能力；取消企业抵扣利息的能力等，同时针对小企业逐步引入“完全费用化”机制，允许其即时抵扣新设备或设施等投资。这些初步共识能否体现在实际的税改计划中仍是未知数。

加拿大 7 月份 CPI 环比持平。8 月 18 日，加拿大国家统计局发布数据显示，经季调后，加拿大 7 月份 CPI 环比持平，同比上升 1.2%；剔除食品和汽油，核心 CPI 环比持平，同比上升 1.5%。

2. 拉美地区

哥伦比亚允许扩大对美稻米市场准入。8 月 17 日，美国贸易代表莱特希泽发布消息称，美国已与哥伦比亚政府达成协议，允许扩大对美稻米市场准入。新协议放松了对美植物出口检验检疫要求，除巴兰基亚港口外，增加对美贸易口岸。新协议与美国—哥伦比亚贸易促进协定（CTPA）一起，将进一步加快美对哥伦比亚粮食和农产品出口增长。

3. 欧洲

欧盟和欧元区 2017 年上半年贸易顺差分别为 25 亿欧元和 1077 亿欧元。8 月 17 日，欧盟统计局数据显示，欧盟 2017 年上半年贸易顺差 25 亿欧元。其中，出口额为 9311 亿欧元，同比上升 9.6%；进口额为 9287 亿欧元，同比上升 10.7%。欧元区 2017 年上半年贸易顺差 1077 亿欧元。其中，出口额为 10871 亿欧元，同比上升 7.9%；进口额为 9794 亿欧元，同比上升 11.6%。

欧元区 6 月份经常账户盈余 212 亿欧元。8 月 18 日，欧洲央行数据显示，欧元区 6 月份经常账户盈余 212 亿欧元。其中，货物账户盈余 274 亿欧元，初次收入账户盈余 46 亿元，服务账户盈余 22 亿元，二次收入账户赤字 130 亿元。

欧元区 8 月份制造业 PMI 初值为 57.4。8 月 23 日，市场调查机构 Markit 数据显示，欧元区 8 月份制造业 PMI 初值为 57.4，环比上升 0.8 个点，为 2 个月以来最高；服务业 PMI 初值为 54.9，环比下降 0.5 个点，为 7 个月以来最低；综合 PMI 初值为 55.8，环比上升 0.1 个点，为 2 个月以来最高。

德国 8 月份经济景气指数下降至 10.0。8 月 22 日，欧洲经济研究中心（ZEW）数据显示，德国 8 月份经济景气指数为 10.0，环比下降 7.5 个点；经济现状指数为 86.7，环比上升 0.3 个点。

德国二季度 GDP 环比增长 0.6%。8 月 25 日，德国联邦统计局数据显示，经季调，德国 2017 年二季度 GDP 环比增长 0.6%，同比增长 2.3%。其中，家庭最终消费支出环比增长 0.8%；政府最终消费支出环比增长 0.6%；机电设备固定资本形成环比增长 1.2%；建筑业固定资本形成环比增长 0.9%。

德国上半年财政盈余 183 亿欧元。8 月 25 日，德国联邦统计局数据显示，德国 2017 年上半年财政盈余 183 亿欧元，占 GDP 比为 1.1%。其中，政府收入为 7238 亿欧元，同比增加 296 亿欧元，同比增长 4.3%；政府支出为 7054 亿欧元，同比增加 288 亿欧元，同比增长 4.3%。

英国7月份公共财政盈余2亿英镑。8月22日，英国国家统计局数据显示，剔除公共部门银行，英国7月份公共财政盈余2亿英镑，为2002年以来首次。其中，自评所得税收入为80亿英镑，同比上升8亿英镑，为1999年以来最高水平。

意大利二季度GDP初值环比上升0.4%。8月16日，意大利国家统计局数据显示，经季调，意大利二季度GDP初值环比增长0.4%，同比增长1.5%。

4. 亚洲

日本7月份核心CPI同比增长0.5%。8月24日，日本总务省数据显示，日本7月份CPI同比增长0.4%，环比持平；剔除食品，日本7月份核心CPI同比增长0.5%，为2015年3月份以来最快增速；剔除食品和能源，日本7月份核心-核心CPI同比仅增长0.1%。

日本8月份制造业PMI初值环比上升0.7个点。8月23日，Markit数据显示，日本8月份制造业PMI初值为52.8，环比上升0.7个点，为三个月以来最高水平。其中，制造业产出指数为53.1，环比上升1.7个点。

韩国7月份PPI初值环比上升0.1%。8月21日，韩国央行数据显示，韩国7月份PPI初值环比上升0.1%，同比上升3.0%。其中，农林渔产品价格指数环比上升1.5%；制造业产品价格指数环比下降0.1%；电力、天然气和自来水价格指数环比下降0.1%；服务业价格指数环比上升0.2%。

韩国7月份净易货贸易指数同比增长2.7%。8月25日，韩国国家统计局数据显示，韩国7月份出口量同比增长0.1%，出口额同比增长9.1%；进口量同比增长10%，进口额同比增长16.8%；净易货贸易指数同比增长2.7%。

印度4—6月FDI增长37%。8月21日，印度统计局数据显示，4—6月，印度接收外国直接投资（FDI）同比增长37%，达104亿美元。FDI主要投资行业包括服务、通信、电脑硬软件以及汽车，FDI主要来源地有新加坡、毛里求斯、荷兰和日本。印政府已经宣布多项措施进一步吸引外资，包括放宽FDI投资政策，改善营商环境等。

新西兰2017—2018年GDP增速或为3.5%。8月23日，新西兰财政部发布声明，下调新西兰2017—2018年GDP增速至3.5%。新西兰财政部表示，除非经济增长好于预期，否则2020年之前不会考虑减税。

5. 非洲

祖马称非洲各央行对经济发展具有重要作用。南非总统祖马在出席非洲央行行长研讨会时表示，央行对经济发展具有重要作用，非洲各央行都应致力于促进经济增长，维持金融市场韧性。祖玛呼吁非洲各央行通过货币政策，在实现阿布贾条约设定的目标上发挥更积极作用，帮助非洲各国促进贸易、消除贫困。

二、国际组织

非洲开发银行在南非设区域办事处。8 月 18 日，非洲开发银行行长阿德希纳和南非财政部部长吉加巴签署东道国协议，决定在比勒陀利亚设立非开发银行南部非洲区域发展和贸易办事处，以推动整个非洲地区金融业务的发展。阿德希纳称，南非 GDP 占南共体区域 GDP 的 50% 以上，是推动南部非洲一体化的重要引擎。南非的金融业和零售业是撒哈拉以南部非洲地区的支柱产业，其能源、港口、铁路货运和航空部门是实现区域一体化的关键因素。而该办事处将作为连接非开发银行和政府部门的枢纽，推动南非和南部非洲地区经济发展和“减贫”进程。

三、国际大宗商品

本周纽约原油期货累计下跌 2.2%。截至周四，本周纽约原油期货累计下跌 2.2%。周一纽约原油期货下跌 1.14 美元，收于每桶 47.37 美元；周二纽约原油期货上涨 0.27 美元，收于每桶 47.64 美元；周三纽约原油期货上涨 0.77 美元，收于每桶 48.41 美元；周四纽约原油期货下跌 0.98 美元，收于每桶 47.43 美元。

本周纽约黄金期货价格与上周基本持平。截至周四，本周纽约黄金期货价格与上周基本持平。周一纽约黄金期货上涨 0.4%，收于每盎司 1296.7 美元；周二纽约黄金期货下跌 0.4%，收于每盎司 1291 美元；周三纽约黄金期货上涨 0.3%，收于每盎司 1294.7 美元；周四纽约黄金期货下跌 0.2%，收于每盎司 1292 美元。

四、区域合作

更新北美自贸协定首轮谈判结束。8 月 20 日，为期 5 天的更新《北美自由贸易协定（NAFTA）》首轮谈判结束，会谈涉及超过 24 个不同议题。谈判结束后美国贸易代表办公室发布消息称，首轮谈判反映出三方致力于实现积极成果的承诺，并重申更新《北美自贸协定》这个全球最大 FTA 规则的重要性，三方承诺致力于开展快速、全面的谈判。同时，各国谈判代表将继续国内磋商，并于 8 月底推进谈判文本。根据安排，9 月 1—5 日三方将在墨西哥举行第二轮谈判。

中国—印尼高层经济对话第三次会议在北京举行。8 月 22 日，中国—印尼高层经济对话第三次会议在北京举行。国务委员杨洁篪与印尼经济统筹部长纳苏迪安共同主持会议。会议旨在落实两国元首达成的重要共识，深化两国全面战略伙伴关系，深入推进“一带一路”建设，推动各领域务实经济合作向前发展。双方积极评价对话第二次会议以来双边互利经济合作取得的积极进展，一致认为，要继续深入对接中方“21 世纪海上丝绸之路”倡议和印尼“全球海洋支点”构想，共同推动中印尼经贸合作不断深入发展。

中国—挪威自贸协定第九轮谈判在北京举行。8 月 21—23 日，中国—挪威自由贸易协定第九轮谈判在北京举行。双方就货物贸易、服务贸易、投资、知识产权、环境、竞争政策、电子商务、政府采购和法律等相关议题展开磋商。中挪自贸协定谈判于 2008 年 9 月正式启动，2017 年 4 月中挪双方在北京签署了《恢复中挪自贸协定谈判谅解备忘录》。本轮谈判是中挪自贸协定谈判恢复以来举行的首轮谈判。

美日同意加快双边贸易谈判进程。8 月 17 日，美国贸易代表办公室发布消息称，美国贸易代表莱特希泽与日本副首相麻生太郎就加强和促进双边经贸关系展开全面讨论。双方讨论了在美日经济对话框架下促进贸易议程相关事宜，并同意加快讨论进程以解决具体的双边贸易问题。双方还探讨了强化自由和公平的贸易并促进贸易和投资高标准问题。此外，美国对日本近期提高美国冻牛肉进口关税表示担忧。

美韩 FTA 联合委员会召开特别会议。8 月 22 日，美国贸易代表办公室发布消息称，为期一天的美韩自由贸易协定（FTA）联合委员会特别会议结束。自美韩 FTA 实施以来，美国商品出口下降，对韩总体贸易赤字增加近 2 倍；过去 4 年，美国服务出口几乎没有增长。因此，美国致力于改进美韩 FTA，以惠及美国工人、农民和企业。

新加坡和土耳其双边自贸协定将于 2017 年 10 月生效。8 月 21 日，新加坡总理李显龙与土耳其总理耶尔德勒联合宣布，新加坡政府与土耳其国会已核准 2015 年签署的双边自由贸易协定，该协定将于 2017 年 10 月 1 日生效。据了解，协定生效后，新加坡出口至土耳其的商品中，将有包括电子产品、药剂品、化学药品和加工食品在内的八成商品被减免关税，到 2027 年这一比率将提高至 95%。新加坡则会在协定生效后立即解除对土耳其所有进口产品的关税。

五、全球宏观经济形势

联合国称拉美和加勒比地区外资流入规模下降。联合国拉丁美洲和加勒比经济委员会发布报告显示，由于商品价格低迷、经济增长放缓和全球投资转移，2016 年该地区 FDI 流入降至 1670.43 亿美元，同比下降 7.9%。尽管规模有所下降，但该地区 FDI 流入量占 GDP 的比重仍保持在 3.6% 左右，超过 2.5% 的全球平均水平。报告表示，FDI 可以显著提高拉美和加勒比地区的竞争力和生产效率，该地区需加紧制定公共政策，改善经营环境，以吸引更多外资。报告预测新一轮外国直接投资可能转向汽车行业、可再生能源和电信领域。

第35周（2017/08/26—2017/09/01）

8月26日—9月1日，国际财经要情有：印度2017—2018财年一季度GDP同比增长5.7%；新开发银行批准4个贷款项目；2017年APEC第三次高官会在越南举行；中国—智利自贸协定升级谈判取得积极进展；OECD发布2017年二季度经济增长数据；G20国家二季度国际商品贸易增长放缓。

一、区域观察

1. 北美地区

美国7月份商品贸易赤字初值为651亿美元。8月28日，美国商务部数据显示，经季调，美国7月份商品贸易赤字初值为651亿美元，环比上升11亿美元。其中，出口总额初值为1271亿美元，环比下降1.3%，同比上升4.2%；进口总额初值为1922亿美元，环比下降0.3%，同比上升5.0%。

加拿大二季度经常账户赤字163亿加元。8月30日，加拿大国家统计局数据显示，经季调，加拿大二季度经常账户赤字163亿加元，环比上升34亿加元。其中，商品贸易赤字52亿加元，环比上升33亿加元。

2. 拉美地区

巴西2017年GDP或增长0.39%。8月28日，巴西央行发布报告，上调了巴西2017年经济增长预期至0.39%，维持2018年经济增长预期2%不变；下调2017年通胀预期至3.45%。巴西央行表示，年内巴西基准利率将继续下调，有望在年底降至7.25%。

3. 欧洲

欧洲央行7月份M3同比增长4.5%。8月28日，欧洲央行数据显示，欧元区7月份M3同比增长4.5%；M1同比增长9.1%，家庭贷款同比增长2.6%，非金融企业贷款同比增长2.4%。

法国二季度GDP初值环比上升0.5%。8月29日，法国国家统计局数据显示，法国二季度 GDP 初值环比上升 0.5%。其中，家庭消费环比上升 0.3%；固定资本形成总额环比上升 0.7%；出口环比上升 2.5%；进口环比上升 0.4%。

4. 亚洲

日本 7 月份失业率为 2.8%。8 月 29 日，日本国家统计局数据显示，经季调，日本 7 月份失业率 2.8%。就业人数为 6563 万人，同比增加 0.9%，约 59 万人次。失业人数为 191 万人，同比下降 5.9%，约 12 万人次。

日本 7 月份零售销售额环比上升 1.1%。8 月 30 日，日本经济产业省数据显示，经季调，日本 7 月份零售销售额为 12.2 万亿日元，同比上升 1.9%，环比上升 1.1%。其中，大型制造商零售额同比下降 0.2%。

印度 2017—2018 财年一季度 GDP 同比增长 5.7%。8 月 31 日，印度中央统计局数据显示，印度 2017—2018 财年一季度（2017 年 4—6 月）GDP 同比增长 5.7%，大幅低于预期。市场分析人士认为，“废钞令”和商品服务税改革是导致印度经济增速持续放缓的重要原因。

5. 非洲

尼日利亚 7 月份 CPI 同比上涨 16.05%。尼日利亚国家统计局数据显示，7 月份，尼日利亚 CPI 同比上涨 16.05%，环比上涨 1.21%，继 2 月份之后连续出现增幅降低趋势。其中，7 月份食品价格分类指数继续攀升，同比上涨 20.28%，环比上涨 1.52%；核心产品分类指数 7 月份同比上涨 12.20%，环比上涨 1.00%。食品、医疗、住房、服装、家具等价格上涨是推动 CPI 上涨的主要因素。

二、国际组织

金砖国家新开发银行批准 4 个贷款项目。8 月 30 日，新开发银行宣布批准四个来自成员国的项目贷款申请，总额约 14 亿美元。其中，中国的两个贷款项目是位于湖南的湘江治理项目和位于江西的节能项目。另外两个项目来自印度和俄罗斯。新开发银行行长卡马特说，这四个项目既契合成员国的发展步伐，也能体现出银行对可持续发展等领域的资源倾斜，银行未来将持续关注能改善民生的贷款项目。

2017 年 APEC 第三次高官会在越南举行。8 月 29 日，2017 年 APEC 第三次高官会在越南胡志明市开幕。此次高官会为期两天，主要聚焦经济、贸易、投资等议题。来自 APEC 成员经济体、东盟秘书处、太平洋经济合作委员会、APEC 工商咨询理事会等组织的近 200 名代表与会。会议将主要审议 APEC 自第二次高官会以来取得的重要成果，并检查 APEC 未来活动的各项筹备工作进展。与会代表主要围绕机制体制改革、人力资源开发、茂物目标、电子商务、区域贸易协定、自由贸易协定、亚太自由贸易区、辅助产业等内容展开深入讨论。根据安排，2017 年 APEC 峰会于 11 月在越南中部城市岘港举行。

世行将与太平洋地区国家加强合作。8 月 30 日，世行与斐济政府签署协议，在首都苏瓦设立办事处，深化与斐济等太平洋国家间的合作。世行副行长维多利亚·克瓦和斐济总理姆拜尼马拉马共同出席了当天的签字仪式。双方表示，世行在斐济设立办事处将有力推动区域内诸多领域的发展。按计划，世行将加大对域内发展项目的支撑力度，并提供宏观经济政策、私营企业管理等多方面支持。另外，世行也将加强与当地政府合作，释放私营部门发展活力，实现区域经济包容性增长。

AMRO 称韩国经济有望持续增长。东盟与中日韩宏观经济研究办公室（AMRO）在结束了对韩国的年度磋商访问后表示，受益于私人投资和出口复苏势头增强等因素，韩国经济有望持续增长。根据预测，2017 年韩国经济增长将达到 2.9%，通胀率将维持在 1.9%。但是，韩国经济发展仍存在一定的风险，应充分考虑贸易保护主义、地缘政治紧张局势和家庭债务等问题带来的不利影响。AMRO 建议，韩国政府应进一步优化财政支出结构，提高公共支出效率；韩国央行应着力扩大国内需求，同时密切关注各国央行货币政策正常化进程，维护金融稳定；韩国政府应持续推动结构性改革。

三、国际大宗商品

本周纽约原油期货价格累计下跌 1.3%。截至周四，本周纽约原油期货累计下跌 1.3%。周一纽约原油期货下跌 1.3 美元，收于每桶 46.57 美元；周二纽约原油期货下跌 0.13 美元，收于每桶 46.44 美元；周三纽约原油期货下跌 0.48 美元，收于每桶 45.96 美元；周四纽约原油期货上涨 1.27 美元，收于每桶 47.23 美元。8 月份纽约原油期货价格累计下跌逾 6%。

本周纽约黄金期货价格累计上涨 1.9%。截至周四，本周纽约黄金期货价格累计上涨 1.9%。周一纽约黄金期货上涨 1.3%，收于每盎司 1315.30 美元，为 2016 年 11 月份来首次收于 1300 美元上方；周二纽约黄金期货上涨 0.3%，收于每盎司 1318.9 美元；周三纽约黄金期货下跌 0.4%，收于每盎司 1314.1 美元；周四纽约黄金期货上涨 0.6%，收于每盎司 1322.2 美元。8 月份，纽约黄金期货价格累计上涨约 4%。

四、区域合作

《中国—智利自贸协定》升级谈判取得积极进展。8 月 28—30 日，《中国—智利自由贸易协定》第三轮升级谈判在智利首都圣地亚哥举行。中智双方就货物贸易、服务贸易、经济技术合作、原产地规则、海关程序和贸易便利化以及竞争政策、环境、电子商务、政府采购等议题进行深入磋商，谈判取得积极进展。中智自贸协定于2005 年11 月签署，并于2006 年10 月开始实施，是我国对外签署的第二个自贸协定，也是我国与拉美国家签署的第一个自贸协定。为进一步提升贸易自由化水平，2016 年11 月在习近平主席对智利进行国事访问期间，双方宣布启动升级谈判。

五、全球宏观经济形势

OECD 发布 2017 年二季度经济增长数据。8 月 28 日，OECD 发布最新数据显示，OECD 成员国 2017 年二季度实际 GDP 增速为 0.7%，环比增长 0.2%。主要发达经济体中，日本、美国经济增速强劲，二季度增速分别为 1.0% 和 0.6%，环比增长 0.6% 和 0.3%；英国经济略有增长，二季度增速为 0.3%，环比增长 0.1%；法国和意大利增长持稳，增速分别保持在 0.5% 和 0.4%；德国增长有所放缓，增速为 0.6%，环比下降 0.1%；欧盟和欧元区增速有所上升，增速为 0.6%，环比增长 0.1%。按同比计算，OECD 国家 2017 年二季度经济增长率达 2.4%。主要发达经济体中，德国、日本和美国经济实现加速增长，同比增速达 2.1%，创历史新高；意大利经济增长疲软，同比仅为 1.5%，创历史新低。

G20 国家二季度商品贸易增长放缓。8 月 29 日，OECD 发布最新数据显示，2017 年二季度，G20 成员国际商品贸易经季节性因素调整后，以现价美元计，连续第五个季度保持增长，增速较上一季度有所放缓。数据显示，G20 二季度出口增长率从 3.4% 放缓至 1.4%。进口增长率录得 1.7%，环比下降 2.5%。综合来看，G20 商品贸易增幅仍比 2014 年最高水平低 10 个百分点左右。美国商品贸易增幅不大，墨西哥和加拿大增速有所放缓。阿根廷出口大幅下降（-10.2%）；巴西进、出口分别下降 6.8% 和 5.1%。澳大利亚（-4.8%）、印度（-6.5%）和印尼（-3.0%）出口收缩；中国、日本出口增长放缓，韩国出口跌幅不大；韩国进口增长锐减，环比下降 7.5%；中国、印尼进口疲软，分别下降 3.3% 和 4.1%。沙特阿拉伯出口下跌至少 20%；俄罗斯出口跌幅近 6%。G20 成员国中，除阿根廷、澳大利亚、巴西和加拿大以外，其余各国 2017 年二季度本币兑美元均有升值。

第 36 周 （2017/09/02—2017/09/08）

9 月 2—8 日，国际财经要情有：美国 8 月份失业率为 4.4%；加拿大央行决定将隔夜利率提高至 1%；巴西央行下调基准利率至 8.25%；韩国二季度实际 GDP 初值环比增长 0.6%；澳大利亚二季度 GDP 环比增长 0.8%；新开发银行总部大楼开工仪式在上海举行；中亚区域经济合作学院开业仪式在乌鲁木齐举行；金砖国家领导人第九次会晤在厦门举行；更新北美自贸协定第二轮谈判结束；亚行：推进亚太贸易便利化，加强区域互联互通。

一、区域观察

1. 北美地区

美国 8 月份失业率为 4.4%。美国劳工统计局数据显示，美国 8 月份非农就业人口环比上升 15.6 万人。其中，私营部门就业人数环比上升 16.5 万人；制造业、建筑业、专业和技术服务业、医疗保健行业和采矿业就业人数环比分别上升 3.6 万、2.8 万、2.2 万、2 万和 0.7 万人。数据还显示，美国 8 月份失业率为 4.4%，环比上升 0.1 个百分点；劳动参与率为 62.9%，环比持平；员工时薪为 26.39 美元，环比上升 0.03 美元，同比上升 2.5%；平均每周工时为 34.4 小时，环比下降 0.1 个小时。

美国 7 月份商品和服务贸易赤字为 437 亿美元。9 月 6 日，美国商务部数据显示，美国 7 月份商品和服务贸易赤字为 437 亿美元，环比上升 1 亿美元，同比上升 279 亿美元。其中，出口总额为 1944 亿美元，环比下降 6 亿美元，同比上升 768 亿美元；进口总额为 2381 亿美元，环比下降 4 亿美元，同比上升 1048 亿美元。

美国 8 月份 ISM 制造业指数为 58.8。美国供应管理协会（ISM）数据显示，经季调，美国 8 月份 ISM 制造业指数为 58.8，环比上升 2.5 个点；新订单指数为 60.3，环比下降 0.1 个点；就业指数为 59.9，环比上升 4.7 个点；价格指数为 62，环比持平，显示原材料价格连续第 18 个月上升。

加拿大央行决定将隔夜利率提高至 1%。9 月 6 日，加拿大央行发布利率决议，宣布将隔夜利率提高至 1%，银行利率和存款利率相应调整为 1.25% 和 0.75%。加拿大央行称，近期加拿大经济表现强于预期，经济增长面更趋广泛并可持续，为部分已实施刺激措施的退出提供保证；受就业市场和收入增长表现强健支撑，消费开支保持稳健；企业投资和出口更加全面强劲；通胀仍低于 2% 的目标值，但走势总体符合 7 月份预期；受税收和住房信贷政策调整影响，房地产行业呈降温趋势。加拿大央行还称，未来货币政策将视经济数据、金融市场形势，特别是经济增长潜力和劳动力市场状况决定而非预先设定；考虑到上涨的家庭负债率，加央行将密切关注更高利率对经济的冲击。此外，加拿大央行维持 2017 年下半年经济增长放缓预期。

2. 拉美地区

巴西央行下调基准利率至 8.25%。9 月 6 日，巴西央行宣布，由于巴西通胀率持续走低，巴央行决定下调基准利率 100 个基点至 8.25%，为 2013 年 7 月份以来最低水平。

3. 欧洲

欧盟和欧元区 7 月份失业率分别为 7.7% 和 9.1%。欧盟统计局数据显示，经季调，欧盟 7 月份失业率为 7.7%，环比持平，同比下降 0.8 个百分点；欧元区 7 月份失业率为 9.1%，环比持平，同比下降 0.9 个百分点；欧盟 7 月份青年失业率为 16.9%，同比下降 1.8 个百分点；欧元区 7 月份青年失业率为 19.1%，同比下降 1.7 个百分点。

欧元区 8 月份通胀年率初值上升至 1.5%。欧盟统计局数据显示，欧元区 8 月份通胀年率初值为 1.5%，环比上升 0.2 个百分点。其中，能源品价格同比上升 4%；服务业价格同比上升 1.6%；食品、烟酒类价格同比上升 1.4%；非能源品价格同比上升 0.5%。

欧元区 8 月份综合 PMI 终值为 55.7。9 月 5 日，市场调查机构 Markit 数据显示，欧元区 8 月份综合 PMI 终值为 55.7，环比持平。其中，爱尔兰综合 PMI 终值为 58.2，创 3 个月以来新高；法国综合 PMI 终值为 55.2，创 7 个月以来新低。数据还显示，欧元区 8 月份服务业 PMI 终值为 54.7，环比下降 0.7 个点。

德国 8 月份 PMI 终值为 59.3。市场调查机构 Markit 数据显示，经季调，德国 8 月份 PMI 终值为 59.3，高于 7 月份终值 58.1，为 2011 年 4 月以来第三高水平。此数据得益于积压的工作取得进展和新订单数的增加，进一步表明欧元区制造业整体生产条件明显改善。Markit 预计，德国 2017 年有望达成经济预期，GDP 增长将达到 2.3%，2018 年 GDP 增长达到 2.1%。

第三轮英国"脱欧"谈判未就财务问题获得突破。英欧关于英国"脱欧"第三轮谈判结束。双方就公民权利和爱尔兰问题取得进展，但在财务结算问题上未获得突破。单一市场问题上，英国希望采用自己的市场标准和规则并被欧盟自动认可，但欧盟认为英国不应在单一市场外制定市场法律规则。

瑞士二季度实际 GDP 环比上升 0.3%。9 月 5 日，瑞士联邦统计局数据显示，瑞士二季度实际 GDP 环比上升 0.3%，同比上升 0.3%。受国内需求驱动，制造业、金融业及餐饮业涨幅较大，消费和投资带来积极动力，但公共行政和医疗保健行业发展低迷。

4. 亚洲

日本外汇储备达 12680 亿美元。9 月 7 日，日本财务省数据显示，截至 8 月底，日本外汇储备为 12680.06 亿美元，环比上升 79.66 亿美元。其中，外币证券 10815.32 亿美元，环比上升 65.69 亿美元，为外储增量主要来源；外币存款 1226.94 亿美元；IMF 储备头寸 118.83 亿美元；特别提款权 191 亿美元；黄金储备 322.72 亿美元。

日本 8 月份基础货币同比上涨 16.3%。9 月 4 日，日本央行数据显示，日本 8 月份基础货币同比上涨 16.3%，平均余额 466 万亿日元，月末余额 469 万亿日元。

韩国二季度实际 GDP 初值环比增长 0.6%。韩国央行数据显示，韩国二季度实际 GDP 初值环比增长 0.6%，同比增长 2.7%。其中，在产出方面，制造业产出同比上升 3.2%；建筑业产出同比上升 7.7%；服务业产出同比上升 1.9%。在支出方面，个人消费同比上升 2.3%；建筑投资同比上升 8%；设备投资同比上升 17.3%；知识产权产品投资同比上升 2.6%；出口额同比持平；进口额同比上升 6.4%。

澳大利亚二季度 GDP 环比增长 0.8%。9 月 6 日，澳大利亚国家统计局数据显示，经季调，澳大利亚二季度 GDP 环比增长 0.8%，同比增长 1.8%。其中，家庭消费环比增长 0.7%；制造业环比增长 1.8%；住宅建筑业环比增长 0.2%。此外，金融、信息、电信等商业服务业亦见增长。

澳大利亚：现金利率保持 1.5%不变。9 月 5 日，澳大利亚联储发布消息称，澳大利亚联储董事会决定将现金利率保持在 1.5%不变。报告指出，近几个月澳大利亚就业增长强劲，工资增长幅度低，通货膨胀率低，澳元预期汇率升值，随着全球经济状况持续改善，通货膨胀率预期有望逐渐缓慢回升。澳大利亚对住房市场实施监管措施后，紧缩信贷条件加大家庭负债压力，目前住房债务增长已超过家庭收入增长。为继续支持澳大利亚经济发展，董事会决定维持低水平利率的货币政策态度不变，直到实现通胀目标。

5. 非洲

南非 7 月份 PPI 同比增长 3.6%。南非统计局数据显示，南非 7 月份生产者价格指数（PPI）同比增长 3.6%，环比下降 0.4 个百分点。食品和能源价格下跌是导致 PPI 回落的主要因素。

二、国际组织

金砖国家新开发银行总部大楼开工仪式在上海举行。9 月 2 日，新开发银行总部大楼开工仪式在上海市世博园举行。财政部部长肖捷、上海市市长应勇、新开发银行行长卡马特分别致辞，财政部副部长史耀斌及各界代表出席开工仪式。肖捷表示，中国国家领导人十分关心和重视新开发银行的筹建和发展。习近平主席指出，建立新开发银行是金砖国家合作进程中具有重要和深远意义的成果，体现了金砖国家团结合作、共同发展的政治意愿，不但有助于提高金砖国家在国际金融事务中的话语权，而且更重要的是能够造福金砖国家和发展中国家人民，要把新开发银行建设好、维护好、发展好，为发展中国家经济发展提供有力保障。李克强总理希望新开发银行成为一个专业、高效、透明、绿色的开发性金融机构，为新兴市场和发展中国家加强基础设施建设、推进工业化进程、促进国际产能合作与互联互通等提供有力支持。

肖捷强调，新开发银行开业两年多来，取得了来之不易的成绩，得到各成员国普遍赞誉。2017 年以来，成立非洲区域中心、设立项目准备基金、批准新项目、吸收新成员、加强经济研究等工作取得了积极进展。希望新开发银行着眼长远发展，不断创新业务模式，为客户提供更加优质、高效的服务。中国作为东道国，将继续为新开发银行顺利运营提供国际一流的便利和支持。新开发银行总部大楼位于上海市世博园中国馆东侧，计划于 2021 年 9 月投入使用。

金砖国家新开发银行与中国签署项目准备基金捐款协议。9 月 4 日，新开发银行项目准备基金捐款协议签约仪式在厦门举行。财政部副部长史耀斌与新开发银行行长卡马特签署了中国捐款 400 万美元的协议。史耀斌表示，习近平主席在金砖国家领导人厦门会晤上正式宣布中国向新开发银行项目准备基金出资 400 万美元，支持新开发银行业务运营和长远发展。习近平主席在 9 月 3 日举行的金砖国家工商论坛开幕式上指出，新开发银行的建立，为金砖国家基础设施建设和可持续发展提供了融资支持，为完善全球经济治理、构建国际金融安全网作出了有益探索。

希望新开发银行专业化、国际化、规范化管理和运营项目准备基金，以项目准备基金为平台，以基础设施互联互通、国际产能合作项目为突破口，促进成员国之间共享发展经验，开启南南合作新时代。

中亚区域经济合作学院开业仪式在乌鲁木齐举行。9 月 7 日，中亚区域经济合作学院（以下简称“中亚学院”）开业仪式在新疆维吾尔自治区乌鲁木齐市举行，财政部部长肖捷、新疆维吾尔自治区政府主席雪克来提・扎克尔、亚洲开发银行行长中尾武彦、中亚区域经济合作（CAREC）机制成员国部长和中亚学院院长孙博雅分别在开业仪式上致辞。财政部副部长史耀斌、中亚区域经济合作机制成员国代表以及中亚学院相关国际合作伙伴和学术界代表出席。

肖捷指出，筹建中亚学院，推进区域经济合作是中国和中亚各国的共同意愿。中国国家领导人对于中亚区域经济合作高度重视。习近平主席指出，中国将中亚地区视为共建“一带一路”的重要合作地区和重要合作伙伴，双方要加强发展战略和规划对接，共同寻找合作切入点，不断提高合作水平。肖捷强调，中亚学院正式开业，是中亚区域经济合作历史上具有里程碑意义的盛事，是各成员国以及亚洲开发银行等发展伙伴“共商、共建、共享”的成果。中亚学院的未来发展要立足中亚，服务中亚，成为中亚区域参与“一带一路”建设强有力的助推器；要联通内外，加强合作，拓展与亚行、亚投行、新开发银行等机构的合作；要完善机制，搭建平台，建设成为服务中亚区域发展的重要知识共享平台。肖捷表示，中亚学院的发展，离不开中亚各国和亚行的共同努力。希望各成员国继续为中亚学院未来发展方向提供战略指导。希望亚行继续为中亚学院提供资金和智力支持。对新疆为中亚学院筹建和运营提供的强有力保障表示感谢。

中亚学院是中亚区域经济合作机制成员国共同发起设立的政府间国际组织，旨在通过提供知识产品、开展业务培训、研究以及智库交流、加强能力建设，提升中亚区域经济合作质量，促进本地区经济社会发展，助力“一带一路”建设。中亚学院总部落户中国新疆乌鲁木齐市。

AMRO 称中国经济保持强劲增长，短期风险有所缓解。9 月 4 日，“10 + 3”宏观经济研究办公室（AMRO）在结束了对中国的年度磋商访问后表示，得益于外部需求改善、企业盈利状况提升、私人投资反弹以及在去产能、去杠杆方面采取的有效措施，中国经济在 2017 年上半年增长快于预期，短期内经济面临的风险有所缓解。

此次磋商聚焦中国经济增长前景、宏观经济金融政策及结构性改革等议题。AMRO 指出，中国经济 2017 年全年增长预计可达 6.8%，2018 年有望继续保持强劲增长态势。但中国经济发展同样面临诸多不利因素，包括金融和企业部门去杠杆带来的冲击、房地产市场放缓、美联储货币政策正常化带来的不确定性、地缘政治风险以及贸易摩擦等。AMRO 认为，当前中国需持续关注美联储货币政策正常化快于预期或国内经济增长下行风险对资本外流的影响，进一步加快国企结构调整，采取有效措施化解矿业、房地产等部门的债务风险，加强金融监管工作，实施积极的流动性管理并适时微调，维持宏观经济金融稳定。

三、国际大宗商品

本周纽约原油期货累计上涨 3.8%。截至周四，本周纽约原油期货累计上涨

3.8%。周一纽约原油期货上涨 0.08 美元，收于每桶 47.37 美元；周二纽约原油期货上涨 1.29 美元，收于每桶 48.66 美元；周三纽约原油期货上涨 0.5 美元，收于每桶 49.16 美元；周四纽约原油期货下跌 0.07 美元，收于每桶 49.09 美元。

本周纽约黄金期货价格累计上涨 1.5%。截至周四，本周纽约黄金期货价格累计上涨 1.5%。周一纽约黄金期货上涨 0.71%，收于每盎司 1339.4 美元；周二纽约黄金期货上涨 1.1%，收于每盎司 1344.5 美元；周三纽约黄金期货下跌 0.4%，收于每盎司 1339.1 美元；周四纽约黄金期货上涨 0.8%，收于每盎司 1350.3 美元，创 2016 年 9 月以来收盘新高。

四、区域合作

金砖国家领导人第九次会晤在厦门举行。9 月 4 日，金砖国家领导人第九次会晤在厦门举行。中国国家主席习近平主持会晤。南非总统祖马、巴西总统特梅尔、俄罗斯总统普京、印度总理莫迪出席。五国领导人围绕“深化金砖伙伴关系，开辟更加光明未来”的主题，就当前国际形势、全球经济治理、金砖合作、国际和地区热点问题等深入交换看法，回顾金砖合作 10 年历程，重申开放包容、合作共赢的金砖精神，达成一系列共识，为金砖合作未来发展规划了蓝图、指明了方向。在大范围会议上，习近平发表题为《深化金砖伙伴关系，开辟更加光明未来》的重要讲话，积极评价金砖合作走过的 10 年光辉历程，强调要开启金砖合作第二个“金色十年”，使金砖合作造福五国人民，惠及各国人民。各国领导人积极评价厦门会晤，一致同意落实好会晤达成的各项成果，推动金砖合作不断向前发展。与会领导人表示，将支持南非做好 2018 年金砖国家主席国工作。会晤发表《金砖国家领导人厦门宣言》。

更新北美自贸协定第二轮谈判结束。9 月 5 日，为期 5 天的更新北美自由贸易协定（NAFTA）第二轮谈判结束，三国发表联合声明重申致力于一个快速和全面的谈判，从而在 2017 年年底前完成该协定更新的谈判工作。墨西哥经济部长瓜哈尔多表示：本轮谈判中超过 20 个由贸易专家和技术人员组成的谈判小组对信息和提案进行了讨论与交流，在许多方面取得了重要进展，各方期待在接下来几周内有更多的进展。但也有报道称，本轮谈判取得了一些进展，但没有触及原产地规则、劳工标准、争端解决机制等实质性问题。根据安排，三国会继续在各自国内进行内部磋商，第三轮谈判将于 9 月 23—27 日在加拿大渥太华举行。

五、全球宏观经济形势

亚行称推进亚太贸易便利化，加强区域互联互通。9 月 5 日，亚行和联合国亚洲及太平洋经济社会委员会联合发布报告称，有效推进区域贸易便利化，将使亚太地区贸易成本降低 9%。报告公布了全球贸易便利化和无纸化贸易进展。报告显示，亚太地区贸易便利化措施的执行率从 2015 年的 46.5% 升至 2017 年的 50.4%，其中，东亚地区执行率高达 73.7%。报告还介绍了其他主要区域合作倡议取得的成果，如大湄公河次区域（GMS）经济合作机制和南亚次区域经济合作组织（SASEC）。经计算，通关时间若能减少 10%，贸易额将提升 2—3 个百分点。报告表示，深入贯彻落实世贸组织《贸易便利化协定》（TFA），营造便捷的通关环境，增强各国各地区跨境合作，全面提升区域贸易便利化水平，有利于进一步推动亚太地区贸易发展。

第 37 周 （2017/09/09—2017/09/15）

9 月 9—15 日，国际财经要情有：美国即将公布税改大纲；巴西二季度 GDP 环比增长 0.2%；欧盟和欧元区二季度 GDP 终值环比分别上升 0.7%和 0.6%；欧洲央行宣布维持既有利率水平不变；日本二季度实际 GDP 增速下修至 0.6%；南非二季度 GDP 增速为 1.1%；“1+6”圆桌对话会在北京举行；《区域全面经济伙伴关系协定》第五次部长级会议在菲律宾举行；7 月份 OECD 经济体通胀率升至 2.0%。

一、区域观察

1. 北美地区

美联储称美国经济活动呈现缓慢到温和增长。9 月 7 日，美联储发布“褐皮书”显示，2017 年 7—8 月，美国经济活动呈现缓慢到温和的增长。其中，多数地区的消费支出有所增加，非汽车零售业和旅游业收入增长，但多个地区对汽车产业的持续低迷表示担忧；多数地区商业与消费贷款需求略有增加；就业增长总体稍有放缓，劳动力市场普遍趋紧，多个产业工人短缺，制造业和建筑业尤为明显；物价总体小幅上升，投入和材料成本普遍上涨。另外，飓风哈维对墨西哥湾沿岸达拉斯、亚特兰大地区的经济活动造成广泛破坏，目前还无法全面估计飓风的影响程度。

美国即将公布税改大纲。9 月 13 日，美国总统特朗普表示，将在 9 月 25 日公布税改法案的具体细节。特朗普还强调，税改将惠及中产阶级，富人阶层的税率将保持不变。关于公司税，特朗普重申，他倾向于将企业所得税税率从 35%降至 15%。知情人士透露，9 月 12 日，特朗普会见了 6 位参议员，以争取他们对税改的支持。

美国 8 月份 PPI 环比上升 0.1%。9 月 13 日，美国劳工部数据显示，经季调，美国 8 月份最终需求 PPI 环比上升 0.1%，剔除食品、能源和贸易的最终需求 PPI 环比上升 0.2%。此外，美国 8 月份最终需求 PPI 同比上升 2.4%，剔除食品、能源和贸易的最终需求 PPI 同比上升 1.9%。

加拿大 8 月份失业率下降至 6.2%。9 月 8 日，加拿大统计局数据显示，经季调，加拿大 8 月份失业率为 6.2%，环比下降 0.1 个百分点，为 2008 年 10 月份以来最低水平。此外，加拿大 8 月份就业人数为 1844 万人，环比上升 0.1%，同比上升 2.1%。

2. 拉美地区

巴西二季度 GDP 环比增长 0.2%。9 月 11 日，巴西国家地理统计局数据显示，巴西二季度 GDP 为 1.639 万亿雷亚尔，同比和环比分别增长 0.3% 和 0.2%，为连续两个季度实现正增长。农牧业、工业和服务业二季度环比分别增长 0%、-0.5% 和 0.6%。巴有关官员表示，居民消费实现 1.4% 的正增长成为推动本季度 GDP 增长的重要因素，但巴投资、进口和政府支出等仍持续下降，因此尚不能完全断定巴经济正在复苏。

3. 欧洲

欧盟和欧元区二季度 GDP 终值环比分别上升 0.7% 和 0.6%。9 月 7 日，欧盟统计局数据显示，经季调，欧盟二季度 GDP 终值环比上升 0.7%，同比上升 2.4%；欧元区二季度 GDP 终值环比上升 0.6%，同比上升 2.3%。

欧洲央行宣布维持既有利率水平不变。9 月 7 日，欧洲央行发布消息称，维持再融资操作利率、边际贷款利率和存款利率不变，分别为 0.00%、0.25% 和 -0.40%。

德国 8 月份 CPI 同比上升 1.8%。9 月 13 日，德国联邦统计局数据显示，德国 8 月份 CPI 同比上升 1.8%。其中，食品价格同比上升 3.0%；能源价格同比上升 2.3%；货物价格同比上升 2.0%；服务价格同比上升 1.6%。

德国 7 月份出口同比增长 8.0%。9 月 8 日，德国联邦统计局数据显示，德国 7 月份出口额为 1037 亿欧元，同比增长 8.0%；进口额为 842 亿欧元，同比增长 9.4%。经季调，出口额环比上升 0.2%，进口额环比上升 2.2%。

英国 8 月份 CPI 同比上升 2.9%。9 月 12 日，英国国家统计局数据显示，英国 8 月份 CPI 同比上升 2.9%。其中，服装和汽车燃料价格上涨为 CPI 上升的主要因素。此外，包括住房成本在内的 CPI 同比上升 2.7%。

意大利二季度失业率为 11.2%。9 月 12 日，意大利国家统计局数据显示，意大利二季度失业率为 11.2%，环比下降 0.4 个百分点。

4. 亚洲

日本二季度实际 GDP 增速下修至 0.6%。9 月 8 日，日本内阁府数据显示，日本二季度实际 GDP 增速由 1.0% 下修至 0.6%；年率由 4.0% 下修至 2.5%。其中，家庭消费支出增速由 0.9% 下修至 0.8%；企业投资增速由 2.4% 下修至 0.5%，是 GDP 增速下修的主要原因；固定资本形成总额增速由 2.8% 下修至 1.7%。

日本 7 月份经常账户盈余 23200 亿日元。9 月 8 日，日本财务省数据显示，日本 7 月份经常账户盈余 23200 亿日元，同比上升 19.6%。其中，货物账户盈余 5666 亿日元，同比下降 5.7%；服务账户赤字 2373 亿日元，同比上升 16.6%；初次收入账户 21470 亿日元，同比上升 26.8%；二次收入账户赤字 1563 亿日元，同比上升 3.5%。

韩国 8 月份外汇储备为 3848.4 美元。韩国央行数据显示，由于美元汇率下跌，韩国 8 月份外汇储备升至 3848.4 美元，环比增加 10.8 亿美元，为连续第 6 个月上升。截至 7 月末，韩国外汇储备规模为全球第九位。

印度 8 月份通胀率同比上升 3.36%。9 月 12 日，印度中央统计局数据显示，受食品价格上升等因素影响，印度 8 月份 CPI 同比增长 3.36%，环比增长 1 个百分点，涨幅达 5 个月来最高水平。

澳大利亚 8 月份失业率环比持平。9 月 14 日，澳大利亚国家统计局数据显示，经季调，澳大利亚 8 月份失业率为 5.6%，环比持平；劳动参与率为 65.3%，环比上升 0.2 个百分点；就业人数环比上升 5.4 万人。

5. 非洲

南非二季度 GDP 同比增速为 1.1%。南非统计局数据显示，南非二季度 GDP 环比增长 2.5%，同比增长 1.1%，超出预期，南非经济可能已暂时摆脱技术性衰退。二季度南非摆脱旱灾影响，农业大幅增长 33.6%，对 GDP 增长贡献率为 0.7%。

二、国际组织

“1+6”圆桌对话会在北京举行。9 月 12 日，中国国务院总理李克强在北京同世界银行行长金墉、国际货币基金组织总裁拉加德、世界贸易组织总干事阿泽维多、国际劳工组织总干事莱德、经济合作与发展组织秘书长古里亚和金融稳定理事会主席卡尼共同举行“1+6”圆桌对话会。与会各方以“构建开放、活力、包容的世界经济”为主题，围绕“全球经济形势与经济全球化的未来”“推动中国经济转型升级”两个议题深入探讨。与会国际经济金融机构负责人高度评价中国经济发展成就，赞赏中国为建设开放型世界经济所作的努力。他们表示，世界经济恢复增长势头，但脆弱性和潜在风险仍存，一些国家保护主义倾向上升、社会分化加剧。国际社会应凝聚政治共识，坚持多边主义原则和贸易投资自由化便利化政策取向，推进全球金融安全网建设，使全球化更加包容普惠。鼓励各国根据自身国情，综合采取货币、财政、改革政策，促进技术和制度创新，提高生产率，扩大有效投资，加大人力资本投入，创造高质量就业，使增长更加“以人为本"，这也有助于全球经济强劲、可持续、平衡和包容增长。

亚行发布《亚太地区关键指标》统计报告。亚行发布 2017 年度《亚太地区关键指标》统计报告。该报告提供了亚行 48 个域内成员最新的经济、金融、社会和环境统计数据，其他内容还包括亚太地区可持续发展目标指标、区域趋势和表格、以及 2015 年首次纳入《关键指标》的全球价值链数据统计等内容。亚行首席经济学家泽田康幸表示，《亚太地区关键指标》将成为亚行成员体、研究人员、媒体和公民监测本地区发展进程的有用工具。该报告汇总了一系列经济社会发展领域的重要数据，将为决策者确定优先发展领域、实现发展目标发挥重要参考作用。

联合国称南南合作助力可持续发展。9 月 12 日，联合国常务副秘书长阿米纳·穆罕默德在纽约举行的联合国南南合作日庆祝活动上表示，要加强南南合作与三方合作，努力实现 2030 可持续发展目标。穆罕默德指出，南方国家近年来经济社会发展取得了显著成就，但仍面临极端贫困、社会不平等、高失业率等一系列挑战。加强南南合作，有助于南方国家满足对绿色科技和公共产品的投资需求，从而推动可持续发展。穆罕默德建议南方国家可以从加强政策协调、促进知识技术交流、推动区域经济一体化等方面展开合作，发达国家也应积极履行官方发展援助承诺。穆罕默德表示，将邀请各方代表参加联合国南南合作高级别会议，把南南合作更好地纳入国际发展架构。

三、国际大宗商品

本周纽约原油期货累计上涨 5.1%。截至周四，本周纽约原油期货连续四个交易日上涨，累计涨幅 5.1%。周一纽约原油期货上涨 0.59 美元，收于每桶 48.07 美元；周二纽约原油期货上涨 0.16 美元，收于每桶 48.23 美元；周三纽约原油期货上涨 1.07 美元，收于每桶 49.30 美元；周四纽约原油期货下跌 0.59 美元，收于每桶 49.89 美元。

本周纽约黄金期货价格累计下跌 1.6%。截至周四，本周纽约黄金期货价格累计下跌 1.6%。周一纽约黄金期货上涨 1.2%，收于每盎司 1335.7 美元；周二纽约黄金期货下跌 0.2%，收于每盎司 1332.7 美元；周三纽约黄金期货下跌 0.4%，收于每盎司 1328 美元，创近两周来收盘新低；周四纽约黄金期货上涨 0.1%，收于每盎司 1329.3 美元。

四、区域合作

《区域全面经济伙伴关系协定》第五次部长级会议在菲律宾举行。9 月 10 日，

《区域全面经济伙伴关系协定》（RCEP）第五次部长级会议在菲律宾举行。与会部长注意到，自第 3 次部长级会间会和第 19 轮谈判以来，谈判取得了进展。与会部长确认，将根据领导人的要求，以合作精神加紧工作以迅速结束 RCEP 谈判。为此，与会部长重申河内声明，即迅速地将政治承诺转化为实际行动，必要时扩大授权，尽最大努力推动 RCEP 在 2017 年年底前取得重要成果，使谈判向成功更进一步。与会部长强调 RCEP 谈判的目标是达成一个现代、全面、高质量和互惠的经济伙伴关系协定。与会部长重申，成员国应继续积极、建设性地回应要价，改进市场准入出价。与会部长认为，成功的 RCEP 谈判应该争取达成一个所有成员国均可接受的、可行的着陆区，确保最终协议遵循《RCEP 指导原则和目标》。与会部长注意到，实质性结束 RCEP 谈判已被确定为东盟成立 50 周年的重要成果，也认识到仍有大量工作亟待完成，呼吁所有成员集中精力和资源争取最大化地实现重要成果。为此，与会部长欢迎 RCEP 贸易谈判委员会就《2017 年底 RCEP 重要成果的关键要素》达成一致，并指示谈判官员加倍努力达成这些重要成果，于 2017 年 11 月向领导人汇报 RCEP 谈判仍沿着正确轨道推进。

第 16 次中国—东盟（10 + 1）经贸部长会议在菲律宾举行。9 月 8—10 日，东亚合作经贸部长系列会议在菲律宾首都马尼拉举行，中国商务部部长钟山率团出席会议。会议讨论通过了《关于进一步深化中国—东盟基础设施互联互通合作的联合声明》，并准备提交 11 月份中国—东盟领导人会议发表。钟山在会议发言中表示，当前，中国和东盟是紧密的经贸合作伙伴，中国已连续 8 年是东盟第一大贸易伙伴，东盟连续 6 年成为中国第三大贸易伙伴。中国与东盟双向投资额累计超过 1850 亿美元，中国—东盟自贸区已完成升级谈判，正在顺利实施。今年是东盟成立 50 周年，这是东盟地区一体化进程的重要里程碑。中方对此表示诚挚祝贺，并将一如既往积极支持东盟一体化建设，继续把中国—东盟经贸合作作为对外经贸合作的优先发展方向，与东盟方凝聚更多合作共识、拓展更广领域务实合作。

五、全球宏观经济形势

7 月份 OECD 经济体通胀率升至 2.0%。OECD 发布成员经济体 7 月份通胀数据。由于能源价格迅速上涨，OECD 经济体 7 月份通胀率升至 2.0%；剔除能源和食品价格因素，核心通胀率稳定在 1.8%。G7 国家中，加拿大（1.2%）、德国（1.7%）和美国（1.7%）通胀率有所上升；法国（0.7%）、日本（0.4%）和英国（2.6%）通胀率基本稳定；意大利（1.1%）通胀率有所下降。欧元区 7 月份通胀率稳定在 1.3%。剔除能源和食品价格影响，欧元区核心通胀率从 6 月份的

1.1%升至1.2%。G20整体通胀率维持在2.0%。主要新兴经济体中，除印度（1.8%）和沙特阿拉伯（-0.3%）通胀率显著上升外，南非、俄罗斯、巴西和中国通胀率都呈现下降趋势，分别从5.0%、4.4%、3.0%和1.5%降至4.4%、3.9%、2.7%和1.4%。

第 38 周（2017/09/16—2017/09/22）

9 月 16—22 日，国际财经要情有：美联储议息会议宣布缩表；美国二季度经常账户赤字增至 1231 亿美元；美国参议院通过 2018 财年国防开支议案；欧元区 7 月份经常账户盈余 251 亿欧元；德国上半年公共债务同比下降 2.9%；法国二季度 GDP 同比增长 1.8%；俄罗斯央行下调基准利率至 8.5%；印度 8 月份出口同比增长 10.29%；联合国称基础设施投资对经济增长至关重要；G20 国家 2017 年二季度 GDP 增长 0.9%；WTO 上调 2017 年全球贸易增长预期至 3.6%。

一、区域观察

1. 北美地区

美联储议息会议宣布缩表。9 月 20 日，美联储召开议息会议，维持联邦基金利率 1%—1.25% 不变，并决定于 2017 年 10 月份开始缩减资产负债表；会议认为美国劳动力市场持续走强，经济活动温和扩张；上调 2017 年实际 GDP 增长预期 0.2 个百分点至 2.4%，下调 2019 年联邦基金利率预期 0.2 个百分点至 2.7%。美联储主席耶伦在随后的发布会表示，除非遇到重大风险，缩表计划不会改变；如果通胀持续低于 2% 目标值，美联储将调整货币政策。

美国二季度经常账户赤字增至 1231 亿美元。9 月 19 日，美国商务部发布数据显示，美 2017 年二季度经常账户赤字创 2008 年四季度以来新高，环比上涨 8.5% 至 1231 亿美元，经常账户赤字 GDP 占比 2.6%，环比上升 0.2%。

美国参议院通过 2018 财年国防开支议案。9 月 18 日，美国参议院通过总额为 6920 亿美元的 2018 财年国防开支议案，其中，6400 亿美元为基础国防预算，近 600 亿美元为海外应急行动费，不受预算上限限制。此前，众议院已于 7 月份通过总额 6956 亿美元的国防预算案，其中基础国防预算 6215 亿美元，海外应急拨款 750 亿美元。两版预算案随后将交由两院联系协调委员会协调整合，最终版本送交美总统特朗普签署后生效。

美国初请失业金人数下降。9 月 21 日，美国劳工部发布数据显示，9 月 16 日当周美国首次申请失业救济金人数下降为 25.9 万人，续请失业救济金 198 万人，劳动力市场接近充分就业。

2. 拉美地区

巴西央行下调 2017 年通胀预期至 3.08%。9 月 18 日，巴西央行发布报告下调 2017 年通胀预期至 3.08%，下调 2018 年通胀预期至 4.12%，维持 2017 年经济增长预期 0.6% 不变，上调 2018 年经济增长预期至 2.2%。

3. 欧洲

欧元区 8 月份 CPI 年率增长 1.5%。9 月 18 日，欧盟统计局发布数据显示，欧元区 8 月份 CPI 年率终值 1.5%，环比上涨 0.3%，同比上涨 1.3%；欧盟 8 月份通胀年率为 1.5%，环比上升 0.2%，同比上升 1.4%；运输燃料、住宿服务和航空运输价格上涨为通胀年率上行主要原因。

欧元区 7 月份经常账户盈余 251 亿欧元。9 月 19 日，欧洲央行发布数据显示，欧元区 7 月份经常账户盈余 251 亿欧元。其中，货物账户盈余 264 亿欧元；初次收入账户盈余 109 亿欧元；服务账户盈余 26 亿欧元；二次收入账户赤字 148 亿欧元。

欧洲央行称需密切关注汇率波动。9 月 22 日，欧洲央行发布公报称，需密切关注外汇波动；欧洲银行业资产负债表不良贷款水平较高，应广泛实施宏观审慎工具。

英国 8 月份零售销售环比增长 1%。英国国家统计局 9 月 20 日公布数据显示，英国 8 月份零售销售环比增长 1%，创 4 个月新高，远超预期 0.2%；8 月份零售销售同比增长 2.4%，高于预期 1.1%；核心零售销售环比增长 1%，同比增长 2.8%，均好于预期。市场对英央行 11 月份加息的预期增加。

德国 8 月份 PPI 同比上涨 2.6%。9 月 20 日，德国联邦统计局发布数据显示，德国 8 月份 PPI 同比上升 2.6%，环比上升 0.2%；其中，能源价格同比上升 2.7%，非耐用消费品价格同比上升 3.6%，中间品价格同比上升 3.3%，耐用消费品和资本品价格同比上升 1.0%。

德国上半年公共债务同比下降 2.9%。德国联邦统计局 9 月 21 日发布数据显示，截至 6 月底，德国公共债务总额 1.98 万亿欧元，同比下降 2.9%；其中，联邦政府债务同比减少 3.3% 至 423 亿欧元，各州政府负债同比减少 2.4% 至 5929 亿欧元；2016 年德国公共债务 GDP 占比 68.2%。

法国二季度 GDP 同比增长 1.8%。9 月 22 日，法国国家统计局发布数据显示，法国二季度 GDP 终值环比增长 0.5%，同比增长 1.8%，均好于预期。

俄罗斯二季度 GDP 同比增长 2.5%。俄罗斯联邦统计局发布数据显示，俄罗斯二季度 GDP 同比增长 2.5%，为 2012 年二季度以来最高增速；投资规模同比增长 6.3%。

俄罗斯央行下调基准利率至 8.5%。9 月 16 日，俄罗斯央行下调基准利率 50 个基点至 8.5%，为 2017 年以来第四次降息；并称由于通胀风险消退，未来或将继续降息；上调 2017 年 GDP 增长预期至 2.2%。

4. 亚洲

日本 8 月份贸易顺差 1136 亿日元。9 月 20 日，日本财务省发布数据显示，由于电子零部件出口大幅增加，日本 8 月份出口总额 6.2780 万亿日元，同比增长 18.1%；进口总额 6.1644 万亿日元，同比增长 15.2%；贸易顺差 1136 亿日元；对美贸易顺差 5347 亿日元，同比增长 49.6%；对欧盟贸易逆差 846 亿日元。

日本央行维持货币政策不变。9 月 21 日，日本央行发布 9 月份货币政策会议决议，维持每年 80 万亿日元的购债规模不变，维持短期利率目标 -0.1%，10 年期国债收益率目标为零不变；认为经济温和扩张，公共投资有所增长，但物价上涨乏力，CPI 在 0.5% 附近波动，离 2% 目标值仍有距离。

印度 8 月份出口同比增长 10.29%。9 月 16 日，印度商务部公布数据显示，印度 8 月份出口额 238.1 亿美元，同比增长 10.29%；进口同比增长 21.02% 至 354.6 亿美元；贸易逆差 116 亿美元。

澳大利亚联储发布 9 月份会议纪要。9 月 19 日，澳大利亚联储发布 9 月份议息会议纪要称，维持政策稳定符合增长和通胀目标，近期劳动力市场持续改善，但薪资增长仍低迷，非矿业投资前景改善，公共基础设施建设支出强劲；澳元 2017 年升值很大程度是美元贬值的反映，若澳元继续升值将导致经济增速和通胀回升放缓；需关注家庭债务风险；悉尼住房市场降温明显，预计铁矿石价格将下降。

新西兰二季度 GDP 环比增长 0.8%。9 月 21 日，新西兰统计局发布数据显示，新西兰二季度 GDP 环比增长 0.8%，一季度 GDP 环比增幅修正为 0.6%；出口额增长 5.2%，其中，商品出口增幅创 20 年来最高。

5. 非洲

阿尔及利亚政府面临财政危机。9 月 17 日，阿尔及利亚总理乌叶海亚表示，由于油价下跌，阿尔及利亚面临严峻财政危机；外汇储备已减少至 1000 亿美元，货币贬值 20% 以上；政府计划通过发债和向央行借债应对困难，不会大幅举借外债；将继续实行进口许可证制度，限制商品进口，减少外储消耗。

二、国际组织

联合国称基础设施投资对经济增长至关重要。9 月 18 日，联合国常务副秘书长阿米娜·穆罕默德在“联合国全球契约首席执行官圆桌会议”上发表讲话称，要提升私营部门参与度，填补基础设施资金缺口，推动落实 2030 年可持续发展议程。穆罕默德强调，联合国将做好以下三方面工作：一是要通过 G20 等多边机制将 2030 年可持续发展议程和全球经济治理结合起来；二是要支持相关国家创新型融资，并且充分发挥私营部门对实现可持续发展目标的推动作用；三是要通过相关国际倡议，从气候融资、缩小数字鸿沟等多方面推动金融体系发展。穆罕默德呼吁，各方要加强合作，加紧推进系统性变革，努力实现 2030 年可持续发展目标。

OECD 发布《年中经济展望》报告。9 月 20 日，OECD 发布《年中经济展望》报告，预计全球经济 2017 年将增长 3.5%，2018 年增长 3.7%；工业生产和贸易将回升，技术支出反弹进一步加快，但商业投资和贸易复苏速度仍很低，平均工资增速不理想。

三、国际大宗商品

本周纽约原油期货累计上涨 0.95%。截至周五，本周纽约原油期货累计涨幅 0.95%。周一纽约原油期货下跌 0.08 美元，收于每桶 50.36 美元；周二纽约原油期货下跌 0.08 美元，收于每桶 50.28 美元；周三纽约原油期货上涨 0.41 美元，收于每桶 50.69 美元；周四纽约原油期货上涨 0.05 美元，收于每桶 50.74 美元；周五纽约原油期货上涨 0.11 美元，收于每桶 50.85 美元。

本周纽约黄金期货价格累计下跌 1.74%。截至周五，本周纽约黄金期货价格累计下跌 1.74%。周一纽约黄金期货下跌 0.42%，收于每盎司 1311 美元；周二纽约黄金期货上涨 0.29%，收于每盎司 1314.6 美元；周三纽约黄金期货下跌 0.47%，收于每盎司 1304.5 美元；周四纽约黄金期货下跌 1.68%，收于每盎司 1294.3 美元；周五纽约黄金期货上涨 0.44% 美元，收于每盎司 1300.5 美元。

四、区域合作

IMF 与比利时、瑞士签订借款协议。9 月 20 日，国际货币基金组织（IMF）公布与比利时国家银行、瑞士国家银行签署了借款协议。根据该协议，比利时将为 IMF 的“减贫”与增长信托基金提供约 4.987 亿美元特别提款权贷款，瑞士将提供约 7.142 亿美元特别提款权贷款，用于援助 IMF 的低收入成员国。此协议已于 2017 年 8 月 30 日正式生效。IMF 董事会表示，将进一步加强政府和社会资本合作，完善城市铁路、高速公路和洪水防御等基础设施建设。欧投行行长沃纳·霍耶称，现阶段欧洲和世界经济增长稳定，但各领域投资差距仍存，各国、各地区需加大投资规模，增强气候变化应对能力，进一步推动数字化转型。

美国白宫与英国政府签署相关《科技合作协议》。9 月 20 日，美国白宫宣布与英国政府签署相关科技合作协议，加强科技研究合作，促进世界级科技创新。这是 2016 年英国“脱欧”、特朗普总统上台后美英间第一项双边协议。该协议涉及多方面合作，包括基础科学、早期研发以及包括人工智能在内的新兴技术等。

五、全球宏观经济形势

G20 国家 2017 年二季度 GDP 增速 0.9%。OECD 发布最新数据显示，2017 年二季度，G20 国家 GDP 平均增速 0.9%，环比增长 0.1%。G20 主要经济体中，土耳其二季度经济增长强劲，GDP 增长率 2.1%，环比增长 1.3%，经济增速居首位；中国二季度实际 GDP 加速增长，增长率 1.7%，环比增长 0.4%；南非二季度经济增速 0.6%，环比下降 1%；澳大利亚和美国均为 0.8%，环比增长 0.5%；印度、加拿大、日本和英国增幅相对较小，二季度经济增速分别为 1.4%、1.1%、0.6% 和 0.3%；印尼、法国和意大利增长持稳，分别为 1.2%、0.5% 和 0.4%；巴西和韩国经济增长疲弱，巴西环比下降 0.8 个百分点至 0.2%，韩国下降 0.5 个百分点至 0.6%。

WTO 上调 2017 年全球贸易增长预期至 3.6%。9 月 21 日，世贸组织（WTO）发布报告，将 2017 年全球贸易增长预期由 2.4% 大幅上调至 3.6%，并预计，受发达经济体货币政策收紧等因素影响，2018 年全球贸易增速或将放缓至 3.2% 左右。报告认为，2017 年上半年全球主要贸易大国，尤其是中国经济强劲增长，全球贸易同比增长 4.2%，其中发达经济体进口和出口同比分别增长 2.1% 和 3.1%，发展中经济体进出口分别增长 6.9% 和 5.9%。从地区来看，2017 年上半年，亚洲地区贸易增长最为强劲，进出口同比分别增长 8.9% 和 7.3%；北美地区贸易增速位居第二，上半年进出口同比分别增长 3.9% 和 4.9%。世贸组织总干事阿泽维多表示，全球贸易前景改善令人鼓舞，但世界经济面临的重要威胁依然存在，例如，保护主义言论可能变成贸易限制行动，全球地缘政治紧张局势升级以及自然灾害带来的大规模经济损失等，都可能轻易破坏贸易复苏。

第 39 周（2017/09/23—2017/09/29）

9 月 23—29 日，国际财经要情有：特朗普宣布税改框架；美国二季度 GDP 增速上调至 3.1%；美国 8 月份商品贸易逆差降至 10 个月最低；德国 9 月份 CPI 年率初值升至 1.8%；日本拟出台 2 万亿日元经济刺激方案；南非二季度经济增长 2.5%；OECD：全球经济进一步增长，改革需同步推进；美韩自贸协定联合委员会召开第二次特别会议；亚行发布《2017 年亚洲发展展望》。

一、区域观察

1. 北美地区

特朗普宣布税改框架。9 月 27 日，美总统特朗普宣布税改框架，计划将企业最高税率由 35% 下调至 20%，个人所得税率由七档改为 12%、25%、35% 三档；尽管税改框架较 4 月份税改原则更为详细，但仍缺少诸多重要细节。

耶伦表示应慎防货币政策“过于渐进”。9 月 27 日，美联储主席耶伦发表演讲称，在通胀触及 2% 目标之前保持利率不变是不明智的，政策制定者应慎防在货币政策上“过于渐进”。耶伦讲话提振了市场对 12 月份加息的预期。

北美自贸协定第三轮谈判取得一定成果。9 月 23—27 日，《北美自贸协定》第三轮谈判在加拿大渥太华举行。美国贸易代表莱特希泽表示，谈判继续在竞争政策、数字贸易、国企、卫生与植物检验检疫措施、关税、电信等方面取得重大进展，但在一些争议领域仍有大量工作要完成。美国将通过实质性谈判重振工业，确保美国农民、牧场主、企业获得优惠市场准入，减少美国贸易赤字。

美国二季度 GDP 增速上调至 3.1%。9 月 28 日，美国商务部发布数据显示，美国二季度 GDP 增速终值 3.1%，为 2015 年一季度以来最高；非住宅用固定资产投资增速上调至 7.2%，是二季度 GDP 高于初值的主要原因；消费增速 3.3%，对 GDP 贡献率 2.24%；个人消费支出环比增长 3.3%，核心个人消费支出物价指数环比增长 0.9%。

美国 8 月份商品贸易逆差降至 10 个月最低。9 月 28 日，美国商务部发布数据显示，8 月份美国商品贸易逆差减少 10 亿美元至 629 亿美元，为 10 个月来最低；批发库存环比增长 1%，零售库存环比增长 0.7%。

美国 8 月份耐用品订单环比增长 1.7%。9 月 28 日，美国商务部公布数据显示，美国 8 月份耐用品订单环比增长 1.7%，扣除飞机和国防设备后，核心资本货物订单环比增长 0.9%，均高于预期，显示美国企业投资进一步加强。耐用品数据持续走强或将提振美国三季度 GDP。

2. 拉美地区

巴西央行发布经济预测报告。9 月 25 日，巴西央行发布经济预测报告，下调 2017 年通胀预期至 2.97%，下调 2018 年通胀预期至 4.08%；上调 2017 年经济增长预期至 0.68%，上调 2018 年经济增长预期至 2.3%；预计本币雷亚尔兑美元汇率为 3.16∶1 左右，预计 2017 年贸易顺差 620 亿美元。

3. 欧洲

欧委会称英国“脱欧”过渡期需尊重单一市场框架。9 月 25 日，欧盟英国“脱欧”首席谈判官巴尼耶发表讲话称，英欧应就公民权利、财务结算谈判明确立场，并找到爱尔兰问题解决办法；欧盟峰会已就英“脱欧”谈判制定以下条件：一是欧盟需就过渡期安排是否符合欧盟利益作出决定；二是任何过渡期安排须尊重单一市场法律和金融框架；三是关于过渡期的讨论不应影响谈判进展；四是不应将关于过去债务和承诺的相关讨论混为一谈。

德国 8 月份进口价格指数同比上升 2.1%。9 月 26 日，德国联邦统计局发布数据显示，德国 8 月份进口价格指数环比持平，同比上升 2.1%；出口价格指数环比下降 0.1%，同比上升 1.5%；剔除原油和矿物油产品，进口价格指数同比上升 1.7%。

德国 9 月份 CPI 年率初值升至 1.8%。9 月 28 日，德国联邦统计局公布数据显示，德国 9 月份 CPI 年率初值为 1.8%，未达欧洲央行目标值；9 月份能源和食品价格涨幅扩大是 CPI 年率上升的主要原因，服务业和租金价格涨幅不变。

英国央行警告消费者借贷水平过高。9 月 26 日，英国央行警告称，无担保的消费者借贷以每年近 10% 的速度增长，远高于收入增速，建议银行业额外准备约 100 亿英镑资本防范违约风险。英央行金融政策委员会表示，如经济下行，债务违约可能螺旋上升并损害银行业，央行将于 2017 年年底前根据各银行贷款风险通知其具体需要准备的额外资本数额。

法国 9 月份家庭信心指数降至 101。9 月 27 日，法国国家统计局发布数据显示，法国 9 月份家庭信心指数为 101，环比下降 2 个点，连续三个月下降；家庭未来财务状况指数下降 2 个点，低于长期均值；过去财务状况指数下降 4 个点；预期储蓄能力和当前储蓄能力指数均下降 2 个点，仍高于长期均值。

意大利7月份工业新订单指数同比上升10.1%。9月27日，意大利国家统计局发布数据显示，意大利7月份工业新订单指数同比上升10.1%；季调后，环比上升0.2%。其中，国内市场环比下降4.2%，海外市场环比上升6.4%。此外，5—7月工业新订单指数均值较2—4月上升2.1%。其中，国内市场上升3.2%，海外市场下降0.5%。

4. 亚洲

日本拟出台2万亿日元经济刺激方案。9月26日，日本首相安倍晋三表示，将于年底前出台2万亿日元经济刺激方案，主要用于儿童医疗保健和教育支出；刺激方案可能从2018年4月份开始执行，为期三年；计划2019年10月份上调消费税，税率由8%升至10%。日本经济再生大臣茂木敏充表示，消费税增加2%将带来超过5万亿日元的财政收入。

日本央行发布7月份货币政策会议纪要。9月26日，日本央行发布7月份货币政策会议纪要称，日本经济温和扩张，收入和支出良性循环；受新兴经济体复苏提振，出口将温和上升；受经济刺激措施拉动，公共投资增长；企业盈利状况不断改善，固定资产投资有望继续温和增长；雇员收入平稳增长、失业率继续平稳下降，私人消费连续五个季度增长；金融状况高度宽松，企业融资成本处于极低水平，并购、固定资产投资等企业信贷需求不断攀升。

日本央行行长黑田东彦称必要时会进一步扩大宽松。9月28日，日本央行行长黑田东彦发表讲话称，日本通胀持续疲软，为实现2%通胀目标，日央行或扩大宽松措施，必要时将进一步下调负利率，扩大资产购买规模；预计日本经济将持续温和复苏。

新西兰联储发布利率决议。9月28日，新西兰联储发布利率决议，维持现金利率1.75%不变，重申货币政策将在相当一段时间内保持宽松，认为纽元走软有助于通胀上升和实现更平衡的增长，预计通胀可能在未来下滑。

新西兰8月份货物出口同比上升9%。9月26日，新西兰国家统计局发布数据显示，新西兰8月份货物贸易赤字为12亿纽元，赤字同比小幅收窄；其中进口额49亿纽元，同比上升6.5%；出口额37亿纽元，同比上升9%；原油进口额同比上升1.47亿纽元，为进口额上升主要原因；猕猴桃出口额同比上升7300万纽元至2.68亿纽元，为出口额上升主要原因。

5. 非洲

南非二季度经济增长2.5%。南非统计局日前发布数据显示，2017年二季度南非GDP环比增长2.5%，结束连续两个季度负增长；二季度第一产业增长10.3%，其中农业增长33.6%，采矿业增长3.9%；第二产业增长1.9%，其中制造业增长1.5%；第三产业增长1.2%，其中贸易增长0.6%，交通运输业增长2.2%，金融业增长2.5%。

二、国际组织

OECD 称全球经济进一步增长，改革需同步推进。9 月 20 日，OECD 发布《世界经济中期展望》报告认为，随着新一轮投资扩张，全球就业和贸易持续增加，世界经济增长势头向好，预计 2017 年全球经济增幅为 3.5%，2018 年增速将达 3.7%。报告同时指出，商业投资和贸易的复苏程度仍不足以支持未来经济实现稳健、可持续性和包容性发展。此外，工人实际工资增长疲软，收入公平程度也有待提高。OECD 表示，全球经济复苏基础相对稳固，在短期内有望实现进一步增长，但各国仍不能掉以轻心。政策制定者应制定均衡的货币政策以维护金融稳定，并继续推进财政和结构性改革，提振新兴行业投资，进一步提高生产力。

WTO 发布《2017 年世界贸易、技术与就业报告》。9 月 27 日，WTO 发布《2017 年世界贸易、技术与就业报告》指出，持续的经济发展取决于社会对贸易和技术进步保持开放的能力，以及能否适应并促进更大的包容性；技术进步有利于促进生产力提高并扩大经济产出，从而实现创新和发展；开放贸易有助于提高资源分配效率，增加国家福利。WTO 首席经济学家罗伯特·库普曼表示，贸易对推动国家“减贫”至关重要，在推动就业、尤其是妇女就业方面卓有成效。

IMF 发布埃及经济改革方案审查报告。9 月 26 日，IMF 发布对埃及经济改革方案的首次审查报告。2016 年 11 月份，埃及改革在 IMF 的支持下启动，旨在恢复埃及财政稳定、促进经济增长和就业，以及保护弱势群体权益。报告认为，埃及已在实现灵活汇率制度、减少预算赤字、增加妇女和青年就业、能源补贴改革等方面取得成效。IMF 埃及调研小组负责人苏比尔·拉尔表示，埃及经济正在复苏，外汇短缺现象已经消失。预计 2017 年年底至 2018 年，埃及通胀率将从高位下降。

国际能源署召开会议深化全球合作。9 月 25 日，国际能源署召开会议，探讨深化全球合作，促进互利共赢。会议议题包括：维护 21 世纪能源安全、与新兴经济体实现更好对接，以及推进各国向清洁能源转型。

三、国际大宗商品

本周纽约原油期货累计跌幅 0.94%。截至周五，本周纽约原油期货累计跌幅 0.94%。周一纽约原油期货上涨 2.90%，收于每桶 52.13 美元；周二纽约原油期货下跌 0.25%，收于每桶 52.09 美元；周三纽约原油期货下跌 0.29%，收于每桶

52.03 美元；周四纽约原油期货下跌 1.05%，收于每桶 51.59 美元；周五纽约原油期货上涨 0.1%，收于每桶 51.64 美元。

本周纽约黄金期货价格累计下跌 2.4%。截至周五，本周纽约黄金期货价格累计下跌 2.4%。周一纽约黄金期货上涨 1.28%，收于每盎司 1314.1 美元；周二纽约黄金期货下跌 1.09%，收于每盎司 1297.2 美元；周三纽约黄金期货下跌 1.24%，收于每盎司 1285.6 美元；周四纽约黄金期货上涨 0.16%，收于每盎司 1289.9 美元；周五纽约黄金期货下跌 0.57%，收于每盎司 1282.5 美元。

四、区域合作

亚行称新增贷款助力巴基斯坦，促进区域互联互通。9 月 26 日，亚洲开发银行董事会批准通过了价值 8 亿美元的多批次贷款融资模式（MFF）以促进区域互联互通，促进巴基斯坦中亚区域经济合作走廊贸易发展。报告显示，第一批贷款为 1.8 亿美元，将于 2017 年发放；第二、第三批贷款为 2.6 亿美元和 3.6 亿美元，分别在 2019 年和 2021 年发放。

美韩自贸协定联合委员会召开第二次特别会议。美国贸易代表罗伯特·莱特希泽宣布，美韩自贸协定联合委员会第二次特别会议将于 10 月 4 日在华盛顿举行；此次特别会议将重点讨论美韩自贸协定的修订方案，以解决美国出口商品在韩市场准入问题，有效应对美韩之间的贸易失衡。

五、全球宏观经济形势

亚行发布《2017 年亚洲发展展望》。9 月 26 日，亚洲开发银行发布年度旗舰报告《2017 年亚洲发展展望》更新版，预测 2017 年和 2018 年亚洲 GDP 增速分别为 5.9% 和 5.8%。报告认为，在全球贸易大范围复苏，主要工业经济体稳健扩张，中国经济前景向好等因素的共同推动下，亚洲经济增长前景好于之前预测。从国别来看，预计中国 2017 年经济增长 6.7%，2018 年中国经济增速将随改革推进放缓至 6.4%；认为印度经济表现强劲，"废钞"政策及税制改革的不利影响有望在短期消除，并在中期内释放增长红利，下调 2017 财年印度 GDP 增速 0.4 个百分点至 7%，下调 2018 财年 GDP 增速至 7.4%；认为东南亚增长势头更为强劲，经济产出将从 2017 年的 5% 稳步上升至 2018 年的 5.1%；新加坡和马来西亚出口增长将带动经济增长；鉴于油价稳定、俄经济增长前景好转等因素，上调中亚地区增长预期；保持太平洋地区 2017 年经济展望不变。

报告认为，亚太地区潜在的上行风险主要包括：美国财政刺激政策和油价下滑；下行风险包括：全球流动性收紧、地缘政治事件及气候灾害；虽然亚太地区已做好准备，迎接美国退出宽松政策带来的潜在风险，但自身高负债水平对地区金融稳定构成挑战；由于很多亚洲经济体长期利率与美国长期利率挂钩，各国决策者需确保财政状况健康，并密切监测债务水平和资产价格。

第 40 周（2017/09/30—2017/10/06）

9 月 30 日—10 月 6 日，国际财经要情有：美国 8 月份贸易逆差 424 亿美元；美国参议院预算委员会批准 2018 财年预算提案；巴西 9 月份外贸顺差 51.78 亿美元；欧元区 9 月份通胀年率初值 1.5%；德国 8 月份实际零售额同比增长 2.8%；日本 8 月份失业率 2.8%；日本 8 月份 CPI 同比上升 0.7%；世行发布《东亚与太平洋地区经济半年报》；首轮中美执法与网络安全对话在华盛顿举行；美韩自贸协定第二次特别会议召开；OECD 发布最新消费者价格指数。

一、区域观察

1. 北美地区

美国参议院预算委员会批准 2018 财年预算提案。10 月 6 日美参议院预算委员会批准 2018 财年预算提案，并送交参议院。提案计划未来 10 年削减联邦政府开支 5.1 万亿美元，并允许税改在未来 10 年增加赤字 1.5 万亿美元。该提案 10 月 5 日已在众议院通过，若于 10 月 16 日当周在参议院投票获得通过，则税改议案只需参议院简单多数即 51 票即可签署生效。

美国众议院专家小组通过美国边境安全法案。10 月 6 日，美众议院专家小组通过 150 亿美元的美国边境安全法案，其中 100 亿美元用于修筑美墨边境墙，50 亿美元用于美国入境港口建设，并增加 5000 个边境巡逻队和 5000 名海关及边检人员。

美国 8 月份贸易逆差 424 亿美元。10 月 6 日，美国商务部发布数据显示，8 月份贸易逆差收窄 2.7% 至 424 亿美元，创 2016 年 9 月份以来最低；出口增长 0.4% 至 1953 亿美元，为 2014 年以来最高；进口下降 0.1% 至 2377 亿美元；对中国贸易赤字减少 21 亿美元至 297 亿美元，对欧盟贸易赤字减少 12 亿美元至 109 亿美元。

美国 8 月份耐用品订单环比增长 2%。10 月 6 日，美国商务部发布数据显示，

8 月份耐用品订单环比终值为 2%，工厂订单环比增长 1.2%。

2. 拉美地区

巴西 9 月份外贸顺差 51.78 亿美元。10 月 4 日，巴西工贸部发布数据显示，9 月份巴西外贸顺差 51.78 亿美元，创 1989 年以来最高，预计 2017 年巴西外贸顺差总额为 600 亿美元。

3. 欧洲

欧洲央行公布 9 月份货币政策会议纪要。10 月 5 日，欧洲央行公布 9 月份货币政策会议纪要。会议讨论了延长资产购买计划以及削减量宽政策的各种情境，计划 10 月份会议对货币政策工具进行调整，委员们普遍担忧欧元走强的速度及其带来的波动性，对通胀上行的信心增强。

欧元区 9 月份通胀年率初值 1.5%。9 月 30 日，欧盟统计局发布数据显示，欧元区 9 月份通胀年率初值 1.5%，环比持平；其中，食品和烟酒通胀年率初值 1.9%，环比上升 0.5 个百分点；服务通胀年率初值为 1.5%，环比下降 0.1 个百分点；非能源工业品通胀年率初值为 0.5%，环比持平；能源通胀年率初值为 3.9%，环比下降 0.1 个百分点。

欧元区 8 月份失业率环比持平。10 月 2 日，欧盟统计局发布数据显示，欧元区 8 月份失业人数环比减少 4.2 万人，至 1475.1 万人；失业率环比持平于 9.1%，为 2009 年 2 月份以来最低；其中，德国失业率下降 0.1 个百分点至 3.6%，爱尔兰、意大利、荷兰失业率均下降 0.1 个百分点，法国、奥地利分别上升 0.1% 和 0.2%。

欧元区 8 月份 PPI 环比增长 0.3%。10 月 3 日，欧盟统计局发布数据显示，欧元区 8 月份工业生产者价格（PPI）环比增长 0.3%，同比增长 2.5%，均高于市场预期；除能源外的核心 PPI 环比增长 0.1%，同比增长 2.2%，能源价格环比增长 0.7%，同比增长 3.4%。

欧元区 8 月份零售销售环比下降 0.5%。10 月 5 日，欧盟统计局发布数据显示，8 月份欧元区零售销售环比下降 0.5%，同比上升 1.2%。

德国 8 月份实际零售额同比增长 2.8%。9 月 30 日，德国联邦统计局发布数据显示，德国 8 月份实际零售额初值同比上升 2.8%，名义零售额初值同比上升 4.7%。经季调后，8 月份实际零售额初值环比下降 0.4%，名义零售额初值环比下降 0.1%。

俄罗斯存款保险局上调金融保险基准费率至 0.15%。俄存款保险局 10 月 5 日发布决定，将俄金融机构缴纳的存款保险基准费率由 0.12% 上调至 0.15%，并表示未来将继续上调至 0.3%。

4. 亚洲

日本 8 月份零售销售额同比上升 1.7%。9 月 30 日，日本经济产业省发布数据显示，日本 8 月份零售销售额为 11.485 万亿日元，同比上升 1.7%。其中，汽车零售额为 1.395 万亿日元，同比上升 8.3%；医药品和化妆品零售额为 8150 亿日元，同比上升 5.4%；机械设备零售额为 4950 亿日元，同比上升 4.6%。

日本 8 月份失业率 2.8%。9 月 30 日，日本总务省发布数据显示，经季调，日本 8 月份失业率环比持平于 2.8%，就业人数同比上升 1.3% 至 6573 万人，失业人数同比下降 10.8% 至 189 万人。

日本 8 月份 CPI 同比上升 0.7%。9 月 30 日，日本总务省发布数据显示，日本 8 月份 CPI 同比上升 0.7%，核心 CPI 同比上升 0.2%；大东京地区 9 月份 CPI 初值同比上升 0.5%，核心 CPI 初值同比持平；经季调，8 月份 CPI 环比上升 0.2%，大东京地区 9 月份 CPI 初值环比下降 0.1%。

韩国 9 月份出口额创记录以来新高。10 月 2 日，韩国统计局发布数据显示，9 月份韩国出口总额 551.3 亿美元，创 1956 年有记录以来新高；同比增长 35%，增速创近 7 年新高，且连续 9 个月录得两位数增幅；9 月份进口总额 413.8 亿美元，同比增长 21.7%；贸易顺差 137.5 亿美元。

印度央行维持基准利率 6% 不变。10 月 4 日，印度央行召开货币政策会议，维持基准利率 6% 不变，下调 2017—2018 财年经济增长预期 0.6 个百分点至 6.7%，认为 8 月份通胀率快速升至 3.36%，已非常接近 4% 的中期目标，需采取措施控制通胀上行。

澳大利亚联储维持基准利率不变。10 月 4 日，澳大利亚联储召开利率会议，维持基准利率 1.5% 不变；认为澳元走强将拖累经济增长，低利率将有助于澳洲经济；预计未来数年，澳经济增速将逐步上升，潜在通胀将逐步增长；贸易条件指数可能下跌，但总体维持在较高水平。

澳大利亚 8 月份贸易顺差 9.89 亿澳元。10 月 5 日，澳大利亚统计局发布数据显示，8 月份澳商品及服务贸易顺差 9.89 亿澳元，季调后商品及服务出口环比增长 1%，进口环比持平。

澳大利亚 8 月份零售销售环比下降 0.6%。10 月 5 日，澳大利亚统计局发布数据显示，8 月份澳零售销售环比下降 0.6%，创四年半最大降幅；7 月、8 月份零售销售累计下跌 0.8%，创 2010 年 10 月份以来最大连续两个月跌幅。

5. 非洲

南非央行称经济增长将远低于预期。10 月 4 日，南非央行表示，受政治和政策不确定性影响，南非经济增长将远低于预期，短期内难以达到 2% 的年增长率；尽管全球经济增长强劲且金融状况进一步宽松，但由于投资者信心下降及大宗商品价格下跌，南非经济仍停滞不前；从中期来看，货币政策面临的主要挑战是控制通胀及通胀预期在目标区间内。

二、国际组织

世行发布《东亚与太平洋地区经济半年报》。10 月 4 日，世行发布《东亚与太平洋地区经济半年报》，上调 2017 年中国经济增速至 6.7%，与 2016 年持平，认为中国仍会持续从投资转向消费的再平衡进程，预测 2018 年增速将放慢至 6.4%；预计东亚与太平洋地区其他经济体、包括东南亚各经济体增速将小幅加快，2017 年和 2018 年将分别升至 5.1% 和 5.2%，高于 2016 年的 4.9%。世界银行东亚太平洋地区副行长维多利亚·克瓦称，全球经济复苏和全球贸易扩张，利好东亚太平洋地区，有利于继续提高人民生活水平；当前面临的主要挑战是各国如何在优先促进短期增长与减少中期脆弱性之间达成平衡，从而加强地区基础，实现持续和包容性增长。

亚行称 LEAP 运营期首年已批准 2.1 亿美元的融资项目。10 月 3 日，亚行发布报告称，截至目前，其运营期首年已批准两个价值超过 2.1 亿美元的债务融资项目。预计这些项目融资资金约 14 亿美元，其中，包括亚行 26450 万美元的自有资金，以及合作伙伴提供的 8.90 亿美元共同融资；亚行还积极处理了超过 5 亿美元的债务和股票交易，用于地区私人基础设施建设，包括印度、印度尼西亚、缅甸、巴基斯坦、菲律宾和泰国等国的潜在项目亚太地区民间基础设施信托基金（LEAP）是亚太私人部门基础设施领域的融资平台之一，日本国际合作署（JICA）通过一项 15 亿美元的股权承诺给与大力支持；通过自有资金与商业伙伴的资金的结合，LEAP 基金预计将提供至少 60 亿美元融资，这将提升亚行对质量和可持续基础设施建设的支持。亚行私人部门和融资业务副总裁迪瓦卡·古普塔称，LEAP 正在放大亚行对发展中成员国的影响，最初的可再生能源项目正在帮助亚太地区向低碳经济转型。

IMF 公布第八届年度金融访问调查结果。10 月 2 日，IMF 公布第八届年度金融访问调查结果（FAS）。FAS 收集年度指标追踪财务数据，提供关于全球范围内消费者和公司存款账户、贷款和保险政策等金融产品的可用性和使用见解，为金融包容性的重要支柱。其数据显示两个可持续发展目标的指标，分别为银行分支机构和自动柜员机的数量，该两个指标的大部分增长集中在亚洲，其他一些地区在这些金融领域却相对滞后，尤其是撒哈拉以南的非洲地区，银行分支机构平均比世界其他地区少 5 倍。FAS 显示，诸如移动货币服务等金融领域的创新正不断取得进展。

三、国际大宗商品

本周纽约原油期货累计上涨 0.36%。截至周四，本周纽约原油期货累计上涨

0.36%。周一纽约原油期货下跌2.07%，收于每桶50.57美元；周二纽约原油期货下跌0.79%，收于每桶50.18美元；周三纽约原油期货下跌0.56%，收于每桶49.9美元；周四纽约原油期货上涨1.7%，收于每桶50.75美元。

本周纽约黄金期货价格累计下跌0.23%。截至周四，本周纽约黄金期货价格累计下跌0.23%。周一纽约黄金期货下跌0.7%，收于每盎司1273.5美元；周二纽约黄金期货上涨0.05%，收于每盎司1274.1美元；周三纽约黄金期货上涨0.27%，收于每盎司1277.5美元；周四纽约黄金期货下跌0.54%，收于每盎司1270.6美元。

四、区域合作

首轮中美执法与网络安全对话在华盛顿举行。10月4日，中美首轮执法与网络安全对话在华盛顿特区举行。双方就反恐、禁毒、打击网络犯罪、追逃追赃、遣返非法移民等议题进行深入交流；同意进一步加强两国在执法及网络安全领域的对话与合作，旨在增进中美两国的相互了解，为特朗普应习近平主席邀请于11月份对中国进行国事访问完成更多成果。

美韩自贸协定联合委员会第二次特别会议召开。10月4日，美国贸易代表莱特希泽与韩国贸易部长金大中共同主持美韩自由贸易协定联合委员会第二次特别会议，并就会议讨论结果发表声明。莱特希泽提出，希望联合委员会按照特朗普总统的方向，讨论旨在改善所有美国人的协议，并期待加紧与韩国协调，尽快解决悬而未决的执行问题，并就达成公平、互惠贸易的修正案进行谈判。

五、全球宏观经济形势

OECD发布最新消费者价格指数。10月3日，OECD发布最新数据显示，OECD成员体8月份年化通胀率升至2.2%，较7月份的2%上升0.2个百分点，主要源于能源价格上涨的推动。截至8月，能源价格通胀率加速至5.9%，较7月份的3.7%上升2.2个百分点。与此同时，食品价格也有所上涨，通胀率升至1.8%，与7月份的1.7%相比，略有提升。剔除食品和能源因素的影响，OECD成员体年化通胀率连续第四个月稳定在1.8%。

数据显示，2017年8月，G7经济体的年化通胀率呈整体上扬态势。其中，日本、英国、加拿大、法国、美国增长较显著，增速分别从7月份的0.4%、2.6%、1.2%、0.7%、1.7%升至0.7%、2.9%、1.4%、0.9%、1.9%，德国和意大利则分别从7月份的1.7%和1.1%升至1.8%和1.2%；G20新兴经济体中，中国、印度、南非分别从1.4%、1.8%和4.4%升至1.8%、2.5%和4.6%，而俄国、巴西和印度尼西亚则分别从3.9%、2.7%和3.9%降至3.3%、2.5%和3.8%。据调和消费者物价指数（HICP）测算，欧元区通胀率从7月份的1.3%增至8月份的1.5%，剔除食品和能源因素的影响，欧元区8月份通胀率稳定在1.2%。欧盟统计局的最新数据预计，2017年9月份总体年通胀率稳定在1.5%，剔除食品和能源因素的影响，通货膨胀率略有下降，为1.1%。

第 41 周（2017/10/07—2017/10/13）

10 月 7—13 日，国际财经要情有：美联储公布 9 月份货币政策会议纪要；特朗普签署医疗保险行政令；美国环保署宣布废除《清洁电力计划》；美国 9 月份失业率降至 4.2%；德国经济部上调 2017 年经济增长预期至 2.0%；英国退欧谈判陷入僵局；韩国三季度经济增长 0.6%；IMF 发布《全球金融稳定报告》；OECD 国家 8 月份失业率 5.8%；北美自贸协定举行第四轮谈判；IMF 发布最新《世界经济展望》。

一、区域观察

1. 北美地区

美联储公布 9 月份货币政策会议纪要。10 月 11 日，美联储发布 9 月份货币政策会议纪要显示，通胀持续处于低水平使一些委员认为应在加息问题上保持耐心；认为未来美国经济走弱或走强的可能性大致相当，分别上调 2017 年、2018 年实际 GDP 增长预期至 2.4% 和 2.1%。

特朗普签署医疗保险行政令。10 月 13 日，特朗普签署医保行政令，以放宽奥巴马医改法案关于跨洲出售医疗保险的要求。特朗普表示，行政令中的具体步骤只是首批行动，还将通过其他行政令启动替代奥巴马医改的流程，并以此施压国会废除奥巴马医改法案。

美国环保署宣布废除《清洁电力计划》。10 月 10 日，美国环保署以不合法为由，宣布废除奥巴马政府签署生效的《清洁电力计划》。分析认为，该决定不会改变煤炭业命运，也不利于美国向低碳能源转型，进一步损害了美应对气候变化的国际形象。

美国能源署预计 2018 年原油产量加速增长。10 月 12 日，美国能源署发布月度报告，预测 2017 年美国原油产量增长 47 万桶/日，2018 年为 110 万桶/日；非 OPEC 产油国石油产量 2017 年增长 70 万桶/日，2018 年增长 150 万桶/日且总产量达 5960 万桶/日；2017 年全球原油需求增长 160 万桶/日，2018 年为 140 万桶/日。

美国9月份失业率降至4.2%。10月7日，美国劳工部发布数据显示，季调后，美国9月份失业率4.2%；非农就业人口数与8月份基本持平，环比下降3.3万人，同比上升24.9万人。

美国9月份PPI环比上涨0.4%。10月13日，美国劳工部发布数据显示，9月份PPI环比上升0.4%，创5个月最大升幅；同比上升2.6%，创2012年2月份以来最大升幅；核心PPI环比上涨0.4%，同比上涨2.2%。其中，汽油价格受飓风影响上涨10.9%，创两年来最大升幅。

加拿大9月份失业率6.2%。10月7日，加拿大国家统计局发布数据显示，加拿大9月份失业率6.2%，为2008年10月份以来低位；就业人数环比基本持平，其中，全职工作人数上升11.2万人，兼职工作人数下降10.2万人；9月份青年失业率自年初以来已下降1.2个百分点至10.3%，为1976年以来最低。

2. 拉美地区

巴西9月份通胀环比上涨0.16%。巴西地理统计局10月7日发布数据显示，巴西2017年前9个月通胀率1.78%，创1998年以来同期历史新低；其中，9月份物价水平环比上涨0.16%，年化通胀率2.54%。巴西央行行长伊兰·戈德法恩表示，通胀率处于可控范围内，央行可能于10月底再度降息，至2017年年底将基准利率由目前的8.25%降至7%。

3. 欧洲

欧洲央行重申将在较长时间内维持低利率。10月12日，欧洲央行行长德拉吉表示，结束购债后较长时间内都将维持低利率，这对控制借款成本至关重要。目前，欧洲央行每月购债规模为600亿欧元。

德国经济部上调2017年经济增长预期至2.0%。10月9日，德国经济部发布秋季经济预测报告，认为世界经济和国际贸易增长对德国经济非常有利，上调2017年经济增长预期至2.0%，上调2018年、2019年经济增长预期至1.9%和1.8%；预计受能源和食品价格上升影响，2017年、2018年德国居民消费价格将分别上涨1.8%和1.6%。

德国8月份贸易顺差200亿欧元。10月10日，德国联邦统计局发布数据显示，德国8月份贸易顺差200亿欧元，同比增长4亿欧元；季调后出口环比增长3.1%至1031亿欧元，同比增长7.2%；进口环比增长1.2%至830亿欧元，同比增长8.5%。

德国8月份工业产出环比增长2.6%。10月9日，德国联邦统计局发布数据显示，德国8月份工业产出环比增长2.6%，同比增长4.7%；其中，资本品产出环比增长4.8%；消费品产出环比增长2.1%；中间品产出环比增长1.8%；能源产出环比增长1.7%，建筑产出环比下降1.2%；剔除能源和建筑产出，8月份工业产出环比增长3.2%。

英国“脱欧”谈判陷入僵局。10 月 13 日，英国“脱欧”事务部长戴维·戴维斯和欧盟“脱欧”事务首席谈判代表米歇尔·巴尼耶就英国“脱欧”第五轮谈判最新进展表示，双方谈判已陷入僵局，欧盟未就英国“脱欧”账单进行协商，财务结算问题止步不前，未来贸易协议的讨论也无法推进，但接下来两个月内谈判仍有可能取得决定性进展。此前，英国首相特雷莎·梅针对英国不能就脱离欧盟的情况达成协议提出应急计划，主张成立自己的贸易与关税体制，设定关税和配额新法律。英国财政大臣哈蒙德称，如“脱欧”谈判到 2018 年初仍无进展迹象，将采取措施应对可能发生的“无协议”“脱欧”。

英国 8 月份商品贸易逆差 142.45 亿英镑。10 月 10 日，英国国家统计局发布数据显示，英国 8 月份商品贸易逆差扩大至 142.45 亿英镑，创历史新高；商品和服务贸易逆差 56.26 亿英镑。

英国 8 月份工业产出环比上升 0.2%。10 月 10 日，英国国家统计局发布数据显示，8 月份工业产出环比增长 0.2%，同比增长 1.6%；制造业环比增长 0.4%，同比增长 2.8%。

法国 8 月份工业产出环比下降 0.3%。10 月 10 日，法国国家统计局发布数据显示，法国 8 月份工业产出环比下降 0.3%，制造业产出环比下降 0.4%，同比上升 2.7%。

爱尔兰政府提交 2018 财年预算案。10 月 10 日，爱尔兰政府向议会提交 2018 财年预算案，公共支出预算总规模 609 亿欧元；预计 2017 年爱尔兰经济增长 4.3%，2018 年增长 3.5%，财政赤字 GDP 占比 2017 年将降至 0.3%，2018 年降至 0.2%。

4. 亚洲

日本央行重申将维持超宽松货币政策。10 月 12 日，日央行行长黑田东彦强调，尽管美联储和欧央行已开始缩减货币刺激政策，但日本仍将维持超宽松货币政策，以尽快实现 2% 通胀目标。

日本 8 月份经常账户盈余 2.38 万亿日元。10 月 10 日，日本财务省发布数据显示，日本 8 月份经常账户盈余 2.38 万亿日元，同比上升 20.8%。其中，货物贸易账户盈余 3187 亿日元，同比上升 46.2%；服务贸易账户盈余 202 亿日元，上年同期为赤字 506 亿日元；初次收入账户盈余 22385 亿日元，同比上升 13.0%；二次收入账户赤字 1970 亿日元，同比上升 10.6%。

韩国三季度经济增长 0.6%。10 月 10 日，韩国企划财政部发布数据显示，三季度经济增长 0.6%，与二季度持平。韩国 2017 年经济增长 3% 的目标难以实现。

韩国 9 月份出口总额 551.3 亿美元。10 月 12 日，韩国政府发布数据显示，9 月份韩国出口总额 551.3 亿美元，其中，钢铁制品、半导体、汽车、石油制品、石化产品增长显著，同比增速分别为 107.2%、70%、57.6%、49.5%、41.5%；

对东盟出口大幅增长，同比增速 44.8%。

印度预计 2021 年钢铁产能达 1.5 亿吨。印度钢铁部长表示，目前印度钢铁产能 1.26 亿吨，2021 年有望达到 1.5 亿吨；2017 年 4—9 月印度精制钢消费量上涨 4.3%，同期钢铁产量上涨 5%。10 月 10 日，印度对从中国进口的部分钢铁征收反倾销税。此前，印度内阁通过了《2017 年国内钢铁政策》，并称该政策对 2030 年实现钢铁产能 3 亿吨的目标至关重要。

新加坡央行维持货币政策不变。10 月 13 日，新加坡央行宣布，维持货币政策不变，即新加坡元名义有效汇率升值 0% 不变；预计 2018 年经济增速较 2017 年放缓，2017 年核心通胀率将升至 1%—2%，中期核心通胀率将略低于 2%。新加坡央行通过调整汇率而非利率来管理货币政策，使新加坡元兑主要贸易伙伴国货币升值或贬值。

5. 非洲

坦桑尼亚限制粮食初级产品出口。10 月 10 日，坦桑尼亚农业部部长提泽巴表示，目前坦桑尼亚粮食储备同比下降 3%，政府将限制粮食初级产品出口，并已取消一系列农业税费，以降低生产成本，提高粮食产量；同时鼓励企业投资粮食加工产业，支持粮食加工产品出口。

二、国际组织

IMF 发布《全球金融稳定报告》。10 月 11 日，IMF 发布 2017 年《全球金融稳定报告》。报告指出，全球金融系统稳定性增强，但宽松货币环境或导致金融体系脆弱性上升，威胁全球经济增长；在有力的政策支持和严格的金融监管下，全球金融稳定性增强，银行业资产负债表改善；但宽松的货币政策环境可能导致全球资产估值升高，杠杆率上升，市场风险加大；同时，二十国集团非金融部门债务水平显著上升。报告建议，全球各主要央行需加强市场沟通，尽量避免市场动荡；各国金融监管机构应出台相关宏观审慎政策，防范贷款风险，并进一步扩大国际合作，推动国际金融监管改革。

OECD 国家 8 月份失业率 5.8%。10 月 11 日，OECD 发布 8 月份失业率报告显示，2017 年 8 月份 OECD 国家失业率 5.8%，连续 4 个月保持不变；失业人数为 3610 万人，较金融危机前增加 350 万人；青年（15—24 岁）失业率下降至 11.9%。欧元区失业率连续 3 个月持稳于 9.1%；其中，拉脱维亚和斯洛伐克降幅最大，分别下降 0.3%、0.2%；奥地利增幅最大，为 0.2%；加拿大失业率连续 3 个月下降至 6.2%，韩国、墨西哥和美国失业率分别上升 0.2%、0.1% 和 0.1% 至 3.8%、3.2% 和 4.3%；日本 8 月份失业率持稳于 2.8%。

世行预计南亚经济增长降至 6.9%。10 月 8 日，世行发布《南亚经济聚焦》

认为，2017 年南亚地区经济增长将降至 6.9%，2018 年经济增速有望回升至 7.1%；南亚经济增速放缓主要由私人投资下降、政府支出增长和进口扩大等内部因素造成；预计 2017 年印度 GDP 增速将放缓至 7.0%，2018 年反弹至 7.3%。世行主管南亚地区的副行长迪克森强调，南亚国家应积极应对不断扩大的贸易逆差和财政赤字；若政策得当，南亚经济 2018 年有望实现更快增长。

三、国际大宗商品

本周纽约原油期货累计涨幅 4.3%。截至周五，本周纽约原油期货累计涨幅 4.3%。周一纽约原油期货上涨 0.63%，收于每桶 49.56 美元；周二纽约原油期货上涨 2.78%，收于每桶 50.94 美元；周三纽约原油期货上涨 0.16%，收于每桶 51.02 美元；周四纽约原油期货下跌 1.7%，收于每桶 50.74 美元；周五纽约原油期货上涨 1.89%，收于每桶 51.7 美元。

本周纽约黄金期货价格累计上涨 1.53%。截至周五，本周纽约黄金期货价格累计上涨 1.53%。周一纽约黄金期货上涨 0.59%，收于每盎司 1286.4 美元；周二纽约黄金期货上涨 0.3%，收于每盎司 1290.3 美元；周三纽约黄金期货上涨 0.28%，收于每盎司 1293.9 美元；周四纽约黄金期货上涨 0.15%，收于每盎司 1295.9 美元；周五纽约黄金期货上涨 0.79%，收于每盎司 1306.1 美元。

四、区域合作

北美自贸协定举行第四轮谈判。10 月 11 日，美国贸易代表办公室发布声明称，北美自贸协定第四轮谈判将于 10 月 11—17 日在美国弗吉尼亚州举行。在前三轮完成中小企业和竞争章节文本谈判的基础上，本轮谈判将涉及政府采购、服务贸易、环境、金融服务等 20 多项议题。新一轮谈判实质上更新了北美自由贸易协定，并超越了此前的自由贸易协定。美国、加拿大和墨西哥已同意在竞争执法中增加程序上的公平性，使各国在国家竞争法下，合理地捍卫自己的利益，并确保某些权利和相关透明度。

五、全球宏观经济形势

IMF 发布最新《世界经济展望》。10 月 10 日，IMF 发布最新《世界经济展望》指出，由于全球经济继续复苏，特别是美国、欧洲、日本、中国以及亚洲其他新兴经济体的周期性经济复苏加快，预计 2017 年全球经济增速将升至 3.6%，2018 年将升至 3.7%；撒哈拉以南非洲 2017 年人均收入增长停滞，2018 年将有好转；当前，全球经济复苏基础更为牢固，各国应实施积极的改革举措支持经济增长，提高未来经济韧性。

OECD 发布 9 月份综合领先指数。10 月 9 日，OECD 发布 9 月份综合领先指数（CLIs）显示，OECD 主要经济体未来 6—9 个月将保持稳健发展态势；美国、日本、加拿大和欧元区经济增速大致稳定，整体指数从 6 月份起分别维持在 99.7、100.1、100.4 和 100.5 不变；德国经济增长持稳，CLI 指数保持 100.9 不变；意大利增长势头明显，指数从 100.0 升至 100.6；英国增长呈滞缓迹象，CLI 指数从 99.7 降至 99.5；其他主要新兴经济体中，巴西和中国经济持续增长，整体指数从 4 月份起分别从 101.6 和 99.3 升至 103.3 和 100.2；印度经济增长稳健，9 月份 CLI 指数 99.6；俄罗斯经济增长缓慢，CLI 指数从 100.7 逐步降至 100.4。

第 42 周（2017/10/14—2017/10/20）

10 月 14—20 日，国际财经要情有：美参议院通过 2018 财年预算决议案；美联储发布褐皮书；美国 9 月份 CPI 同比上升 2.2%；欧元区 9 月份通胀年率 1.5%；英国 9 月份失业率 2.3%；英国 9 月份 CPI 环比上升 0.3%；日本 9 月份出口同比增速放缓至 14.1%；韩国央行维持基准利率 1.25% 不变；澳大利亚 9 月份失业率降至 5.5%；新西兰三季度 CPI 环比上升 0.5%；亚行与新开发银行开展联合融资项目；美国财政部发布《国际经济和汇率政策报告》；OECD 发布二季度就业数据。

一、区域观察

1. 北美地区

美国参议院通过 2018 财年预算决议案。10 月 19 日，美国参议院表决通过 2018 财年预算决议案，计划未来 10 年削减联邦政府开支 5.1 万亿美元，并允许税改在未来 10 年增加赤字 1.5 万亿美元。该决议案与此前众议院通过的预算案版本不同，还需众议院再作投票。谋求税改胜利是共和党推动 2018 财年预算案的重要驱动力。预算案通过后，特朗普税改只需参议院简单多数即 51 票即可签署生效。

美联储发布褐皮书。10 月 19 日，美联储发布褐皮书显示，2017 年 8 月 22 日至 10 月 6 日，美国经济温和增长，多数地区劳动力市场紧俏，尤其是建筑、运输、制造业和医疗服务行业；大部分地区工资上涨乏力，消费者支出增长缓慢；受飓风和劳动力普遍短缺影响，多数地区制造业成本投入加大，制造业活动小幅提升，但通胀仍低迷，美联储年内第三次加息充满不确定性。

美国首次申请失业金人数创 44 年新低。10 月 19 日，美国劳工部公布数据显示，美国截至 10 月 14 日当周首次申请失业金人数减少 2.2 万人至 22.2 万人，创逾 44 年来最低水平；续请失业金人数减少 1.6 万人至 189 万人，为 1973 年 12 月份以来最低；就业市场强劲。

美国 9 月份 CPI 同比上升 2.2%。10 月 14 日，美劳工部发布数据显示，美国

9 月份 CPI 同比上升 2.2%，环比上升 0.5%；零售销售环比上升 0.6%；均不及预期。数据公布后，金融市场对美联储 12 月份加息的预期由 86.7% 下降至 81.7%。

美国 9 月份工业产出环比增长 0.3%。10 月 18 日，美联储发布数据显示，美国 9 月份工业产出环比增长 0.3%，同比增长 1.6%；产能利用率为 76%；制造业产出环比增长 0.1%，同比增长 1.0%；公共事业产出指数环比上升 1.5%，同比下降 4.1%；采矿业产出指数环比上升 0.4%，同比上升 9.8%。

美国 9 月份零售销售环比增长 1.6%。10 月 14 日，美国商务部发布数据显示，9 月份美零售销售环比增长 1.6%，创两年多来新高。

美国 8 月份国际资本净流入 1250 亿美元。10 月 17 日，美国财政部发布《国际资本流动报告》显示，美国 8 月份国际资本净流入 1250 亿美元；其中，外国私人资本净流入 1315 亿美元，官方资本净流出 65 亿美元；海外居民增持美国长期有价证券 346 亿美元；美国居民减持外国长期有价证券 326 亿美元。

2. 拉美地区

巴西 8 月份零售销售环比下滑 0.5%。10 月 14 日，巴西国家地理统计局发布数据显示，巴西 8 月份零售销售环比下滑 0.5%，同比上涨 3.6%；1—8 月巴西零售业贸易总额同比增长 7.6%。

3. 欧洲

欧元区 9 月份通胀年率 1.5%。10 月 17 日，欧盟统计局发布数据显示，欧元区 9 月份通胀年率 1.5%，环比持平，同比上升 1.1 个百分点；欧盟 9 月份通胀年率 1.8%，环比上升 0.1 个百分点，同比上升 1.4 个百分点。

欧元区 8 月份贸易账户顺差 216 亿欧元。10 月 17 日，欧盟统计局发布数据显示，欧元区 8 月份季调后贸易账户顺差增至 216 亿欧元，未季调贸易账户顺差 161 亿欧元。

德国 8 月份制造业从业人数创历史新高。10 月 16 日，德国联邦统计局发布数据显示，8 月份德国制造业从业人数 550 万人，同比增长 1.8%，为有记录以来最高；制造业总收入 219 亿欧元，同比增长 3.6%；8 月份工业产出环比增长 2.6%，增幅为 2011 年以来最高；工业订单环比增长 3.6%，创 2017 年以来最大增幅。

英国 9 月份失业率 2.3%。10 月 19 日，英国国家统计局发布数据显示，9 月份英国失业金申请人数增加 0.17 万人，高于预期，失业率 2.3%，符合预期。8 月份三个月 ILO 失业率 4.3%，维持 1975 年以来最低点，就业率 75.1%，同比上升 0.6%。

英国 9 月份 CPI 环比上升 0.3%。10 月 18 日，英国国家统计局发布数据显示，英国 9 月份 CPI 环比上升 0.3%，同比上升 3%，为 2012 年 4 月份以来最高；9 月份核心 CPI 环比持平，同比上升 2.7%。

英国 9 月份零售销售环比下降 0.8%。10 月 20 日，英国国家统计局发布数据显示，9 月份季调后零售销售环比下降 0.8%，同比增长 1.2%；9 月份核心零售销售环比下降 0.7%，为 5 月份以来最大降幅。

希腊 2016 年经济衰退 0.2%。10 月 17 日，希腊国家统计局发布数据显示，希腊 2016 年经济衰退 0.2%。

4. 亚洲

日本 9 月份出口同比增速放缓至 14.1%。10 月 20 日，日本财务省发布数据显示，日本 9 月份出口同比增长 14.1%，连续 10 个月增长；对中国出口同比增长 29.3%，对美国出口同比增长 11.1%，对欧盟出口同比增长 11.5%；进口同比增长 12.0%；未季调贸易顺差 6702 亿日元，季调后贸易顺差 2403.44 亿日元。

日本 8 月份工业产出终值环比上升 2%。日本经济产业省 10 月 17 日发布数据显示，8 月份工业产出终值环比上升 2%，同比上升 5.3%。10 月 16 日，日本经济产业省发布数据显示，经季调后，日本 8 月份工业产出指数终值为 103.5，环比上升 2.0%；其中，出货指数环比上升 1.8%；库存货指数环比下降 0.6%；库存率环比下降 4.1%。

韩国央行维持基准利率 1.25%不变。10 月 20 日，韩国央行召开金融货币委员会会议，维持基准利率 1.25%不变，上调 2017 年经济增长预期 0.2 个百分点至 3%。韩央行行长李柱烈表示，将保持宽松货币政策以观察经济与通胀趋势能否持续，部署萨德系统对经济的负面影响远大于预期。

澳大利亚联储发布议息会议纪要。10 月 18 日，澳大利亚联储发布议息会议纪要，认为澳经济未受其他国家央行加息影响；就业增长支撑家庭支出，预计未来几个月就业增速将进一步加快；但薪资增长仍低迷；悉尼和墨尔本房地产市场持续放缓，公共基础设施支出增长强劲；澳元升值带来国内通胀回升放缓。

澳大利亚 9 月份失业率降至 5.5%。10 月 20 日，澳大利亚统计局发布数据显示，澳 9 月份失业率降至 5.5%，为 5 月份以来最低；9 月份季调后就业人口增加 1.98 万人，全职就业岗位同比增长 3.9%，劳动参与率 65.2%，为 2012 年以来最高。

新西兰三季度 CPI 环比上升 0.5%。10 月 17 日，新西兰国家统计局发布数据显示，新西兰三季度 CPI 环比上升 0.5%，同比上升 1.9%。季调后，三季度 CPI 环比上升 0.3%。

5. 非洲

南非 2017 年二季度工作岗位减少 3.4 万个。南非统计局发布报告显示，南非二季度正规非农就业岗位总数约 961 万个，环比减少 3.4 万个，就业岗位减少最多的三大部门为：制造业、建筑业和社区服务业。

尼日利亚二季度商品出口同比增长 73.5%。尼日利亚统计局发布报告显示，2017 年二季度商品出口同比增长 73.5%，其中原油出口占比 42.57%，石油出口占比 21.86%；尼日利亚《经济复苏与发展计划》显示，未来出口将向“零石油”目标靠拢。

埃塞俄比亚央行宣布本币贬值 15%。埃塞俄比亚国家银行宣布，该国货币比尔贬值 15%，以刺激出口；同时，上调存款利率 2% 至 7%，以鼓励存款并抑制通胀。埃塞俄比亚 9 月份通胀率为 10.8%。

二、国际组织

亚行与金砖国家新开发银行开展联合融资项目。10 月 13 日，亚行副行长张文才与金砖国家新开发银行副行长兼首席执行官祝宪在世行与 IMF 年会期间，共同商议开展联合融资，包括孟买马哈拉施特拉铁路运输项目和中央邦印多尔地铁铁路项目等。近期，两大机构已正式启动评估审查机制以确定最终预算，做好未来联合融资相关安排。张文才表示，亚行与新开发银行将进一步加强经济交流与合作，推动各自在融资方面的能力建设，使其成员国的发展利益得以最大化。未来两大机构将在可再生能源、能源效率、清洁运输、可持续水管理以及污水处理等领域保持密切联系与合作。

亚行与绿色气候基金签署首项气候融资协议。10 月 16 日，亚行副行长斯格芬·格罗夫、斐济总检察长兼经济公共服务部长艾亚兹·赛义德·海尤姆和绿色气候基金秘书处执行主任霍华德·拜姆森共同签署了两项协议：一是向斐济政府直接贷款 4200 万美元，以改善苏瓦地区 30 多万人的供水和卫生服务，确保关键基础设施具有气候恢复能力；二是绿色气候基金通过亚行向斐济拨款 3100 万美元。格罗夫表示，亚行在 2017—2020 年间将其向太平洋发展中成员国的气候融资规模翻一番，增至 5 亿美元以上。

三、国际大宗商品

本周纽约原油期货累计跌幅 0.23%。截至周五，本周纽约原油期货累计跌幅 0.23%。周一纽约原油期货上涨 0.95%，收于每桶 52.19 美元；周二纽约原油期货下跌 0.04%，收于每桶 52.17 美元；周三纽约原油期货上涨 0.15%，收于每桶 52.25 美元；周四纽约原油期货下跌 1.26%，收于每桶 51.59 美元；周五纽约原油期货上涨 0.93%，收于每桶 52.07 美元。

本周纽约黄金期货价格累计下跌 1.19%。截至周五，本周纽约黄金期货价格累计下跌 1.19%。周一纽约黄金期货下跌 0.68%，收于每盎司 1297.2 美元；周二纽约黄金期货下跌 0.79%，收于每盎司 1287 美元；周三纽约黄金期货下跌 0.33%，收于每盎司 1282.7 美元；周四纽约黄金期货上涨 0.72%，收于每盎司

1291. 9 美元；周五纽约黄金期货下跌 0. 78%，收于每盎司 1281. 8 美元。

四、区域合作

美国财政部发布《国际经济和汇率政策报告》。10 月 17 日，美国财政部发布《国际经济和汇率政策报告》指出，通过中美全面经济对话、NAFTA，以及 G7、G20、IMF 等多边机制，美国财政部与其主要贸易伙伴进行协调，制定有利于美国经济增长的货币政策和外汇政策；目前美国主要贸易伙伴尚未满足《贸易便利化和贸易执行法（2015）》的三条标准，也未能满足《综合贸易与竞争法（1988）》制定的汇率操控条件；认为需要特别关注的贸易伙伴包括中国、日本、韩国、德国和瑞士。

东盟秘书长访问巴黎并出席东盟商务论坛。10 月 16 日，东盟秘书长黎良明访问巴黎，并出席东盟商业论坛。论坛出席成员包括法国商业联盟成员、政府代表和 ACP 成员；会议分享了东盟在经济一体化方面以及东盟企业在东盟成员国的经济战略和倡议等方面的成功经验，聚焦东盟和法国之间日益紧密的企业商业关系，以及日益增长的贸易和投资。访问还重申了东盟与欧盟的合作，认为双方应高度重视促进多边贸易体制，通过东盟—欧盟自由贸易协定和东盟航空运输协定进一步加强两地区间的互联互通。

五、全球宏观经济形势

OECD 发布二季度就业数据。10 月 17 日，OECD 发布 2017 年二季度就业情况数据显示，OECD 国家就业率升至 67. 6%，环比增长 0. 2 个百分点；二季度欧元区就业率环比上涨 0. 3 个百分点，增至 66. 2%；其中，希腊、葡萄牙、西班牙和斯洛文尼亚增幅较大，分别增至 53. 6%、67. 3%、61% 和 68. 7%；爱沙尼亚就业率下降 0. 7 个百分点，降至 73%；英国、日本、美国的就业率分别上涨至 74. 2%、75. 2% 和 70%；韩国就业率小幅上涨至 66. 6%；加拿大和土耳其就业情况相对稳定；墨西哥和新西兰就业率降至 61. 1% 和 76. 2%；OECD 国家服务业就业水平自 2008 年二季度以来显著上升，但农业和工业就业情况仍低于金融危机前水平；其中，南欧国家的工业就业比重下降较为明显，希腊、意大利、西班牙、葡萄牙都有多于 4 个百分点的降幅。

IMF 发布国际货币与金融委员会第 36 次会议公报。10 月 14 日，IMF 发布国际货币与金融委员会第 36 次会议公报指出，在努力实现更快速、可持续、基础广泛的经济增长过程中，全球投资、贸易和工业生产显著加快，信心增强，经济前景不断改善。但复苏过程尚未完成，多数发达经济体的通胀低于目标水平，许多国家潜在增长依然疲软；中期经济风险下行，地缘政治紧张局势在加剧。报告强调，全球经济活动的回升提供了机遇窗口，使各国能够应对主要的政策挑战和防范下行风险，并通过结构性改革以提高潜在产出；通过运用宽松的货币政策、财政政策和结构性改革等政策工具，减轻过度的全球失衡；IMF 成员应避免采取竞争性贬值措施，维护全球金融稳定。

第43周（2017/10/21—2017/10/27）

10月21—27日，国际财经要情有：美国国会通过2018财年预算案；美国2017财年财政赤字增长800亿美元；美国9月份商品贸易账户逆差641亿美元；巴西央行降息75个基点；欧洲央行削减月度购债计划；英国三季度GDP初值增长0.4%；印度将向国有银行注资320亿美元；世行发布《2017—2018年全球投资竞争力报告》；亚行发布《2017年亚洲经济一体化报告》；IMF称亚洲经济增长势头强劲。

一、区域观察

1. 北美地区

美国国会通过2018财年预算案。10月26日，美国国会众议院投票通过参议院版预算案。该预算案使税改法案可在参议院投票时只需简单多数即可通过；且允许税改在未来10年增加赤字1.5万亿美元。

美国2017财年财政赤字增长800亿美元。10月20日，美国财长姆努钦发表声明称，美2017财年财政赤字环比增加800亿美元至6660亿美元，赤字GDP占比上升0.3个百分点至3.5%，高于过去40年平均水平。

美国9月份商品贸易账户逆差641亿美元。10月27日，美国商务部发布数据显示，9月份商品贸易逆差增至641亿美元；进口增长0.9%至1937.20亿美元，出口增长0.7%至1295.82亿美元；批发贸易库存增长0.3%至6091亿美元，零售贸易库存下降1%至6180亿美元。

美国9月份新屋销售环比增速创25年来新高。10月26日，美国商务部发布数据显示，9月份新屋销售66.7万套，为10年来最高，环比增长18.9%，创25年来新高。

加拿大8月份批发销售额初值628亿加元。10月23日，加拿大国家统计局发布数据显示，经季调，加拿大8月份批发销售额初值为628亿加元，环比上升

0.5%，同比上升10.1%。

加拿大9月份CPI环比上升0.2%。10月21日，加拿大国家统计局发布数据显示，季调后，加拿大9月份CPI环比上升0.2%。

加拿大央行维持基准利率1%不变。10月25日，加拿大央行发布利率决议，维持基准利率1%不变，上调2017年、2018年经济增长预期至3.1%和2.1%，预计2018年下半年通胀率将增至2%。

2. 拉美地区

巴西央行降息75个基点。10月25日，巴西央行发布利率决议，降息75个基点至7.50%，此前已连续四次降息100个基点；认为适度放缓宽松步伐是适宜的，重申货币宽松政策取决于经济活动、风险均衡及通胀前景。

3. 欧洲

欧洲央行削减月度购债计划。10月26日，欧洲央行召开货币政策会议决定，维持欧元区零利率政策不变，将月度购债计划从600亿欧元削减至300亿欧元，并从2018年1月份起连续实施9个月。

德拉吉称尚未考虑何时结束量宽政策。10月26日，欧洲央行行长德拉吉发布货币政策会议要点称，虽然降低了月度购债规模，但尚未考虑何时结束量宽政策；认为2017年底通胀率可能暂时下滑，核心通胀将在中期内逐步上升；将维持基准利率为零至量宽政策结束；经济增长前景风险基本平衡。

欧委会发布2018年工作计划。10月24日，欧委会发布2018年工作计划称，将致力于实施循环经济行动计划，并完成单一数字市场、能源联盟、资本市场联盟、经济和货币联盟及银行业联盟的建设，以促进就业、增长和投资。

德国9月份工业PPI环比上升0.3%。10月20日，德国联邦统计局发布数据显示，德国9月份工业PPI同比上升3.1%，环比上升0.3%；扣除能源，核心PPI同比上升2.6%，环比上升0.1%。

英国9月份公共部门净借款额59亿英镑。10月21日，英国国家统计局发布数据显示，英国9月份公共部门净借款额59亿英镑，同比下降7亿英镑，为2007年9月份以来最低水平。截至9月底，公共部门债务1.6378万亿英镑，较2016年9月底增长449亿英镑，约占GDP的80%。

英国三季度GDP初值增长0.4%。10月25日，英国国家统计局发布数据显示，三季度GDP初值环比增长0.4%，连续两个季度增长，同比增长1.5%。分析认为，英国三季度GDP环比增速超预期将增加英央行11月份加息的可能。

法国国民议会通过多项税改措施。10月21日，法国国民议会通过政府2018年预算案中有关税收的多项措施，包括对资本利得征收30%的固定税，改革巨富税，以及逐步取消80%家庭的居住税。

4. 亚洲

日本9月份CPI同比增长0.7%。10月27日，日本总务省发布数据显示，日本9月份CPI同比增长0.7%，连续9个月正增长；去除生鲜食品和能源的核心CPI环比增长0.2%，同比增长0.7%。

韩国三季度GDP环比增长1.4%。10月26日，韩国统计局发布数据显示，三季度GDP环比增长1.4%，创七年来最快；同比增长3.6%。

印度将向国有银行注资320亿美元。10月25日，印度财政部宣布，将在未来两年向国有银行注资2.11万亿卢比（约320亿美元），规模超过去10年来总和，为印度有史以来最大银行业注资计划；同时宣布在未来五年内投资6.9万亿卢比，修建约8.4万公里道路和桥梁。

澳大利亚三季度CPI环比上升0.6%。10月25日，澳大利亚国家统计局发布数据显示，澳大利亚三季度CPI环比上升0.6%，同比上升1.8%。

5. 非洲

南非财政部下调2017年经济增长预期至0.7%。10月25日，南非财政部发布中期预算，预计2017财年财政赤字GDP占比将达4.3%，为2009年以来最高；未来三年债务总额GDP占比将达59.7%；下调2017年经济增速预期至0.7%。

二、国际组织

世行发布《2017—2018年全球投资竞争力报告》。10月25日，世行发布《2017—2018年全球投资竞争力报告》指出，稳定的营商环境，有效的监管措施和稳定的政局是发展中国家吸引外商直接投资的关键因素；全球投资者在选择投资目的地时，通常会优先考虑政治稳定安全、宏观经济形势良好和有利的监管环境等因素；建议发展中国家提升监管效率和行政机关透明度、降低外资准入门槛、消除基础设施瓶颈，以吸引外资，降低经济运行风险。

世行称发展中国家私人部门参与基建投资规模上升。10月20日，世行发布2017年上半年《私人部门参与基础设施投资数据库》报告称，发展中国家私人部门参与基础设施项目投资额增长367亿美元，同比增速24%；东亚与太平洋地区私人部门参与基建投资占比超过1/3；能源领域私人部门投资占比近3/4，可再生能源领域私人部门投资额持续上升。

亚行发布《2017年亚洲经济一体化报告》。10月27日，亚行发布《2017年亚洲经济一体化报告》认为，亚太地区贸易和投资日益密切，有助于该地区抵御全球经济和贸易政策不确定因素，增强经济韧性；2016年亚洲区域内贸易份额增长至57.3%，创历史新高；区域内的外国直接投资增长至2720亿美元，在该地区外国直接投资总额中的占比上升7个百分点至55%，将有助于推动该地区在全球的贸易增长；2016 年亚洲的外国直接投资流出量上升 11% 增至 4820 亿美元，主要投资领域为可再生能源、自然资源、半导体和信息技术；报告还提出了新的综合指数——亚太区域合作与一体化指数，从贸易与投资、货币与金融、区域价值链、基础设施与互联互通、人员往来以及机构与社会融合等六项要素，对区域一体化程度进行衡量；报告建议各国保持良好的宏观经济基本面，进一步加强国家监管框架与机构能力，进一步发展本币债券市场，加强区域监管合作，审查并加强现有的金融安全网，防范潜在的传染和溢出效应。

三、国际大宗商品

本周纽约原油期货累计上涨 1.85%。截至周四，本周纽约原油期货累计跌幅 1.85%。周一纽约原油期货下跌 0.4%，收于每桶 51.86 美元；周二纽约原油期货上涨 1.29%，收于每桶 52.53 美元；周三纽约原油期货下跌 0.69%，收于每桶 52.17 美元；周四纽约原油期货上涨 1.23%，收于每桶 52.82 美元。

本周纽约黄金期货价格累计下跌 1.25%。截至周四，本周纽约黄金期货价格累计下跌 1.25%。周一纽约黄金期货上涨 0.14%，收于每盎司 1283.6 美元；周二纽约黄金期货下跌 0.45%，收于每盎司 1277.8 美元；周三纽约黄金期货上涨 0.06%，收于每盎司 1278.6 美元；周四纽约黄金期货下跌 0.89%，收于每盎司 1267.6 美元。

四、区域合作

欧亚经济联盟政府间理事会会议召开。10 月 25 日，欧亚经济联盟政府间理事会会议召开，就加强联盟内部经济合作、加深内部市场一体化等议题进行探讨；俄罗斯总理梅德韦杰夫、亚美尼亚总理卡拉佩强、吉尔吉斯斯坦总理伊萨科夫、白俄罗斯总理科比亚科夫和哈萨克斯坦总理萨金塔耶夫出席会议；与会国一致同意着手建立合资企业，打造欧亚经济联盟的经济品牌，加强联盟的对外经济竞争力，并就进一步统一联盟内部市场，扩大在农业、贸易、基础设施等领域的交流与合作进行了讨论，并达成一系列协议。欧亚经济联盟于 2015 年 1 月 1 日正式启动，目标是 2025 年前实现联盟内部商品、服务、资本和劳动力的自由流动，并推行协调一致的经济政策。

五、全球宏观经济形势

IMF 称亚洲经济增长势头强劲。IMF 发布最新《亚太地区经济展望》指出，亚洲继续领先全球经济，预计 2017 年经济增速为 5.6%，2018 年为 5.5%；随着 2017 年上半年大量资本流入，亚洲财政状况向好；该地区经济增长可归因于中国、日本、韩国和东南亚国家联盟的经济增长强于预期，弥补了澳大利亚和印度的经济疲软；预计 2017 年中国经济增长 6.8%，实体经济和基础设施建设持续增长；日本 2017 年上半年连续六个季度保持高速增长势头，由于外部需求回升、国内消费增加，预计 2017 年经济增速将达 1.5%。展望未来，亚洲地区整体经济增长强劲，短期风险大致平衡；但全球货币政策环境收紧，新兴和发展中的亚洲经济体可能会面临资本外流的冲击；此外，亚洲经济体由于贸易开放和融入全球价值链而容易受到贸易保护主义的冲击，全球转向内顾政策可能会抑制亚洲的出口，并减少对该地区的外国直接投资；地缘政治风险升级也可能对亚洲中期增长前景产生负面影响。

第44周 （2017/10/28—2017/11/03）

10 月 28 日—11 月 3 日，国际财经要情有：美国三季度实际 GDP 年化季率为 3%；美联储维持基准利率 1%—1.25% 不变；欧盟和欧元区三季度 GDP 初值环比均增长 0.6%；欧洲央行宣布维持利率水平不变；日本央行维持短期利率 -0.1% 不变；WTO 称全球贸易体系对推动包容性增长起建设性作用；新开发银行探索建立持续性对话机制；中亚区域经济合作第 16 次部长级会议召开。

一、区域观察

1. 北美地区

美国三季度实际 GDP 年化季率为 3%。10 月 27 日，美国商务部数据显示，经初步估计，美国三季度实际 GDP 年化季率为 3%。其中，个人消费支出、私人库存投资、非住宅固定资产投资、出口和联邦政府支出上升为主要原因。

美联储维持基准利率 1%—1.25%不变。11 月 1 日，美联储宣布，维持 1%—1.25% 的联邦基金利率目标区间不变。由于就业市场强劲，经济增长稳健，市场预计 12 月份加息的可能性高达 98%。当日，美国总统特朗普任命鲍威尔为新一任美联储主席。

美国 9 月份个人收入环比上升 0.4%。10 月 30 日，美国商务部数据显示，美国 9 月份个人收入增加 669 亿美元，环比上升 0.4%；个人可支配收入增加 530 亿美元，环比上升 0.4%；个人消费支出增加 1360 亿美元，环比上升 1.0%。数据还显示，美国 9 月份个人消费支出物价指数环比上升 0.4%，同比上升 1.6%；剔除食品和能源后，个人消费支出物价指数环比上升 0.1%，同比上升 1.3%。

美国 10 月份 ISM 制造业 PMI 为 58.7。11 月 1 日，美国供应管理协会（ISM）数据显示，美国 10 月份 ISM 制造业 PMI 指数为 58.7，环比下降 2.1 个点；新订单指数为 63.4，环比下降 1.2 个点；就业指数为 59.8，环比下降 0.5 个点；价格指数为 68.5，环比上升 3 个点。

2. 拉美地区

巴西三季度失业率为 12.4%。10 月 31 日，巴西地理统计局数据显示，巴西三季度失业率为 12.4%，环比下降 0.6 个百分点，为 2017 年以来最低水平。此外，巴西三季度失业人口为 1300 万人，环比下降 3.9%；就业人口为 9130 万人，环比增长 1.2%。

3. 欧洲

欧盟和欧元区三季度 GDP 初值环比均增长 0.6%。10 月 31 日，欧盟统计局数据显示，经季调，欧盟和欧元区三季度 GDP 初值环比均上升 0.6%，同比均上升 2.5%。

欧洲央行宣布维持利率水平不变。10 月 26 日，欧洲央行发布消息称，欧洲央行决定分别维持主要再融资操作利率、边际贷款利率和存款利率 0.00%、0.25% 和 -0.40% 不变。此外，欧洲央行将继续以每月 600 亿欧元规模实施资产购买计划，直至 2017 年 12 月末。

欧盟和欧元区 9 月份失业率分别为 7.5% 和 8.9%。10 月 31 日，欧盟统计局数据显示，经季调，欧盟 9 月份失业率为 7.5%，环比持平，同比下降 0.9 个百分点。欧元区 9 月份失业率为 8.9%，环比下降 0.1 个百分点，同比下降 1.0 个百分点，为 2009 年 1 月份以来最低水平。

欧元区 10 月份通胀年率初值为 1.4%。10 月 31 日，欧盟统计局数据显示，欧元区 10 月份通胀年率初值为 1.4%，环比下降 0.1 个百分点。其中，能源价格同比上升 3.0%；非能源工业品价格同比上升 0.4%；服务价格同比上升 1.2%；食品、酒精、烟草价格同比上升 2.4%。

德国 10 月份 CPI 初值环比持平。10 月 30 日，德国联邦统计局数据显示，德国 10 月份 CPI 初值环比持平，同比上升 1.6%。其中，食品价格同比上升 4.3%；能源价格同比上升 1.2%；服务价格同比上升 1.2%。

英国 10 月份制造业 PMI 为 56.3。11 月 1 日，市场调查机构 Markit 数据显示，经季调，英国 10 月份制造业 PMI 为 56.3，环比上升 0.3 个点，为连续 15 个月上涨。

意大利 10 月份 CPI 初值环比下降 0.2%。10 月 31 日，意大利国家统计局数据显示，意大利 10 月份 CPI 初值环比下降 0.2%，同比上升 1.0%。意大利 10 月份 HICP 为 0.6%，环比下降 0.4 个百分点。

4. 亚洲

日本央行维持短期利率 -0.1% 不变。10 月 31 日，日本央行发布货币政策声明称，将维持短期利率 -0.1% 不变，并继续以每年 80 万亿日元速度购买日本国债以实现长期利率目标。此外，日本央行预计日本整体经济将继续扩张，中长期通胀预期有望上升。因此，央行将继续实行宽松政策直至通胀稳定在 2% 目标值以上。

日本 9 月份失业率为 2.8%。10 月 31 日，日本总务省数据显示，经季调，日本 9 月份失业率为 2.8%，环比持平；就业人数为 6596 万人，同比上升 74 万人，增幅为 1.1%；失业人数为 190 万人，同比下降 14 万人，降幅为 6.9%。

日本 10 月份制造业 PMI 为 52.8。11 月 1 日，市场调查机构 Nikkei 数据显示，日本 10 月份制造业 PMI 为 52.8，环比下降 0.1 个点。自 2016 年 9 月份以来，日本企业经营状况持续改善，但企业信心指数已降至最低水平；投入成本增速加快，创 6 个月以来新高。

韩国 10 月份出口额同比增长 7.1%。11 月 1 日，韩国统计局数据显示，由于记忆体芯片销售激增，韩国 10 月份出口额同比增长 7.1%，为连续第 12 个月增长。

新西兰三季度失业率为 4.6%。11 月 1 日，新西兰国家统计局数据显示，经季调，新西兰三季度失业率为 4.6%，环比下降 0.2 个百分点，为 2008 年四季度以来最低水平。数据还显示，新西兰三季度就业率为 67.8%，环比上升 0.1 个百分点，为 1986 年以来最高水平。

澳大利亚 9 月份企业贷款环比上升 0.1%。10 月 31 日，澳大利亚央行数据显示，经季调，澳大利亚 9 月份贷款总额环比上升 0.3%，同比上升 5.4%。其中，住房贷款环比上升 0.5%，同比上升 6.6%；个人贷款环比持平，同比下降 1.0%；企业贷款环比上升 0.1%，同比上升 4.3%。

5. 非洲

南非三季度失业率高达 27.7%。11 月 1 日，南非统计局数据显示，南非三季度新增就业岗位 9.2 万个，失业率仍保持在 27.7%，为连续三个季度保持高位。

二、国际组织

WTO 称全球贸易体系对推动包容性增长起建设性作用。10 月 30 日，阿泽维多在“技术、全球化和全球贸易治理”贸易对话会上发表演讲，强调了多边贸易体系的重要性，指出当前最大限度发挥技术创新带来的机会，对冲各种不利影响。他指出，新技术转变了食品、服务和信息的生产和交易方式。2013—2015 年期间，全球互联网贸易总产值从 16 万亿美元增至 22 万亿美元，未来还将持续高速增长。据估计，2017 年电子支付规模将上升 23%。线上贸易增加了各国的贸易机会，各国应对此做出及时反应并适应变化。各方应通力协作，确保全球经济体系更具包容性，促使贸易利益惠及每一个人。

金砖国家新开发银行探索建立持续性对话机制。10 月 25—26 日，新开行银行在上海举办会议，会见民间团体和非政府机构、学者代表，此次会议是 2016 年金砖银行首次年会对话的延续。会议旨在提升成员间互信，加强银行政策性文件经验学习，分享经验和评论，建立持续性对话机制。期间，与会者探讨了银行透明度、问责制和信息获取、银行政策、环境和社会管理、新开发银行《2017—2021年总体战略》及知识交流等议题。新开发银行与各方同意继续加强对话，深入开展银行与民间团体交流，新开发银行将致力于加强问责制的制度建设，充分认识与民间团体和非政府组织代表定期交流的重要性。

世界银行称各国加快实行碳定价的同时，须加大行动力度实现《巴黎协定》目标。世界银行发布新报告指出，越来越多的国家和地方辖区开始实行碳定价，但必须显著加大行动力度以帮助世界实现《巴黎协定》目标。报告称，85%的碳排放尚未纳入碳定价覆盖范围，最新碳价格远远低于斯特恩－斯蒂格利。报告提出了一个综合性模式的构想，将关注气候的国内政策与碳定价相联系起来，通过来自捐助国和新气候市场的气候融资开展有效的国际合作作为补充，快速和大规模动员所需要的资源来促进低碳增长、就业和创新。国际气候融资仍具有重要意义，可以瞄准对支持向低碳过渡能够发挥最大效力的领域和促进气候市场开发。

三、国际大宗商品

本周纽约原油期货累计上涨 1.15%。截至周四，本周纽约原油期货累计涨幅 1.15%。周一纽约原油期货下跌 0.13%，收于每桶 54.12 美元；周二纽约原油期货上涨 0.96%，收于每桶 54.64 美元；周三纽约原油期货下跌 0.68%，收于每桶 54.27 美元；周四纽约原油期货上涨 0.87%，收于每桶 54.74 美元。

本周纽约黄金期货价格累计下跌 0.05%。截至周四，本周纽约黄金期货价格累计下跌 0.05%。周一纽约黄金期货上涨 0.22%，收于每盎司 1277.4 美元；周二纽约黄金期货下跌 0.44%，收于每盎司 1271.8 美元；周三纽约黄金期货上涨 0.29%，收于每盎司 1275.5 美元；周四纽约黄金期货上涨 0.10%，收于每盎司 1276.8 美元。

四、区域合作

中亚区域经济合作第 16 次部长级会议召开。10 月 27 日，中亚区域经济合作（CAREC）第 16 次部长级会议在塔吉克斯坦杜尚别举行。本次部长级会议的主题是“加强 CAREC 区域合作，落实 2030 年可持续发展议程和《巴黎协定》目标”。会议通过了 CAREC2030 战略，探讨了 CAREC 机制如何帮助成员国采取一致行动落实 2030 年可持续发展战略和《巴黎协定》目标，发表了《杜尚别宣言》。财政部赵鸣骥部长助理在发言中肯定了 CAREC 机制在促进成员国经济社会发展、提升区域整体竞争力方面发挥的重要作用，对未来合作提出三点建议：一是继续以投资项目合作为抓手，进一步推进务实合作，提升互联互通水平；二是要继续秉持开放的区域主义精神，加强与“一带一路”倡议的协调与对接；三是要进一步发挥中亚学院的作用，将中亚学院打造成服务中亚区域经济合作的高端智库和重要知识共享平台，使其更好地为各成员国服务。

五、全球宏观经济形势

IMF 发布 MENAP 地区经济展望报告。10 月 31 日，IMF 发布最新区域经济展望，指出中东、北非、阿富汗和巴基斯坦（MENAP）地区的经济增长前景较为缓慢，主要是由于对低油价和区域性冲突的持续调整。本地区各国应利用当前全球经济增长的上升势头，稳定公共财政，加快创造就业机会的改革，实现经济多元化发展。石油进口国的经济增长预计将从 2016 年的 3.6% 上升至 2017 年的 4.3%。随着国内需求增加、实施改革以及全球环境改善，预计在 2018 年石油进口国的经济将持续上涨。石油进口商已经较好地融入了全球价值链，并拥有更多样化的进口来源；石油出口国则需要使其生产多样化，以便能够出口更多元的石油产品和服务。大多数国家将受益于贸易协定和新的一体化机会，例如中国“一带一路”倡议和 G20“与非洲有约”倡议。

IMF 发布撒哈拉以南非洲地区经济展望报告。10 月 30 日，国际货币基金组织（IMF）发布撒哈拉以南非洲地区最新区域经济展望报告。报告指出，该地区的经济增长从 2016 年的 1.4% 上升至 2017 年的 2.6%。2018 年，虽然该地区经济增长预计会进一步加快至 3.4%，但增长势头仍然疲弱，经济脆弱性仍在上升。IMF 指出，该地区的公共债务一直在上升，一半经济体的债务已达到国内生产总值的 50% 以上，使金融业面临压力。此外，虽然经常项目赤字缩小，但在许多国家，外汇储备仍低于理想水平。对此，IMF 认为该地区经济体应优先解决财政问题面临的挑战，配合相应的财政政策，促进经济的多元化发展。

第 45 周（2017/11/04—2017/11/10）

11 月 4—10 日，国际财经要情有：美国 10 月份失业率为 4.1%；英国央行宣布加息 25 个基点；澳大利亚央行维持基准利率 1.5% 不变；亚太经合组织领导人会议周拉开帷幕；第 23 届联合国气候大会在德国波恩开幕；中美签署商业合同和双向投资协议总金额超过 2500 亿美元；OECD 国家 9 月份通胀率升至 2.3%。

一、区域观察

1. 北美地区

美国 10 月份失业率为 4.1%。11 月 3 日，美国劳工部数据显示，经季调，美国 10 月份失业率为 4.1%，环比下降 0.1 个百分点。数据还显示，美国 10 月份非农就业总人口数环比增加 26.1 万人。

美国 9 月份国际贸易赤字为 435 亿美元。11 月 3 日，美国商务部数据显示，美国 9 月份国际贸易赤字为 435 亿美元，环比增长 7 亿美元。其中，商品与服务出口额为 1968 亿美元，环比上升 1.1 个百分点；商品与服务进口额为 2403 亿美元，环比上升 1.2 个百分点。

特朗普提名鲍威尔为美联储主席。11 月 2 日，白宫发布消息称，美国总统特朗普提名杰罗姆·鲍威尔自 2018 年 2 月 3 日开始担任美联储下一任主席，任期为 4 年。据称，鲍威尔自 2012 年 5 月担任美联储理事以来，展现了良好的领导力、判断力与政策经验，并拥有曾在政府和私营部门任职的独特背景。

加拿大 10 月份失业率为 6.3%。11 月 3 日，加拿大统计局数据显示，经季调，加拿大 10 月份失业率为 6.3%，环比上升 0.1 个百分点，同比上升 1.7 个百分点。其中，全职就业人口同比上升 2.7%，兼职就业人口同比下降 2.5%，总工时同比上升 2.7%。

2. 拉美地区

阿根廷 1—9 月通胀率增长 17.6%。阿根廷国家统计局数据显示，受服装、教育、食品饮料、住房和燃料等价格上涨影响，阿根廷 9 月份通胀率为 1.9%，1—9 月累计增长 17.6%，超出预期。

3. 欧洲

欧盟和欧元区 2017 年 GDP 或分别增长 2.3%和 2.2%。11 月 9 日，欧盟委员会发布欧洲经济秋季展望报告，预计欧盟和欧元区 2017 年经济增长率分别为 2.3%和 2.2%，失业率分别为 7.8%和 9.1%，将达 8 年来最低水平；欧盟和欧元区 2018 年、2019 年经济增长率分别为 2.1%和 1.9%。报告认为，受外部环境明显好转、个人消费增长、失业率下降以及投资增速加快影响，欧盟和欧元区 2017 年经济增长明显好于预期。虽然复苏势头良好，但欧元区经济仍存在一定风险，包括债务高企、就业岗位匮乏、居民收入增长过慢等。报告呼吁 19 个欧元区成员国加强融合，共迎挑战，共享成果。

欧元区 10 月份通胀年率初值为 1.4%。10 月 31 日，欧盟统计局数据显示，欧元区 10 月份通胀年率初值为 1.4%，环比下降 0.1 个百分点。其中，能源价格同比上升 3.0%；非能源工业品价格同比上升 0.4%；服务价格同比上升 1.2%；食品、酒精、烟草价格同比上升 2.4%。

德国 10 月份 CPI 初值环比持平。10 月 30 日，德国联邦统计局数据显示，德国 10 月份 CPI 初值环比持平，同比上升 1.6%。其中，食品价格同比上升 4.3%；能源价格同比上升 1.2%；服务价格同比上升 1.2%。

英国央行宣布加息 25 个基点。11 月 2 日，英国央行发布消息称，英国央行将上调基准利率 25 个基点至 0.5%，以支持经济的持续增长与就业，并实现 2%的通胀率目标。同时，维持资产购买规模 4350 亿英镑不变。英国 9 月份 CPI 同比升幅达 3%，由于此前的英镑贬值和近期能源价格上涨，央行预期英国 10 月份的 CPI 同比升幅将超过 3%。

瑞士 10 月份 CPI 同比上升 0.7%。11 月 6 日，瑞士联邦统计局数据显示，瑞士 10 月份 CPI 达到 100.9 点，环比上升 0.1%，同比上升 0.7%。

4. 亚洲

日本 9 月份经常账户盈余 22712 亿日元。11 月 9 日，日本财务省数据显示，日本 9 月份经常账户盈余 22712 亿日元，同比上升 21.8%。其中，货物账户盈余 8522 亿日元，同比上升 27.7%；服务账户赤字 758 亿日元，同比下降 18.4%；初次收入账户盈余 17025 亿日元，同比上升 12.8%；二次收入账户赤字 2077 亿日元，同比下降 5.6%。

日本截至 10 月底外汇储备环比下降 53.85 亿美元。11 月 8 日，日本财务省数据显示，日本截至 10 月底外汇储备为 12609.25 亿美元，环比下降 53.85 亿美元。其中，外币证券 10760.41 亿美元，环比下降 47.49 亿美元；外币存款 1224.23 亿美元，环比下降 0.23 亿美元；黄金储备 312.49 亿美元，环比下降 3.18 亿美元；

IMF 储备头寸 117.6 亿美元，环比下降 1.26 亿美元；特别提款权 189.3 亿美元，环比下降 1.69 亿美元。

韩国 9 月份 M1 环比上涨 0.2%。11 月 8 日，韩国央行数据显示，经季调，韩国 9 月份 M1 均值环比上涨 0.2%；M2 环比上涨 0.2%；金融机构流动性环比上涨 0.1%。

印度政府推出 10 万亿卢比经济刺激计划。印度政府宣布，为提振经济增长，印度将实施近 10 万亿卢比（1 美元约 64.6 卢比）的经济刺激计划，包括印政府向本国银行注资 2.11 万亿卢比，投入 7 万亿卢比用于基础设施建设等。分析人士指出，尽管刺激计划有望使印度经济在短期内企稳，但要想从根本上实现经济长期稳定增长，印政府需进一步实施改革。

澳大利亚央行维持基准利率 1.5% 不变。11 月 7 日，澳大利亚央行发布消息称，将维持现金基准利率 1.5% 不变。预计未来几年澳大利亚经济将以年均 3% 的速度增长，商业条件改善、产能利用率提高及公共基础设施投资增加都将支撑经济发展；劳动力市场持续强化，就业稳定增长，失业率将从当前的 5.5% 逐步降低；通胀维持低水平，CPI 和潜在通胀率均低于 2%；住房贷款增长速度超过家庭收入，澳审慎监管局已推出系列监管措施解决不断增加的家庭债务中期风险。鉴于此，维持当前货币政策与促进经济持续增长和实现通胀目标相符。

5. 非洲

南非总统祖马称南非经济逐渐走出技术性衰退。11 月 9 日，南非总统祖马发表讲话称，南非经济目前面临很多挑战，正在推行激进的经济转型改革，并逐渐走出技术性衰退。祖马表示，2002—2014 年，南非建立了 6 个工业发展园区，吸引投资额达上百亿兰特；推动发展城镇经济，降低贫困人口；支持年轻人就业，扶持黑人小微企业。祖马表示，南非今后将继续大力推动制造业、农业、旅游观光业、采矿业、电讯业等行业的发展，推行“一站式”投资服务，发展经济特区，改革国有企业，进一步促进经济健康稳定增长。

二、国际组织

亚太经合组织领导人会议周拉开帷幕。11 月 6 日，2017 年亚太经合组织（APEC）领导人会议周在越南岘港市拉开帷幕，题为“打造全新动力，开创共享未来”。在全球环境面临不确定的环境下，21 个 APEC 成员方齐聚岘港，旨在维持全球经济复苏态势，创造更多就业机会。2017 年期间，21 个成员方进行多次沟通对话，合作机制呈现机遇与挑战共存态势。APEC 高级官员会议闭幕式主席 Bui Thanh Son 指出，尽管 APEC 发展面临诸多挑战，我们仍设法达成更多重要成果，保持合作势头。相关举措包括加强成员体合作，缓解公众关于全球化利益分配问题的担忧，更好地安置各行各业的工人和企业，在日益互联和创新驱动的全球背景下，积极应对市场变化，满足日益增长的劳动力需求。

第 23 届联合国气候大会在德国波恩开幕。11 月 6 日，《联合国气候变化框架公约》（UNFCCC）第 23 次缔约方大会（COP 23）在德国波恩召开。本次大会会期将持续至 17 日，会议呼吁各国采取积极举措应对全球变暖问题。本次气候大会主席、斐济总理姆拜尼马拉马表示，由于气候变化造成诸多极端天气现象，目前全球正遭受气候威胁，各国应尽可能寻求解决办法，勇于承担职责，造福各国民众。这意味着接下来的两周和一年里，缔约各国将致力于实施《巴黎气候协定》，使其形成效力，力争实现 2020 年前的行动目标。

三、国际大宗商品

本周纽约原油期货累计上涨 2.39%。截至周四，本周纽约原油期货累计涨幅 2.39%。周一纽约原油期货上涨 2.76%，收于每桶 57.24 美元；周二纽约原油期货下跌 0.52%，收于每桶 56.94 美元；周三纽约原油期货下跌 0.21%，收于每桶 56.82 美元；周四纽约原油期货上涨 0.37%，收于每桶 57.03 美元。

本周纽约黄金期货价格累计上涨 1.21%。截至周四，本周纽约黄金期货价格累计上涨 1.21%。周一纽约黄金期货上涨 0.99%，收于每盎司 1282.8 美元；周二纽约黄金期货下跌 0.55%，收于每盎司 1275.7 美元；周三纽约黄金期货上涨 0.49%，收于每盎司 1282 美元；周四纽约黄金期货上涨 0.28%，收于每盎司 1285.6 美元。

四、区域合作

中美签署商业合同和双向投资协议总金额达 2535 亿美元。11 月 9 日，习近平主席同特朗普总统在人民大会堂举行会谈。特朗普表示，美中均是世界重要大国，互为重要贸易伙伴。双方拥有广泛的共同利益，合作前景广阔，加强对话与合作很有必要。会谈中，两国元首就加强中美双边、地区和全球层面合作达成多项重要成果和共识。双方同意，扩大经贸、投资、能源等领域合作，通过做大中美经济合作“蛋糕”解决两国经济关系快速发展过程中出现的问题和矛盾。国事访问期间，两国元首共同见证了能源、制造业、农业、航空、电气、汽车等领域商业合同和双向投资协议的签署。特朗普总统访华期间，两国签署的商业合同和双向投资协议总金额达 2535 亿美元，合作项目达 34 个。

美国加强对日同盟和经济伙伴关系。11 月 6 日，美国白宫称，唐纳德·特朗普总统对日本进行国事访问，加强了美日同盟和经济伙伴关系。针对推动太平洋地区自由开放化，特朗普总统提出高标准规定，旨在促进印度太平洋地区持续发展和繁荣。美日两国启动战略能源伙伴关系，实现在东南亚、南亚地区以及撒哈拉以南的非洲地区普及可靠能源。美国贸易发展署（USTDA）与日本经济贸易工业部（METI）签署合作备忘录，为印度太平洋地区提供高质量能源基础设施解决方案。次日，美国私人投资公司与日本合作伙伴签署谅解备忘录，促进进一步实现基础设施投资选择的多样化。

五、全球宏观经济形势

OECD 国家 9 月份通胀率升至 2.3%。11 月 7 日，OECD 发布最新消费者价格指数显示，2017 年 9 月，OECD 国家通胀率升至 2.3%，比 8 月份的 2.2% 上升了 0.1 个百分点。能源价格通胀增速从 8 月份的 5.9% 升至 9 月份的 7.7%，食品价格也呈上升趋势，从 1.8% 升至 1.9%。剔除能源和食品价格因素，OECD 国家通胀率已连续 5 个月稳定在 1.8%。数据显示，G7 国家中，除意大利通胀率降至 1.1% 外，其他国家通胀率均有所上升，其中，美国、加拿大、法国和英国分别为 2.2%、1.6%、1.0% 和 3.0%，日本和德国则稳定在 0.7% 和 1.8%；G20 新兴经济体中，印度和南非分别从 2.5%、4.6% 升至 2.9%、4.9%，巴西和沙特阿拉伯稳定在 2.5% 和 -0.1%，而俄罗斯、中国和印度尼西亚则降至 3.0%、1.6% 和 3.7%。

IMF 称新兴经济体发展前景仍面临挑战。11 月 6 日，国际货币基金组织（IMF）发布预测显示，新兴和发展中经济体的人均收入增速将从 2017 年的 3.2% 上升至 2022 年的 3.6%，预计将比发达经济体高出约 2 个百分点。得益于中国和印度的迅猛发展，预计亚洲新兴经济体的人均经济增速为 5.4%，快于地区撒哈拉以南非洲地区、中东和北非、拉丁美洲以及加勒比海地区。然而，对于许多新兴和发展中经济体而言，追赶发达经济体的前景并不乐观。超过四分之一的新兴和发展中经济体的收入水平与发达经济体的差距预计将进一步拉大。在缩小收入差距方面，对于能源出口国而言，关键在于对石油收入下降做出调整，同时采取切实措施，实现出口和增长来源的多元化。对于小型国家而言，经济多元化也是其重要目标。此外，许多经济体仍需等到国内政治紧张局势或地缘政治冲突缓解之时，才有望改善经济增长前景。

第46周（2017/11/11—2017/11/17）

11月11—17日，国际财经要情有：美国众议院通过减税法案；美国联邦政府10月份预算赤字630亿美元；美国10月份CPI同比上升2%；欧元区10月份CPI环比增长0.1%；德国三季度GDP环比增长0.8%；日本三季度实际GDP同比增长1.4%；印度10月份CPI环比上升0.67%；OECD发布《东南亚、中国和印度2018经济展望》；APEC第二十五次领导人非正式会议在越南岘港举行；中国智利签署自由贸易协定升级议定书；OECD国家9月份失业率5.7%。

一、区域观察

1. 北美地区

美国众议院通过减税法案。11月16日，美国国会众议院投票通过《减税和就业法案》，主要内容包括：将联邦企业所得税从35%降至20%，将联邦个人所得税率从7档简化为4档，调整税收减免标准等。预计该方案将增加联邦政府财政赤字1.5万亿美元。

美国联邦政府10月份预算赤字630亿美元。11月14日，美国财政部发布数据显示，美联邦政府2017年10月份预算赤字630亿美元，比去年同期增加170亿美元；10月份联邦政府收入同比增长6.2%至2353.41亿美元，联邦政府支出同比增长11.6%至2985.55亿美元。

美国10月份CPI同比上升2%。11月15日，美国劳工部发布数据显示，10月份CPI同比上升2%，环比上升0.1%；10月份核心CPI同比上升1.8%，为4月份以来最高，环比上升0.2%。

美国10月份PPI同比上升2.8%。11月14日，美国劳工部发布数据显示，10月份PPI环比上升0.4%，同比上升2.8%，为6年来最高；10月份核心PPI环比上升0.4%，同比上升2.4%，为2012年2月份以来最高。

美国10月份零售销售环比增长0.2%。11月15日，美国商务部发布数据显示，10 月份零售销售环比增长 0.2%，好于预期；零售销售（除汽车）环比增长 0.1%，零售销售（除汽车和汽油）环比增长 0.3%。

2. 拉美地区

巴西 2017 年前 10 个月通胀率 2.21%。11 月 11 日，巴西国家地理统计局发布数据显示，2017 年前 10 个月通胀率为 2.21%，创 19 年来新低；10 月份物价水平环比上涨 0.42%。

巴西央行上调 2017 年通胀预期至 3.09%。11 月 13 日，巴西央行上调 2017 年通胀预期至 3.09%，上调 2018 年通胀预期至 4.04%，维持 2017 年经济增长预期 0.73% 和 2018 年经济增长预期 2.5% 不变。

标普调降委内瑞拉信用评级至“选择性违约”。11 月 13 日，委内瑞拉未能支付 2 亿美元的国债当天应付利息，国际评级机构标普将其长期外币主权信用评级降至“选择性违约”，并预计未来三个月内委内瑞拉再次违约的可能性为 50%。目前，委内瑞拉外债总额已达 1400 亿美元。

3. 欧洲

欧元区 10 月份 CPI 环比增长 0.1%。11 月 16 日，欧盟统计局发布数据显示，欧元区 10 月份 CPI 环比增长 0.1%，同比增长 1.4%，符合预期。

德国三季度 GDP 环比增长 0.8%。11 月 14 日，德国联邦统计局发布数据显示，经季调，三季度 GDP 环比增长 0.8%，同比增长 2.8%，为 2011 年一季度以来最高；三季度就业人口 4450 万人，同比增长 1.5%。

德国 10 月份 CPI 同比上升 1.6%。11 月 14 日，德国联邦统计局发布数据显示，德国 10 月份 CPI 同比上升 1.6%，环比持平。其中，能源价格指数同比上升 1.2%，环比下降 0.1%；食品价格指数同比上升 4.3%，环比上升 0.8%；服务业价格指数同比上升 1.2%，环比下降 0.5%。

英国 10 月份 CPI 同比上升 3%。11 月 14 日，英国国家统计局发布数据显示，英国 10 月份 CPI 同比上升 3%，环比持平。

英国 10 月份零售销售同比下降 0.3%。11 月 16 日，英国国家统计局发布数据显示，10 月份零售销售环比增长 0.3%，同比下降 0.3%，为 2013 年 3 月份以来首次同比下降。

英国 9 月份工业产出环比增长 0.7%。11 月 11 日，英国国家统计局发布数据显示，英国 9 月份工业产出环比增长 0.7%，同比增长 2.5%；其中制造业产出环比增长 0.7%，同比增长 2.7%。

4. 亚洲

日本三季度实际 GDP 同比增长 1.4%。11 月 15 日，日本内阁府发布数据显示，日本三季度实际 GDP 同比增长 1.4%。其中个人最终消费支出下降 1.8%，政府最终消费支出下降 0.5%，出口上升 6%，进口下降 6.2%。经季调，日本三季度实际 GDP 环比上升 0.3%。

日本 9 月份工业产出指数环比下降 1.1%。11 月 15 日，日本经济产业省发布数据显示，经季调，9 月份工业产出指数终值 102.4，环比下降 1.1%；其中，出货指数 99.2，环比下降 2.6%；库存指数 107.3，环比持平；库存率指数 110.3，环比上升 1.6%。

印度 10 月份 CPI 环比上升 0.67%。11 月 13 日，印度国家统计局发布数据显示，印度 10 月份 CPI 环比上升 0.67%。其中，农村地区 CPI 环比上升 0.67%；城镇地区 CPI 环比上升 0.83%。

印度 9 月份工业产出指数同比上升 3.8%。11 月 10 日，印度国家统计局发布数据显示，印度 9 月份工业产出指数同比上升 3.8%。其中，采矿业产出指数同比上升 7.9%；制造业产出指数同比上升 3.4%；电力业产出指数同比上升 3.4%。

澳大利亚 10 月份失业率降至 5.4%。11 月 16 日，澳大利亚国家统计局发布数据显示，10 月份失业率降至 5.4%，为 2013 年 2 月份以来最低；劳动参与率降至 65.1%，10 月份就业人数较上月增加 3700 人。

5. 非洲

突尼斯期待与中国加大基建合作。11 月 11 日，突尼斯投资和国际合作部长齐德·拉阿扎里表示，突尼斯以 2020 年为节点，设定多项宏观经济目标，包括财政赤字率稳定在 3% 以内、经济增长率达到 5% 等；计划在今后 3 年内投资大约 20 亿美元以推动经济增长；而落实改革措施并实现预定目标，要靠企业投资和出口驱动；期待与中国拓展合作领域，并进一步加强大型基础设施建设合作。

二、国际组织

世界银行发布《2018 年国际债务统计》。11 月 14 日，世界银行发布《2018 年国际债务统计》报告，对 2016 年国际债务和资本流动趋势进行分析并指出，2016 年低收入和中等收入国家资金流入增加至 7730 亿美元，是 2015 年的 3 倍；金砖国家 2016 年对低收入和中等收入国家的新增贷款承诺增加了一倍多，达 840 亿美元；59 个符合世行最贫困国家贷款资格（IDA 贷款资格）的国家债务净流入下降 34% 至 176 亿美元，为 2011 年以来最低水平；在净资金流动上升的情况下，外国直接投资下降 11% 至 4810 亿美元，为 2009 年以来最低，表明全球经济依然脆弱、部分大宗商品出口国增长乏力以及跨国公司盈利下滑；此外，2016 年全球外债存量上升 4.1%，外债比率恶化，44% 的国家外债出口之比超过 150%。

OECD 发布《东南亚、中国和印度 2018 年经济展望》。11 月 14 日，OECD 发布《东南亚、中国和印度 2018 年经济展望》指出，由于国内需求稳健，投资持续增长以及贸易回暖，亚洲主要新兴经济体中期经济增长稳健。如亚洲新兴经济体能维持贸易增长势头，继续推进国内经济改革，且政府有效落实既定基建计划，则2018—2022年平均经济增速将达6.3%。报告认为，该地区目前发展的主要风险包括：发达国家或进一步收紧货币政策；全球贸易保护主义抬头，新的区域贸易协定谈判进展缓慢；私营部门债务快速增长等。

APEC第二十五次领导人非正式会议在越南岘港举行。11月11日，APEC第二十五次领导人非正式会议在越南岘港举行。会议发布了2017年《APEC部长级会议联合声明》，倡导各方通力合作，深化区域经济一体化；推进可持续、创新和包容性经济增长；加强中小企业的竞争力和创新力；加强粮食安全、可持续农业以应对气候变化等。

三、国际大宗商品

本周纽约原油期货累计下跌2.58%。截至周四，本周纽约原油期货累计跌幅2.58%。周一纽约原油期货上涨0.07%，收于每桶56.94美元；周二纽约原油期货下跌3.13%，收于每桶55.16美元；周三纽约原油期货下跌0.63%，收于每桶55.51美元；周四纽约原油期货下跌0.07%，收于每桶55.47美元。

本周纽约黄金期货价格累计持平。截至周四，本周纽约黄金期货价格累计持平。周一纽约黄金期货上涨0.23%，收于每盎司1278.5美元；周二纽约黄金期货上涨0.14%，收于每盎司1280.3美元；周三纽约黄金期货下跌0.2%，收于每盎司1277.8美元；周四纽约黄金期货上涨0.05%，收于每盎司1278.5美元。

四、区域合作

RCEP首次领导人会议在马尼拉举行。11月14日，RCEP首次领导人会议在菲律宾首都马尼拉举行。与会各国领导人会后发表联合声明称，RCEP需整合现有的“东盟+1”自由贸易协定，并在尚未签订双边自由贸易协定的东盟自贸伙伴国之间建立新的经济联系，同时要考虑成员国不同发展水平，设立特殊和差别待遇条款，给予最不发达的东盟国家额外的灵活性；2017年RCEP谈判取得一些突破，与会各方重申对于“达成一个现代、全面、高质量、互惠的”一揽子经济伙伴关系协定的承诺，在2018年加紧努力，以结束RCEP谈判。

中国智利签署自由贸易协定升级议定书。11月11日，中国智利正式签署自由贸易协定升级议定书。这是我国继中国—东盟自贸区升级后达成的第二个自贸区升级协定，是我国与拉美国家的第一个自贸区升级协定。中智自贸协定为迄今我国货物贸易开放水平最高的自贸协定，涵盖货物贸易、服务贸易、经济技术合作以及电子商务、环境、竞争、政府采购等规则领域，为双方经济互利合作提供新的助力，并为充实中智全面战略伙伴关系提供重要支撑。

五、全球宏观经济形势

OECD 国家 9 月份失业率 5.7%。11 月 13 日，OECD 发布 9 月份失业率报告显示，OECD 国家 2017 年 9 月份失业率为 5.7%，失业人数为 3570 万人，较危机前水平高 300 万人；欧元区 9 月份失业率为 8.9%，较 8 月份下降 0.1%；拉脱维亚失业率降幅最大，为 0.3%；比利时、葡萄牙和斯洛伐克降幅第二，均为 0.2%；美国和韩国失业率分别降至 4.2% 和 3.7%，加拿大、日本和墨西哥失业率相对稳定；OECD 国家 9 月份青年（15—24 岁人群）失业率持稳于 11.9%；希腊、西班牙和意大利青年失业率高居不下，分别为 42.8%、37.2% 和 35.7%。

IMF 发布《欧洲经济展望》报告。11 月 13 日，IMF 发布最新《欧洲经济展望》报告指出，欧洲经济复苏速度加快，预计 2017 年实际 GDP 增长率为 2.4%，为近 20 年来最高增速，其增长主要受内需驱动，其中包括投资回升，2016—2017 年，欧洲对全球商品进口总额的贡献接近中国和美国总和，促进了全球贸易增长。尽管欧洲经济增长前景看好，但从长期来看仍面临挑战：工资增长缓慢，许多欧洲国家生产率增长放缓，2008 年金融危机遗留的不良贷款问题仍未解决；人口老龄化、贸易保护主义蔓延、地缘政治局势紧张以及出口下降等不利因素，仍威胁着欧洲的长期增长。

第 47 周（2017/11/18—2017/11/24）

11 月 18—24 日，国际财经要情有：美联储发布 10 月份议息会议纪要；欧盟就 2018 年预算达成一致；德国三季度 GDP 终值同比增长 2.3%；英国三季度 GDP 终值环比增长 0.4%；日本 10 月份商品贸易顺差 2854 亿日元；新加坡三季度 GDP 环比增长 8.8%；南非央行维持基准利率 6.75% 不变；联合国发布《2017 年最不发达国家报告》；国际劳工组织发布《2017 年全球青年就业趋势报告》；NDB 批准印度和俄罗斯贷款项目；OECD 发布 2017 年三季度经济增长数据。

一、区域观察

1. 北美地区

美联储发布 10 月份议息会议纪要。11 月 23 日，美联储发布 10 月份议息会议纪要显示，多位委员认为近期再次加息是适宜的；通胀或将在较长时间内低于预期；预计通胀率将在一至两年内回升。

美联储主席耶伦提交辞呈。11 月 20 日，美联储主席耶伦提交辞呈表示，她将在新主席鲍威尔宣誓就任后，立即辞去美联储主席和理事职位。耶伦辞职后，美联储 7 个理事席位中有 4 个空缺。特朗普将提名 4 位理事，足以影响未来美国货币政策和监管政策走向。

美国 10 月份耐用品订单初值环比下降 1.2%。11 月 23 日，美国商务部发布数据显示，美国 10 月份耐用品订单初值环比下降 1.2%，创一年来最大跌幅，扣除飞机的非国防资本耐用品订单初值环比下降 0.5%，扣除运输类耐用品订单环比增长 0.4%。

加拿大 10 月份 CPI 环比上升 0.2%。11 月 18 日，加拿大国家统计局发布数据显示，经季调，加拿大 10 月份 CPI 环比上升 0.2%。

2. 拉美地区

巴西 9 月份经济活动指数环比上升 0.4%。11 月 20 日，巴西央行发布数据显示，经季调，巴西 9 月份经济活动指数为 136.74，环比上升 0.4%，同比上升 2%。

3. 欧洲

欧盟就 2018 年预算达成一致。11 月 18 日，欧洲议会和欧盟理事会就 2018 年欧盟预算达成一致。欧盟 2018 年预算承诺款为 1601 亿欧元，将着重推动青年就业、促进增长与战略投资，并应对移民问题；近半数预算将用于提升欧洲本土经济、企业与学校在全球市场的竞争力；20 亿欧元将用于欧洲战略投资基金；3.54 亿欧元将用于支持中小企业；112 亿欧元将用于欧盟“地平线 2020”计划。

欧洲央行行长德拉吉称欧元区经济稳定复苏。11 月 17 日，欧洲央行行长德拉吉在法兰克福欧洲银行业大会上就欧元区经济前景与货币政策发表讲话称，欧元区经济稳定复苏，主要有以下三点原因：一是世界经济与全球贸易增长缓慢，家庭负债率高等拖累经济增长的因素减弱；二是增长的驱动力正从外部转向内部，个人消费与投资表现稳健；三是欧元区经济韧性增强，金融风险降低，内部分化减弱。

欧洲央行公布 10 月份会议纪要。11 月 23 日，欧洲央行公布 10 月份会议纪要显示，委员们基本同意延长量化宽松政策至少 9 个月，但不确定“无明确结束期限的量化宽松政策”是否会给经济带来不利影响；欧洲央行缩减购债规模时将不会要求私营部门购债同比例缩减。

欧盟近半数域内贸易额来自中小企业。11 月 21 日，欧盟统计局发布数据显示，欧盟近一半域内贸易额来自中小企业。在欧盟内开展贸易活动的企业中，98% 为中小企业，贡献了 51% 进口额和 45% 的出口额；其中，法国与德国中小企业出口额占比分别为 21% 和 26%。

德国三季度 GDP 终值同比增长 2.3%。11 月 23 日，德国联邦统计局发布数据显示，经季调，德国 2017 年三季度 GDP 终值环比增长 0.8%，同比增长 2.3%；经季调固定资本形成总额环比增长 0.4%，同比增长 3.6%，家庭消费支出环比下降 0.1%，同比增长 2.1%；政府最终消费支出环比零增长，同比增长 0.9%；出口额环比增长 1.7%，同比增长 4.8%；进口额环比增长 0.9%，同比增长 5.5%。

德国 10 月份 PPI 环比上升 0.3%。11 月 20 日，德国联邦统计局发布数据显示，德国 10 月份 PPI 同比上升 2.7%，环比上升 0.3%。其中，能源价格同比上升 2.8%；非耐用消费品价格同比上升 2.8%；中间品价格同比上升 4.1%；耐用消费品和资本品价格分别同比上升 1.2% 与 1.1%。

英国三季度 GDP 终值环比增长 0.4%。11 月 24 日，英国国家统计局发布数据显示，英国三季度 GDP 终值环比增长 0.4%，同比增长 1.5%，创 2012 年二季度以来新低。

英国财政大臣哈蒙德称英国生产力持续放缓。11 月 23 日，英国财政大臣哈蒙德向议会提交秋季预算报告，并在随后的讲话中表示，英国生产力持续放缓，全球经济排名已由第五位降至第六位。鉴于此，下调 2017 年经济增长预期 0.5 个百分点至 1.5%，下调 2018 年 GDP 增长预期 0.2 个百分点至 1.4%；预计 2017—2018 财年预算赤字 499 亿英镑，2018—2019 财年预算赤字 395 亿英镑；预计 2017—2018 财年公共领域净债务 GDP 占比将达峰值 86.5%；削减首次购房者印花税，未来 5 年将拨款 440 亿英镑投资房地产，以在 2025 年增加新屋供应量至 30 万栋；2018 年对产生更多污染的柴油车上调税率；已为“脱欧”投入 7 亿英镑，计划未来两年内继续投入 30 亿英镑。

英国政府称将提高研发支出。11 月 21 日，英国政府发布声明称，将在未来 10 年增加公共和私人领域研发投入 800 亿英镑；到 2027 年，研发支出 GDP 占比将增至 2.4%；将人工智能、大数据、清洁能源、健康和未来交通系统列为英国有优势并大力发展的产业。

4. 亚洲

日本 10 月份商品贸易顺差 2854 亿日元。11 月 20 日，日本财务省发布数据显示，日本 10 月份商品贸易顺差 2854 亿日元，其中出口额 6.6931 万亿日元，同比增长 14.0%；进口额 6.4077 万亿日元，同比增长 18.9%。经季调，10 月份商品贸易顺差 3228 亿日元。按国家和地区看，对美贸易顺差增长 11.3% 至 6447 亿日元；对欧盟贸易逆差 503 亿日元，为近两个月来首次出现逆差；对华贸易逆差 2657 亿日元，连续 8 个月逆差；但对华出口额 1.3541 万亿日元，创单月历史新高。

韩国三季度家庭信贷环比增长 2.2%。11 月 22 日，韩国央行发布数据显示，韩国三季度家庭信贷环比增长 2.2% 至 1419.1 万亿韩元。其中，家庭贷款环比增长 2.1%，商品信贷环比增长 4.1%。从家庭贷款来源看，商业银行和专业银行贷款增加 15 万亿韩元；非银行类存款公司贷款增加 4.3 万亿韩元；其他金融公司贷款增加 8.9 万亿韩元。

俄罗斯央行行长纳比乌琳娜称或调降关键利率。11 月 22 日，俄罗斯央行行长纳比乌琳娜称，货币政策无法提振 GDP 增速，近期可能调降关键利率；俄当前通胀率 2.6%，接近央行目标；预计 2017 年 GDP 增速为 1.8%。

俄罗斯 2017 年 1—10 月税收同比增长 19.1%。俄罗斯联邦税务局 11 月 20 日发布数据显示，2017 年 1—10 月税收收入同比增长 19.1% 至 14.3 万亿卢布，其中石油行业贡献率为 60%。

新加坡三季度 GDP 环比增长 8.8%。11 月 23 日，新加坡贸工部发布数据显示，经季调，三季度 GDP 环比增长 8.8%，同比增长 5.2%，三季度制造业活动环比增长 34.6%，前值为增长 4%，同比增长 18.4%；服务业环比增长 3.2%，同比增长 3%；建筑业环比下跌 5.3%，同比下跌 7.6%；上调 2017 年经济增长预期至

3%—3.5%，预计 2018 年经济增速为 1.5%—3.5%。

澳大利亚联储公布 11 月份货币政策会议纪要。11 月 21 日，澳大利亚联储公布 11 月份货币政策会议纪要显示，劳动力市场复苏强于预期，工资增长相对疲软，预计失业率将于 2019 年降至 5.25%；商业环境良好，预计资本支出有所增加，公共投资与非矿产业投资将持续增长；全球经济持续扩张有利于澳大利亚对外贸易发展；维持当前货币政策有利于实现经济持续增长并逐渐实现 2% 的通胀目标。

5. 非洲

南非央行维持基准利率 6.75% 不变。11 月 23 日，南非央行召开 2017 年最后一次货币政策会议，维持基准利率 6.75% 不变。

二、国际组织

联合国发布《2017 年最不发达国家报告》。11 月 22 日，联合国贸发会议发布《2017 年最不发达国家报告》，重点关注最不发达国家能源转型问题；认为全球 47 个最不发达国家在能源获得方面远远落后于其他发展中国家，加强新型能源的可获得性对全球最不发达国家摆脱贫困至关重要；目前，全球大多数缺乏足够电力供应的人群生活在最不发达国家，但最不发达国家往往缺乏足够的能源来促进经济发展，对这些国家的海外发展援助仅有 1.8% 被投入能源部门。

国际劳工组织发布《2017 年全球青年就业趋势报告》。11 月 20 日，国际劳工组织发布《2017 年全球青年就业趋势报告》。报告指出，2016 年，全球青年失业率稳定在 13.0%，预计 2017 年小幅上升至 13.1%；2017 年全球失业人口中，青年人口 7090 万人，占 35% 以上，较 2009 年的 7670 万人的峰值有所减少；预计 2018 年将微增至 7110 万人；全球范围内，北非和中东地区、拉丁美洲和加勒比地区 2010—2016 年间青年失业率大幅上升；2017 年全球青年女性劳动参与率比青年男性低 16.6 个百分点，年轻女性失业率明显高于年轻男性。报告指出，解决青年就业不仅在于创造更多就业机会，还要确保青年体面就业；报告呼吁各国应将职业技术发展纳入政策考量，提高青年技能培养。

三、国际大宗商品

本周纽约原油期货累计上涨 3.87%。截至周四，本周纽约原油期货累计涨幅 3.87%。周一纽约原油期货下跌 0.74%，收于每桶 56.38 美元；周二纽约原油期货上涨 1.28%，收于每桶 57.1 美元；周三纽约原油期货上涨 1.68%，收于每桶 58.06 美元；周四纽约原油期货上涨 0.86%，收于每桶 58.56 美元。

本周纽约黄金期货价格累计上涨1.14%。截至周四，本周纽约黄金期货价格累计涨幅1.14%。周一纽约黄金期货下跌1.4%，收于每盎司1276.2美元；周二纽约黄金期货上涨0.31%，收于每盎司1280.1美元；周三纽约黄金期货上涨0.91%，收于每盎司1291.8美元；周四纽约黄金期货下跌0.09%，收于每盎司1290.7美元。

四、区域合作

金砖国家新开发银行批准印度和俄罗斯贷款项目。11月20日，新开发银行执董会第十二次会议在上海召开。会议期间，执董会分别批准了印度拉贾斯坦邦沙漠地区水利结构调整和俄罗斯乌法东部出口两个基础设施建设和可持续发展项目，贷款总额超过4亿美元。贷款方式依项目具体特点和借款方需求而不同；此外，执董会正式授权启动新开发银行项目准备金（PPF），以为贷款项目准备工作提供资金支持。2017年初，新开发银行与中国和俄罗斯签署了PPF协议，印度也表达了加入PPF的意愿。

APEC经济体前景向好，助推贸易和劳工政策改革。11月21日，APEC政策支持小组发布新报告指出，APEC成员经济体经济稳健增长，将为推进贸易和劳工政策改革创造空间。当前，APEC经济体贸易占全球贸易的50%，GDP总量占全球GDP总量的60%；预计2017年APEC经济体将赶超世界其他地区，增速达3.9%，2018年将稳定在3.8%；报告建议，APEC应制定并实施员工培训和再培训项目、实习计划和职位咨询等措施，增加劳动发展趋势的信息共享，帮助APEC成员经济体完善政策解决方案。APEC政策支持小组主任丹尼斯·休称，APEC经济前景向好，各成员国应致力于解决日益加剧的不平等及其引发的区域性反全球化情绪；推动贸易驱动性增长，维持经济长期发展。

五、全球宏观经济形势

OECD发布2017年三季度经济增长数据。11月21日，OECD发布数据显示，OECD成员国2017年三季度实际GDP环比增速放缓0.2个百分点至0.6%，同比增速上升0.2个百分点至2.6%；主要发达经济体中，日本经济增长放缓势头明显，三季度经济环比增速下降0.3个百分点至0.3%；美国和法国增长略有放缓，环比增速分别降至0.7%和0.5%；德国、意大利和英国增长较快，增速分别上升至0.8%、0.5%和0.4%；欧盟和欧元区经济增长略有放缓，环比增长0.6%，主要发达经济体中，英国经济增长最为疲软，同比仅增长1.5%。

第 48 周（2017/11/25—2017/12/01）

11 月 25 日—12 月 1 日，国际财经要情有：美国三季度实际 GDP 增速创三年新高；欧元区 10 月份失业率微降至 8.8%；德国 11 月份 CPI 初值环比增长 0.3%；韩国央行加息 25 个基点至 1.5%；韩国前三季度出口增长 18.5%；印度 2017 年三季度经济增长 6.3%；国际能源署：加速能源转型是各国的优先事项；OECD 发布最新《全球经济展望》报告。

一、区域观察

1. 北美地区

美联储发布褐皮书。11 月 29 日，美联储发布褐皮书称，10 月至 11 月中旬，美国经济持续以温和至适度速度增长，通胀上行压力增加，就业市场收紧，多数地区薪资温和至适度增长，所有地区制造业活动均有扩张，预计经济前景将持续改善。

美国三季度实际 GDP 增速创三年新高。11 月 29 日，美国商务部发布数据显示，三季度实际 GDP 季率环比终值 3.3%，为三年来最高；三季度 GDP 平减指数修正值为 2.1%，三季度个人消费支出（PCE）修正值环比增长 2.3%，核心个人消费支出（PCE）物价指数修正值环比增长 1.4%。美商务部表示，实际 GDP 增速提高表明美国经济基础更加扎实。

美国首次申请失业救济金人数进一步下降。11 月 30 日，美国劳工部发布数据显示，截至 11 月 25 日当周，首次申请失业救济金人数减少 2000 人至 23.8 万人，连续 143 周低于 30 万人门槛，为 1970 年以来最长；续请失业救济金人数 195.7 万人。数据显示当前美国劳动力市场强劲，失业率降至 17 年来最低值 4.1%，已接近充分就业。

耶伦称经济增速回升强化 12 月份加息预期。11 月 29 日，美联储主席耶伦在国会听证会作证时表示，美国经济增速回升强化 12 月份加息预期；渐进式加息路径是适宜的，要避免过快加息导致的经济衰退；目前为止，缩表对市场的影响很小，预计没有调整缩表节奏的必要；就业市场增长强劲；不希望《多德·弗兰克法案》改革出现倒退；认为税改有助于改善投资，但税改与经济之间的关系有很大不确定性。

2. 拉美地区

墨西哥取消油价限价。11 月 30 日，墨西哥财政部宣布，即日起取消公布汽油、柴油最高限价，由国内各加油站自定油价；财政部表示，通过现行生产和服务特殊税能够遏制油价急速攀升，同时，油价自由化有助于市场合理配置资源，刺激资本流入，提升墨成品油竞争力。

巴西国会通过成立国家矿业局法案。11 月 29 日，巴西参议院通过了成立国家矿业局的法案，完成了巴西矿业改革的三大举措之一。法案指出，国家矿业局为巴西能矿部的直属机构，将取代矿业生产管理司，其主要职能是加强对矿产资源的管理，制定矿产资源开发监管的规章制度。法案即将报送特梅尔总统签署。

3. 欧洲

欧元区 10 月份失业率微降至 8.8%。11 月 30 日，欧盟统计局发布数据显示，10 月份欧元区失业率 8.8%，为 2009 年 1 月份以来最低；欧盟失业率为 7.4%；从国别来看，希腊失业率最高，为 20.6%；西班牙次之，为 16.7%；捷克失业率最低，为 2.7%。

欧元区 11 月份 CPI 初值同比增长 1.5%。11 月 30 日，欧盟统计局发布数据显示，欧元区 11 月份 CPI 初值同比增长 1.5%，核心 CPI 初值同比增长 0.9%，均不及预期；11 月份能源 CPI 初值同比增长 4.7%，食品、酒精和烟草 CPI 初值同比增长 2.2%，非能源工业品 CPI 初值同比增长 0.4%，服务 CPI 初值同比增长 1.2%。

欧洲央行称欧元区债务可持续性提高。11 月 29 日，欧洲央行发布金融稳定报告称，经济复苏和货币政策令欧元区债务水平可持续性更高；预计资产价格将大幅修正，银行盈利将面临风险；全球风险可能对欧元区金融稳定造成负面影响。

德国 11 月份 CPI 初值环比增长 0.3%。11 月 29 日，德国联邦统计局发布数据显示，德国 11 月份 CPI 初值环比增长 0.3%，同比增长 1.8%。

英国央行发布《金融稳定报告》。11 月 28 日，英国央行完成对英国主要银行压力测试并发布《金融稳定报告》称，即使无序退欧，英国银行系统仍能继续为实体经济提供支持。压力测试的场景包括：世界 GDP 下跌 2.4%；英国 GDP 下跌 4.7%；英国失业率上升至 9.5%；英国住房价格下跌 33%；英国商业地产价格下跌 40%；英国利率上升至 4%；英镑下跌 27%。

法国 11 月份家庭信心指数高于长期均值。11 月 28 日，法国国家统计局发布数据显示，法国 11 月份家庭信心指数为 102，环比上升 2 个点，高于长期均值；家庭未来财务状况指数上升 5 个点，低于长期均值；过去财务状况指数上升 2 个点；预期储蓄能力指数上升 7 个点；当前储蓄能力指数上升 2 个点，高于长期均值。

4. 亚洲

日本 10 月份工业产出初值同比增长 5.9%。11 月 30 日，日本经济产业省发布数据显示，日本 10 月份工业产出初值同比增长 5.9%；季调后工业产出初值环比增长 0.5%；交货指数同比增长 2.6%，环比下降 0.5%；存货指数同比增长 1.9%，环比增长 3.1%；存货比率同比上升 1.8%，环比上升 3.5%。

韩国央行加息 25 个基点至 1.5%。11 月 30 日，韩国央行宣布上调基准利率 25 个基点至 1.5%，为六年来首次加息；韩国央行表示，将维持宽松货币政策立场，确保通胀中期内持稳于目标值，将观察其他主要国家政策及贸易情况，以判断是否进一步调整货币政策。

韩国前三季度出口增长 18.5%。11 月 27 日，韩国产业通商资源部发布数据显示，2017 年 1—9 月，韩国出口同比增长 18.5%，而全球出口同比增长 9.2%；9 月份出口同比增长 35%，高于排名第二的荷兰 20.4 个百分点，为全球平均水平的 3 倍多。分析认为，韩国经济出口贡献率高，随着 2018 年全球经济持续复苏，韩国出口也将进一步增加。

韩国家庭平均负债 7269 万韩元。11 月 26 日，韩国央行发布数据显示，截至 9 月底，韩国家庭负债总额 1419 万亿韩元，平均每户家庭负债 7269 万韩元（约合 6.7 万美元），而三季度家庭月平均收入同比增长 2.1% 至 453.7 万韩元，除去通胀，家庭月均实际收入 439 万韩元，同比下降 0.2%。

印度 2017 年三季度经济增长 6.3%。11 月 30 日，印度统计局发布数据显示，印度 2017 年三季度经济增长 6.3%，增速明显加快，主要由于“废钞令”影响减弱和税制改革冲击减轻。

印度财政赤字已达 2017—2018 财年预算 96.1%。11 月 30 日，印度财政部发布数据显示，由于财政收入减少而支出增加，截至 10 月底，印度财政赤字已达 2017—2018 财年预算的 96.1%，较上年同期的 79.3% 大幅增加。

印度外汇储备达 3995 亿美元。印度央行发布数据显示，截至 11 月 17 日，印度外汇储备 3995.33 亿美元，周环比增加 2.404 亿美元，主要由于外国货币资产增长。外储中，黄金储备环比持平于 206.6 亿美元，IMF 特别提款权环比增加 790 万美元至 15.76 亿美元，IMF 存款增加 1210 万美元至 22.73 亿美元。

新加坡三季度失业率 2.1%。11 月 27 日，新加坡劳工部发布数据显示，经季调，新加坡三季度整体失业率为 2.1%，环比下降 0.1 个百分点。其中，居民失业率为 3.1%，环比持平；新加坡市民失业率为 3.2%，环比下降 0.1 个百分点；三季度居民失业人口数为 71900 人，环比增加 1100 人；市民失业人口数为 62600 人，环比减少 1200 人。

5. 非洲

南非财政部称 2018 年将出台政策稳定公共债务。11 月 30 日，南非财政部发表声明称，已注意到国际评级机构标普、穆迪近期下调南非主权信用评级，2018 年将通过年度预算推出整固财政框架的政策，目前的主要任务是恢复企业与消费者信心，并实现内生性增长；将考虑通过削减开支或加税来稳定公共债务。

二、国际组织

国际能源署称加速能源转型是各国的优先事项。11 月 27 日，国际能源署在《联合国气候变化框架公约》第二十三届缔约方大会上表示，将为“巴黎协定”承诺国提供数据分析和政策指导，支持其能源转型；认为能源问题是应对气候变化的核心，改变使用和生产能源的方式对应对气候变化挑战至关重要；加速能源转型仍应是全球各国考虑的优先事项。

世行称通过发展农业创造就业。世界银行发布报告称，全球极端贫困人口中约 80% 生活在农村，主要以农耕为生；农业在很多国家仍是提供最多就业机会的产业，因此促进农业发展是消除贫困的最有力手段之一；过去近十年间，世界银行资助的印度比哈尔邦农村生计项目改善了当地 180 多万农村妇女的生活；项目建立了一站式农业服务点，为农民提供信贷、生产资料、农业培训和农民田间学校等各种服务；通过开办家庭养鸡场、奶牛养殖培训、产品营销支持等措施，该项目使当地居民年收入平均增长 30%；工作技能培训为 2.9 万名农村青年改善了就业前景；此外，该项目还为妇女和边缘化群体提供了获得政府支持和金融服务的机会，使他们获得了总额达 9800 万美元的信贷，实现了 2250 万美元的家庭储蓄。

三、国际大宗商品

本周纽约原油期货累计下跌 0.74%。截至周四，本周纽约原油期货累计跌幅 0.74%。周一纽约原油期货下跌 1.90%，收于每桶 57.85 美元；周二纽约原油期货下跌 0.17%，收于每桶 57.75 美元；周三纽约原油期货下跌 0.62%，收于每桶 57.39 美元；周四纽约原油期货上涨 0.05%，收于每桶 57.42 美元。

本周纽约黄金期货价格累计下跌 1.62%。截至周四，本周纽约黄金期货价格累计跌幅 1.62%。周一纽约黄金期货上涨 0.46%，收于每盎司 1298.6 美元；周二纽约黄金期货下跌 0.08%，收于每盎司 1297.6 美元；周三纽约黄金期货下跌 0.82%，收于每盎司 1286.9 美元；周四纽约黄金期货下跌 0.72%，收于每盎司 1277.6 美元。

四、区域合作

2017 年全球南南发展博览会在土耳其开幕。11 月 27 日，由土耳其政府主办、联合国南南合作办公室协办的第九届全球南南发展博览会在土耳其安塔利亚开幕。本届博览会着重探讨和展示政务创新、大数据、人道与发展、和平问题、私营部门和企业参与、融资发展、智库合作、旅游与城市可持续发展等。

第五届非盟—欧盟首脑会议召开。11 月 29 日，第五届非盟—欧盟首脑会议在科特迪瓦阿比让召开，是非盟—欧盟首脑会议首次在撒哈拉以南非洲地区举办；本届峰会有 28 个欧洲国家和 55 个非洲国家的 83 位国家元首参加，主题为“为可持续未来投资青年”。目前，欧盟仍保持非洲最大贸易伙伴地位，欧非双方通过欧非峰会机制探讨双方共同关切，不断加强传统伙伴关系。

五、全球宏观经济形势

OECD 发布最新《全球经济展望》报告。11 月 28 日，OECD 发布最新《全球经济展望》报告指出，全球经济逐渐走强，大多数国家通过财政政策和货币政策实现了经济持续增长；主要发达经济体中，美国 2017 年、2018 年经济增长预期为 2.2% 和 2.5%；欧元区 2017 年经济增长预期为 2.4%，2018 年预计增长 2.1%；日本 2017 年经济增长预期为 1.5%，2018 年小幅下降至 1%。新兴经济体中，中国经济“再平衡”仍在进行，预计 2017 年中国经济增速为 6.8%，2018 年将降至 6.6%；预计未来两年印度经济仍持续增长，2017 年和 2018 年分别为 6.7% 和 7%；巴西经济有望在 2017 年底脱离衰退期，在 2018 年实现 1.9% 的增长。

第 49 周（2017/12/02—2017/12/08）

12 月 2—8 日，国际财经要情有：美国国会参议院通过税改法案；美国 10 月份贸易账户逆差 487 亿美元；加拿大央行维持基准利率 1% 不变；巴西三季度 GDP 环比增长 0.1%；欧元区三季度 GDP 同比增长 2.6%；世行建议东亚和太平洋地区出台新政策实现包容性增长；亚行发布最新《太平洋地区经济监测》报告。

一、区域观察

1. 北美地区

美国国会参议院通过税改法案。12 月 2 日，美国国会参议院通过《减税与就业法案》。参众两院将于近期就各自版本进行统一文本磋商，达成最终版本后由两院再次投票，通过后呈特朗普签署成为法律。

美国 10 月份贸易账户逆差 487 亿美元。12 月 5 日，美国商务部发布数据显示，10 月份贸易逆差环比增长 8.6% 至 487 亿美元，为 1 月份以来最高；10 月份进口环比增长 1.6% 至 2446 亿美元，为 2014 年 5 月份以来最高；出口环比持平于 1959 亿美元；从国别看，对墨西哥贸易逆差增长 15.9% 至 66 亿美元，对华贸易逆差扩大 1.7% 至 352 亿美元；美国对中国、墨西哥出口增速均创三年来最快。

美国三季度家庭财富创新高。12 月 7 日，美联储发布数据显示，美国三季度家庭和非营利团体财富净值环比增长 1.8% 至 96.9 万亿美元，二季度下修至 95.2 万亿美元；三季度家庭债务年率增长 3.7%。

加拿大央行维持基准利率 1% 不变。12 月 6 日，加拿大央行议息会议决定，维持基准利率 1% 不变；认为加拿大就业增长强劲，工资表现有所改善，全球经济仍存在很大不确定性。

加拿大 9 月份实际 GDP 初值环比上升 0.2%。12 月 2 日，加拿大国家统计局发布数据显示，经季调，加拿大 9 月份实际 GDP 初值环比上升 0.2%。

加拿大 11 月份失业率 5.9%。12 月 2 日，加拿大国家统计局发布数据显示，经季调，加拿大 11 月份失业率 5.9%，环比下降 0.4 个百分点，同比下降 0.9 个百分点，为 2008 年 2 月份以来最低水平。

2. 拉美地区

巴西三季度 GDP 环比增长 0.1%。巴西地理统计局发布数据显示，巴西三季度 GDP 环比增长 0.1% 至 1.6 万亿雷亚尔（约 5000 亿美元），连续三个季度环比增长；其中，工业环比增长 0.8%，服务业环比增长 0.6%，农业环比下降 3%，家庭消费环比增长 1.2%；一、二季度 GDP 增速分别修正为 1.3% 和 0.7%。

巴西央行下调基准利率至 7%。12 月 6 日，巴西央行召开议息会议，下调基准利率 50 个基点至 7%，为 1986 年以来最低值；预计 2017 年巴西通货膨胀率为 2.9%，2018 年和 2019 年均为 4.2%。

3. 欧洲

欧元区三季度 GDP 同比增长 2.6%。12 月 7 日，欧盟统计局发布数据显示，欧元区三季度 GDP 同比增长 2.6%，环比增长 0.6%；三季度家庭消费环比增长 0.3%，同比增长 1.9%。

欧元区 10 月份零售销售环比下降 1.1%。12 月 5 日，欧盟统计局发布数据显示，经季调，欧元区 10 月份零售销售环比下降 1.1%，同比上升 0.4%；欧盟 10 月份零售销售环比下降 0.5%，同比上升 0.9%。

德国 11 月份失业率维持历史低位。12 月 2 日，德国联邦劳工局发布数据显示，德国 11 月份失业人数环比减少 1.8 万人，失业率 5.6%，与上月持平，为历史最低水平。

德国 10 月份制造业新订单环比增长 0.5%。12 月 6 日，德国联邦统计局发布数据显示，经季调，德国 10 月份制造业新订单环比增长 0.5%；其中国内订单环比增长 0.4%，海外订单环比增长 0.5%；欧元区订单环比下降 1.2%，其他国家订单环比增长 1.6%。

德国 10 月份工业产出环比下降 1.4%。12 月 7 日，德国联邦经济和能源部发布数据显示，经季调，德国 10 月份工业产出环比下降 1.4%，连续两个月下降，能源产出环比上升 5.1%，建筑业产出环比减少 1.3%；剔除能源和建筑业，10 月份工业产出环比下降 2%。

法国 10 月份贸易账户赤字 49.56 亿欧元。12 月 7 日，法国海关发布数据显示，经季调，法国 10 月份贸易账户逆差扩大至 49.56 亿欧元，主要由于航天航空产品出口下滑和汽车进口增加。

4. 亚洲

日本 10 月份失业率 2.8%。12 月 2 日，日本国家统计局发布数据显示，经季调，日本 10 月份失业率 2.8%，环比持平；就业人数 6581 万人，同比增长 0.9%；失业人数 181 万人，同比减少 7.2%。

日本10月份CPI同比上升0.2%。12月2日，日本国家统计局发布数据显示，日本10月份CPI同比上升0.2%，环比持平；剔除食品和能源的核心CPI同比上升0.2%，环比上升0.1%；食品CPI同比下降1.3%，环比下降0.7%；住房CPI同比下降0.1%，环比上升0.1%；服饰鞋靴CPI同比下降0.1%，环比上升0.4%；医疗服务CPI同比上升1.6%，环比下降0.2%；交通运输和通讯CPI同比上升0.6%，环比上升0.7%。

日本11月份基础货币同比增长13.2%。12月4日，日本央行发布数据显示，日本11月份基础货币同比增长13.2%，环比增长7.2%。

韩国10月份经常账户盈余57.2亿美元。12月5日，韩国央行发布数据显示，韩国10月份经常账户盈余57.2亿美元，同比减少9.7亿美元；其中，货物贸易账户盈余86亿美元，同比减少5.6亿美元；服务贸易账户赤字35.3亿美元，同比增加17.4亿美元；初次收入账户盈余11.7亿美元，同比增加4.6亿美元；二次收入账户赤字5.2亿美元，同比增加1.3亿美元。

韩国11月份CPI环比下降0.7%。12月2日，韩国国家统计局发布数据显示，韩国11月份CPI环比下降0.7%，同比上升1.3%；剔除食品和能源核心CPI环比下降0.3%，同比上升1.4%。

韩国11月份外汇储备3872亿美元。12月5日，韩国央行发布数据显示，韩国11月份外汇储备环比增加27.9亿美元至3872.5亿美元，创历史新高。

澳大利亚三季度经常账户赤字91.25亿澳元。12月5日，澳大利亚国家统计局发布数据显示，澳大利亚三季度经常账户赤字91.25亿澳元，环比下降5.39亿澳元；其中，货物贸易账户盈余30.39亿澳元，环比下降7.02亿澳元；服务贸易账户盈余0.17亿澳元，环比增加3.27亿澳元；初次账户赤字119.69亿澳元，环比下降10.44亿澳元；二次账户赤字2.13亿澳元，环比增加1.29亿澳元。

澳大利亚10月份零售销售环比上升0.5%。12月5日，澳大利亚国家统计局发布数据显示，经季调，澳大利亚10月份零售销售环比上升0.5%；其中，家庭用品零售额环比上升0.1%；食品零售额环比上升0.3%。

5. 非洲

津巴布韦出口增长19.19%。12月4日，津巴布韦国家统计局数据显示，1—10月出口增长19.19%至14.9亿美元；进口增长3.67%至21.4亿美元；最大出口目的国为南非，其次是莫桑比克和阿联酋；最大进口来源国为南非，其次是中国和新加坡。

二、国际组织

世行建议东亚和太平洋地区出台新政策实现包容性增长。12月4日，世行发布报告称，为进一步实现包容性经济增长，东亚和太平洋地区国家需要超越成功的“公平增长”模式，探索新政策议程，在“减贫”的同时，提升向上流动的机会和保障全民经济安全；落实新政策议程有三大途径：其一，促进经济流动性，填补就业机会和服务的缺口，提高就业质量，促进金融的包容性；其二，加强经济保障，包括支持社会援助制度、扩大社保参保群体、增强抵御冲击能力；其三，加强制度建设，包括通过累进税政策，提高资源和包容性支出计划的有效性，更好应对人口老龄化和快速的城市化进程，增强机构的竞争力。

WTO 发布《2017 年贸易发展年度报告》。12 月 4 日，WTO 发布《2017 年贸易发展年度报告》认为，2016 年 10 月中旬至 2017 年 10 月中旬，WTO 成员实施了 108 项新的贸易限制措施，包括新增关税、数量限制等，相当于平均每月有近 9 项新措施出台，低于上一期报告的月均 15 项；同期，WTO 成员还实施了 128 项贸易便利化措施，包括取消或降低关税、简化海关手续等，月均近 11 项，低于上一期报告的月均 18 项；此外，进口促进措施带来的新增贸易额（1690 亿美元）预计为进口限制措施减少的贸易额（790 亿美元）两倍多；在信息技术协定（ITA）扩展协议范围内，预计 WTO 成员实施的进口促进措施新增贸易额约为 3850 亿美元，相当于世界商品进口总额的 2.4%。WTO 总干事阿泽维多表示，贸易政策的透明度和可预见性对于全球经济发展至关重要，开放的互惠贸易仍是经济增长的主要动力。

OECD 国家养老金改革放缓。12 月 5 日，OECD 发布《2017 年养老金展望》报告指出，OECD 成员国应进一步推进养老金改革；2000 年以来，OECD 整体养老金支出增速约 1.5%，预计未来支出增速将大幅放缓。OECD 秘书长古里亚指出，为实现财政可持续性和养老金充足，政府需大胆行动；决策者应将人口年龄变化引起劳动市场的迅速变化作为影响因素，健全养老金和社会保障制度。

三、国际大宗商品

本周纽约原油期货累计下跌 1.43%。截至周四，本周纽约原油期货累计跌幅 1.43%。周一纽约原油期货下跌 2.86%，收于每桶 57.44 美元；周二纽约原油期货上涨 0.07%，收于每桶 57.48 美元；周三纽约原油期货下跌 2.63%，收于每桶 55.97 美元；周四纽约原油期货上涨 1.16%，收于每桶 56.62 美元。

本周纽约黄金期货价格累计下跌 2.31%。截至周四，本周纽约黄金期货价格累计跌幅 2.31%。周一纽约黄金期货下跌 2.65%，收于每盎司 1278.6 美元；周二纽约黄金期货下跌 0.8%，收于每盎司 1268.4 美元；周三纽约黄金期货下跌 0.22%，收于每盎司 1265.6 美元；周四纽约黄金期货下跌 1.3%，收于每盎司 1249.1 美元。

四、区域合作

中国与乌克兰签署《中国—乌克兰农业投资合作规划》。12 月 5 日，中国—乌克兰政府间合作委员会第三次会议召开，会议签署了《中国—乌克兰投资合作规划》，旨在充分挖掘两国农业投资合作潜力，指导两国企业扩大农业领域相互投资，实现优势互补、互利共赢；双方将按“政府引导、市场运作、企业主体”的原则，鼓励两国企业通过多种方式开展农业投资合作，推动重大项目攻坚，不断提高两国农业投资合作水平。

第 12 届非洲经济大会召开。12 月 5 日，第 12 届非洲经济大会在埃塞俄比亚首都亚的斯亚贝巴举行。本届会议关注非洲结构性变革和治理能力的提升。会议认为，农业发展有助于非洲国家发挥人力成本低的比较优势，进一步推动“减贫”；非洲国家应加强治理能力建设，解决各国之间发展不平衡问题；制定长期发展规划，建立灵活创新的产业政策形成机制。

五、全球宏观经济形势

亚行发布最新《太平洋地区经济监测》报告。12 月 7 日，亚行发布《太平洋地区经济监测》报告认为，2017 年大多数发达经济体和发展中经济体经济增长好于预期，预计 2017 年全球经济增长 3.6%，2018 年增长 3.7%，均高于 7 月份报告预测值 0.1 个百分点；上调 2017 年亚洲地区经济增速 0.2 个百分点至 5.9%，上调 2018 年亚洲地区经济增速 0.1 个百分点至 5.8%；预计 2017 年美国经济增速高于 2.5%；预计中国 2017 年经济增长 6.7%，2018 年经济增长 6.4%，较 7 月份报告预测值均高 0.2 个百分点；上调日本 2017 年经济增长预期 0.5 个百分点至 1.5%，2018 年经济增长预期 0.2 个百分点至 1.1%；预计澳大利亚经济受疲软的就业市场和房地产市场影响，2017 年经济增速将放缓至 2.3%，2018 年增速将回升至 2.7%；新西兰 2017 年和 2018 年经济增长预期均为 2.8%。报告认为，太平洋各国应努力适应极端天气，减轻风险灾害，改善区域经济增长和发展前景，推动太平洋地区实现低碳发展，完善适应气候变化的基础设施建设，实现区域经验共享，落实创新性融资解决方案。

第 50 周 （2017/12/09—2017/12/15）

12 月 9—15 日，国际财经要情有：美联储提高联邦基金利率 25 个基点；欧洲央行维持三大关键利率不变；德国 11 月份 CPI 同比上升 1.8%；英国央行维持基准利率和购债规模不变；英国 11 月份 CPI 同比上升 3.1%；日本政府公布减税纲要；OECD 发布 10 月份失业率数据；联合国发布《2018 年世界经济形势与展望》报告。

一、区域观察

1. 北美地区

美联储提高联邦基金利率 25 个基点。12 月 14 日，美联储召开货币政策会议，宣布提高联邦基金利率 25 个基点至 1.25%—1.5%，预计 2018 年将加息三次，认为 2018 年美国经济将加速增长，劳动力市场保持强劲，中期通胀率持稳于 2%。

美国 11 月份 CPI 同比上升 2.2%。12 月 13 日，美国劳工部发布数据显示，美国 11 月份 CPI 同比上升 2.2%，为近六年来最大涨幅，环比上升 0.4%；11 月份核心 CPI 同比上升 1.7%，环比上升 0.1%。

美国 11 月份零售销售环比增长 0.8%。12 月 14 日，美国商务部发布数据显示，11 月份零售销售环比增长 0.8%，核心零售销售环比增长 1%，均好于预期。

加拿大央行称有信心在未来适量缩减宽松货币政策。12 月 14 日，加拿大央行行长波洛兹发表讲话认为，加经济正稳健增长，已接近充分产能，有信心在未来适量缩减宽松货币政策；目前仍维持相对宽松的货币政策，主要考虑劳动力市场存在闲置和家庭债务高企；预计 2018 年底通胀率将达到 2% 目标值。

2. 拉美地区

巴西 10 月份零售销售环比下跌 0.9%。12 月 14 日，巴西统计局发布数据显示，经季调，巴西 10 月份零售销售环比下跌 0.9%，同比增速放缓至 2.5%，创半年新低。

3. 欧洲

欧洲央行维持三大关键利率不变。12 月 14 日，欧洲央行发布货币政策决议，维持存款利率 -0.40%、主要再融资利率为零和贷款利率 0.25% 不变；维持每月 600 亿欧元购债规模不变；延长购债计划 9 个月，自 2018 年 1 月份起每月购债规模削减至 300 亿欧元；预计三大关键利率将在较长的时间内维持现有水平，并超过净资产购买计划的时间；上调 2017 年 GDP 增长预期 0.2 个百分点至 2.4%，上调 2018 年经济增长预期 0.5 个百分点至 2.3%，上调 2019 年增长预期 0.2 个百分点至 1.9%；上调 2018 年通胀预期 0.2 个百分点至 1.4%，维持 2017 年和 2019 年通胀预期 1.5% 不变；预计 2020 年欧元区经济增速为 1.7%，通胀率 1.7%。

欧元区 10 月份工业产出环比增长 0.2%。12 月 13 日，欧盟统计局发布数据显示，欧元区 10 月份工业产出环比增长 0.2%，同比增长 3.7%；欧元区三季度季调后就业人数环比增长 0.4%，与预期和前值一致。

欧元区三季度就业人数同比增长 1.7%。12 月 13 日，欧盟统计局发布数据显示，欧元区三季度就业人数同比增长 1.7%，环比增长 0.4%。

德国 11 月份 CPI 同比上升 1.8%。12 月 13 日，德国联邦统计局发布数据显示，德国 11 月份 CPI 同比上升 1.8%，环比上升 0.3%；其中，能源价格同比上升 3.7%；食品价格同比上升 3.2%；服务业价格同比上升 1.5%。

德国 10 月份贸易账户顺差 198 亿欧元。12 月 9 日，德国联邦统计局发布数据显示，经季调，德国 10 月份出口额环比下降 0.4% 至 1070 亿欧元，进口额环比增长 1.8% 至 872 亿欧元，贸易顺差 198 亿欧元。

英国央行维持基准利率和购债规模不变。12 月 14 日，英国央行召开货币政策会议决定，维持基准利率 0.5% 不变，维持国债购买规模 4350 亿英镑和企业债购买规模 100 亿英镑不变；认为近期退欧谈判进展降低了英国无序退欧的可能。

英国 11 月份 CPI 同比上升 3.1%。12 月 12 日，英国国家统计局发布数据显示，11 月份 CPI 环比上升 0.3%，同比上升 3.1%，创 2012 年 3 月份以来新高；核心 CPI 同比上升 2.7%；零售物价指数环比上升 0.2%，同比上升 3.9%。

英国 10 月份失业率为 4.3%。12 月 13 日，英国国家统计局发布数据显示，英国 10 月份失业率 4.3%，与上月持平，为 1975 年以来最低。

法国三季度就业人数环比增长 0.2%。12 月 11 日，法国国家统计局发布数据显示，法国三季度就业人数环比上升 4.5 万人，增长 0.2%；同比上升 26.9 万人，增长 1.1%；工业就业人数同比下降 0.5%；制造业就业人数同比上升 0.9%。

意大利 10 月份零售销售环比下降 1.0%。12 月 11 日，意大利国家统计局发布数据显示，意大利 10 月份零售销售环比下降 1.0%，同比下降 2.1%；食品零售销售同比下降 1.7%；非食品零售销售同比下降 2.4%。

土耳其三季度 GDP 同比增长 11.1%。12 月 11 日，土耳其国家统计局发布数据显示，三季度 GDP 同比增长 11.1%，创 2011 年以来新高。

俄罗斯 10 月份贸易顺差同比增长 50%。12 月 13 日，俄罗斯央行发布数据显示，10 月份贸易顺差 98.3 亿美元，同比增长 50%，环比小幅下降 0.04%；其中出口额 314.5 亿美元，同比增长 27%，连续 12 个月增长；进口额 216.2 亿美元，同比增长 18.8%，连续 15 个月增长；1—10 月贸易顺差 902.4 亿美元，同比增长 30%。

4. 亚洲

日本政府公布减税纲要。12 月 15 日，日本执政联盟自民党和公明党公布减税纲要：大型企业提高工资 3% 以上并扩大固定资产投资，中小型企业提高工资 1.5%，即可降低企业税税率 5 个百分点至 25%，科技企业享受额外 5% 减税幅度，企业税最低降至 20%，减税政策自 2018 财年起实施，有效期三年。该提案还需议会批准才能正式生效。

日本上调三季度 GDP 增速至 2.5%。12 月 9 日，日本内阁府发布数据，上调三季度 GDP 同比增速至 2.5%，连续 7 个季度保持扩张；季调后，三季度企业设备投资环比增长 1.1%，个人消费环比下降 0.5%，公共投资环比下降 2.4%。

韩国 11 月份失业率为 3.7%。12 月 13 日，韩国企划财政部发布数据显示，经季调，韩国 11 月份失业率为 3.7%，同比上升 0.1%。未季调，劳动参与率为 63.2%，同比上升 0.2%；就业人口占比 61.2%，同比上升 0.1%。

韩国 10 月份 M1 存量初值环比上升 2.1%。12 月 13 日，韩国央行发布数据显示，经季调，韩国 10 月份 M1 存量初值为 829.6 万亿韩元，环比上升 2.1%，同比上升 9.8%；M2 存量初值为 2511.5 万亿韩元，环比上升 0.8%，同比上升 4.7%；金融机构流动性为 4507.8 万亿韩元，环比上升 0.7%，同比上升 5.9%。

印度 11 月份 CPI 同比上升 4.88%。12 月 13 日，印度统计局发布数据显示，11 月份 CPI 同比上升 4.88%，创 15 个月来新高；其中，食品价格同比上升 4.42%，环比上升 1.58%，燃料价格同比上升 7.92%。

澳大利亚 11 月份失业率 5.4%。12 月 14 日，澳大利亚国家统计局发布数据显示，经季调，澳大利亚 11 月份失业率为 5.4%，环比持平，同比下降 0.3%；劳动参与率为 65.5%，环比上升 0.3%，同比上升 0.7%；就业人数为 1240.3 万人，环比上升 6.16 万人；失业人数为 70.77 万人，环比上升 0.41 万人。

5. 非洲

南非三季度 GDP 环比增长 2%。12 月 12 日，南非统计局发布数据显示，三季度 GDP 环比增长 2% 至 1.168 万亿兰特；其中，农林渔业环比增长 44.2%，为 GDP 增长贡献 0.9 个百分点；采掘业增长 6.6%，制造业增长 4.3%，为 GDP 增长贡献 0.5 个百分点；电力燃气环比下降 5.5%，进出口环比下降 0.4%。

二、国际组织

世行称发展中国家可从银行体系获得更大效益。世行发布最新《全球金融发展报告》指出，金融危机以来，在发展中国家经营的外国银行受到限制增多，导致企业和居民急需的资金流动受限，不利于更好实现经济增长；金融业对培育中小企业至关重要，发展中国家如能严格监管，可从中获得更大效益；发展中经济体应考虑如何最大化跨境银行业务效益，同时最小化成本；金融危机后，发展中国家银行业加快境外扩张步伐，新增银行比重高达60%，这有利于发展中国家银行国际业务的区域化合作。

OECD 发布 10 月份失业率数据。12 月 12 日，OECD 发布数据显示，10 月份 OECD 国家整体失业率 5.6%，环比下降 0.1 个百分点，基本恢复到危机前水平；欧元区 10 月份失业率为 8.8%，环比下降 0.1 个百分点；其中，比利时失业率为 6.9%、拉脱维亚为 8.2%、卢森堡为 5.7%、荷兰为 4.5%、斯洛伐克为 7.0%、斯洛文尼亚为 6.2%，6 国失业率降幅均达 0.2 个百分点；法国失业率为 9.4%、德国为 3.6%、意大利为 11.1%、葡萄牙为 8.5%，西班牙为 16.7%，5 国失业率均环比持平；美国失业率为 4.1%，韩国为 3.6%，日本为 2.8%，墨西哥为 3.4%，失业率保持稳定；加拿大 10 月份失业率 6.3%，环比上升 0.1 个百分点，11 月份数据显示已降至 5.9%。10 月份 OECD 国家青年失业率下降 0.1 个百分点至 11.8%；欧元区国家青年失业率持续下降至 18.6%，比 2013 年 2 月份的峰值低 6.1 个百分点；但希腊、西班牙、意大利青年失业率仍然较高，分别为 40.2%、38.2%和 34.7%。

OECD 国家整体经济增长稳定。12 月 11 日，OECD 发布最新综合领先指数（CLIs）显示，该指数已连续 4 个月稳定在 100.1，OECD 国家整体经济增长势头继续保持稳定；其中，美国、日本、加拿大以及欧元区指数与上月持平；德国和意大利指数分别上涨 0.1 和 0.2，增长势头加强；英国经济前景持续恶化，增长或进一步放缓；主要新兴经济体中，中国综合领先指数升至 99.7，巴西升至 103.7，俄罗斯和印度环比持平。

三、国际大宗商品

本周纽约原油期货累计下跌 0.24%。截至周四，本周纽约原油期货累计跌幅 0.24%。周一纽约原油期货下跌 1.15%，收于每桶 58.02 美元；周二纽约原油期货下跌 0.93%，收于每桶 57.45 美元；周三纽约原油期货下跌 0.82%，收于每桶 56.67 美元；周四纽约原油期货上涨 1.08%，收于每桶 57.20 美元。

本周纽约黄金期货价格累计上涨0.7%。截至周四，本周纽约黄金期货价格累计上涨0.7%。周一纽约黄金期货下跌0.12%，收于每盎司1246.9美元；周二纽约黄金期货下跌0.4%，收于每盎司1241.7美元；周三纽约黄金期货上涨1.32%，收于每盎司1258.1美元；周四纽约黄金期货下跌0.08%，收于每盎司1257.1美元。

四、区域合作

亚投行为印度地铁项目提供3.35亿美元贷款。12月12日，亚投行董事会宣布，为印度电动地铁建设提供3.35亿美元贷款，用于建设印度南部经济中心班加罗尔的电气化城市铁路系统；亚投行首席投资官潘笛安表示，该电铁项目不仅可改善班加罗尔交通状况，缓解其环境压力，还将是绿色交通在印度乃至整个亚洲范围内的一次有力推广。

中韩就自贸协定第二轮谈判进行准备。12月14日，商务部发布信息显示，根据中韩自贸协定规定，双方将在协定生效两年内启动第二轮谈判，即以负面清单的方式启动服务和投资领域谈判；双方目前正就此进行积极准备；数据显示，2017年1—11月，中韩贸易额累计2537亿美元，同比增长12.1%，截至目前，中国实际利用韩资项目6.3万个，韩资实际到位金额达716亿美元。

五、全球宏观经济形势

联合国发布《2018年世界经济形势与展望》报告。12月11日，联合国发布《2018年世界经济形势与展望》报告认为：2017年全球经济增速将达3%，是自2011年以来的最快增长；全球约2/3的国家2017年增速高于上一年，预计2018年、2019年全球经济增长也将稳定在3%左右；东亚和南亚仍将是世界上最具经济活力的区域，2017年东亚和南亚区域GDP增速6.0%，高于世界其他区域，预计2018年该区域经济增速将达5.8%，2019年为5.9%；中国对全球经济增长贡献约1/3，预计2017年经济增速6.8%，未来在强劲内需和宽松的宏观政策带动下，2018年和2019年分别实现经济增长6.5%和6.3%；东亚2017年实现5.9%的增长，预期2018年、2019年分别增长5.7%和5.6%；南亚经济在强劲个人消费和稳健的宏观经济政策驱动下，仍然维持稳定和乐观，2017年实现经济增长6.3%，预计将在2018年、2019年分别加快至6.5%和6.7%；印度经济前景依然乐观，预计GDP增速将从2017年的6.7%提高到2018年的7.2%和2019年的7.4%。报告认为，近期东亚和南亚经济增长加速，主要得益于发达经济体经济增长较为强劲，同时，全球经济仍面临风险，包括贸易政策改变、全球金融环境突然恶化以及地缘政治局势日益紧张；宏观经济状况的改善有利于出台政策，尤其是在增加经济多样化、减少不平等、支持长期投资和解决体制缺陷四个方面的政策调整，有助于实现更可持续的中期经济增长。

第51周 (2017/12/16—2017/12/22)

12 月 16—22 日，国际财经要情有：美国国会通过税改法案；特朗普政府发布《国家安全战略报告》；美国三季度实际 GDP 环比增速终值为 3.2%；俄罗斯央行下调基准利率 50 个基点；日本央行维持政策利率 -0.1%不变；世行上调 2017 年中国经济增长预期至 6.8%；亚投行成员增至 84 个；联合国发布《2017 年拉丁美洲和加勒比经济概览》。

一、区域观察

1. 北美地区

美国国会通过税改法案。12 月 21 日，美国国会两院先后通过最终版税改法案。该法案将企业税最高税率由 35%下调至 21%，将个人所得税最高税率从 39.6%下调至 37%。此后，税改法案将提交美国总统特朗普签署生效。

特朗普政府发布《国家安全战略报告》。12 月 18 日，特朗普政府发布首份《国家安全战略报告》。报告基于“有原则的现实主义”，强调四个核心国家利益：保护美国人民和国土安全、促进美国繁荣、以实力维持和平、增强美国影响力。分析认为，尽管该报告不具备法律效力，但可反映出特朗普政府在国家安全战略、实现手段和途径等要素上的重要考量。

美国三季度实际 GDP 环比增速终值为 3.2%。12 月 21 日，美国商务部发布数据，下调三季度实际 GDP 环比增速 0.1 个百分点至 3.2%，为 2015 年一季度以来最快增速；下调消费对 GDP 贡献率 0.11%至 1.49%，上调固定投资 GDP 贡献率 0.01%至 0.40%，下调私人库存 GDP 贡献率 0.1%至 0.79%，下调贸易 GDP 贡献率 0.08%至 0.36%，上调政府开支 GDP 贡献率 0.05%至 0.12%。

美国三季度经常账户赤字创三年新低。12 月 17 日，美国商务部发布数据显示，美国三季度经常账户赤字 1006 亿美元，创三年来新低；三季度商品出口增长 1.4%至 3881 亿美元，初步收入盈余增长 12.9%至 570 亿美元。

美国 11 月份工业产出环比增长 0.2%。12 月 16 日，美联储发布数据显示，美国 11 月份工业产出环比增长 0.2%，低于市场预期；总体工业产能利用率为 77.1%，创两年半以来新高。

2. 拉美地区

墨西哥投资贸易促进局称支持电商发展以促进对华贸易。12 月 19 日，墨西哥投资贸易促进局局长卡雷尼奥在该局年度总结会上表示，支持电商平台发展，电子商务将高效推动墨西哥中小企业进入中国市场，并减少中间环节与费用；2017 年中国“双 11”期间，墨西哥超过 100 万颗牛油果通过电商平台出口至中国。

3. 欧洲

欧元区 11 月份 CPI 同比上升 1.5%。12 月 18 日，欧盟统计局发布数据显示，欧元区 11 月份 CPI 同比上升 1.5%，欧盟 11 月份 CPI 同比上升 1.8%。其中，英国同比上升 3.1%，德国同比上升 1.8%，法国同比上升 1.2%。

德国劳动力市场求职求人比为 1.69。12 月 21 日，德国劳工部发布数据显示，德国当日求职人数 250.69 万人，岗位空缺数为 148.13 万个，其中，职业培训岗位 32.77 万个，求职求人比为 1.69。

法国 12 月份制造业信心指数微降。12 月 21 日，法国国家统计局发布数据显示，12 月份国内制造业信心指数小幅降至 112 点，仍远高于长期均值 100 点，显示企业对法国未来经济形势持乐观态度。

法国议会批准 2040 年停止法国油气开采议案。12 月 20 日，法国议会批准 2040 年停止法国油气开采议案。根据该议案，法国将在 2040 年前停止境内所有石油和天然气勘探和生产，以控制温室气体排放；2022 年将逐渐增加化石燃料税，并投资于可再生能源。分析认为，该法案更具象征意义，因为法国国内油气生产仅占消费量的 1%。

意大利 10 月份贸易盈余 49.5 亿欧元。12 月 18 日，意大利国家统计局发布数据显示，经季调，意大利 10 月份贸易盈余 49.5 亿欧元；其中，出口额环比上升 0.5%，同比上升 11.3%；进口额环比上升 2.6%，同比上升 10.4%；对欧盟成员国出口额环比上升 2.8%，同比上升 12.8%；进口额环比上升 3.2%，同比上升 11.7%；对非欧盟国家出口额环比下降 2.4%，同比上升 9.5%；进口额环比上升 1.7%，同比上升 8.4%。

俄罗斯央行下调基准利率 50 个基点至 7.75%。12 月 16 日，俄罗斯央行公布利率决议，下调基准利率 50 个基点至 7.75%，为 2017 年第六次降息。

4. 亚洲

日本央行维持政策利率 -0.1%不变。12 月 21 日，日本央行宣布货币政策会议决议，维持基准利率 -0.1%不变，维持 10 年期国债收益率目标 0.0%不变，维持每年 80 万亿日元购债规模不变。

日本 11 月份货物贸易盈余 3640.95 亿日元。12 月 19 日，日本财务省发布数据显示，经季调，日本 11 月份货物贸易盈余 3640.95 亿日元，环比上升 4.2%；出口总额 68519.17 亿日元，环比上升 1.6%；进口总额 64878.22 亿日元，环比上升 1.4%。

日本政府预计 2018 年 GDP 增长 1.8%。12 月 19 日，日本政府发布经济预测报告认为，企业盈利情况改善、用工短缺推升工资水平，消费者支出增加，以及良好的海外经济将助推 GDP 增长，预计 2018 年日本 GDP 增长 1.8% 左右，约 564.3 万亿日元，将创历史新高，CPI 上升 1.1%；预计 2018 年个人消费增长 1.4%，设备投资增长 3.9%，出口增长 4%，进口增长 3.4%；预计 2017 年实际 GDP 增长约 1.9%，名义 GDP 增长约 2%，CPI 上升 0.7%。

韩国 2017 年国债发行总额 100.8 万亿韩元。12 月 20 日，韩国企划财政部发布数据显示，韩国 2017 年国债发行总额为 100.8 万亿韩元，略低于 103.7 万亿韩元的计划值；预计 2018 年国债发行总额为 106.4 万亿韩元；韩国政府表示，将增加长期债券发行比例，满足日益增长的市场需求，并加强市场风险管理，以应对市场波动。

新西兰三季度 GDP 环比增长 0.6%。12 月 21 日，新西兰国家统计局发布数据显示，经季调，新西兰三季度 GDP 环比增长 0.6%；其中，农林渔业环比下降 1.0%，采矿业环比增长 3.2%，制造业环比增长 0.7%，建筑业环比增长 3.6%，服务业环比增长 0.6%。

新西兰三季度经常账户赤字 13.09 亿纽元。12 月 20 日，新西兰国家统计局发布数据显示，经季调，新西兰三季度经常账户赤字 13.09 亿纽元；其中货物账户赤字 0.26 亿纽元，服务账户盈余 11.86 亿纽元，初次收入账户赤字 23.84 亿纽元，二次收入账户赤字 0.85 亿纽元。

5. 非洲

南非执政党召开第 54 届全国代表大会。12 月 20 日，南非执政党非洲人国民大会第 54 届全国代表大会召开。会议主题是“捍卫团结，迈向新生，推进经济社会转型”，非洲人国民大会党主席、南非总统祖马提交政治报告，论述推进南非经济社会转型，缩小贫富差距以及加大对黑人民众政策倾斜的重要性；认为执政党必须有所作为，否则南非永远无法摆脱“贫困、失业和收入不均”三大社会顽疾；同时强调转型不可盲目，以避免国民经济陷入困境，引发社会动荡。

二、国际组织

世行上调 2017 年中国经济增长预期至 6.8%。12 月 19 日，世行发布最新《中国经济简报》，将 2017 年中国经济增长预期上调 0.1 个百分点至 6.8%；报告认为，2017 年中国保持增长韧性，改革势头增强，家庭收入和消费增速超过投资增速，中国经济实现再平衡；报告预计，受国内紧缩政策影响，2018 年和 2019 年中国 GDP 增速将分别降至 6.4% 和 6.3%；通过谨慎的货币政策和严格的金融部门监管，以及政府持续推进经济结构性改革和严格控制杠杆，预计未来中国将保持温和增长预期。

联合国发布 2017 年《国际移民报告》。12 月 18 日，联合国经济与社会事务部发布 2017 年《国际移民报告》指出，全球移民人口已达 2.58 亿，比 2000 年增长 50%，移民占全球总人口的 3.4%；印度输出的移民人口最多，为 1700 万人，其次是墨西哥，为 1300 万；从区域来看，来自亚洲的移民人口最多，为 1.06 亿；高收入国家的移民占人口总数的 14%，近 1.65 亿，大部分低收国家移民人口不足 2%；国际移民中女性占 48.4%，年龄在 20—64 岁的人口占比 74%。

AMRO 发布《2017 年新加坡年度咨询报告》。12 月 18 日，AMRO 发布《2017 年新加坡年度咨询报告》指出，受益于外部需求增加和贸易形势改善，新加坡经济已实现反弹，经济增长基础将更为扎实；报告预测，2017 年新加坡经济增速将达 3%，核心通胀率将达 1.5%，2018 年经济增速将达 2.6%；报告建议，相关机构应继续实施支持性的财政政策和宽松的货币政策，解决结构性问题，适应经济增长。

金砖国家新开发银行董事会第 12 次会议在上海举行。12 月 20 日，新开发银行董事会第 12 次会议在上海举行。会议批准了印度和俄罗斯两个基础设施和可持续发展项目，贷款总额超过 4 亿美元。此外，董事会还批准通过了《2017 年预算使用情况报告》和《2018 年预算支出报告》。

三、国际大宗商品

本周纽约原油期货累计上涨 1.53%。截至周四，本周纽约原油期货累计涨幅 1.53%。周一纽约原油期货下跌 0.07%，收于每桶 57.35 美元；周二纽约原油期货上涨 0.54%，收于每桶 57.66 美元；周三纽约原油期货上涨 0.64%，收于每桶 58.03 美元；周四纽约原油期货上涨 0.34%，收于每桶 58.23 美元。

本周纽约黄金期货价格累计上涨 0.36%。截至周四，本周纽约黄金期货价格累计涨幅 0.36%。周一纽约黄金期货上涨 0.57%，收于每盎司 1265.3 美元；周二纽约黄金期货下跌 0.04%，收于每盎司 1264.8 美元；周三纽约黄金期货上涨 0.34%，收于每盎司 1269.1 美元；周四纽约黄金期货上涨 0.06%，收于每盎司 1269.9 美元。

四、区域合作

亚投行成员增至 84 个。12 月 19 日，亚投行宣布批准库克群岛、瓦努阿图、白俄罗斯和厄瓜多尔四个经济体加入亚投行，成员增至 84 个，实现了自 2016 年以来的第四次扩容。亚投行行长金立群称，稳步扩容显示了国际社会对亚投行的信心。

《中巴经济走廊远景规划》发布。12 月 18 日，《中巴经济走廊远景规划》在巴基斯坦首都伊斯兰堡发布。规划将中国“一带一路”倡议和巴基斯坦“2025 发展愿景”深入对接，指导规划走廊建设，推动两国协同发展。根据远景规划，中巴经济走廊建设自中国新疆喀什，经红其拉甫口岸进入巴基斯坦，途经若干重要节点地区，至巴南部沿海城市卡拉奇和瓜达尔。中国驻巴基斯坦大使姚敬称，建设中巴经济走廊是构建相互尊重、公平正义、合作共赢的新型国际关系和构建人类命运共同体等理念的重要体现。

五、全球宏观经济形势

联合国发布《2017 年拉丁美洲和加勒比经济概览》。联合国发布《2017 年拉丁美洲和加勒比经济概览》报告认为，由于国际经济形势好转，且拉美地区内需和投资强劲增长，预计 2017 年、2018 年全球经济增长均保持在 3% 上下，拉美和加勒比地区 2017 年经济增长预期为 1.3%，2018 年将缓慢复苏，预计增速为 2.2%；拉美第一大经济体巴西将是 2018 年拉美经济增长的主要推动力量，预计 2017 年巴西经济增长 0.9%，2018 年为 2%；中美洲国家巴拿马是拉美和加勒比地区经济增长最快的国家，预计 2018 年经济增速为 5.5%；预计委内瑞拉 2018 年经济衰退，GDP 负增长 5.5%；古巴 2017 年经济增长预期 0.5%，2018 年为 1%；厄瓜多尔 2017 年、2018 年经济增长预期分别为 1.0% 和 1.3%；预计 2018 年该区域失业率将回落至 9.2%；报告建议拉美国家政府出台适合自身情况的财政政策，加快基础设施建设，改进税务管理，拓展国际合作机制。

第 52 周（2017/12/23—2017/12/29）

12 月 23—29 日，国际财经要情有：特朗普签署税改法案；欧洲央行发布最新经济报告；英国三季度 GDP 终值环比增长 0.4%；法国三季度 GDP 终值环比增长 0.6%；日本内阁府批准 2018—2019 财年预算支出 97.7 万亿日元；联合国大会批准 2018—2019 年双年度预算约 54 亿美元；IMF 发布《金融与发展》报告。

一、区域观察

1. 北美地区

特朗普签署税改法案。12 月 23 日，美国总统特朗普在白公宫正式签署 1.5 万亿美元税改法案。这是美国 30 多年来最大规模的减税法案，也是特朗普上台后共和党取得的首个立法成果；根据该法案，美国联邦企业所得税率将由 35% 降至 21%；此外，特朗普还签署了短期支出法案，为联邦政府提供运行资金至 2018 年 1 月 19 日，以争取更多时间解决债务上限问题。

美国删减联合国 2.85 亿美元预算。12 月 24 日，美国驻联合国大使妮基·黑莉宣布，删减联合国 2018—2019 财年运营预算 2.85 亿美元，以促使联合国提高资金使用效率。

美国 11 月份贸易账户逆差 697 亿美元。12 月 28 日，美国商务部发布数据显示，11 月份贸易账户逆差 697 亿美元，高于预期，前值由逆差 683 亿美元修正为逆差 681 亿美元。

2. 拉美地区

阿根廷三季度 GDP 同比增长 4.2%。阿根廷国家统计局发布数据显示，三季度 GDP 同比增长 4.2%，环比增长 0.9%；预计 2017 年经济增速将达 3% 左右，较 2016 年负增长 2.2% 有明显提升。

3. 欧洲

欧洲央行发布最新经济报告。12 月 28 日，欧洲央行发布经济报告认为，欧元区经济增长强劲且基础广泛，预计潜在通胀将缓步上升；明确量化宽松政策将持续至 2018 年 9 月份，如有必要还将进一步延续。

英国三季度 GDP 终值环比增长 0.4%。12 月 23 日，英国国家统计局发布数据显示，英国三季度 GDP 终值环比增长 0.4%，同比增长 1.7%，慢于欧洲其他主要经济体；其中，服务业产出环比上升 0.4%；工业产出环比上升 1.3%；建筑业产出环比下降 0.5%；农业产出环比上升 0.8%。

法国三季度 GDP 终值环比增长 0.6%。12 月 23 日，法国统计局发布数据显示，法国三季度 GDP 终值环比增长 0.6%，同比增长 2.3%，为 2011 年以来最高增速。

俄罗斯央行称需要 1—2 年时间将关键利率调降至 6%—7%。12 月 24 日，俄罗斯央行行长纳比乌琳娜称，俄将用 1—2 年时间将关键利率调降至 6%—7%，2017 年俄通胀率低于 3%，预计 2018 年通胀率将高于 3%，缓步向 4% 目标值迈进。

4. 亚洲

日本内阁府批准 2018—2019 财年预算支出 97.7 万亿日元。12 月 23 日，日本内阁府批准 2018—2019 财年预算支出 97.7 万亿日元（约合 8600 亿美元），创历史新高；预算案预计 2018—2019 财年日本实际 GDP 和名义 GDP 增速分别为 1.8% 和 2.5%，税收收入为 59.1 万亿日元；社会福利支出预算增加 5000 亿日元至 33 万亿日元，创记录新高；国防支出预算 5.2 万亿日元，连续六年增加，创记录新高；公共工程支出 6 万亿日元，连续六年增加。

日本央行发布 10 月份货币政策会议纪要。12 月 26 日，日本央行发布 10 月份货币政策会议纪要认为，日本经济正温和复苏，就业和收入状况持续改善，但海外经济体和金融市场波动仍存不确定性；如何通过供给侧结构性改革提高潜在经济增长率，是日本经济面临的最大挑战；“人力资源开发”和“供给制度创新”是经济发展的重要支柱。

日本 11 月份 CPI 同比上升 0.6%。12 月 26 日，日本国家统计局发布数据显示，日本 11 月份 CPI 同比上升 0.6%，季调后，环比上升 0.7%；剔除食品和能源因素的核心 CPI 同比上升 0.3%，季调后，环比上升 0.1%。

日本 11 月份失业率创 24 年新低。12 月 26 日，日本总务省发布数据显示，日本 11 月份失业率降至 2.7%，创 27 年来新低；11 月份完全失业人数 178 万人；求职求人比为 1.56，创 1974 年 1 月份以来新高。

日本 11 月份零售销售同比上升 2.2%。12 月 28 日，日本经济产业省发布数据显示，日本 11 月份零售销售额同比上升 2.2%，季调后，环比上升 1.9%；批发销售额同比上升 5.7%，季调后，环比上升 1.6%。

韩国企划财政部发布《2018 年政策更新手册》。12 月 27 日，韩国企划财政部发布《2018 年政策更新手册》，列举了 2018 年将调整的 32 个政府部门制度和 239 个法律事项，包括自 2018 年 1 月 1 日起上调最低时薪 16.4% 至 7530 韩元，上调年收入 3 亿—5 亿韩元的个人所得税税率至 40%，5 亿韩元以上个人所得税最高税率至 42%，年收入超过 3000 亿韩元部分的企业所得税率至 25%。

韩国政府预计 2018 年 GDP 增速 3%。12 月 27 日，韩国政府发布报告预测，2017 年韩国经济增速 3.2%，2018 年增速 3%；预计 2017 年人均国民收入 2.97 万美元，2018 年为 3.2 万美元；认为 2018 年韩国经济主要靠消费和出口拉动；预计 2018 年进出口增速分别为 6.0% 和 4.0%，国际收支经常项目顺差 790 亿美元。

越南 2017 年经济增速预计为 6.81%。12 月 27 日，越南统计局发布报告预测，越南 2017 年经济增速为 6.81%，超过年初确定的 6.7% 增长目标。11 月份越南国会通过决议，将越南 2018 年 GDP 增长目标设为 6.5%—6.7%。

新加坡 11 月份制造业产出同比增长 5.3%。12 月 26 日，新加坡国家统计局发布数据显示，新加坡 11 月份制造业产出同比增长 5.3%，季调后，环比下降 2.3%。

5. 非洲

苏丹下调官方汇率应对经济恶化。12 月 27 日，苏丹政府宣布，从 2018 年起将苏丹镑的官方汇率从 1 美元兑 6.7 苏丹镑下调至 1 美元兑 18 苏丹镑，以应对经济持续恶化。

二、国际组织

联合国大会批准 2018—2019 年双年度预算约 54 亿美元。12 月 24 日，第 72 届联合国大会通过决议，批准 2018—2019 年双年度预算约 54 亿美元，较 2016—2017 年下降 5%，减少 2.86 亿美元，比 10 月份秘书长会议预测额下降 1.93 亿美元。预算覆盖政治、国际法律、区域发展合作和公共信息等领域。

IMF 发布《中国金融部门评估规划成果报告》。12 月 26 日，IMF 发布《中国金融部门评估规划成果报告》，全面评估中国金融体系发展，并对中国证监会、保监会和银监会今后的监管及改革工作提出建议：证券监管方面，认为金融监管应与时俱进，报告并就金融监管协调、防范系统性风险、提升投资者信心等提出建议；银行监管方面，认为中国银监会保持监管势头，监管措施高度符合《有效银行监管核心原则》，金融集团的扩大与跨部门活动为监管有效性带来挑战，银监会缺乏独立性将影响监管效果；保险业方面，认为中国保险业正处于快速发展阶段，有效监管面临挑战，保险监管应统筹全局，确保监管资源合理分配，并就中国风险导向的偿付能力体系提出了发展建议。

亚投行成立两周年成绩斐然。12 月 25 日，亚投行成立两周年。两年间，亚投行成员数已增至 84 名，从亚洲拓展至全球；已在 12 个成员国开展了 24 个基础设施投资项目，贷款总额 42 亿美元，撬动 200 多亿美元的公共和私营部门资金；获得全球三大评级机构穆迪、标准普尔及惠誉的 AAA 信用评级，以及巴塞尔银行监管委员会零风险权重认定。

三、国际大宗商品

本周纽约原油期货累计上涨 0. 15%。截至周四，本周纽约原油期货累计涨幅 0. 15%。周一圣诞节，原油期货市场休市；周二纽约原油期货上涨 2. 49%，收于每桶 59. 8 美元；周三纽约原油期货下跌 0. 35%，收于每桶 59. 59 美元；周四纽约原油期货上涨 0. 5%，收于每桶 59. 89 美元。

本周纽约黄金期货价格累计上涨 0. 75%。截至周四，本周纽约黄金期货价格累计涨幅 0. 75%。周一圣诞节，黄金期货市场休市；周二纽约黄金期货上涨 0. 66%，收于每盎司 1287. 6 美元；周三纽约黄金期货上涨 0. 3%，收于每盎司 1291. 4 美元；周四纽约黄金期货上涨 0. 45%，收于每盎司 1297. 2 美元。

四、区域合作

首次中阿巴三方外长对话在京举行。12 月 26 日，中国、阿富汗和巴基斯坦首次三方外长对话在京举行。对话达成 8 大共识，有助于阿、巴加强对话，改善关系，建立互信，开展合作。三方同意，2018 年在喀布尔举行第二次中阿巴三方外长对话。

美韩将于 1 月 5 日就修改《韩美自贸协定》展开谈判。12 月 28 日，韩国贸易部表示，韩美将于 2018 年 1 月 5 日在美国就修改《韩美自贸协定》相关事宜展开谈判。韩国产业通商资源部称，该会谈将由美国助理贸易代表毕曼和韩国自由贸易协定谈判主任俞明熹牵头进行。

五、全球宏观经济形势

IMF 发布《金融与发展》报告。IMF 发布《金融与发展》报告指出，2017 年，中东和北非地区国家宏观经济基本保持稳定，但经济增速不及人口增速，自 2011 年以来，该地区年均经济增速 3. 6%，2017 年失业率升至 10%；IMF 估计，如果该地区一直维持该经济增速，则 2030 年平均失业率可能升至 14% 以上；经济增速下滑主要是由于能源价格下跌，石油出口国财政赤字加剧；2016 年，中东北非地区各国财政赤字率增至 10% 以上，公共债务率升至 30% 以上；石油进口国预算赤字居高不下，平均 GDP 占比超过 6%；尽管这些国家已采取措施维持经济稳定，但仍需出台更有效的政策解决社会和发展问题；预计该区域 2017 年经济增速将升至 4% 以上。